Wolfgang Schild

Die Geschichte der Gerichtsbarkeit

Wolfgang Schild

Die Geschichte der Gerichtsbarkeit

Vom Gottesurteil bis zum Beginn der modernen Rechtsprechung

1000 Jahre Grausamkeit

Hintergründe
Urteile · Aberglaube
Hexen · Folter · Tod

Nikol

Nikol Verlagsgesellschaft mbH & Co. KG
Hamburg
www.nikol-verlag.de

Meiner Frau gewidmet

Die Geschichte der Gerichtsbarkeit

Lizenzausabe (2003) für Nikol Verlagsgesellschaft mbH & Co. KG
Hamburg, www.nikol-verlag.de
Mit freundlicher Genehmigung des Verlags Georg D. W. Callwey,
München

Umschlaggestaltung: Callena Creativ GmbH, www.callena.de
Illustrationen auf der Umschlagvorderseite:
Hexenverbrennung im 16. Jahrhundert, um 1860: AKG, Berlin
Abbildung 401 und 95 aus diesem Buch
Satz und Montage: Kastner & Callwey, München
Lithos: Brend'amour, Simhart GmbH & Co., München, und
Repro Schwarzer GmbH, Haar bei München
Druck: Westermann Druck Zwickau GmbH, Zwickau
Printed in Germany

ISBN 3-930656-74-4

Inhalt

Vorwort 7

Das religiöse Weltbild 8

Recht und Volksleben 41

Recht und Aberglauben 65

Das Problem der Grausamkeit 93

Die Missetäter 103

Das Gericht 125

Das Verfahren 153

Der Scharfrichter 177

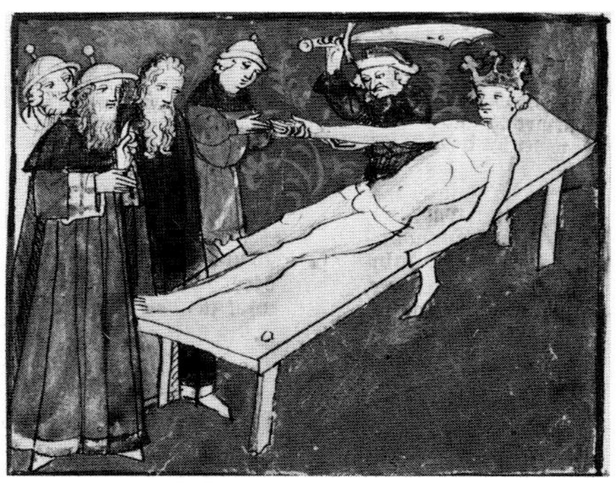

Die Strafen 197

Ausblick 229

Dank 231

Photonachweis 232

Anmerkungen 233

Literaturverzeichnis 236

Register 253

Vorwort

Geplant war eine Arbeit über das Strafrechtsleben in den deutschsprachigen Gebieten (also vor allem Deutschland, Österreich und Schweiz) für die Zeit von etwa 1000 bis 1700, der Text sollte dabei durch zahlreiche Bilder über Rechtsdenkmäler bereichert werden. Doch erwies sich bald, daß gerade die Konzentration auf diese Zeit es erforderte, geschichtlich sowohl zurück als auch voraus zu gehen. Denn es war einesteils nur dann möglich, einzelne Formen des Rechtsverfahrens, Gebräuche bei Hinrichtungen usw. zu verstehen, wenn man in ihnen Reste älterer, »primitiver« Anschauungen erkannte; andererseits zeigte es sich als unumgänglich notwendig, das alte Rechtsleben in Vergleich mit modernen Auffassungen zu bringen, um die Verschiedenheit in dessen eigenständiger, d. h. längst vergangener Wirklichkeit angemessen darstellen zu können. Schließlich zwang gerade diese in vielen Punkten heute unvorstellbare Welt voller Irrealität, Grausamkeit und Absonderheiten dazu, diese Zeit nicht nur erzählend zu schildern, sondern sie vielmehr als Wandel und Entwicklung verschiedener Weltbilder zu begreifen. So entstand unter der Hand der Versuch einer konkreten Geschichtsphilosophie. Der sich auf diese Weise ergebende quantitative Umfang hätte jedoch die Aufnahme des vorgesehenen Bildteils nicht gestattet.

Somit war die ursprüngliche Idee nicht mehr zu verwirklichen.

Es blieb also nur die Lösung, das Projekt vorerst zu trennen. Neben einer vom Text her umfangreichen, eher geschichtsphilosophisch orientierten Arbeit, die bei den frühen Germanen einsetzt und die Entwicklung bis zur Aufklärung darstellen soll, wurde das vorliegende Buch neu geschrieben. Dabei wurde versucht, aus der Not eine Tugend zu machen, indem nun die rund 530 Abbildungen in den Vordergrund gestellt sind und der Text vordringlich auf sie bezogen wurde. Er erläutert die Bilder, weshalb er leicht verständlich sprechen kann, und verbindet sie zugleich zu dem Ganzen eines Sachbuches über das Strafrechtsleben des Mittelalters (die germanische Zeit mußte bereits wegen des mangelnden Bildmaterials ausscheiden).

Der Grundsatz jeder Betrachtung der Vergangenheit muß lauten: Es war alles anders als heute, sogar anders als man heute nachvollziehen kann.

Früheres Weltbild und heutige Zeit

Deshalb muß am Anfang die Distanzierung der Vergangenheit eben als des nicht mehr heute Wirklichen stehen, erst dann kann man in einem zweiten Schritt versuchen herauszuarbeiten, was damals eigentlich wie anders war. Bei manchen Phänomenen kann man schließlich die damalige Welt mit unserer heutigen Wirklichkeit in Vergleich setzen und vielleicht eine Entwicklungslinie aufzeigen; ein diesbezüglicher Erfolg darf aber nicht zur (Selbst-)Täuschung führen: Die Vergangenheit war im besten Fall vergleichbar, aber nicht unserer Gegenwart gleich[1].

Dies gilt auch für eine Geschichte des Rechts und der Strafen. Für uns heute ist das Strafrecht von Menschen für Menschen gemacht: Bestimmtes menschliches Verhalten wird zu einer Straftat erklärt, weil es die Mindestvoraussetzungen menschlichen Zusammenlebens in unerträglicher Weise verletzt, und von Menschen in einem positiven (d.h. gesetzten) Gesetz mit Strafe bedroht, die in einem von Menschen geführten Verfahren über den Straftäter verhängt und vollzogen wird. Dabei ist der Verurteilte trotz seiner Tat als Mensch anzuerkennen und gemäß seiner unverlierbaren Würde als Person zu behandeln, das bedeutet vor allem: Er darf nicht abgeschrieben und aus der Menschheit ausgeschlossen werden. Die Verfassung hat deshalb die Todesstrafe und – implizit auch – die lebenslange Freiheitsstrafe für verboten erklärt. Man kann so unsere heutige Welt als »menschliche« qualifizieren: Nicht aus dem Grunde, weil es heute nicht mehr oder zumindest weniger unmenschlich zuginge; sondern weil wir dies als solches, nämlich als unmenschlich, überhaupt erkennen und als wesentliche Qualifizierung festhalten können, da das Maß unseres Lebens der Mensch (und die Menschlichkeit) geworden ist.

Das Mittelalter und die beginnende Neuzeit (im wesentlichen bis zur Aufklärung) dachten anders und lebten auch in einer anderen Welt, die wir heute als religiöses Weltbild zwar nicht mehr nachleben, aber theoretisch nachzeichnen können und müssen. Nicht der Mensch war das Maß der Dinge, sondern alles drehte sich um Gott; Gott war Anfang, Mitte und Endpunkt des Lebens, und zwar auch des Alltags. Die uns heute selbstverständlich erscheinenden Grenzen von profanem Alltag und sakralem Fest, auch von Staat und Kirche, privater Religion und öffentlicher Politik, waren damals noch nicht zu Bewußtsein gekommen: Die Menschen unterschieden zwar in immer steigendem Maße diese Bereiche, trennten sie jedoch nicht voneinander, weshalb die Einheit des religiösen Weltbildes bis zur Aufklärung gewahrt blieb. Jeder Bereich des menschlichen Lebens war zwar in unterschiedlichem Maße, aber in wesentlichem Grunde in gleicher Weise hingeordnet auf Gott, auf seine Heiligen – deren Namen man trug und an die Kinder als Vorbild des Lebens weitergab –, überhaupt auf die Ordnung seiner Schöpfung, deren Gesetzen man sich verpflichtet fühlte. Dies galt nicht nur für die bäuerliche Bevölkerung, die den Großteil (oft über 90%) der in Deutschland lebenden Menschen ausmachte und die von jeher konservativ dachte, weil sie an der Wiederkehr des Gleichen orientiert war und wie ihre ackerbebauende Arbeit von dem immer gleichen Rhythmus der Jahreszeiten abhing. Auch die Stadtbürger, die zwar mit dem Interesse am Handwerk und – vor allem – am Handel einen neuen Lebensstil der Rationalität, Beweglichkeit, Abstraktheit und Formalität, den man gerne den »frühkapitalistischen« Geist nennt, schufen, lebten trotzdem weiterhin ihre Einheit als Sakralgemeinschaft. Das Kirchengebäude stand neben dem Rathaus, das selbst oft eine eigene Ratskapelle hatte, in der die Ratsherren vor jeder Sitzung Messe feierten; der heilige Stadtpatron sollte – wie auch die in den Stadtchroniken stets hervorgehobenen erworbenen Reliquien – Schutz bieten; der Rat befahl die Abhaltung von Prozessionen usw. Nicht umsonst begann der religiöse Aufschwung um 1100 in den Städten, den bevorzugten Orten der neuen Orden.

So war das Profane immer auch sakral, und es gab keinen Bereich, etwa einer Privatheit, in dem der Mensch für sich allein sein konnte. Selbst das Intime stand im Zeichen der sakralen Ordnung der Welt und betraf – z.B. als Sünde, die den Zorn Gottes über alle hervorrufen konnte – alle, weshalb der Sünder öffentlich zu büßen hatte oder/und zu bestrafen war. Auch umgekehrt gab es keinen bloßen Sakralbereich: Das Sakrale war immer auch profan. Man lebte mit den Heiligen und ihren Reliquien, verwendete religiöse Gebetsinhalte für erotische Lieder, in dem Kirchengebäude wurde getanzt und Handel getrieben. Noch mehr: Das Sakrale in der Profanität bedeutete stets Macht: Die Meßfeier war die politische Sitzung der Bürger, die ihren Eid – sich der Stadtobrigkeit zu unterwerfen, Frieden zu halten usw. – auf Gott schworen und so die Macht des Rates begründeten.

Dieses Eingebundensein des menschlichen Lebens in ein religiöses Weltbild bereitet uns heute, die wir in einer am Menschen orientierten Welt leben, große Verständnisprobleme, nicht nur bezüglich eines praktischen Nachvollzuges, sondern sogar bereits für ein bloß theoretisches Beschreiben dieser Phänomene, denn oft fehlen uns die passenden Worte. So gab es im Mittelalter keinen »Staat« im heutigen Sinne (und daher im Sinne der heutigen Sprache), da die Einheit mit der Kirche – von der er heute getrennt ist – gelebt wurde. Und es gab auch keine »Kirche« in unserem Sinne

Das religiöse Weltbild

1 Das religiöse Weltbild des Mittelalters fand seinen Ausdruck in der »Zweischwerterlehre«, wonach nicht nur die Macht der Kirche, sondern auch die weltliche Macht des Staates – beide symbolisiert durch ein Schwert – von Gott stammten. Strittig war dabei, ob Jesus Christus, der »König der Könige«, das weltliche Schwert dem Herrscher unmittelbar oder nur durch Dazwischenschalten des Papstes überreichte.
Das Bild in dem vom Lüneburger Ratsherrn Brand van Tzerstede 1448 glossierten Rechtsbuch des Sachsenspiegels illustriert die erstgenannte, »kaiserliche«, Fassung: Christus in der Mandorla, auf einem Regenbogen und über einem Wappenschild mit der Darstellung der Leidenswerkzeuge thronend, von Engeln und den zwölf Aposteln umgeben, überreicht dem Kaiser das Schwert der weltlichen Macht. Der Kaiser hält die Zügel des unruhigen Schimmels, den zu besteigen der Papst nach Erhalt des Schwertes der geistlichen Kirchenmacht gerade im Begriffe ist. Als Maler dieser Miniatur gilt Hans Borneman (gest. 1474).
Lüneburg, Rathaus (Stadtarchiv) ▷

(einer geistigen Liebesgemeinschaft), da diese immer gleichzeitig weltliche Institution war und z.B. über eine ausgebildete Gerichtsbarkeit (nicht nur über innere Sünden) verfügte, die oft die einzige wirklich funktionierende »staatliche« Gewalt (und damit Vorbild des modernen Territorialstaates) war. Ebenso gab es kein »Recht« und keine »Strafe« in diesem Weltbild, sondern nur Phänomene, die dem heutigen Strafrecht vergleichbar sind, deshalb aber immer auch anders (und mit anderem, nämlich: Nicht-Recht und Nicht-Strafe, z.B. Religion und Sündenbuße, vergleichbar) waren. Doch soll auf diese methodischen Probleme hier nicht eingegangen werden, es genügt der nochmalige Ruf zur Vorsicht: Man kann sich die vergangene Welt gar nicht von unserer Wirklichkeit verschieden genug vorstellen.
Angemerkt sei, daß die Einheit des religiösen Weltbildes auch nicht durch den Investiturstreit des 11. Jahrhunderts oder die weiteren Vormachtskämpfe zwischen Kaiser- und Papsttum zerbrochen wurde. Das Ergebnis dieser Auseinandersetzungen war vielmehr die immer weitergehende Unterscheidung und Verselbständigung zweier Bereiche (einer weltlichen und einer geistlichen Sphäre), die im letzten Sinne in gleicher Weise in Gott gegründet gedacht waren. Der weltliche Herrscher wurde zwar entsakralisiert, aber nicht säkularisiert: Er blieb von Gottes Gnaden, seine Herrschaft wurde nur »mundaneisiert«. Auch die Reformation änderte daran nichts. Sie löste zwar viele Inhalte der göttlichen Ordnung, des ius divinum, auf, verlieh aber zugleich der Obrigkeit eine neue Legitimation: Diese war von Gott eingesetzt, sündhaften Taten und Lastern Einhalt zu tun und Zucht und Ordnung herzustellen. Die Einheit des religiösen Weltbildes blieb mit all den genannten Konsequenzen aufrecht.

Der verrechtlichte Gott

Es ist deshalb auch gefährlich (weil mißverständlich), dieses religiöse Weltbild als »christlich« zu charakterisieren. Denn Gott wurde damals (noch) nicht als der Geist der Liebe, die sich in seiner eigenen Menschwerdung und in der von ihm gestifteten Gemeinde zum Ausdruck bringt, erkannt, sondern bestimmend war der richtende und strafende Gott, somit ein – in unseren Augen – »verrechtlichter« Gott, wie er im Alten Testament geschildert wird; zugleich ein Gott, der zwar stets als der große Sieger über Tod und Sünde gefeiert wurde, dabei aber weiterhin im fortwährenden Kampf mit dem Teufel stand und noch nicht durch seinen Sohn die Welt erlöst und damit das Böse vernichtet und aufgehoben hatte.
Für uns, die wir die Gegenwart als Ausgangspunkt für die Gestaltung unserer zukünftigen Welt – einer besseren als die vergangene – ansehen, ist nicht mehr verständlich, daß die mittelalterlichen Menschen sich in dieser Weise nach einem vergangenen Gott, ja überhaupt nach der Vergangenheit orientierten. Die Franken z.B. sahen sich als neues Volk Israel, ihren König als neuen David, der Ruf nach dem guten alten Recht erhob sich allemal: Das Alte Testament, vor allem der Dekalog, wurde als Grundlage der Ordnung angesehen, die Geschichte als Einheit (von der Erschaffung der Welt durch Gott an bis hin zum Jüngsten Tag) und damit heilsgeschichtlich interpretiert. Der Sachsenspiegel (um 1225) übernahm Prophezeiungen von Origines und stellte ein
Nacheinander von sieben Weltaltern (Adam – 4
Noah – Abraham – Moses – David – Geburt Jesu – Gegenwart) mit unmittelbarem Ausblick auf den Jüngsten Tag dar. Die Geschichtsschreiber schilderten ihre Gegenwart als die Welt des Alten Testaments und priesen das unmittelbare Eingreifen Gottes in das politische Geschehen: Denn Gott führte sein christliches Volk gegen die Mächte des Bösen, so wie er das Volk Israel geführt hatte. Dafür griff er auch richtend und strafend als Gott des Rechts ein.
Diese verrechtlichte, dem Alten Testament entnommene Gottesidee des Mittelalters fand ihren Niederschlag vor allem in den Schilderungen des »Belial-Prozesses«[2]: In der populären Darstel-
lung des Jacobus von Theramo (1382) klagte der 3
Teufel Belial mit Erlaubnis von Gottvater vor Salomon (in 2. Instanz vor Joseph von Ägypten) gegen Christus, vertreten durch Moses, auf Herausgabe der von diesem aus der Hölle erretteten Vorväter. Ein Schiedsspruch beendete diesen nach kanonischem Recht geführten Prozeß: Im Jüngsten Gericht werde die Gerechtigkeit Gottes auch für den Teufel offenbar werden. Der Hintergrund dieser Prozeßvorstellung ist deutlich: Gott war nicht so sehr Herr des Rechts, auch nicht im eigentlichen Sinne der Schöpfer der Gerechtigkeit, sondern, wie der Sachsenspiegel (um 1225) formulierte: »Gott ist selber Recht.« Er war deshalb auch nicht bloß an das Recht gebunden: er war es selbst und unmittelbar. Das Recht war Prinzip der gesamten Schöpfung, wie es auch das Wesen des Schöpfers war. Das Jüngste Gericht war in Gott selbst gegründet, weshalb man es auch durch die Anrufung Gottes im Gebet initiieren konnte. Ab dem 10. Jahrhundert finden sich Berichte über die sogenannte »Vorladung ins Tal Josaphat«[3]. Der Grundgedanke dabei war, daß der Mensch, der vor dem irdischen Gericht sein Recht nicht erhielt, sondern benachteiligt wurde (z.B. unschuldig verurteilt und hingerichtet wurde oder in einem Prozeß durch Betrug des Gegners unterlag), den dafür Verantwortlichen durch feierliche Formel öffentlich vor das Gericht Gottes laden konnte, das nach dem Alten Testament im Tal Josaphat abgehalten werden sollte. Die so Vorgeladenen waren Grafen, Vögte, auch Herzöge, selbst Könige, Geistliche, Kardinäle, sogar der Papst. Viele lachten und spotteten darüber; doch – wie Erzählungen berichten – kam der Tag

2 Göttliches und irdisches Gericht. Illustration in: »Ulrich Tengler, Der neu Layenspiegel«, Augsburg 1512.

3 Belial (als Vertreter der Hölle) klagt gegen Christus (vertreten durch Moses) in 2. Instanz vor Joseph von Ägypten

auf Herausgabe der Patriarchen. Miniatur in der Handschrift Ms I 57, f. 38ᵛ, 15. Jh.
Hannover, Niedersächsische Landesbibliothek

4 *Die vorangegangenen sechs Weltalter. Textillustration der Dresdener Bilderhandschrift des Sachsenspiegels, 14. Jh.*

3 △

4 ▽

heran, auf den sie vorgeladen waren, befiel sie Zittern, Schrecken, Raserei; vergebens: Sie mußten der Vorladung folgen und sterben.

Dieser Hintergrund macht die Gerechtigkeitsbilder[4] verständlich, die in vielen Gerichtsräumen der Rathäuser Ausdruck des die Menschen damals bestimmenden Weltbildes waren. Das Bild »Die Eidesleistung«, das Derick Baegert im Jahre 1494 für das Rathaus zu Wesel fertigstellte[5], zeigt im linken oberen Bildrand die Darstellung des Jüngsten Gerichts, angebracht an der Wand des Raumes, in dem das weltliche Gericht tagt (und Engel und Teufel um die vor der Eidesleistung stehende Partei ringen, die Wahrheit bzw. die Unwahrheit auf das Reliquienkästchen zu beschwören). Im 1478 fertiggestellten Grazer Stadt-
32 richterbild eines unbekannten Malers[6] wird Jesus Christus als der richtende Gott – umgeben von den Aposteln als den Urteilern – dargestellt. Sein himmlisches Gericht ist dabei in völliger Parallele zum irdischen Gericht gemalt. Das Gerichtsbild
34 aus dem Rathaus zu Maastricht[7], um 1500, zeigt im oberen Drittel gleichfalls den richtenden Gott, setzt den Akzent aber etwas anders: Der Engel in der rechten unteren Bildhälfte weist die Gerichtspersonen auf die drohenden Höllenstrafen hin; Spruchzettel ermahnen sie, gerecht zu urteilen und nicht das Recht zu beugen. Denn ungerechtes Richten verstieß gegen Gott als die Gerechtigkeit selbst. Auch in der um 1300 erbauten Gerichtslaube des Lüneburger Rathauses findet sich im Bogenfeld einer Wand die Darstellung des Jüng-
36 sten Gerichts[8] und daneben Gerechtigkeitssprüche wie: »Zum eigenen Verderben eilt, wer vorschnell aburteilt!«; »Selig, die das Gericht wahren und Gerechtigkeit zu finden wissen!«; »Vor Gericht halte auf Gerechtigkeit und lerne angemessen zu künden!«; »Der beste Richter ist der, welcher schnell beurteilt, aber bedachtsam richtet!«

Es ist anzunehmen, daß auch das Weseler und das Grazer Gerichtsbild diese mahnende Funktion hatten; desgleichen auch die häufig in den Gerichtsräumen anzutreffenden Bilder vom Schicksal ungerechter Richter. Zwei Gemälde von Gerard David aus 1498 für das Brügger Rathaus zeigen die Verurteilung eines bestochenen Richters und die Schindung des ungerechten Richters Sisamnes. – Ein Einfluß auf die Richter konnte auch durch ein positives Vorbild angestrebt sein: Ein nach den Gerechtigkeitsbildern von Roger van der Weyden im Rathaus von Brüssel angefertigter
5 burgundischer Wirkteppich aus dem 15. Jahrhundert im Historischen Museum in Bern zeigt im linken Teil den römischen Kaiser Trajan bei einem Akt der Gerichtsbarkeit, den Dante Alighieri in der »Göttlichen Komödie« im 10. Gesang des Fegefeuers darstellt: »Hier war im Bild der hehre Ruhm zu schauen des Römerfürsten, ob des großer Tugend Gregor getrieben ward zum großen Siege, Trajans, des Kaisers, mein' ich, und am Zügel des Rosses stand ihm eine arme Witwe, die Tränen ließ und Schmerz an sich erkennen. Ringsher um ihn erschien, zahlreich gedränget, ein Troß von Reitern, und die goldnen Adler bewegten scheinbar drüber sich im Winde. Die Unglückselige in jener Mitte schien so zu sprechen: ›Schaff mir Rache wegen des Sohnes Mord, o Herr, drob ich mich gräme.‹ Und er ihr zu entgegnen: ›Warte jetzt noch, bis heim ich kehr.‹ Und sie drauf: ›Mein Gebieter!‹ Gleich einem, den der Schmerz beeilt: ›Wenn heim du nicht kehrst?‹ und er: ›Wer dann an meiner Stelle, schafft Rache dir?‹ und sie: ›Des andern Rechttun, was hilft dirs, wenn des eignen du vergissest?‹ Drauf er: ›Jetzt tröste dich; denn zu erfüllen ziemts mir die Pflicht, eh ich von dannen ziehe, das Recht erheischts, und Mitleid hält zurück mich.‹« – Er ließ den Mörder sofort enthaupten. Sein schneller Einsatz für die Gerechtigkeit befreit ihn auch aus der Hölle. Weiter zeigt der Teppich den sterbenden Grafen Herkimbald, der noch auf dem Totenbett einen Missetäter bestraft. Das herausragende Beispiel eines gerechten Richters war, schon wegen der allgemeinen Orientierung am Alten Testament, Salo- 7, 8
mon, der bereits als Richter im Belial-Prozeß be- 37
gegnet ist. Vor allem seine Entscheidung im Streit der beiden Frauen um das Kind, die bis in unsere Zeit das Interesse der Dichter gefunden hat, wurde häufig dargestellt, und zwar nicht nur als Holzschnitte und Bilder, sondern auch auf eige-
nen Gerechtigkeitstafeln, z.B. 1615 von Andreas 35
Peschku aus Graz. Am Ulmer Rathaus war diese
Szene sogar Sinnbild der Gerechtigkeit selbst. – 39
Nur angemerkt sei, daß die Häufigkeit dieser mahnenden Bilder und Sprüche einen realen Grund hatte: die Quellen berichten über Bestechlichkeit der ja nicht berufsmäßigen und daher auch nicht besoldeten Richter und Schöffen. Die Bambergische Halsgerichtsordnung von 1507
verglich in einem Holzschnitt den räuberischen 6
Adeligen, der dem Teufel verfallen ist, mit dem »Taschenrichter«, dem gleiches Schicksal vorhergesagt wird. Dabei steht der Richter in der rechten Bildhälfte und weist auf die Geldtasche, die von einem Büttel, einem Gerichtsdiener, in ein Folterinstrument gespannt und dadurch genötigt wird, Geld herzugeben.

Das von Gott verliehene Amt

So war die Tätigkeit der Gerichtspersonen auf Gott selbst, der gleichfalls richtete, bezogen. Er
war das absolute Vorbild auch ihrer irdischen 2
Rechtsprechung, die immer Rechts-Findung, d.h. das Finden des in seiner Gerechtigkeit gegründeten Urteils, war. Richter und Urteiler waren im Namen Gottes beauftragt, er hatte ihnen das Richteramt übertragen.

Ein Amt hatte auch der Herrscher zu erfüllen: Er war der oberste Richter. Darüber hinaus war ihm aufgetragen, Frieden herzustellen und aufrechtzuerhalten, den Armen und Schwachen zu helfen,

5 Zwei Vorbilder eines gerechten Richters auf einem burgundischen Wirkteppich des 15. Jhs.: links Kaiser Trajan, der wegen seines Einsatzes für Gerechtigkeit auf Gebet des Papstes Gregor d. Gr. (Mittelbild) trotz seines Heidentums der ewigen Verdammnis entrinnen konnte; rechts in den beiden Bildern Graf Herkimbald.
Bern, Historisches Museum

6 Der dem Teufel verfallene Raubritter (links) und der bestechliche »Taschenrichter«. Holzschnitt von Wolfgang Katzenheimer in der Bambergischen Halsgerichtsordnung, 1507. ▷

7 Das Urteil Salomons. Holzschnitt von Albrecht Dürer (?) in: »Der Ritter vom Turn«, Basel 1493. ▷ ▷

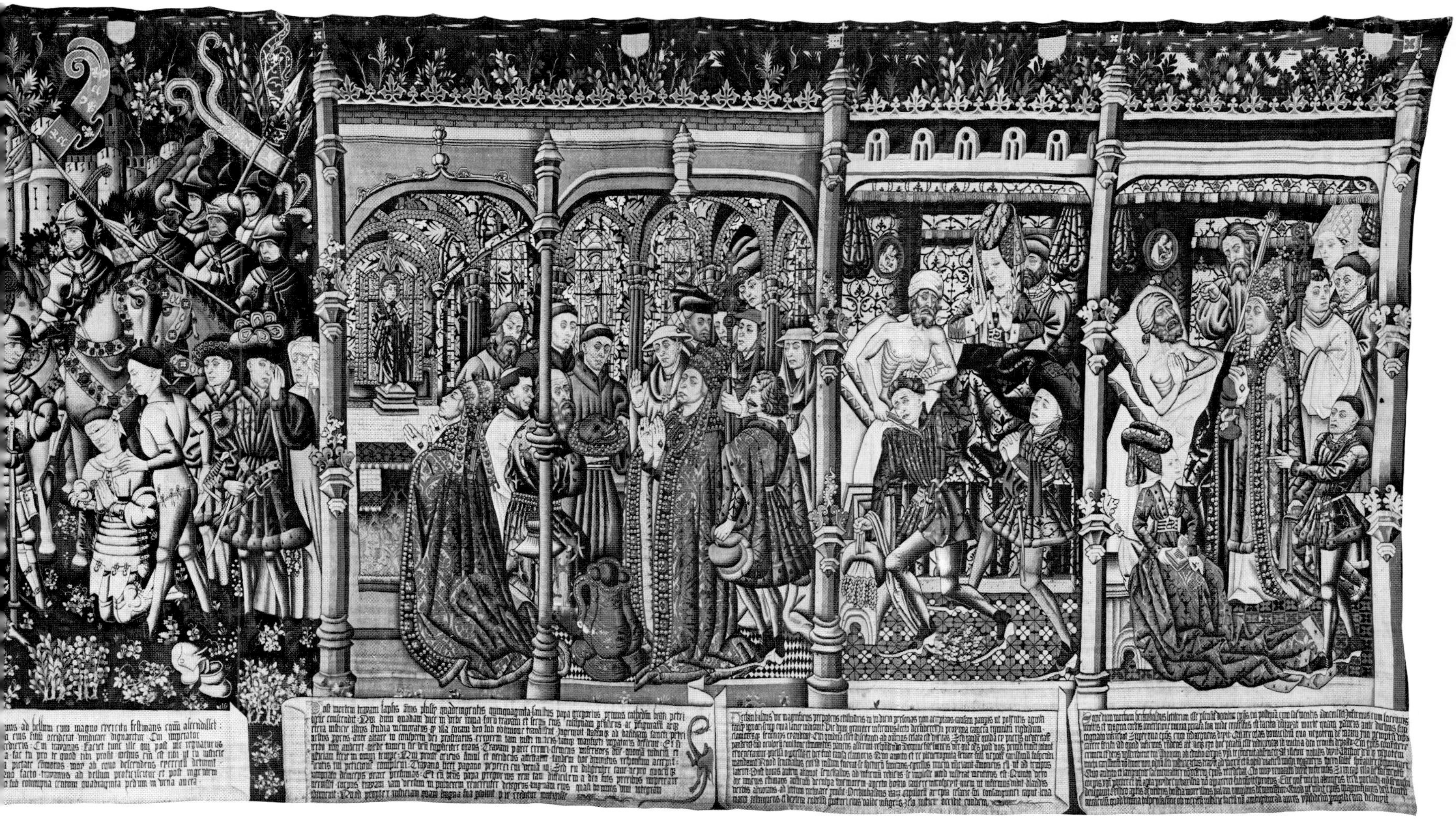

O Richter hie in diser welt
Ewr eer vnd sel gebt nit vmb gelt
Tasch wölt jr lenger leben
Meim hern müst jr gelt geben
Sölte ich des nit lachen
Im feld vnd vnter dachen
Kan ich dieb vnd rauber machen
Tasch was wilt du geben mir
Mein vrteyl wirdt gnedig dir
Auff landt vnd wasser raubt man ser
Noch rauben Taschenrichter mer
Mit gelt was ich wol beschwert
Falsch richter haben mich gelert

grundlegend: Er sollte dafür Sorge tragen, daß die Menschen in einer christlichen Ordnung als »populus Dei« (Volk Gottes) lebten, er sollte das Gottesreich auf Erden errichten. Dazu wurde er unmittelbar von Gott selbst eingesetzt, was auch in Darstellungen zum Ausdruck gebracht wurde[9].
9 So zeigt eine Miniatur (aus den Jahren 1002–1014)[10] den König Heinrich II. vor der Mandorla Christi stehend, der ihm die Krone aufsetzt; zwei Engel mit verhüllten Händen lassen ein Schwert und eine Kreuzlanze (die Heilige Lanze) in seine Hände gleiten, die Heiligen Emmeram und Ulrich stützen dabei seine Arme. Die Dresdener Handschrift des Sachsenspiegels illustriert die von der weltlichen Partei im Investiturstreit ver-
1, 30 tretene Form der »Zwei-Schwerter-Theorie«, wonach Gott unmittelbar dem Herrscher das weltliche Schwert (und damit die Macht), dem Papst das geistliche Schwert übergibt. Die päpstliche Partei beanspruchte dagegen eine unmittelbar göttliche Belehnung des Papstes mit beiden Schwertern, der dann das weltliche dem Kaiser weitergab und sich so als die höhere Macht erwies. Auf diesen Streit[11] um die Vormachtstellung im Rahmen der »christianitas« kann hier nicht eingegangen werden. Es wurde schon sein Ergebnis der Unterscheidung (nicht aber der Trennung) von weltlicher und geistlicher Sphäre genannt. Der Herrscher verlor bis zur Aufklärung sein Gottesgnadentum nicht, er erhielt seine Legitimation weiterhin durch unmittelbare göttliche Einsetzung. Diese Stellung des Herrschers fand ihren
42 Ausdruck vor allem in der Kaiserkrone[12], die aus der Zeit der Ottonen stammt und die damalige (wohl am stärksten »sakrale«) Herrscheridee weiter lebendig hielt. Der Herrscher wurde damals nach dem Vorbild Sauls gesalbt und geweiht, was durchaus als Sakrament betrachtet wurde, auch Vorbild der Bischofsweihe war, und seine Person heiligte. Er war »rex et sacerdos« (König und Priester) und damit von geistlicher Würde, er wurde als »vicarius Dei« (Stellvertreter Gottes) selbst angesehen, der auch »Mitherrscher im
10 Himmel« werden würde. Ein Bild Ottos III. aus dem Jahre 1000[13] macht diese Auffassung – unter Verwertung byzantinischer Vorstellungen – deutlich: Der Herrscher sitzt auf dem von einer kauernden Gestalt getragenen Weltenthron, umschlossen von der Mandorla, dem Sinnbild der Menschwerdung Gottes, auf den ersten Blick dargestellt wie Jesus Christus. Die vier Evangelisten(symbole) halten ein Band, das zugleich göttliche und irdische Sphäre trennt: oben langt die Hand Gottes herab, um den Herrscher zu krönen, unten befindet sich die irdische Welt; der Kaiser gehört beiden an: Er empfängt seine Gewalt im Himmel, aber sein Thron steht auf der Erde, die er im göttlichen Auftrag regiert. Er herrscht über die unten dargestellten adeligen Krieger und die Bischöfe, ihm huldigen die Herzöge. – In der Liturgie der Krönungsordines wurde der Herrscher als »typus« des Erlösers bezeichnet; er hatte sich bei seiner Weihe mit ausgestreckten Armen zwischen zwölf Bischöfe zu legen, mit ihnen das Bild Christi inmitten seiner Apostel nachlebend, er wurde sogar im Kreuz dargestellt wie Otto III.[14] (wohl nach 41
dem Beispiel Kaiser Konstantins) oder – als Höhepunkt – Heinrich II. In dieser Miniatur von 40
1014/1024[15] thront der Kaiser in der Mitte des Bildes, von oben weist die Taube auf ihn und damit das Symbol des Hl. Geistes, wie es sonst nur bei Jesus Christus gemalt wurde; d.h. Heinrich sitzt hier in der Pose des apokalyptischen Christus, die Hinrichtungsszene zu seinen Füßen macht ihn zum Herrn über Leben und Tod. Er trägt die Stola und wird dadurch als Inhaber ausschließlicher geistlicher Würden gekennzeichnet. Alleiniges Bindeglied zwischen Himmel (Taube) und Erde (Richtszene) ist der Kaiser, flankiert von den Tugenden. – So ist auch verständlich, daß die Stadt des Herrschers das neue Jerusalem werden sollte, und die Kaiserkrone mit dem Kreuz sollte in der Anordnung der Edelsteine, ihrer Zahl und ihrer Farbe und mit den verschiedenen Medaillons ein Abbild dieses himmlischen Jerusalems sein.

Die Friedensbewegung

Die Herstellung einer Friedensordnung auf Erden wurde über die Person des Herrschers hinaus als Aufgabe aller Christen gesehen, was in der Friedensbewegung des 11. und 12. Jahrhunderts zum Bewußtsein kam[16]. Zugleich war dieser neue Geist die Geburtsstunde eines eigentlichen öffentlichen Strafrechts (und auch eines aktiven »modernen« Staates): Die Verfolgung der Missetäter wurde der Rache und der »Lynchjustiz« Privater entzogen und als unmittelbare Verletzung der göttlichen Ordnung den Organen der Staatsgewalt vorbehalten, die auch sonst für Frieden und Gerechtigkeit von sich aus, und zwar mit der Unterstützung aller, zu sorgen hatten. Das bereitete schließlich auch den Fehden der Adeligen ein Ende, unter denen die einfachen Menschen, vor allem die Bauern, sehr zu leiden hatten. Denn auf andere, d.h. nicht gewaltsame Art hatten die Adeligen zu jener Zeit wegen der Schwäche der Zentralmacht und des Fehlens einer funktionierenden Gerichtsorganisation ihre Rechtsansprüche gegeneinander nicht durchsetzen können. Sie waren in die Besitztümer ihrer »Feinde« (»Fehde« bedeutete »Feindschaft«) eingefallen, hatten das Ackerland verwüstet, das Vieh weggetrieben – was eine Miniatur des Soester Nequambuches illustriert – und auch zugelassen, daß ihre bewaffneten Scharen die sich wehrenden Bauern verwundeten und töteten; und dies alles nur, um den Gegner dazu zu bringen, ihren Rechtsanspruch anzuerkennen. Sehr oft hatten sie im übrigen dieses anfangs durchaus anerkannte Fehderecht dazu benutzt, sich auf Kosten ihrer Feinde, vor allem der Städte, zu bereichern. Jede noch so kleine

8 König Salomon auf dem Thron. Holzschnitt von Lucas Cranach d.Ä. in: »Das Ander Teyl des Alten Testaments«, Wittenberg 1524.

9 Christus krönt König Heinrich II. Miniatur im Regensburger Sakramentar 1002/14. München, Bayerische Staatsbibliothek

10 Kaiser Otto III. als sakraler Herrscher zwischen Himmel und Erde. Miniatur im Ottonen-Evangeliar um 1000. Aachen, Domschatz ▷

Ehrbeleidigung wurde dabei als ausreichender Fehdegrund angesehen. Angemerkt sei, daß diese bewaffneten Truppen auch in fehdelosen Zeiten eine echte Gefahr für die arbeitende Bevölkerung darstellten und gemeinsam mit den herumziehenden Bettlern, Spielleuten und ehrlosen Vagabunden die Landplage der »schädlichen Leute« bildeten. Auch gegen sie richtete sich die Friedensbewegung. Sie begann in Burgund und Südfrankreich, damit in einem Raum, der wegen des Fehlens eines starken Königs besonders von den bewaffneten Auseinandersetzungen der Adeligen betroffen war.

Auf Versammlungen kamen Bischöfe und Vertreter des weltlichen Hochadels überein, die »Pax Dei« zu halten, d.h. Frauen, Kinder, Kleriker, Reisende, Bauern, auch Kirchen, zu befrieden. Während diese Vereinbarungen bereits Ende des 10. Jahrhunderts geschlossen wurden, einigten sich die hohen Herren später, zum ersten Male 1023, auch auf Wahrung der »Treuga Dei«, womit eine Waffenruhe für bestimmte Tage einzuhalten war. Beide werden als »Gottesfrieden« bezeichnet; und beide können nur vor dem Hintergrund des religiösen Weltbildes verstanden werden, denn ihr Anlaß war nicht die Gewalt als solche, sondern die dadurch unmöglich gewordene Heiligung des Sonntages durch Messelesen, was zu der Auffassung geführt hatte, daß diese Sünde Gott erzürnen und zur vergeltenden Rache bewegen würde. In der Tat waren Krankheiten und Hungersnöte aufgetreten, die als jenes göttliche Strafgericht angesehen wurden. Um Gott zu besänftigen, kam man zusammen; man holte die Leichen von Heiligen herbei oder zumindest deren Reliquien; es geschahen mehrere Wunder, die die Versammelten und das Volk in eine ungeheure emotionale Erregung und Spannung versetzten. Über den Reliquien schwur man die Friedenseinigung, wodurch die Heiligen selbst zu Überwachern des Friedens und des Schwures wurden. Dabei zog man bald eine Verbindung zur Kreuzzugsidee: nicht nur die Heiden waren zu bekämpfen, sondern der heilige Kampf galt auch den Feinden des Friedens im eigenen Land, die durch den Bruch des Friedens ihre Gottlosigkeit bewiesen hatten und ebenfalls überwunden werden mußten. Ihren besonderen Ausdruck fand diese Idee in dem Ideal des christlichen Ritters, der seine Kraft in den Dienst der Friedenserrichtung stellen und für Gott die Waffen benutzen sollte. Diese neue, das ganze gläubige Volk ergreifende religiöse Begeisterung führte allerdings auch zum Verlust der Toleranz gegenüber den Juden.

Jedenfalls brachte diese die Menschen ergreifende Begeisterung die Aktivierung der Massen. Im Anschluß an die Gottesfriedensschwüre wurden ganze Volksheere aufgestellt, um gegen Friedensbrecher vorzugehen, wahre Feldzüge der Bauern gegen deren Burgen und Truppen unternommen, die meist ein blutiges Ende nahmen.

Auch auf deutschem Boden wurden Gottesfrieden beschworen, zum ersten Male 1082 in Lüttich, und auch hier wurde die Pflicht aller Christen zur Aktivität anerkannt. Doch waren die deutschen Frieden von Beginn an zwiespältig. Beim Mainzer Gottesfrieden von 1085 wirkte König Heinrich IV. führend mit, auch der Kölner Frieden von 1083 wurde zwar vom Erzbischof angeregt, doch war dieser zugleich weltlicher Fürst: die Friedensbrecher wurden deshalb nicht nur mit kirchlichen Strafen, vor allem der Exkommunikation, belegt, sondern auch durch das weltliche Gericht bestraft. Auf diese Weise nahmen die weltlichen Fürsten die Friedensbewegung bald in Dienst und verwendeten sie zur Begründung und Verstärkung der eigenen Macht. Die Gottesfrieden wichen den Landfrieden: 1093 wurde der erste Landfrieden in Ulm verkündet, 1103 der Mainzer Reichslandfrieden usw. Diese Frieden waren auf eine be- 11
stimmte Zeit berechnet und wurden anfangs von den Adeligen beschworen, im Laufe der Zeit mit der allmählichen Herausbildung territorialer Macht vom »Landesherrn« auch in Form eines Gesetzes erlassen. Man muß sehen, daß die Landfrieden die Entstehung der modernen Territorialstaaten begünstigt haben: sie waren Bündnisse der Großen gegen die Kleinen, wobei die ersteren übereinkamen, die letzteren zu befrieden, solange, bis nur mehr einige wenige Fürsten übrigblieben, die ihre Macht in ihren Territorien mit Hilfe beamteter Juristen, einer Steuergesetzgebung und staatlicher Gerichte festigen konnten.

Die Landfrieden waren auch die eigentlichen Schöpfer des »peinlichen« Strafrechts, d.h. der Blutgerichtsbarkeit. Sie richteten sich nicht nur gegen die Fehden der Ritter, sondern auch gegen die fortwährend anwachsende Kriminalität der »landschädlichen Leute«, strebten also nach der Herstellung einer völligen Friedensordnung. So wurden sie bald zu echten Strafgesetzbüchern und damit zu den Vorläufern der »Halsgerichtsordnungen«, die in den einzelnen Territorialstaaten ab dem 16. Jahrhundert erlassen wurden. Zugleich sahen sie in immer steigendem Maße Leibes- und Todesstrafen vor.

Die geistige Wirkung dieser Friedensbewegung zeigt der Sachsenspiegel, den Eike von Repgow um 1225 verfaßte und worin er das Recht der Sachsen »spiegeln« wollte, in der Übernahme der befriedeten Personen und Orte: »Frieden sollen 12
haben Pfaffen und geistliche Leute, Mädchen und Frauen und Juden an ihrem Gut und an ihrem Leben, Kirchen und Kirchhöfe und jedes Dorf innerhalb seines Grabens und seines Zaunes, Pflüge und Mühlen und des Königs Straßen zu Wasser und zu Lande«, und der befriedeten Zeiten, nämlich der Feiertage und Donnerstag bis Sonntag in jeder Woche. Die Begründung für diese Bestimmung macht den religiösen Hintergrund und die Einbindung in das religiöse Weltbild deutlich: »Des Donnerstags weiht man das Salböl, womit

11 Titelblatt der Verkündigung eines Landfriedens unter Kaiser Karl V., Mainz 1521

12 *Die Inhalte des Königsfriedens (symbolisiert durch die Lilie, auf die der rechts sitzende König deutet): Mönch, Weltgeistlicher, Frau, Mädchen und Jude als Vertreter der gefriedeten Personengruppen, Kirchengebäude und Mühle als Beispiel der gefriedeten Orte, der Pflug als gefriedete Sache; die Himmelfahrt Jesu Christi an einem Donnerstag und die Beseelung Adams und Evas durch Gottvater an einem Freitag als Grund des allseitigen Friedens an diesen Tagen. Textillustration der Heidelberger Bilderhandschrift des Sachsenspiegels, 14. Jh.* ▷

man uns alle zu der Christenheit zeichnet in der Taufe; des Donnerstags genoß Gott mit seinen Jüngern den Kelch, da begann unser Bund; des Donnerstags führte Gott unsere Menschheit zum Himmel und öffnete uns den Weg dahin, der uns vorher verschlossen war. Des Freitags schuf Gott den Mann und Gott ward des Freitags gemartert durch den Mann. Des Sonnabends ruhte er, als er Himmel und Erde geschaffen hatte und alles was drinnen war; er ruhte auch des Sonnabends in dem Grabe nach seinem Martertod; des Sonnabends weiht man auch die Pfaffen zu Gottes Dienst, die der Christenheit Lehrer sind. Des Sonntags wurden wir wegen Adams Missetat mit Gott versöhnt; der Sonntag war der erste Tag, der je ward, und wird auch der letzte sein, wenn wir auferstehen sollen von dem Tode und sollen fahren zu den Gnaden mit Leib und Seele, die es gegen Gott verdient haben. Deswegen sind diese vier Tage gemeine Friedetage allen Leuten.«

Unmittelbares Eingreifen Gottes

Gott befahl aber nicht nur dem Herrscher, den Gerichtspersonen, schließlich allen Christen die Errichtung einer gerechten Friedensordnung. Er griff selbst – mittelbar durch die Heiligen, aber auch unmittelbar – in die irdischen Verhältnisse ein und bestrafte die bösen Menschen bereits zu ihren Lebzeiten. So wird berichtet, daß ein Missetäter von Steinen erschlagen wurde, plötzlich erkrankte und starb, oder von schweren »Schicksalsschlägen« heimgesucht wurde. Auch Hungersnot, Naturkatastrophen, Seuchen wie die Pest, wurden in dieser Weise als Strafen Gottes aufgefaßt. Darüber hinaus bediente sich Gott seiner gesamten Schöpfung zur Aufdeckung eines Missetäters und ermöglichte dadurch dessen Bestrafung durch die irdische Macht. Tiere begannen
13 plötzlich zu sprechen und verrieten die Missetat,
14 deren Zeugen sie gewesen waren; die Glocke wies
durch ihr Läuten oder durch das Verstummen ihres Klanges auf den Täter hin. Gott sprach auch durch die Hinrichtungsgegenstände: das Schwert des Scharfrichters verweigerte den tödlichen Hieb gegen einen Unschuldigen, der Holzstoß des Scheiterhaufens wollte nicht brennen. Häufig wird das Reißen des Strickes beim Hängen berichtet, das gleichfalls dem Verurteilten das Leben rettete, da man – zumindest wurde dies lange Zeit so gehandhabt[17] – von einer Wiederholung des Hängens absah. Mancherorts überließ man die Vollstreckung des Todesurteils von vornherein dem göttlichen Willen. So warf man z.B. den zum Tode durch Ertränken Verurteilten in den Fluß; konnte er nach einer gewissen Strecke noch lebend geborgen werden, war er durch Gottes Hilfe gerettet[18].

In gleicher Weise griff im übrigen auch der Teufel
16 in die irdischen Verhältnisse ein. Ein Flugblatt des
16. Jahrhunderts berichtet von der Bestrafung einer sündhaften »Pfaffen-Kellerin« durch den Teufel, der sie in die Hölle fortträgt. Im Jahre
1555 hielt man im Bild fest, wie in Dernburg der 61
Teufel seine Geliebte vor aller Augen vom Scheiterhaufen weg durch die Luft entführte. Desgleichen wollte er mit einem Kinde verfahren, das 15
seine Eltern im Zorn ihm »ergeben« hatten. Über sein Wirken während der Folter wird noch zu sprechen sein.

Diese Inhalte des religiösen Weltbildes befremden heute am meisten. Wir können den Teufel als den »Leibhaftigen«, aber auch einen Wunder wirkenden lebenden heiligen Menschen nicht mehr erfahren, ganz im Gegensatz zum mittelalterlichen Menschen, der stets mit dem Teufel und mit 17
Heiligen lebte und sie auch als solche sinnlich erfuhr. Das Bild Michael Pachers vom hl. Wolfgang 46
in St. Wolfgang am Wolfgangsee, der den Teufel zwingt, ihm die Bibel zu halten, soll zumindest etwas von dieser damaligen Wirklichkeit nahebringen.

Jedenfalls waren Teufel und Heilige Realität auch im Rechtsleben[19]. Der tote Heilige wurde z.B. als Eigentümer der ihm geweihten Kirche aufgefaßt und rechtlich behandelt, er konnte auch als Bürge genannt werden. Der Teufel wurde als Vertragspartner anerkannt; der mit Hexen geschlossene Bund konnte wissenschaftlich abgehandelt werden.

Die Bahrprobe

Das unmittelbare Eingreifen Gottes in seine Schöpfung durch Tiere oder durch die Glocke wurde bereits genannt. Das Märchen vom singenden Knochen[20] erzählt von der Aufdeckung der Missetat durch das Opfer selbst: aus dem Grab läßt Gott den Beweis der Täterschaft erklingen. Dieser Gedanke fand seinen Niederschlag in der Bahrprobe[21], die vor allem durch das Nibelungenlied bekannt geworden ist. Der Getötete zeigt durch das Aufbrechen der Wunden oder durch andere Zeichen seinen Mörder an. Dabei mußte der Verdächtige – oft unbekleidet, um mögliche Verstecke für störende Gegenstände, z.B. Zauberamulette, auszuschließen – an die Bahre des Getöteten treten, die Wunden berühren oder sogar küssen und – wie das Rechtsbuch von Freising (1328) angibt – »ihn mit Namen nennen und diese Worte sprechen: ›Ich bezeuge bei Gott und bei dir, daß ich an deinem Tode unschuldig bin.‹ Wenn er das dreimal tut und haben sich die Wunden nicht verändert, so ist er frei von den Verwandten und von dem Gericht. Haben sich aber die Wunden verändert, so daß sie blutig sind, so ist er an dem Tode schuldig geworden... und hat das Urteil über sich selbst abgegeben.«

Die Luzerner Chronik des Diebold Schilling (1513) berichtet über die Bahrprobe gegenüber
dem Hans Spieß, der seine Frau getötet hatte, wo- 18
bei als Ort der Friedhof zu Ettiswil bestimmt wur-

13, 14 Die Mörder des hl. Meinrad werden durch zwei Raben, die Tatzeugen waren, vor Gericht überführt. Kolorierte Zeichnungen in der Legende von Sankt Meinrad, Einsiedeln, 15. Jh.

16 △

17 ▽

15 Der Teufel will ein ihm im Zorn von den Eltern übergebenes Kind wegtragen. Holzschnitt von Albrecht Dürer (?) in: »Der Ritter vom Turn«, Basel 1493.

16 Der Teufel trägt eine »Pfaffendirn« in die Hölle. Ausschnitt aus einem Flugblatt in der Nachrichtensammlung des J. J. Wick (1560–1587).
Zürich, Zentralbibliothek

17 Der Teufel als Teilnehmer am 1570 in der Nähe von Genf gefeierten Hexensabbat. Zeichnung in der Nachrichtensammlung des J. J. Wick (1560–1587).
Zürich, Zentralbibliothek

de, wo die Ermordete bereits begraben worden
war, und gegenüber Kirchendieben, die 1508 ei-
nen Mann erschlagen hatten. In beiden Fällen war
die Bahrprobe erfolgreich und führte zur Verur-
teilung und Hinrichtung der Täter.
Die Bahrprobe wurde von der erstarkenden welt-
lichen Obrigkeit bald in den Hintergrund
gedrängt, vor allem war sie dem neuen Ermitt-
lungsverfahren, der Folter, eindeutig unterlegen.
Trotzdem kam sie bis ins 17. Jahrhundert zur An-
wendung, zuletzt allerdings nur mehr als Indiz der
Zulässigkeit der Folter.

Das Eingreifen der Heiligen

Gott griff auch durch seine Heiligen in das irdische
Verfahren ein. Dabei sind drei Formen, die im we-
sentlichen auch zeitlich nacheinander berichtet
werden, zu unterscheiden.
Zunächst wurde der Heilige noch zu seinen Leb-
zeiten als göttliches Werkzeug verwendet. Er be-
freite z. B. selbst Gefangene aus dem Kerker[22] wie
51 der heilige Leonhard, der »Gefangenenheilige«
schlechthin[23], in einem Bild des 15. Jahrhunderts
49 und in einem Holzrelief um 1500, das ihn als Abt
zeigt, wie auch – gemeinsam mit dem heiligen Ru-
43 pert – in einem Bild des Meisters des Pfarrwerfe-
ner Altares (um 1430). Er rettete Verurteilte vor
dem Galgen und schnitt sie vielleicht sogar noch
vom Strick ab[24]. Sodann konnte der bereits ver-
storbene Heilige unmittelbar in ein Verfahren
eingreifen, z.B. bei Beweisnotstand eines Un-
schuldigen als Zeuge erscheinen[25]. Vor allem aber
konnte er das Gebet eines sich an ihn in Not wen-
denden Gläubigen erhören und ihn durch ein
Wunder aus dem Kerker erretten – so der heilige
44 Leonhard in einer Darstellung des St.-Leon-
hard-Altares in Bad Aussee und die heilige Maria
45 »im Ährenkleid« in der Wieskirche – oder vom
Tod durch den Scharfrichter bewahren; z. B. er-
hielt die heilige Maria geräderte Missetäter am
Leben und ließ sie sogar gesund werden, wie Vo-
22 tivbilder aus Altötting[26] und anderen Wallfahrts-
20 orten zeigen[27]. Es ist sogar anzunehmen, daß die-
ses Eingreifen der Heiligen häufig war. So ist ein
21 Geräderter auf dem Titelblatt des »Buchlein der
zuflucht zu Maria der muder Gottes in alten
Oding« (Nürnberg 1497) abgebildet. Ebenso häu-
47, 48, 50 fig sind Gefesselte als eiserne Votivgaben, vor al-
lem für den heiligen Leonhard, zu finden. Dabei
ist zu beachten, daß diese Figuren den Heiligen
selbst darstellen und ihm auch als Vieh- oder Wet-
terpatron dargebracht sein können; es kann auch
ein ehemaliger, nun geheilter Geisteskranker sein,
die im Mittelalter gleichfalls in Ketten gelegt wa-
ren.
Die Heiligen retteten aber durchaus auch »schuldi-
ge« Missetäter, was ein Licht auf die damaligen
unmenschlichen Verhältnisse in den Kerkern und
auf die Qualität des Strafvollzugs jener Zeit über-
haupt wirft.

Die Gottesurteile

Das göttliche Eingreifen in das irdische Rechts-
verfahren fand seinen nachhaltigsten Nieder-
schlag in den »Gottesurteilen« (Ordalen)[28]. Auf
die Bahrprobe wurde bereits hingewiesen. Sie
zeigt, daß hier durchaus auch alte abergläubische
Vorstellungen, z.B. des lebenden Leichnams, von
Bedeutung waren, die in verchristlichter Form
weiterwirkten. In gleicher Weise wurden die Be-
weismittel des alten sakralmagischen Weltbildes
der frühen Germanen – nämlich Eid und Zwei-
kampf – in eine neue christliche Form gebracht,
dazu noch einige neue Gottesurteile »erfunden«.
Der Eid war bei den Germanen eine bedingte ma-
gische Selbstverfluchung gewesen, abgelegt auf
heilskräftige Gegenstände, z. B. auf das Schwert,
das den Falschschwörenden und deshalb Kraftlo-
sen erschlagen sollte. Nun wurde der Schwur (vor
allem) auf die Reliquienbehälter eines Heiligen –
wie die Bilder der Sachsenspiegelhandschriften, 19
das Weseler Gerichtsbild und das Relief einer 31
Truhe des Reichenauer Münsters zeigen – oder 58
auf eine geweihte Kerze oder vor dem Altar in der
Kirche abgelegt. Es wurden auch eigene »Schwur-
tafeln« – wie im Rathaus von Rothenburg ob der 60
Tauber –, manchmal auch nur bloße Eidesstäbe,
sog. »Schwurstäbe«, die der Schwörende anzufas- 59
sen hatte, weshalb mit ihrer Hilfe der Eid »ge-
stabt« wurde, verwendet. Bei Meineid sollte der
auf diese Weise mißbräuchlich angerufene Heilige
oder Gott selbst den Täter vernichten, was auch,
wie die Quellen oft berichten, tatsächlich eintrat.
Der Sieg im Zweikampf, bei den Germanen auf
die größere heilsmächtige Kraft zurückgeführt,
wurde nun gleichfalls Zeichen des göttlichen Ein- 23
greifens, wobei das Alte Testament mit der Schil-
derung des Kampfes Davids gegen Goliath ein
Vorbild gab. Der Sieger hatte seine größere Kraft
von Gott erhalten, weil er im Recht war[29]. Mit
dem allmählich bewußt werdenden Gedanken,
daß Gott vor allem den Schwachen zu Hilfe kom-
me, wurde der Schwerpunkt auf die Niederlage
des Schuldigen, der durch göttliche Kraft, auch
durch sein böses Gewissen geschwächt worden sei,
gelegt. So konnten auch Frauen zum Zweikampf 55
zugelassen werden, wobei man ihnen manchmal
die bessere Kampfposition einräumte[30], vor allem 25
seit sie selbst als Prozeßparteien anerkannt waren;
daneben blieb ihre Vertretung durch den Vor-
mund, durch einen Verwandten oder durch einen
für sie eintretenden Ritter (Lohengrin!) möglich. 24
Entsprechend konnte dieser neue Grundgedanke
des Zweikampfes auf Vertreter angewendet wer-
den: etwa auf Lohnkämpfer, die als unehrliche 27
Leute galten; aber auch auf Ritter, die in Gottes
Auftrag Recht verwirklichen sollten. Überhaupt
war der Zweikampf in der Regel nur zwischen
ebenbürtigen Parteien, vor allem Rittern, mög-
lich, obwohl auch manchmal ein gerichtlicher
Kampf zwischen Ritter und freiem Bauer berich-

18 Die Bahrprobe des Gattenmörders Hans Spieß 1503 auf dem Friedhof von Ettiswil bei Luzern. Miniatur in der Luzerner Chronik des Diebold Schilling d. J., 1513. Luzern, Bürgerbibliothek

19 Das Gottesurteil des Eides auf das Reliquienkästchen. Textillustration der Wolfenbütteler Bilderhandschrift des Sachsenspiegels, 14. Jh.

20 *»Ein man wardt auff ain Rad gelegt. Mariam zw Zell rufft er an. Do viel er von dem Rad und wardt gen Zell gepracht. Und alspald er das gätter bey dem mittern Altar begraifft, warden ym all sein payn ganntz.« Holzschnitt vom Reißer der Wunder von Mariazell, um 1515.*

21 *Ein geretteter Geräderter im Titelblatt des »Buchlein der zuflucht zu Maria der muder Gottes in alten Oding«, Nürnberg 1497.*

22 *Votivbild eines geretteten Geräderten, 1663 Altötting, Wallfahrtskapelle*

tet wird. Dabei konnte auf diese Weise sogar eine abstrakte Rechtsfrage geklärt werden: Otto I. ließ etwa das Problem, ob Söhne mit Enkelkindern das Erbe teilen müßten, durch Lohnkämpfer entscheiden. Hier entschied Gott durch sie für die Teilung.

Dabei war man – vor allem für das Aufeinandertreffen der Lohnkämpfer – auf die strenge Einhaltung bestimmter Formvorschriften bedacht. Der Sachsenspiegel z. B. schrieb genau die Ausrüstung der beiden Kämpfer vor. Sie durften Leder und Leinenkleidung nach Wahl anziehen, Haupt und Füße mußten vorne unbedeckt sein, »und an den Händen sollen sie nichts als dünne Handschuhe haben; ein bloßes Schwert in der Hand und eins umgegürtet oder zwei, das steht in ihrer Wahl; einen runden Schild in der anderen Hand, daran nichts als Holz und Leder sei außer dem Buckel, der kann eisern sein«. Beide hatten die Behauptung der Parteien, für die sie stritten, zu beschwören, »auf daß ihnen Gott so in ihrem Kampf helfe«. Im Kampfring sollte Chancengleichheit be-
56 stehen: »Die Sonne soll man ihnen gleich zuteilen, wenn sie zuerst zusammentreffen.« Selbst für den Fall, daß der Beklagte sich nicht zum Kampf stellte, war ein Verfahren vorgesehen: der Kläger
57 mußte in den Kampfring und »zwei Schläge und einen Stich wider den Wind« fechten.

Auch in unblutiger Weise konnte Zweikampf durchgeführt werden, so etwa als »Kreuzprobe«, bei der sich die Gegner in der Kirche mit ausgestreckten Armen gegenüberstellen mußten und Gott der im Recht befindlichen Partei die Kraft gab, länger in dieser Stellung zu verharren; oder als »Kerzenordal«, bei dem zwei gleichgroße Kerzen zur gleichen Zeit angezündet wurden und Gott die Wahrheit durch Längerbrennen der einen offenbarte.

Darüber hinaus war es notwendig, über Eid und Zweikampf hinaus neue Gottesurteile zu »erfinden«, denn für die Unfreien kamen sie von vornherein nicht in Betracht, da diese eidesunfähig und nicht kampfberechtigt waren. Auch Frauen wurden oft weder zum Zweikampf noch zum Eid zugelassen. Für sie mußten andere Mittel gefunden werden, durch die Gott um Offenbarung der Wahrheit ihrer Behauptungen gebeten werden konnte. Besondere Bedeutung erhielten dabei die Elementenordale: Gott sollte durch seine Schöpfung (durch Feuer und Wasser) sprechen. Der Verdächtige mußte etwa die »Feuerprobe« bestehen, bei der er im Hemd, das oft aus Wachs verfertigt war, zwischen zwei brennenden Holzstößen hindurchzugehen oder seine Hand ins Feuer zu
26 halten hatte; oder bei der er ein glühendes Eisen-
27 stück halten oder tragen mußte, wie Isolde und die
52 Gattin des von Otto III. auf falsche Anschuldigung hin zum Tode verurteilten Grafen, die auf diese Weise, mit dem Kopf ihres enthaupteten Gatten unter dem Arm, seine Unschuld offenbaren konnte[31]. Verheilte die verbrannte Hand schnell oder war sie zumindest in gutem Heilungszustand, war der Beweis der Wahrheit der Behauptung, meistens die Unschuld des Verdächtigen, gelungen. Eine andere Form der »Eisenpro-
be« ist durch die Geschichte der hl. Kunigunde be- 53
kannt, die von ihrem Gatten Heinrich II. aufgrund teuflischer Anschuldigungen verurteilt wurde, ihre Keuschheit dadurch zu beweisen, daß sie mit nackten Füßen eine Strecke von fünfzehn Fuß über glühende Pflugscharen ging und dabei unversehrt blieb, was ihr mit Hilfe der hl. Maria auch gelang[32]. Häufige Verwendung fand die Kesselpro-
be, der »Kesselfang«, bei der ein Gegenstand, ein 27,
Ring oder Stein, aus einem Kessel mit heißer Flüs- 58
sigkeit, Öl, Wasser, heraufgeholt werden mußte. Manchmal umfaßte die Prozedur – als Probe mit siedendem Wasser – das bloße Hineintauchen der Hand. Das nasse Element wurde auch für die
Kaltwasserprobe herangezogen, bei der ein Un- 28,
schuldsbeweis im Untergehen des Betreffenden 62
gesehen wurde, weil das reine Element des Wassers ihn aufnahm. Andere Gottesurteile waren die »Bißprobe«, bei welcher ein Stück Brot oder Käse unzerkaut, und die »Abendmahlprobe«, bei der eine Hostie hinuntergeschluckt werden mußte und das Gelingen die Unschuld bewies.

Stets waren die Gottesurteile – trotz vielfältiger Anklänge an alten Aberglauben, z. B. an die Kraft des Wassers oder des Feuers – von einem christlichen Ritual umgeben. Der Betroffene mußte sich durch Fasten vorbereiten, eine Meßfeier vorher besuchen; die Gegenstände wurden geweiht, schließlich Gott durch priesterliche Gebete um Hilfe angefleht.

Das weitere Schicksal der Gottesurteile entsprach dem der Bahrprobe: sie wurden durch die aufkommende Folter immer mehr in den Hintergrund gedrängt. Dazu mußten sie einem christlichen Glauben, der sich allmählich verinnerlichte und vergeistigte, suspekt werden, stellten sie doch in gewissem Sinne ein Verfügen über Gott dar. 1215 verbot das 4. Laterankonzil den Geistlichen, bei Feuer- und Wasserproben mitzuwirken. Obwohl diese Vorschrift nicht überall sofort befolgt wurde, war damit der Anfang ihres Unterganges gesetzt. Nur der Zweikampf, bei dem die Geistlichen nicht mitwirkten, hielt sich noch länger, vor allem in den höheren Volksschichten, doch auch sein Ende war bald eingeleitet. Dies geschah vor allem durch die Städte, die, je mehr sich die Bürger als Handwerker oder Kaufleute verstanden, immer weniger am Zweikampf, dafür an seinem Ersatz vor allem durch den Zeugenbeweis interessiert waren.

Folter und Hexenproben

Trotz des Niederganges der Gottesurteile lebten einige ihrer Inhalte weiter, zumindest wurden sie in den Hexenprozessen erneut zu Leben gebracht.

23 △

24 △

25 ▽

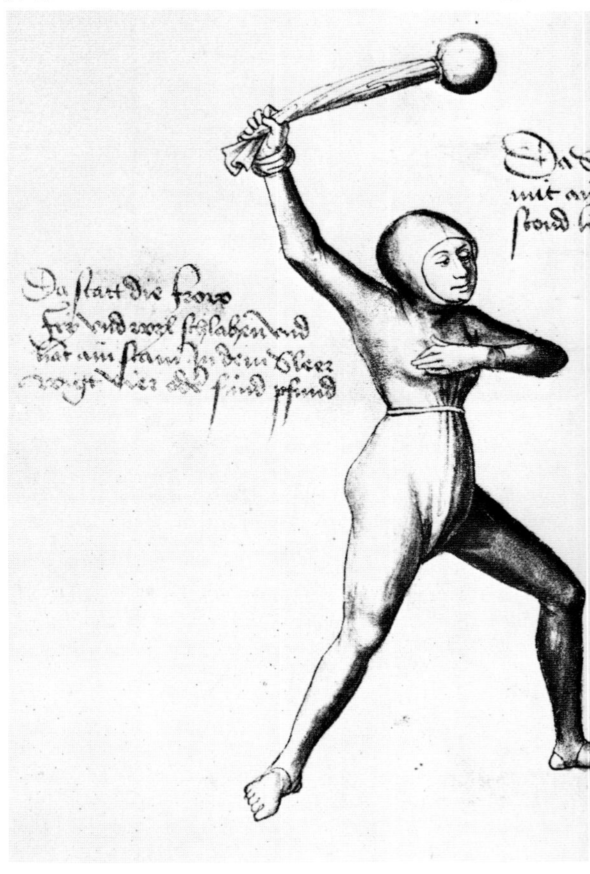

Gegenüberliegende Seite:
23 Der Zweikampf als ein von einem Engel beschirmtes Gottesurteil. Französische Miniatur des 15. Jhs.

24 Im Gottesurteil des Zweikampfes rettet ein Ritter die unschuldige Jungfrau vor dem bereits brennenden Scheiterhaufen. Holzschnitt von Albrecht Dürer (?) in: »Der Ritter vom Turn«, Basel 1493.

25 Zweikampf zwischen einer Frau – bewaffnet mit einem im Schleier festgebundenen Stein – und einem Mann, dessen körperliche Überlegenheit durch seine eingeschränkte Bewegungsfreiheit ausgeglichen wird. Federzeichnung in Hans Talhoffers Fechtbuch (Codex Gothanus), 1467. Gotha, Museen der Stadt

26 Das Gottesurteil des heißen (glühenden) Eisens. Kolorierte Zeichnung im Codex Lambacensis, 12. Jh. Kloster Lambach (Oberösterreich)

27 Die Gottesurteile des Zweikampfes (hier durch einen Lohnkämpfer), des Kesselfangs und des glühenden Eisens. Textillustration der Dresdener Bilderhandschrift des Sachsenspiegels, 14. Jh.

26 △

27 ▽

Dabei ist zunächst die Folter zu nennen. Richtete sie sich gegen einen Missetäter, der mit dem Teufel im Bunde gedacht oder/und selbst ein teuflischer Mensch war – wie die noch zu besprechende Hexe (und in den Prozessen gegen sie wurde dieses Problem bewußt, weshalb eine Verallgemeinerung der nun folgenden Thesen nicht unproblematisch ist) –, schien sie ein so gefährliches Unterfangen, daß sie nur mit Gottes Hilfe durchgeführt werden konnte. Auf diesem Wege nahm die Folter, die selbst nicht mit dem Gottesurteil gleichgesetzt werden kann, da sie auf der Eigeninitiative und Aktivität des seiner eigenen Kraft bewußtgewordenen Menschen beruhte, Elemente der Ordale auf[33]. So wurde die Folterung durch ein Gebet vorbereitet, man band dem Betroffenen Reliquien an den Leib oder legte ein Kreuz unter seinen Körper, gab ihm geweihte Suppen zu trinken, die auch bei Lügen Schmerzen bereiten sollten; man rasierte ihm die Haare an allen Körperstellen, vor allem an solchen, die normalerweise nicht sichtbar waren, ab und zog ihm ein an einem Tag gewebtes und genähtes, geweihtes »Peinkleid« ohne Knöpfe an, um jedes Versteck für einen teuflischen Dämon zu beseitigen. Der Vernehmende stand oft mit dem Rücken zum Gefolterten, um nicht von dessen »bösem Blick« getroffen zu werden, und ähnliches. Auch die Schmerzzufügung selbst wurde zum Teil als gegen den Teufel gerichtet verstanden, sei es, daß er vor den Schmerzen fliehen sollte, sei es, daß die Schmerzen so groß werden sollten, daß der Gefolterte die Furcht vor dem Teufel überwinden und ihm abschwören konnte. Vielleicht spielte auch der Gedanke mit, daß Gott dem Unschuldigen die Kraft geben würde, die Schmerzen zu ertragen.

Inhalte der Gottesurteile lebten auch in den sog. »Hexenproben«[34] auf, worunter man Mittel verstand, die die Überführung der Hexe erleichtern sollten. Dazu gehörten die Hexenmale, die beim Eingehen des Bundes mit dem Teufel von diesem zur Besiegelung beigebracht wurden, z.B. Muttermale oder Hautauswüchse, in die der Scharfrichter mit einer Nadel hineinstach; floß kein Blut, war dies ein Indiz für Schuld. Die eigentlichen Hexenproben beruhten auf dem Glauben an die Kraft der Elemente, des Feuers, vor allem des Wassers. Bei dieser Wasserprobe fuhr der Scharf- 29
richter mit der verdächtigten Person auf den Fluß oder sonst ein Gewässer hinaus; dort entkleidete er sie und band ihr die rechte Hand am linken großen Zeh und die linke am rechten großen Zeh fest. Dann schlang er ihr einen Strick um den Leib und warf sie ein oder mehrmals hintereinander auf das Wasser, manchmal unterließ er auch das vorherige Binden. Ging sie unter, war sie unschuldig, »floß sie wie eine Gans«, schuldig. Denn, wie meist begründet wurde, Gott habe durch die Taufe Jesu Christi das Wasser geheiligt und für die Wiedergeburt des Menschen in der Taufe bestimmt, weshalb es den Sünder, d.h. die Hexe, abstoße. – Andere Hexenproben waren die Fadenprobe, bei der man einen Faden auf der Haut hin- und herrieb und die hinterlassenen Spuren deutete, auch die Tränenprobe, die auf der Theorie fußte, daß nur das rechte Auge der Hexe drei Tränen vergießen konnte, und die Paternosterprobe, bei der das Steckenbleiben bei der 6. und 7. Bitte des aufzusagenden Vaterunsers Indiz der Schuld war. Zu nennen ist schließlich noch die berühmte »Hexenwaage« zu Oudewater bei Utrecht, auf der verdächtige Personen gewogen wurden: Waren sie leichter, als man sie zuvor aufgrund ihrer Körpermaße geschätzt hatte, war ein Indiz für Schuld gefunden.

Diese im Verfahren gegen die Hexen angewandten Maßnahmen wurden noch lange nach der Reformation, sogar teilweise noch im 18. Jahrhundert, eingesetzt. Sie machen damit zugleich deutlich, wie sehr das frühere Strafrecht nur im Ganzen des religiösen Weltbildes gesehen werden kann.

28 Das Gottesurteil der Wasserprobe. Kolorierte Zeichnung im Codex Lambacensis, 12. Jh. Kloster Lambach (Oberösterreich)

29 Die Hexenprobe »auf dem kalten Wasser«. Nach einem Holzschnitt des 16. Jhs.

30 Eine der bedeutendsten Quellen des mittelalterlichen Rechts stellt der »Sachsenspiegel« dar, eine Privatarbeit, in der der edelfreie Ritter Eike von Repgow um 1225 das gesamte Recht der Sachsen niederschrieb. Neben zahlreichen Abschriften sind vier Bilderhandschriften des 14. Jhs. – als Abschriften eines verschollenen Urtyps des 13. Jhs. – bekannt, die den Sinngehalt des Textes mit den Ausdrucksmitteln der Zeichenkunst für ungebildete Gerichtspersonen umschrieben: die Heidelberger, Dresdener, Wolfenbütteler und Oldenburger.
Dieses Bild stammt aus der Dresdener Bilderhandschrift, die heute verschollen ist, aber in einem 1902 von Karl von Amira herausgegebenen Faksimileband zur Verfügung steht. Es illustriert – von oben nach unten – die in der Abb. 1 angesprochene »Zweischwertertheorie« und den Kaiser bei der bloßen Höflichkeitsgeste des Steigbügelhaltens für den Papst. Darunter sind Sitzungen der Gerichte des Bischofs und des Dompropstes – als der geistlichen Gerichte –, des Grafen und des Schultheissen – als der weltlichen Gerichte dargestellt.

31 △

32 △

33 ▽

Gegenüberliegende Seite:
31 Die Eidesleistung – das Weseler Gerichtsbild. Gemälde von Derick Baegert, 1494.
Wesel, Städtisches Museum

32 Gerichtsbild mit der Darstellung des Jüngsten Gerichts und (darunter) einer Eidesleistung vor dem Stadtgericht unter Vorsitz des Stadtrichters Nicolas Strobel. Kopie des 17. Jhs. nach einem von einem unbekannten Meister gemalten Vorbild von 1478.
Graz, Landesmuseum Joanneum

33 Christus beim Jüngsten Gericht, darunter – in deutlicher Entsprechung – der Papst beim Ketzergericht. Miniatur in einer Dekretalienhandschrift (Gregor IX.?) von Nicolo di Giacomo da Bologna (1349–1399).
Berlin, Kupferstichkabinett

34 Gerichtsbild um 1500 mit der Darstellung des Jüngsten Gerichts und einer weltlichen Gerichtsszene.
Maastricht, Rathaus (Schöffensaal) ▷

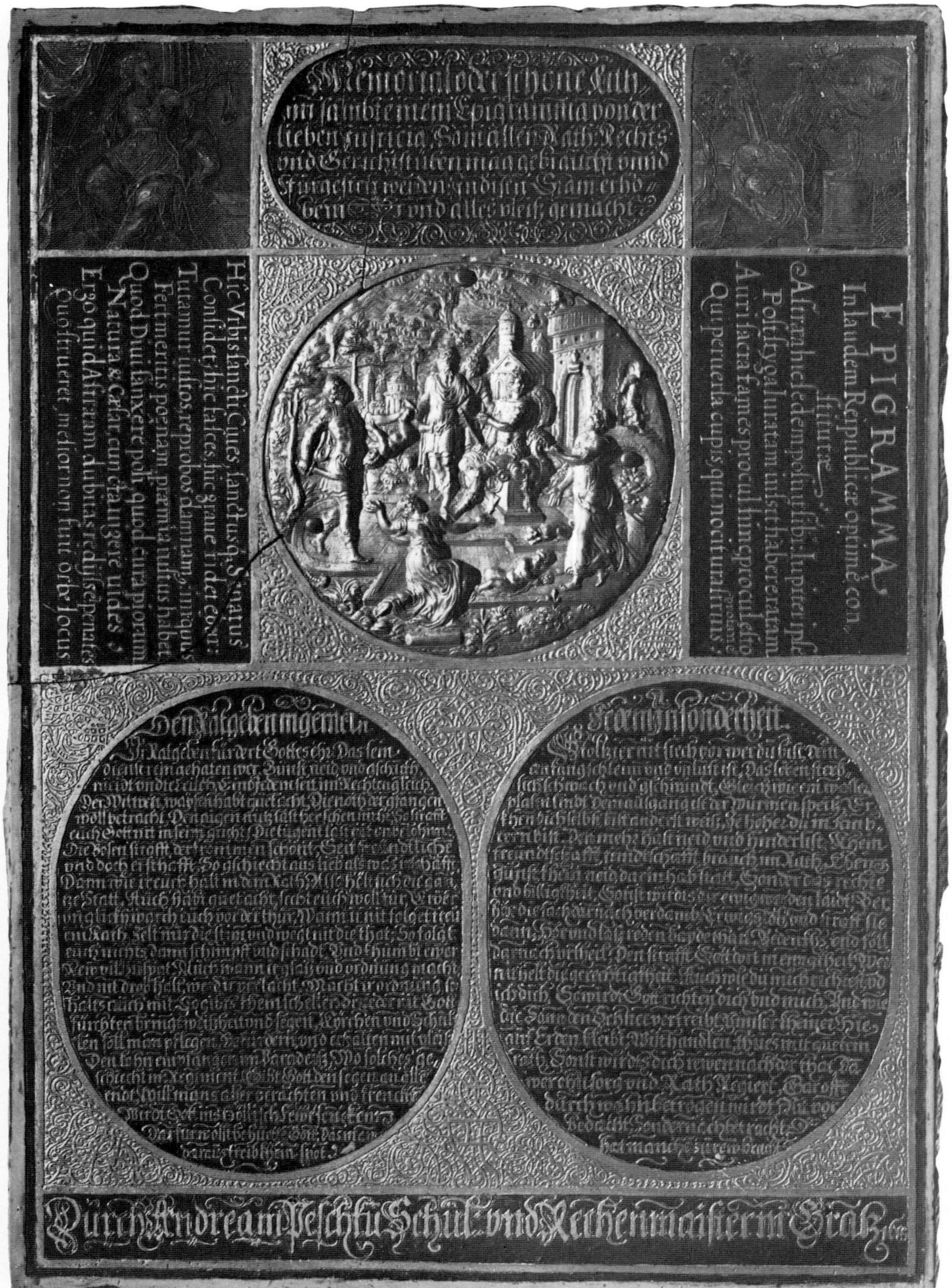

35 Das Urteil Salomons als Gerechtigkeitsbild. Graphittafel mit brauner Holzrahmung von Andreas Peschku, 1615. Radkersburg/Österreich, Stadtmuseum

36 Christus als Weltenrichter. Ausschnitt eines Lünettenbildes im Bogenfeld der gotischen Gerichtslaube im Lüneburger Rathaus, 15. Jh.

37 Das Urteil Salomons, Miniatur in der Toggenburg-Bibel (Chronik des Rudolf von Ems für Friedrich v. Toggenburg). Oberrheinische Schule um 1411. Berlin, Kupferstichkabinett

38 *Gerichtsbild mit der Darstellung einer Eidesleistung und mit schriftlicher Warnung vor dem teuflischen Meineid und der Mahnung zur gottgefälligen Wahraussage. Gemälde im Bürgersaal des Rathauses von Aach/Hegau, 1713.*

39 ***Das Urteil Salomons als Symbol der Gerechtigkeit. Wandbild an der Nordfassade des Ulmer Rathauses. Rekonstruktion der Originalbemalung des 16. Jhs. von Karl Throll, 1903/04.*** ▷

40 Heinrich II., im Kreuz und mit der Stola als Inhaber geistlicher Würden dargestellt, als Bindeglied zwischen Himmel (Taube) und Erde (Richtszene), flankiert von den Tugenden. Dieses Abbild einer bloß imperialen Weltordnung (ohne Einbeziehung des Papstes) gilt als Vollendung der sakralen Herrscheridee. Miniatur im Evangeliar 1014/22 (Cod. Ottob. lat. 74), Regensburger Schule.
Rom, Biblioteca Apostolica Vaticana

◁ 41 *Otto III. (ursprünglich Augustus) auf der Vorderseite des Kreuzes, im Profil und in dem Attribut des Lorbeerkranzes der Darstellung Jesu Christi auf der Rückseite entsprechend; und damit als christusgleich in der Erhöhung, die Christi Kreuzestod begründet, dargestellt. Lotharkreuz, um 1000.*
Aachen, Domschatz

42 *Die Reichskrone des 10. Jhs. mit dem Kreuz (aus dem 11. Jh.) und vier Emails (davon links Jesus Christus als der König der Könige, rechts König Salomon darstellend).*
Wien, Schatzkammer

43 Der hl. Leonhard befreit Gefangene. Ausschnitt aus einem Tafelbild vom Meister des Pfarrwerfener Altares. Um 1430.
Salzburg, Dommuseum ▷

44 Befreite Gefangene vor dem Altar des hl. Leonhard. Altarflügelbild eines unbekannten Meisters. Um 1450.
Bad Aussee/Österreich, St. Leonhards-Kapelle

45 Muttergottes im Ährenkleid. Tafelbild vom »Meister von 1473«.
Soest, Evangelische Kirche St. Maria zur Wiese

46 Der Teufel hält dem hl. Wolfgang das Meßbuch. Bild auf der Rückseite des Kirchenväteraltares von Neustift von Michael Pacher. Um 1482/83.
München, Alte Pinakothek ▷

47 *Gefesselter im Stock. Eiserne Votivgabe an den hl. Leonhard.*
Innsbruck, Tiroler Volkskunstmuseum

48 *Gefesselter im Stock. Eiserne Votivgabe an den hl. Leonhard.*
Salzburg, Museum Carolino Augusteum ▷

49 △

50 ▽

49 Der hl. Leonhard, Gefangene befreiend. Schwäbisches Holzrelief um 1500.
Ottobeuren, Museum der Benediktinerabtei

50 Gefesselter im Stock. Eiserne Votivgabe an den hl. Leonhard.
Salzburg, Museum Carolino Augusteum

51 Der hl. Leonhard befreit Gefangene. Altarflügelbild eines unbekannten Meisters. Um 1450.
Bad Aussee/Österreich, St. Leonhards-Kapelle

53 △ 54 ▽

53 Die hl. Kunigunde beim Gottesurteil der Feuerprobe (Pflugscharengang). Relief am Grabmal Heinrichs II. von Tilman Riemenschneider. Vollendet 1513.
Bamberg, Dom

54 Die Feuerprobe häretischer Schriften. Der hl. Dominik und das Wunder des Buches. Ausschnitt aus der Predella zum Gemälde »Krönung Mariae« von Fra Angelico. 1430 – nach 1450.
Paris, Louvre

◁ *52 Kaiser Otto III. und das Gottesurteil des glühenden Eisens. Ölbild von Dirk Bouts (1410 – 1475).*
Brüssel, Musées Royaux des Beaux-Arts

56 △

57 ▽

*55 Zweikampf zwischen Mann und Frau an der Matte in Bern 1288. Miniatur in der Spiezer Chronik des Diebold Schilling d. Ä., 15. Jh.
Bern, Burgerbibliothek*

56, 57 Das Gottesurteil des Zweikampfs: die Aufstellung der Kämpfer und der Beginn des Kampfes (Abb. 56); der Stich gegen den Wind bei Säumnis des Gegners (Abb. 57). Textillustration der Wolfenbütteler Bilderhandschrift des Sachsenspiegels, 14. Jh.

58 Das Gottesurteil des Eides auf das Reliquienkästchen und des »Kesselfangs« (des »wallenden Kessels«). Wand des Markusschreins, 14. Jh. Insel Reichenau, Münster, Schatzkammer

59 Gerichts- und Schwurstäbe, 17. Jh.(?) Bern, Historisches Museum

60 Christus auf dem Regenbogen als Weltenrichter. Schwurtafel, 16. Jh. Rothenburg o. d. T., Rathaus ▷

58 △

59 ▽

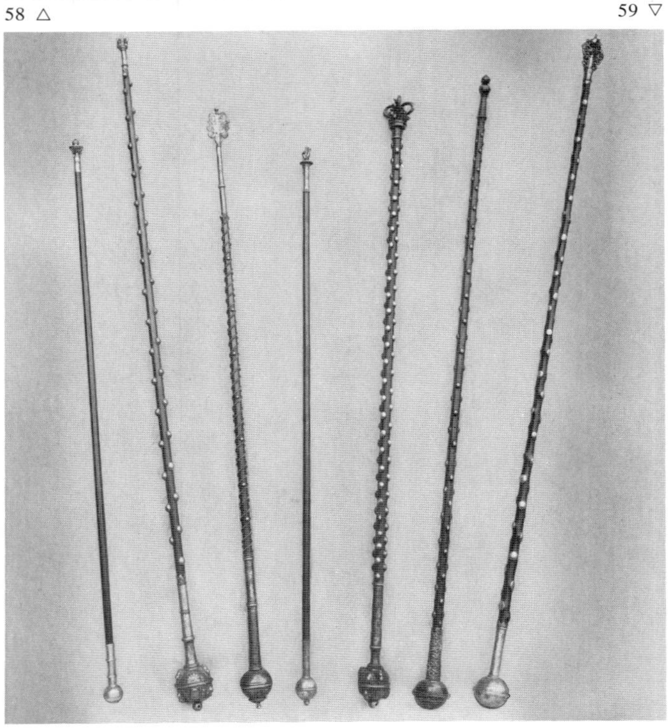

61 »Ein erschröckliche geschicht« aus Dernburg in der Grafschaft Rheinstein am Harz: Der Teufel in Gestalt eines Drachens entführt im Oktober 1555 seine Geliebte – eine Hexe, die »Gröbische« genannt – vor aller Augen vom Scheiterhaufen durch die Luft. Farbige Zeichnung nach einem Flugblatt in der Nachrichtensammlung des J. J. Wick (1560–1587).
Zürich, Zentralbibliothek

◁ 62 Das Gottesurteil der Wasserprobe. Textillustration der Heidelberger Bilderhandschrift des Sachsenspiegels, 14. Jh.

63 Die Volksverbundenheit des früheren Rechts wird in dieser Bildtafel des Hamburger Stadtrechts von 1497 deutlich. Die links dargestellte Verhandlung vor dem Gericht findet bei heruntergeklappten Holzläden statt und ist damit in der gleichen Weise öffentlich wie das Totschlagsverfahren nach »Straßenrecht« im Vordergrund und wie die einzelnen Akte des Strafvollzugs (Prangerstehen, Einkerkerung, Hinrichtung).
Hamburg, Staatsarchiv

Recht und Volksleben

64 Der letzte Gang zur Hinrichtung. Holzschnitt von Wolfgang Katzenheimer in der Bambergischen Halsgerichtsordnung, 1507.

Ein »religiöses« Weltbild meint immer die religiöse Sicht der Welt, der Wirklichkeit, in der die Menschen leben, und betrifft deshalb nicht nur das Innere und Private eines »Glaubens« von Menschen, sondern ihr gesamtes Dasein. Das Leben als solches und daher auch als öffentliches wird von Kategorien der Religion, des Glaubens, ergriffen und nur als religiöses begreifbar. Die Einbindung des Rechts in ein solches Weltbild bedeutet deshalb, daß es nicht nur Inhalt des Glaubens, sondern auch des Alltags der Menschen ist.

Öffentlichkeit und Volksjustiz

Die gesamte Rechtspflege war im Mittelalter und noch in der beginnenden Neuzeit öffentlich, aber in einem durchaus anderen Sinne, als wir das heute verstehen. Für uns meint die »Öffentlichkeit der Gerichtsverhandlung«, die durch die Verfassung garantiert wird – von vornherein ist der eigentliche Strafvollzug nicht-öffentlich –, die mögliche Kontrolle und damit den Ausschluß von Willkürjustiz (Kabinettsjustiz). Damals war das gesamte Verfahren von der Verfolgung bis zur Hinrichtung des Missetäters öffentlich, weil es unmittelbare Bedeutung für das Leben der Menschen hatte. Nur so konnten die des Lesens und Schreibens unkundigen Leute die rechtlichen Inhalte erfahren, wie sie auch von der Kanzel die göttlichen Verbote und Gebote gepredigt erhielten. Deshalb waren selbst die Kinder bei der Hinrichtung anwesend[1]. Jedenfalls war das Recht auf diese Weise niemals eine abstrakte Ordnung, die vom »Verbrecher« in formalem Sinne »gebrochen« wurde, sondern es war die Lebensgrundlage aller, weshalb sich auch alle am Rechtsleben beteiligten.

Die Bilderhandschrift des Hamburger Stadtrechts von 1497 enthält unter anderem eine Mi-
63 niatur, die etwas von dieser Eigenart der alten Rechtspflege vermitteln kann[2]. Im Vordergrund wird gerade das Totschlagsverfahren eingeleitet. Die Leiche des Erschlagenen, dem noch das Blut aus den Wunden fließt, liegt aufgebahrt mit zusammengebundenen Händen und Füßen, um das Wiedergängertum zu verhindern (worauf im Kapitel »Recht und Aberglauben« noch eingegangen wird), vor den unter Vorsitz des Vogtes amtierenden Gerichtspersonen, die auf Stühlen Platz genommen haben. Vor ihnen steht der öffentliche Ankläger in blutrotem Gewand. Hinter der Kopfseite des Sarges hat sich der in Hamburg »Frohn« genannte Scharfrichter mit seinem Schwert aufgestellt. Der Sarg ist von Bürgern umgeben, die das Urteil auf Frage des Vogtes zu fällen haben. Im Vordergrund steht zu Füßen der Leiche mit entblößtem Haupt der braun gekleidete, blondgelockte Angeklagte, der von einem Mann als Zeichen der Verhaftung am Arm gefaßt wird. Sicherlich hat bereits der Frohn sein »Mordgeschrei« über ihn erhoben und dreimal laut gerufen: »Zeter über diesen Mörder, der in dieser ehrenreichen Stadt diese Mordtat begangen hat.« Links daneben ist der Pranger errichtet, ein bedeckter Käfig auf einem hohen Holzpfahl, in der Form einem Taubenschlag ähnlich. In diesem Käfig sind gerade zwei leichtfertige Menschen, vielleicht eine Dirne und ihr Zuhälter, in ein Halseisen geschlossen und so dem öffentlichen Gespött ausgesetzt. An der unteren Holzsäule wird die Strafe des Staupenschlages vollstreckt. Der Henkersknecht schlägt mit zwei Besenruten auf die verurteilte Person, die sowohl als ältere Frau mit hängenden Brüsten als auch als Mann mit Lockenkopf interpretiert wird, ein, wobei in Hamburg bis zu 54 Schläge verabreicht werden durften. Dazu hat er die Ärmel seines Überrocks zurückgestreift und zusammengeschlungen, um größere Bewegungsfreiheit zu haben. Im Vordergrund hat ein gründgekleideter Gerichtsdiener, der am Gürtel ein reich verziertes Schwert trägt, einen wohlbekleideten, ebenfalls bewaffneten Mann am Kragen gepackt und scheint ihn zum Pranger hinzuführen. Vielleicht soll er dort öffentliche Abbitte einer Beleidigung leisten. Auch hier stehen Zuschauer um die Szene herum. Ganz links sehen wir das Gerichtshaus, in dem die Gerichtspersonen mit dem Vogt sitzen, vor ihnen stehen mit entblößtem Haupt der Ankläger und der Angeklagte. Die Holzladen des großen Fensters sind nach vorn herausgeklappt, um die Öffentlichkeit der Verhandlung zu ermöglichen. Rechts unmittelbar neben dem Pranger bereitet eine Hexe – auf deren Rücken ein Teufel sitzt, um zu zeigen, daß sie miteinander im Bund stehen – einen bereits brodelnden Zaubertrank zu; mit ihren Händen spannt sie Fäden, was vielleicht auf einen Impotenzzauber hindeutet. Daneben, auf dem Marktplatz, steht das graue Gefangenenhaus, in Hamburg »Frohnerei« oder »Büttelei« genannt, in dem die bereits überführten Täter sitzen müssen: zwar hinter einem vergitterten Fenster, aber doch von der Straße her leicht einsehbar. Man kann erkennen, wie sie mit Händen und Füßen in den »Stock« eingespannt sind. Außerhalb der Mauer weiter rechts steckt der Scharfrichter sein Richtschwert gerade nach Vollzug einer Enthauptung in die Scheide. Darüber sehen wir den Galgen und die auf Stangen gesteckten Räder, jeweils mit den Leichen hingerichteter Missetäter, die nicht abgenommen werden dürfen und allmählich verfaulen. Deutlich wird, wie weit sichtbar diese Hinrichtungsstätte ist, befindet sie sich doch auf einem Hügel. Links daneben ist wieder eine Missetat dargestellt: ein bewaffneter Mann hat gerade eine Frau, die hinter ihm auf dem Pferd sitzt und sich an ihn anklammert, entführt. Auch ein Spruch findet sich in diesem Bild: »Peccantes coram omnibus argue, ut ceteri timorem habeant« (»Du sollst die Sünder vor allem Volke anklagen, auf daß die anderen sich fürchten«), der aus zwei Stellen des Alten Testamentes zusammengesetzt ist.

Auf die Einzelheiten des Bildes ist später noch näher einzugehen. Jedenfalls sollte deutlich werden, daß die Justiz damals im eigentlichen Sinne »Volksjustiz« war. Erst der sich allmählich ausbildende Territorialstaat griff auf beamtete, am abstrakten römischen Recht ausgebildete Juristen zurück. Bis zu dieser Zeit fanden angesehene Laien selbst das Urteil, wirkten auch die anderen Menschen am Verfahren mit. Erst die Berufsjuristen agierten dagegen hinter geschlossenen Türen, tauschten lieber gelehrte Schriftsätze aus als miteinander zu reden. Mit der Folter verschwand das Wesentliche des Verfahrens hinter den Mauern der unterirdischen Folterkammern. Das Recht wurde so dem Volk entfremdet und zu dem, was es heute ist: eine Disziplin von Spezialisten. Nur in manchen bäuerlichen Gegenden Süddeutschlands hielten sich Reste einer Volksjustiz bis in das 19. Jahrhundert, man denke an das bayerische Haberfeldtreiben[3], bei dem vor allem Unsittlichkeiten der Dorfbewohner von den maskierten »Haberern« öffentlich gerügt und auch mit Schlägen oder In-den-Bach-Werfen geahndet wurden, bis die staatliche Gewalt diese alten Bräuche kriminalisierte und ihnen damit ihr Ende bereitete.

Die Öffentlichkeit der Hinrichtung

Der Unterschied zur heutigen (Straf-)Rechtspflege wird vor allem im Verfahren nach der Urteilsfällung augenfällig. Heute wird der zu einer Freiheitsstrafe Verurteilte in einer Strafanstalt eingeschlossen, die grundsätzlich der Öffentlichkeit entzogen ist. In Ländern, die noch die Todesstrafe vollstrecken, findet auch diese Tötung hinter festen, das Publikum ausschließenden Mauern statt.

In früherer Zeit dagegen waren die Hinrichtungen und das ganze Geschehen um die Tötung des Missetäters herum – von Ausnahmen, z. B. aus Furcht
400 vor Unruhen oder aus Gnade bei hochgestellten Persönlichkeiten, abgesehen – öffentlich, sogar echte Volksfeste. War das Todesurteil gesprochen und der Stab über den Verurteilten gebrochen, wurde er zur Richtstätte geführt. Ein Holzschnitt aus der Bambergischen Halsgerichtsordnung
64 (1507) zeigt einen solchen feierlichen Zug, wie er gerade durch das Stadttor schreitet. Voran geht der Frohnbote mit seinem Stab; links neben dem vom Scharfrichter gebunden geführten Verurteilten, der im übrigen als einziger barfuß ist, geht ein Mönch, der auf das Kruzifix weist und den Todeskandidaten zur Reue und zum Gebet mahnt, was ein Spruchband über seinem Kopf verdeutlicht. Auf einer Zeichnung in einer späteren Ausgabe
65 der »Bambergina« ist rechts der dem Zuge zu Pferde folgende Richter, der seinen Gerichtsstab feierlich in den Händen hält, zu sehen, während der Frohnbote die herumspringenden Kinder bedroht.

Die Öffentlichkeit dieses letzten Ganges verdeutlicht auch ein Bild aus dem Salbuch von Volkach. 93
Nicht immer verlief dieser Weg zur Richtstätte so friedlich, oft wurde der Missetäter gebunden vorwärtsgetrieben, vom versammelten Volk be- 68
schimpft, verspottet und geschmäht, auch mit 100–102
Steinen beworfen. Besonders üble Täter, vor allem Mörder und Räuber, wurden zur Strafverschärfung hinausgeschleift, oft auf eine Kuhhaut 67
gelegt oder in sie eingehüllt, auch auf einem Holzbrett liegend, wobei der Kopf unbedeckt blieb und 66, 97
am Boden aufschlagen konnte und sollte.

Manchmal verwendete man einen eigenen »Schinderkarren«, auf dem die Delinquenten zu- 96
sätzlichen Qualen unterworfen werden konnten. Sie wurden stehend oder sitzend mit Zangen, die 92, 94, 95
glühend gemacht waren, um ein Verbluten zu verhindern, gerissen und gezwickt, geblendet oder kastriert usw.; mit diesem Karren wurden anschließend auch die toten Missetäter weggebracht. Rembrandt hat einen solchen Gang zur Hinrichtung als »Ecce homo«-Szene der Passion Jesu 103
Christi gezeichnet, wie überhaupt die Passionsbilder mit ihren zeitgenössischen Darstellungen vieles der damaligen Strafrechtspflege verdeutlichen können: vor allem die bereits genannte Verspottung des Verurteilten durch das Publikum in Worten und Gesten, wie etwa dem Zeigen der »Fei- 98
ge«[4]. Beliebt war auch die Erzeugung von mißtönenden Klängen, der sog. »Katzenmusik«[5], ein 99
Brauch, der sich in der Volksjustiz bis in das 19. Jahrhundert erhalten hat. Dabei ist anzumerken, daß auch sonst die Musik eine wichtige Bedeutung im Strafrechtsleben hatte. Die Glocke[6] begleitete mit ihrem »Armesünderläuten« den letzten Gang oder die Stadtausweisung, sie berief auch die Gerichtsverhandlung ein. Manchmal war die Glocke am Pranger angebracht, um den Voll- 511
zug einer Strafe, wie des Prangerstehens oder einer Auspeitschung, dem Publikum anzukündigen, was auch durch Trompeter oder Trommler ge- 106
schehen konnte. Der Verurteilte selbst mußte oft als Ehrenstrafe ein Instrument, das er nicht beherrschte, am Pranger zur allgemeinen Erheiterung und zu seiner Schande spielen, was zwei Bilder von Breughel zeigen[7]. Herbert Fischer hat eine interessante Arbeit über diese Verwendung der Musik im Strafrecht geschrieben[8], Hans von Hentig darin das Nachwirken eines alten Aberglaubens an die dämonenvertreibende (und reinigende) Kraft der Klänge gesehen[9].

Der öffentliche Vollstreckungsort

Die Öffentlichkeit des Strafvollzuges machte es erforderlich, die Strafe auf einem öffentlichen Platz zu vollstrecken[10]. Für die Ehrenstrafen war dies sogar notwendig; setzten sie doch – um ihre entehrende Wirkung ausüben zu können – gerade die Beteiligung der Öffentlichkeit voraus. Ihr Vollzugsort, der Ort des Prangers oder des Halseisens, war deshalb, wie schon das Bild aus dem

65 △ 66 ▽

67 △

68 ▽

65 Der letzte Gang zur Hinrichtung. Holzschnitt in der Bambergischen Halsgerichtsordnung (Ausgabe Mainz 1508).

66 Holzschlitten, auf dem der »Räuber und Erzbösewicht« Josef Simenet 1752 zur Richtstätte gezogen wird. Ausschnitt aus einem zeitgenössischen Flugblatt.
Nürnberg, Germanisches Nationalmuseum

67 Hinausschleifen der Könige zur Hinrichtung. Miniatur in der Prosafassung der Reimchronik des Rudolf von Ems, 1422.
Augsburg, Staats- und Stadtbibliothek

68 Zwei Mädchen werden 1550 in Bamberg wegen ihres evangelischen Glaubens in schimpflichem Aufzug zum Scheiterhaufen geführt. Kupferstich in der »Schaubühne der Martyrer« von Johann Luyken, Leyden 1700. ▷

63, 83 Hamburger Stadtrecht gezeigt hat, der Marktplatz
106–108 oder sonst ein öffentlicher Platz, wo die Verurteilten weithin sichtbar aufgestellt wurden. Auch die
72 Prügelstrafe wurde an diesen Orten vollzogen.
Gleiches galt für die Todesstrafen. So wurde oft
105 auf dem Marktplatz enthauptet, auch vor dem Pranger oder dem »Roland«, über den im Zusammenhang mit dem Ort der Gerichtsverhandlung noch berichtet werden wird, oder auf dem
73 Fischmarkt, worin Hentig wiederum ein Nachwirken alten Aberglaubens sieht[11], manchmal sogar
70, 104 auf Brücken[12]. Man errichtete ein Schafott oder eine Enthauptungsbühne auf freiem Feld, in der
69 Nähe des Galgens, manchmal auf Booten; man erbaute auch eigene gemauerte »Rabensteine« – welcher Name von den Raben genommen ist, die die Leichen der Hingerichteten umflogen und bei den Germanen als die Vögel des Totengottes gegolten hatten – , die meist von innen her durch
71, 74, 231 eine Stiege zu erklettern waren und nicht nur dem Publikum Sicht, sondern auch dem Scharfrichter bei »Fehlrichten« Schutz vor den Prügeln oder gar den Steinen des erregten Volkes boten.

Das Erfordernis der Öffentlichkeit erfüllte in noch größerer Weise der Galgen und die Wahl seines Platzes. Man errichtete für besondere Anlässe auch Galgen am Marktplatz; meist jedoch war er,
113 wie der besterhaltene Galgen von Beerfelden noch heute deutlich macht, auf einem Hügel, dem »Galgenberg«, errichtet und mit den an ihm baumelnden, allmählich verfaulenden Leichen der Gehenkten, die nicht abgenommen werden durften, von weitem sichtbar. Unmittelbar daneben waren die Räder aufgerichtet, auf denen die Leichen der Geräderten geflochten waren: Man betrachte nur die mittelalterlichen Stadtansichten
75, 76 von Heilbronn, Säckingen, Schwäbisch Hall,
78 Schwäbisch Gmünd oder Überlingen, aber auch
84 die Darstellung der Umgebung eines Dorfes im mittelalterlichen Hausbuch. Oft standen Galgen und Räder bei Kreuzwegen, überhaupt neben den frequentierten Straßen, was z. B. Ansichten von
77 Hechingen oder Heidelberg, Bilder der Umge-
82, 80 bung von Ingolstadt und Nürnberg oder eine
81 Karte der Umgebung von Königsberg zeigen. Der Eindruck dieses Anblicks wird auch im Bild des »Landfahrers«, der Außenseite des Heuwagen-
109 Triptychons von Hieronymus Bosch, deutlich. Je näher man einer Stadt selbst kam, desto grauenerregender konnte der Anblick werden. Reisende berichten, daß man vor den Stadttoren, wo man den Galgen gerne auch als Zeichen der der Stadt verliehenen und auch wirklich geübten Blutgerichtsbarkeit aufstellte, an ganzen Alleen von Galgen und Rädern vorbeikam. Die verfaulenden Leichen verbreiteten einen derartigen Gestank, daß vor vornehmem Besuch die noch vorhandenen Teile rasch entfernt und verbrannt wurden. In
79 der Schedelschen Chronik aus 1493 ist eine in die Stadt Nürnberg führende Straße dargestellt: zunächst kam man zum Rabenstein, dann vorbei an den »Viertelsgalgen«[13], woran Leichenteile hingen, und an einem Rad (anschließend eine Armesündermarter). In ähnlicher Weise wurde man in die Stadt Nienburg geleitet. Es ist bemerkenswert, mit welcher offensichtlichen Selbstverständlichkeit die Künstler diese Gegenstände dargestellt haben: Deutlich wird, wie unmittelbar das Hinrichtungsgeschehen zum alltäglichen Leben der damaligen Menschen gehörte, weshalb man es
auch in hölzerne Möbelstücke, z. B. in die Esther- 111
truhe Hans Gudewerdts des Älteren, schnitzte
oder in Dachziegel ritzte. 110

Nur angemerkt sei, daß diese Öffentlichkeit der Hinrichtung und der Hinrichtungsstätten sicherlich abschreckende Wirkung hatte, die wohl auch immer beabsichtigt war. Trotzdem kann die damalige Strafrechtspflege nicht von diesem Zweck der Generalprävention her begriffen werden. In dieser Weise rational dachte erst die Aufklärung, was aber nicht bedeutet, daß die mittelalterlichen Menschen bloß im Irrationalen gelebt hätten. Auch sie hatten Verstand; aber sie dachten stets innerhalb der von Gott gegebenen Ordnung. Und nur in diesem Rahmen, z. B. der Besänftigung des göttlichen Zorns durch die vergeltende Strafe, konnte der Abschreckungsgedanke lebendig sein.

Recht und Phantasie

Diese Volksnähe des Rechts führte nicht nur zur Ausschmückung der Hinrichtungsszenen zu Volksfesten, die in der Barockzeit mit echten »Drehbüchern« vorbereitet und gespielt wurden. Die Phantasie der Menschen beschäftigte sich eingehend mit den Inhalten des Rechts, man lebte nicht nur mit ihnen, sondern redete auch über sie. Und wie der mittelalterliche Mensch gerne den Mund zu voll nahm, so erzählte er auch von Todesstrafen, die niemals vollstreckt wurden. So sahen Rechtsquellen aus bäuerlichen Gegenden, die »Weistümer«, furchtbare Strafen für Baum- und Grenzfrevler vor. Demjenigen, der einen Baum entrindet hatte, sollte, so hieß es, der Bauch aufgeschnitten, der Darm herausgezogen, der Nabel an den Stamm geheftet werden, und dann sollte man mit der Person herumgehen, »so lang er einen Darm in seinem Leibe hat«, und die von Rinde entblößten Holzstellen damit bedecken; wer einen Grenzstein ausgepflügt hatte, sollte bis zum Gürtel eingegraben und ihm dann der Kopf abgepflügt werden oder er sollte mit dem Kopf nach unten eingegraben und ihm der Grenzstein zwischen die Füße gelegt werden. Keine dieser Stra-
fen wurde je verhängt; ebensowenig das Zersä- 87
gen, das Einschließen in die Nageltonne oder das 89
Kopffestnageln, die in Märtyrerlegenden berich- 90
tet werden. Bei alldem geht man freilich fehl, wenn man in diesen Erzählungen bloße Lügen sieht. Die Menschen wollten die Hochbewertung der Bäume und die Wichtigkeit der Grenzen oder die Tugend der Märtyrer zum Ausdruck bringen,

69, 70 Enthaupten von Aufrührern in einem Boot und auf einem Schafott. Holzschnitte von Hans Burgkmair (?) im »Weisskunig« Kaiser Maximilians I. (Ausgabe 1775).

73 △

74 ▽

71 Enthaupten auf dem »Rabenstein«. Federzeichnung im Urfehdebuch der Stadt Nördlingen, 16. Jh. Nördlingen, Stadtarchiv

72 Öffentlicher Vollzug der Prügelstrafe am »Kaak« (Pranger) vor dem Stockturm in Danzig. Ausschnitt aus einer Radierung in: »Curicke, Der Stadt Dantzig historische Beschreibung«, 1687.

73 Enthauptung der Führer der eidgenössischen Partei auf dem Fischmarkt von Zürich während der Friedensverhandlungen im alten Zürichkrieg April 1444. Kolorierte Federzeichnung in der Zürcher- und Schweizerchronik des Gerold Edlibach, 1486. Zürich, Zentralbibliothek (Ms. A 77, f. 47)

74 Enthauptung auf dem »Rabenstein« beim Galgenplatz. Flugblatt über eine Hinrichtung am 29. 5. 1789 in Zittau. München, Amira-Archiv

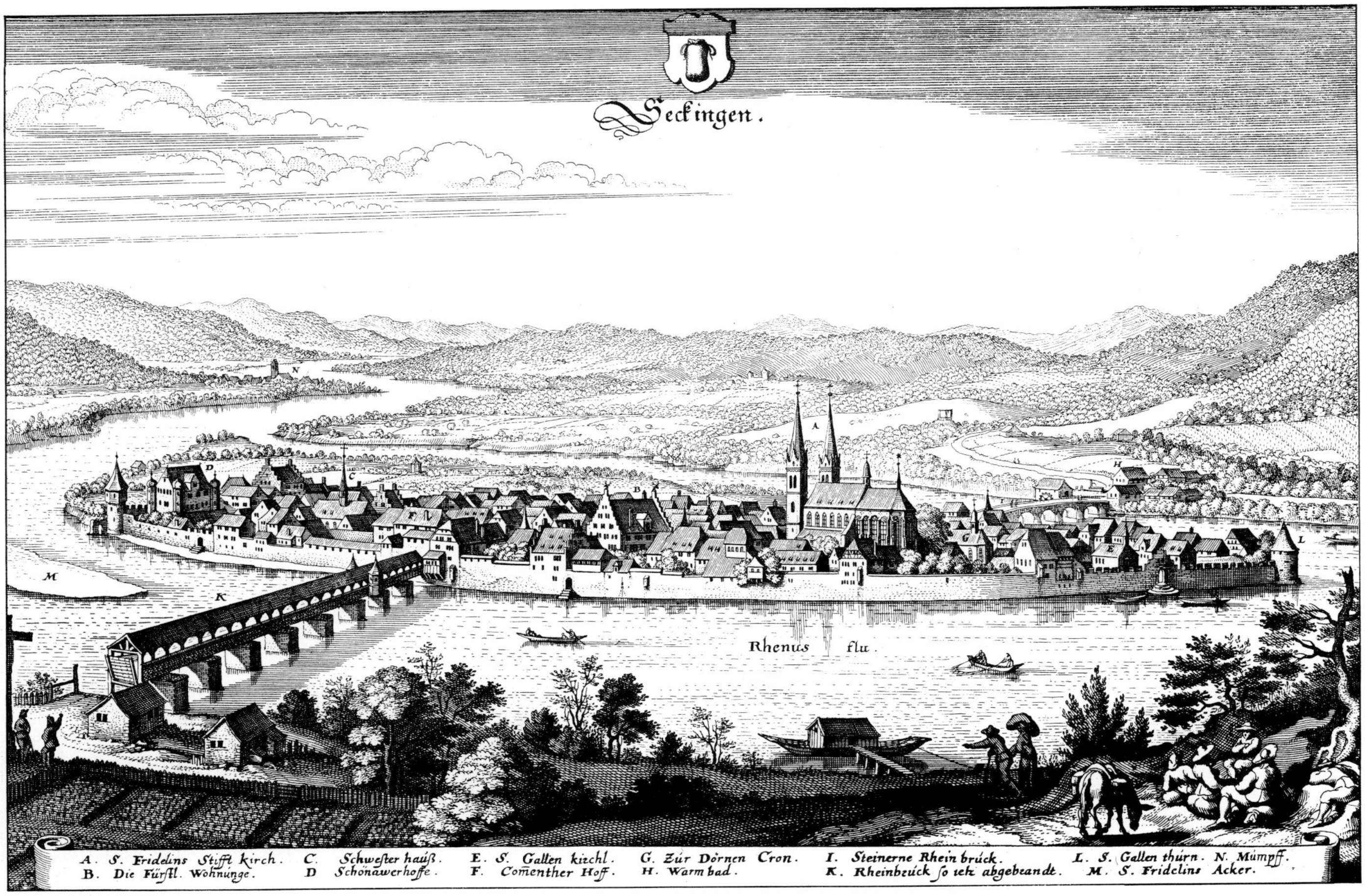

75 *Ansicht von Säckingen am Rhein mit dem Galgen auf einem Hügel oberhalb der Stadt neben der Landstraße. Stich von Merian, 1644.*

76 *Ansicht von Schwäbisch Hall mit dem Galgen auf der Hügelkette. Stich von Merian, 1643.*

77 Ansicht von Heidelberg mit dem Galgen rechts in der Ebene. Stich von Merian, 1645.

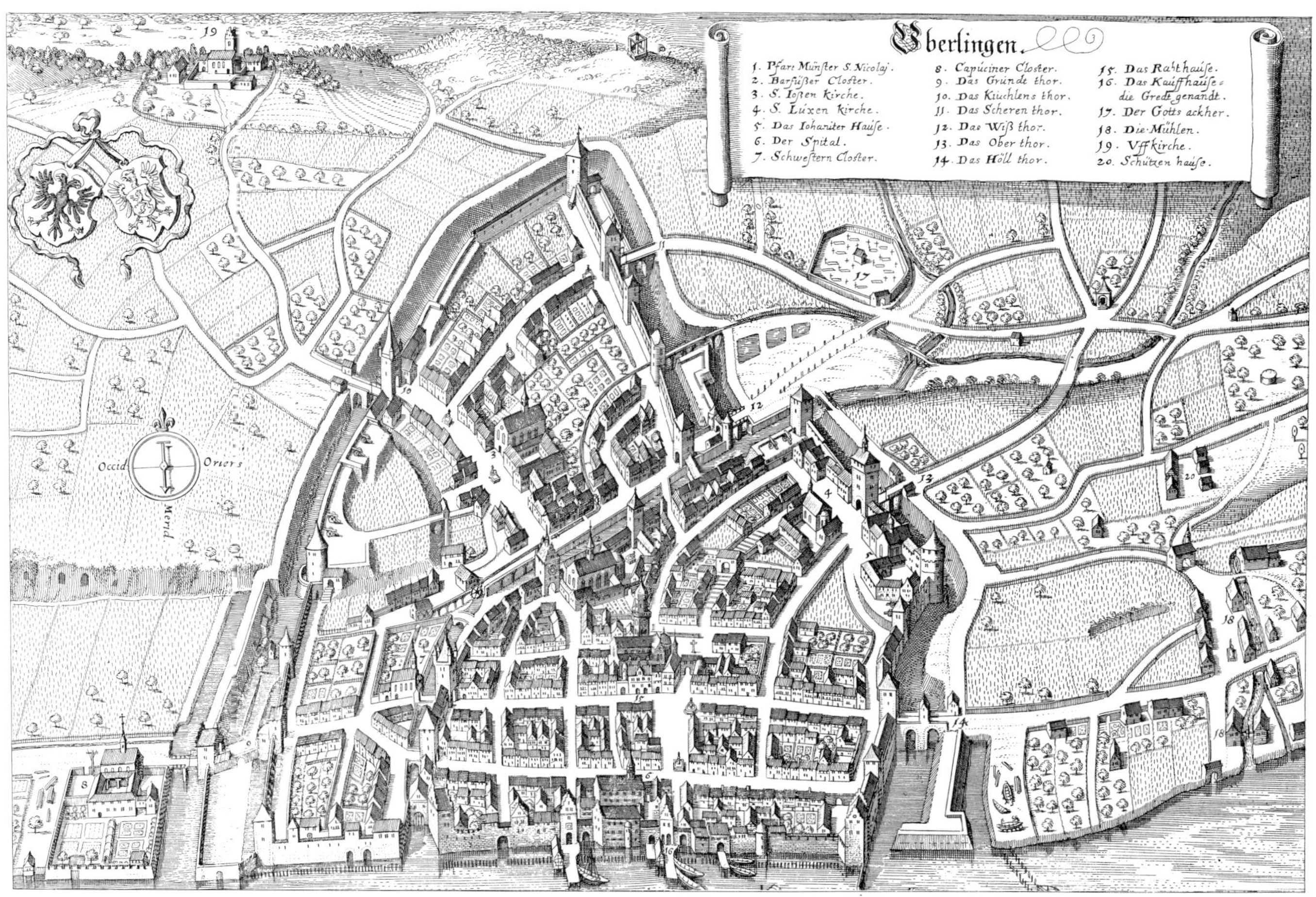

78 Ansicht von Überlingen mit der Richtstätte auf einem Hügel oberhalb der Stadt. Stich von Merian, 1643.

79 △ 80 ▽

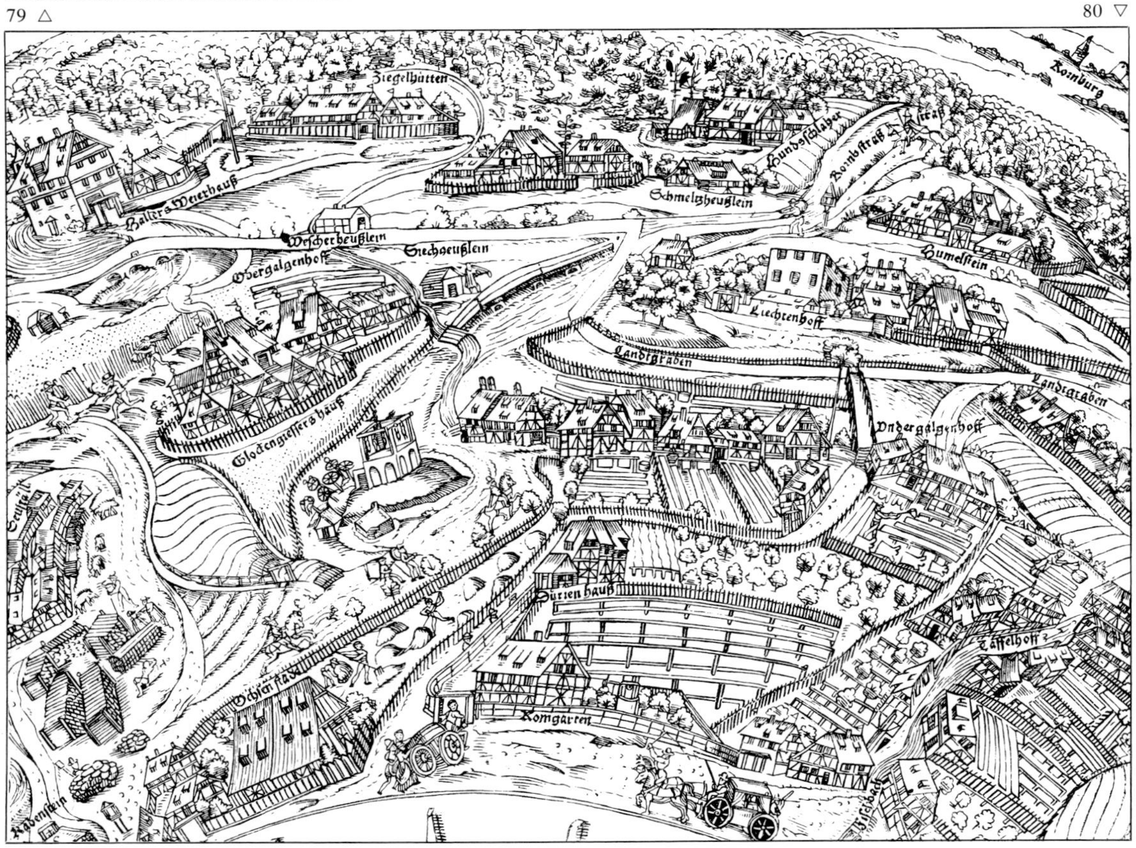

79 Ansicht von Nürnberg mit der Richtstätte im Vordergrund. Holzschnitt von Michael Wohlgemut in Hartmann Schedels Weltchronik, Nürnberg 1493.

80 Die Umgebung von Nürnberg mit der Richtstätte auf dem Galgenhügel. Ausschnitt aus einem Holzschnitt von 1560.

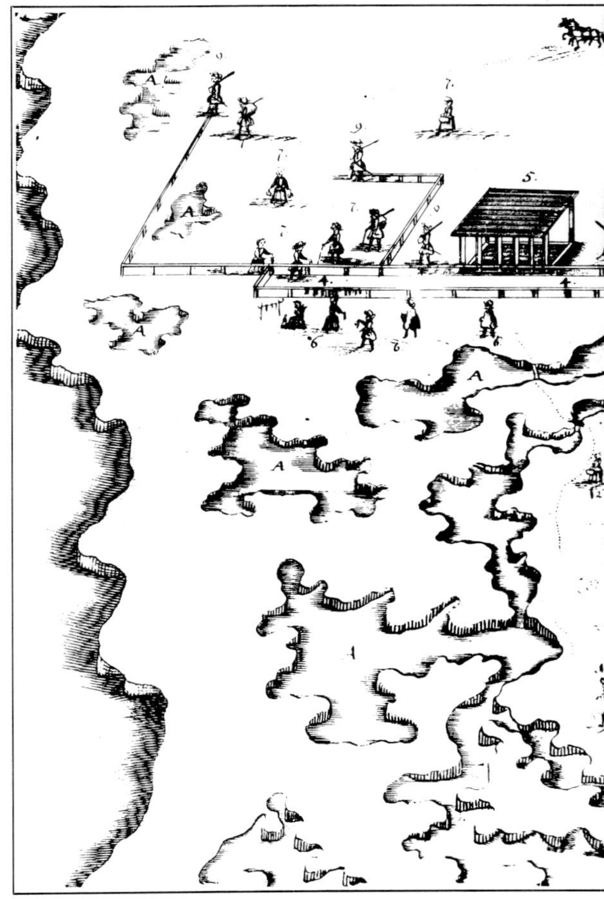

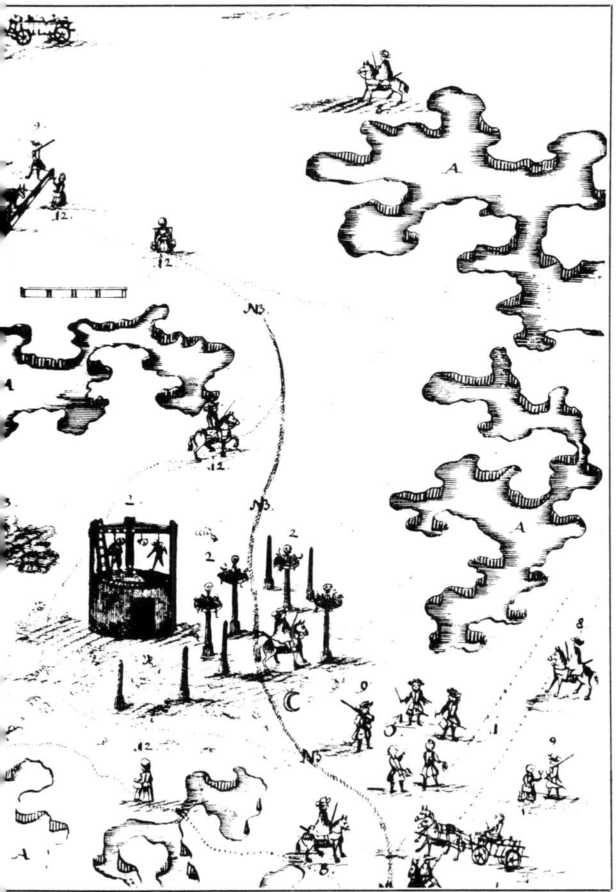

81 △

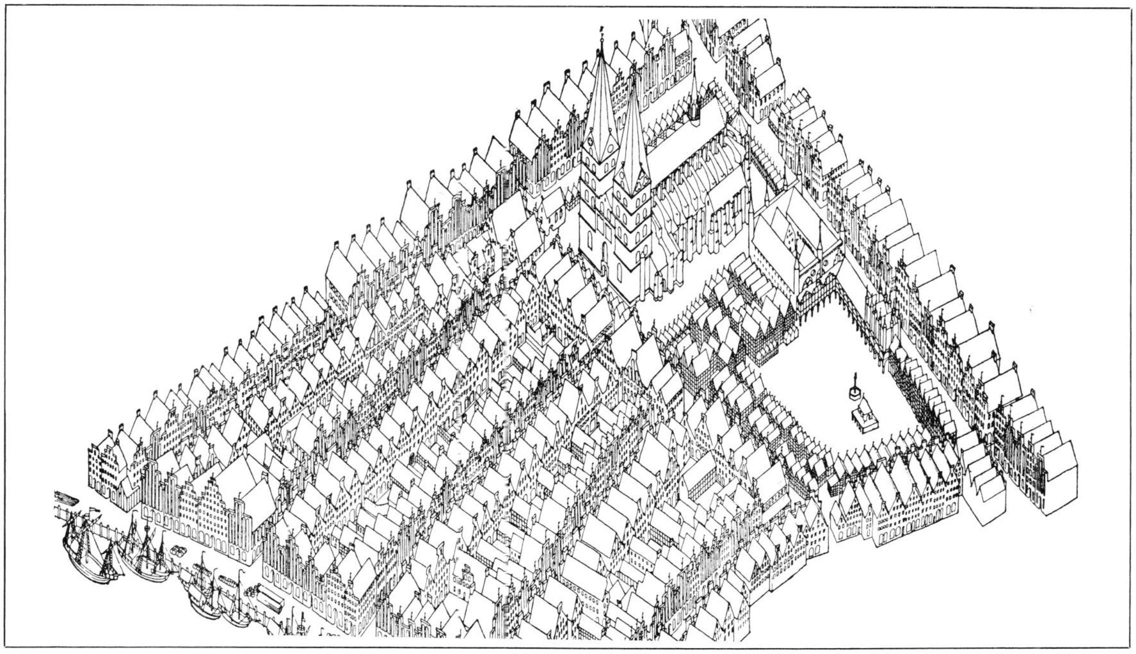

83 △

84 ▽

82 ▽

81 Der Galgen bei Königsberg. Ausschnitt einer alten Landkarte.

82 Der Galgen neben der Straße nach Ingolstadt. Ausschnitt aus der Darstellung des Feldlagers Kaiser Karls V. 1546. Zeitgenössischer Holzschnitt von Hans Mielich.

83 Der Pranger am Marktplatz von Lübeck aus der Vogelschau. Ausschnitt einer Zeichnung des mittelalterlichen Lübecks von Karl Gruber, 1943.

84 Dorf und Umgebung mit der Richtstätte. Zeichnung im »Mittelalterlichen Hausbuch« des 15. Jhs.

und diesbezüglich waren sie voller Ernst und Wahrheit.
Ein bekanntes Beispiel für diese phantasievolle Umschreibung strafrechtlicher Phänomene bietet
112 die »eiserne Jungfrau«[14]. Man erzählte, daß sie ein schreckliches Strafwerkzeug der Nürnberger war, eine große hohle Frauenfigur aus Eisen, zumindest aus eisenbeschlagenem Holz, deren Vor-
86 derteil geöffnet werden konnte; der Verurteilte mußte sich hineinstellen, die Figur wurde geschlossen, wobei ihn die nach innen gerichteten eisernen Stacheln durchbohrten. Der Leichnam wurde dann durch eine Öffnung am Boden in den Fluß hinabgestürzt, das Werkzeug war für die neue Hinrichtung bereit. Man nannte die grauenvolle Todesstrafe den »Jungfernkuß«, das ge-
85 samte Verfahren das »heimliche Gericht«. Einige Exemplare dieser eisernen Jungfrau wurden entdeckt und mit gruseligen Gefühlen bestaunt. Heute wissen wir, daß die an der Innenseite der Figur angebrachten Stacheln aus Bajonetten der napoleonischen Kriege stammten und das Gerät als Ganzes Werkzeug des Vollzugs einer Ehrenstrafe, nämlich ein »Schandmantel«, eine »Schandtonne«, war.

Recht und Humor

Diese Schandstrafen oder Ehrenstrafen werden noch behandelt werden. Sie stellen vor ein weiteres Problem, das mit der Volksnähe des Rechts verbunden ist: Viele Rechtsakte erscheinen uns humorvoll[15], auch dramatisch, jedenfalls anziehend bzw. abstoßend-interessant. Das Recht war – mit unseren Augen betrachtet – nicht harter Lebensernst, sondern kommt uns in vielen Teilen wie Poesie[16] vor. Man denke nur an die vielen bunten Farben der Kleider der Gerichtspersonen oder an die zeremonielle Gestaltung der rechtlichen Vorgänge. Es gab auch Vorschriften, die uns sympathisch erscheinen. Da wurden etwa, zumindest in ländlicher Gegend, nicht nur regelmäßig Gerichtstage durch ein Gelage beendet und häufig die bezahlten Geldbußen sogleich aufgezehrt, sondern das Recht von Wielandsheim aus dem Jahre 1550 sah sogar vor, einen durch den geistlichen Richter Verbannten »drei Tage nacheinander zu vertrinken«. Das Ofener Stadtrecht sah für sittliche Vergehen als Strafe für Frauen einen öffentlichen Tanz mit dem Scharfrichter oder für Männer mit Prostituierten vor. – Vielleicht lachen wir heute darüber und erfreuen uns gedanklich an diesen unmittelbaren, kernigen »Typen«; dabei vergessen wir aber, daß das Trinken eines der feierlichsten Opfer der Germanen war, in dem die Gemeinschaft mit dem Toten rituell zelebriert wurde, was sich als Brauch in den mittelalterlichen Gilden und Zünften und noch heute in manchen Studentenverbindungen findet; auch daß ein solcher Tanz mit ehrlosen Menschen gleichfalls die eigene Ehre kostete, wobei diese »Ehre« für den mittelalterlichen Menschen eine weitaus bestimmendere Bedeutung hatte, da sie zugleich seine gesellschaftliche öffentliche Position ausmachte. Eine Ehrenstrafe konnte den Verlust der gesamten bürgerlichen Existenz bedeuten; und dies war auch damals – trotz aller »Unterhaltungsfunktion« des primitiven Rechts – zumindest nicht nur und nicht primär Spiel und Spaß, selbst wenn es uns heute so vorkommen muß. – Allerdings darf man auch nicht den Fehler begehen, ins Gegenteil zu verfallen und das Ernsthafte bis ins Mythologische überzubetonen. Das Beispiel der »Scheinbuße« kann dies verdeutlichen: Nach dem Sachsenspiegel sollte z.B. einem Spielmann für Verletzungen keine Geldbuße gezahlt werden, sondern ihm
»gibt man zur Buße den Schatten eines Mannes«. 88
Viele haben hinter dieser Bestimmung eine uralte magische Zeremonie gesehen[17]: Wer den Schatten verliert, sei der Unterwelt verfallen und verloren (welches Motiv vom christlichen Glauben dann mit dem Teufelspakt in Verbindung gebracht worden sei); der Schatten müsse deshalb stellvertretend für den Menschen selbst aufgefaßt werden. Der Täter habe vor eine sonnenbeschienene Wand treten müssen und der von ihm verletzte Spielmann habe seinem Schatten an der Wand an den Hals schlagen dürfen, womit die Verletzung gesühnt sei. Man verweist in diesem Zusammenhang auch auf eine besondere Form einer Hinrichtung noch im Mittelalter: Ein Edelmann wurde wegen Totschlages zum Tode verurteilt, von Kaiser Maximilian I. aber begnadigt; der Missetäter wurde statt dessen zum Richtplatz gebracht, wo ihm der Schatten seines Kopfes weggestoßen und er darauf des Landes verwiesen wurde. Fritz Harkort hat eine Reihe ähnlicher Erzählungen zusammengetragen[18]. Diese Auffassung von der Schattenbuße hat darin völlig recht, daß dem Schatten im Aberglauben noch des Mittelalters eine tiefe Bedeutung zukam. Trotzdem spricht vieles dafür, daß jene Form von Buße erst »erfunden« wurde, um der minderwertigen Stellung des Spielmanns, der zu den unehrlichen Leuten gehörte und diesbezüglich z.B. dem Scharfrichter gleichgestellt war, Ausdruck zu verleihen. Deshalb steht diese Vorschrift im Sachsenspiegel auch neben anderen sog. »Scheinbußen«: »Pfaffenkinder und die unehelich geboren sind, denen gibt man zu Buße ein Fuder Heu, wie es zweijährige Ochsen ziehen können ... Berufskämpfern und ihren Kindern, denen gibt man zu Buße das Blinken von einem Kampfschilde gegen die Sonne. Zwei Besen und eine Schere ist deren Buße, die ihr Recht mit Diebstahl oder mit Raub oder mit anderen Dingen verwirken.« Dieser soziale Hintergrund zeigt freilich auch, daß es keineswegs Humor war, der zu dieser Bestimmung führte, denn sie brachte die sehr ernste schlechte Stellung dieser Menschengruppen klar und augenfällig zum Ausdruck[19]. Dabei ist sekundär, wie der Sachsenspiegel gerade auf den Schatten kam.

85 △ 86 ▽

87 △ 88 ▽ 89 △ 90 ▽

85 »Das heimliche Gericht mit der eisernen Jungfrau zu Nürnberg 1533«. Lithographie von F. Perlberg, 1863. Nürnberg, Germanisches Nationalmuseum

*86 Die »Eiserne Jungfrau« in geschlossenem und offenem Zustand. Zeichnung des Exemplars auf der Burg zu Nürnberg, 19. Jh.
München, Amira-Archiv*

87 Das Zersägen des hl. Simon. Holzschnitt von Lucas Cranach d. Ä. in »Die Martern der Apostel«. Um 1512.

88 Der Schatten des Verletzers als Buße für den Spielmann. Textillustration der Heidelberger Bilderhandschrift des Sachsenspiegels, 14. Jh.

89, 90 Das Martyrium des hl. Georg: Das Drehen in der Nageltonne; das Einschlagen von Nägeln in den Kopf. Wandmalereien von Thomas von Villach. Um 1450. Gerlamoos/Österreich, Filialkirche zum hl. Georg

Vielleicht hat sein Verfasser – Eike von Repgow – an den alten Aberglauben angeknüpft, den er aber jedenfalls umgewandelt und als Mittel seiner Ausdrucksweise eingesetzt hat. Mit der Gegenüberstellung der Begriffe Humor und Ernst ist jedenfalls nicht viel gedient, weil sie in diesen Rechtsphänomenen der damaligen Zeit untrennbar als Einheit gelebt wurden.

Das Problem der Rechtsquellen

Die gebrachten Beispiele lassen eine letzte, hier nur zu nennende Konsequenz dieser Einbindung des Rechts in das religiöse Weltbild und damit in das Leben der damaligen Menschen erkennen: Mit der bloßen Betrachtung irgendwelcher geschriebener Rechtstexte kommt man in der Rechtsgeschichte dieser Zeit nicht weit. Nicht nur weil die Menschen lange nach ungeschriebenen, althergebrachten Regeln lebten und auch urteilten; sondern weil selbst die niedergeschriebenen Vorschriften niemals in der Weise angewendet wurden, wie wir es heute in unserem Rechtsstaat kennen und fordern. So umschreiben viele Rechtsstatuten der Städte die Notzucht in feierlicher Form: die vergewaltigte Frau sollte »mit zerbrochenem leib, flatterndem haar und zerrißnem gewand das Gericht suchen und ihr laster weinend und schreiend klagen«, was die Sachsenspiegel-
91 Handschrift illustriert. In der Praxis hielt man sich in der Regel – wie wir heute wissen – schlechthin nicht daran; genausowenig wie an die Vorschriften über die Besetzung des Gerichts. Anstatt der vorgeschriebenen Anzahl versammelten sich oft nur der Richter und zwei Schöffen. Im erstgenannten Fall der Notzucht war die Bestimmung Phantasie und Ernst zugleich: sie war Ausdruck der Verwerflichkeit der Tat; dies war wichtig, die Anwendung selbst interessierte nur sekundär. Im zweiten Fall war die Zahl der Urteiler gleichfalls zweitrangig: das Urteil wurde »gefunden«, ob von zweien oder mehreren, änderte an seinem Gehalt nichts.

Es wurden auch nicht immer die Strafen ausgesprochen und vollstreckt, die in den Rechtsvorschriften angegeben sind. Die Person des Missetäters, seine soziale Stellung, die Menschen, die für ihn um Gnade baten, die näheren Umstände der Tat und des Verfahrens, dies alles war stets von Bedeutung. Niemals war dieselbe Tat die gleiche, wenn sie von ungleichen Menschen begangen wurde. Bis in die Neuzeit richtete man – in unseren Augen – »nach Willkür«.

Die Quellen des Rechtslebens selbst sind deshalb oft wichtiger als die Rechtstexte. Diesbezüglich kommen Chroniken[20], Städtebeschreibungen, Reiseschilderungen, Selbstbiografien, Schwänkesammlungen, Stadtrechnungen usw. in Betracht, damit auch alle, besonders die »einfachen«, Formen des »Volksgeistes«[21]. Nicht wissenschaftliche oder philosophische Werke, sondern die Gedichte, Erzählungen und Lieder des Volkes erweisen sich als gehaltvoll, und zwar gerade in ihrem »primitiven« Charakter als Sagen und Märchen[22] oder in der Gestalt von Kinderspielen[23]. Über Gelehrtenarbeiten stehen die religiösen Handlungen der Menschen, in denen ihr Glaube, vielleicht auch ihr Aberglaube, seinen Ausdruck findet und fand. Man denke an die Votivgaben wegen Errettung aus dem Gefängnis und vor dem Galgen; oder an die Heiligenlegenden und ihre Gefangenen- und Galgenwunder; auch – gerade für das Strafrecht interessant – an die bildlichen Darstellungen der Passion Jesu und der Martyrien, in die immer Inhalte der damaligen Gegenwart des Rechtslebens einflossen[24]. Gegenüber schriftlich niedergelegten Rechtsgesetzen treten die rechtlichen Überzeugungen, Gewohnheiten und Gebräuche der Menschen in den Vordergrund, und zwar nicht nur für die Zeiten, in denen es noch kein oder nur ein sehr schwach entwickeltes geschriebenes Recht gab. Rechtsgeschichte ist – in diesem Verständnis – immer rechtliche Volkskunde[25] als Geistesgeschichte[26], die die rechtlichen Phänomene in das Ganze des Lebens der Menschen eingeordnet erfassen will.

91 Klage zweier genotzüchtigter Frauen mit aufgelöstem Haar und in zerrissenen Kleidern. Textillustration der Heidelberger Bilderhandschrift des Sachsenspiegels, 14. Jh.

Gegenüberliegende Seite:
92 Das Ausführen des zum Tode durch Rädern verurteilten Franz Seuboldt, der seinen Vater beim Vogelfallenstellen erschossen hat, zur Nürnberger Richtstätte am 22. 9. 1589 und die Strafverschärfung des Reißens mit glühenden Zangen. Der Richter folgt zu Pferde. Zeitgenössisches Flugblatt (»jämmerliche Zeitung«).
Nürnberg, Germanisches Nationalmuseum

93 Der letzte Gang des 1504 zum Tode durch Hängen Verurteilten zum Galgen. Kolorierte Zeichnung im Salbuch (1448–1666).
Volkach, Stadtarchiv

94 Das Ausführen und Quälen durch Reißen mit glühenden Zangen einer zum Tod durch Verbrennen verurteilten Frau. Kolorierte Zeichnung in der Nachrichtensammlung des J. J. Wick (1560–1587).
Zürich, Zentralbibliothek

92 △

93 ▽

94 ▽

95

96

95–97 Hans Glaser »ist hier in Regensburg (1534) nach Urteil und Recht durch den Scharfrichter vor den Häusern, in denen er drei Morde vollbracht hatte, mit glühenden Zangen gezwickt, mit dem Rad gebrochen und nach eingetretenem Tod gespießt worden« (Abb. 95). »Der große Fleischkarren« (Schinderkarren), auf dem die nackten Leichen Hingerichteter, auch erschlagener Soldaten weggebracht wurden (Abb. 96). Das Ausführen eines – aus Gnade – vornehm gekleideten Missetäters zur Enthauptungsstätte (Abb. 97). Zeichnungen in der Nachrichtensammlung des J. J. Wick (1560–1587).
Zürich, Zentralbibliothek

97

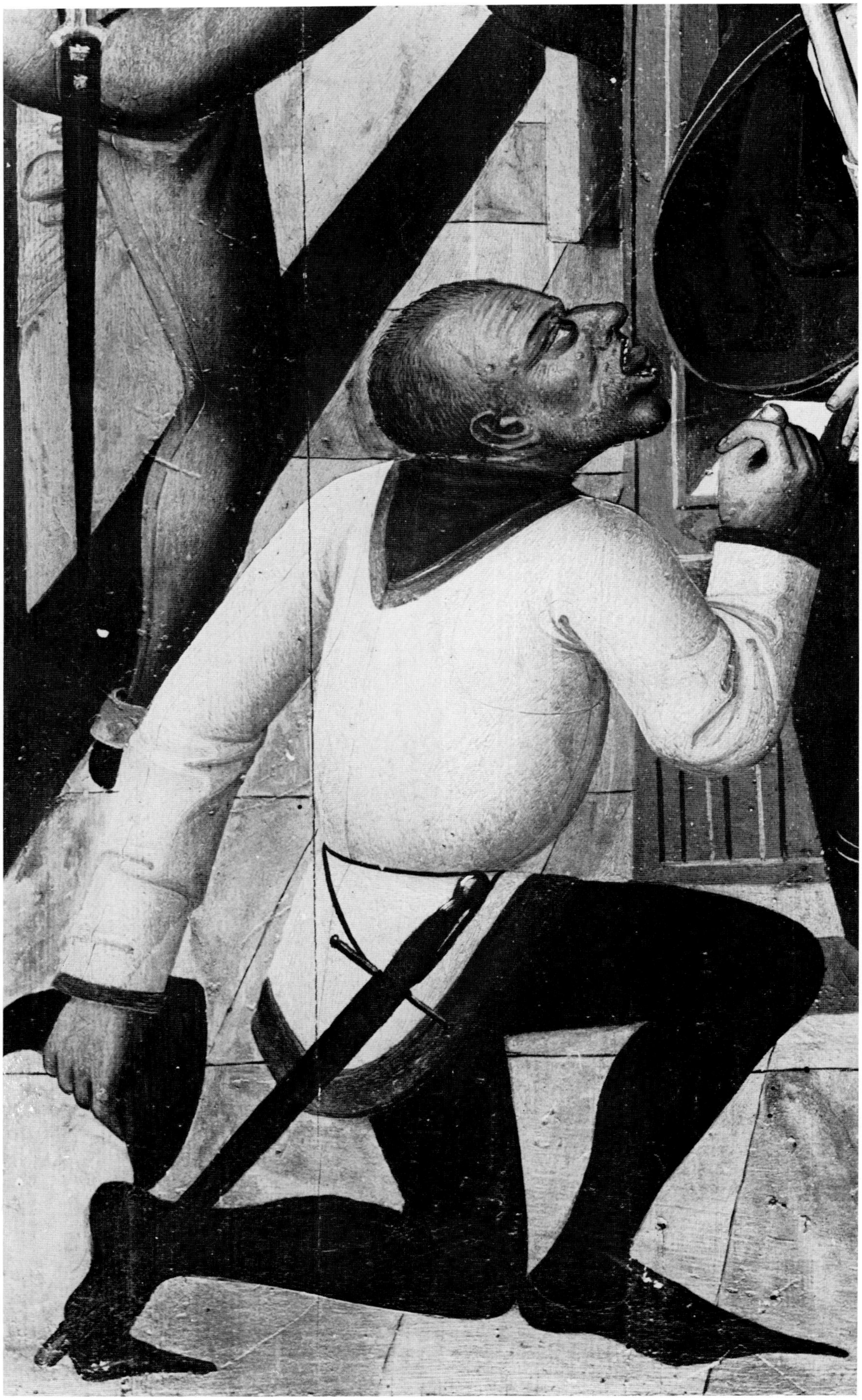

◁ 98 Verspottung des dornengekrönten Jesus Christus durch das Zeigen der »Feige«. Ausschnitt eines nürnbergischen Gemäldes. Um 1480.
München, Bayerisches Nationalmuseum

99 Verspottung Christi durch das Erzeugen von Katzenmusik. Ausschnitt eines Gemäldes von Jörg Breu, 16. Jh.
Innsbruck, Tiroler Landesmuseum Ferdinandeum

100 Verspottung des hl. Philippus. Ausschnitt aus einem Flügelbild. Von Stephan Lochner (1410–1451).
Frankfurt a. M., Städelsches Kunstinstitut

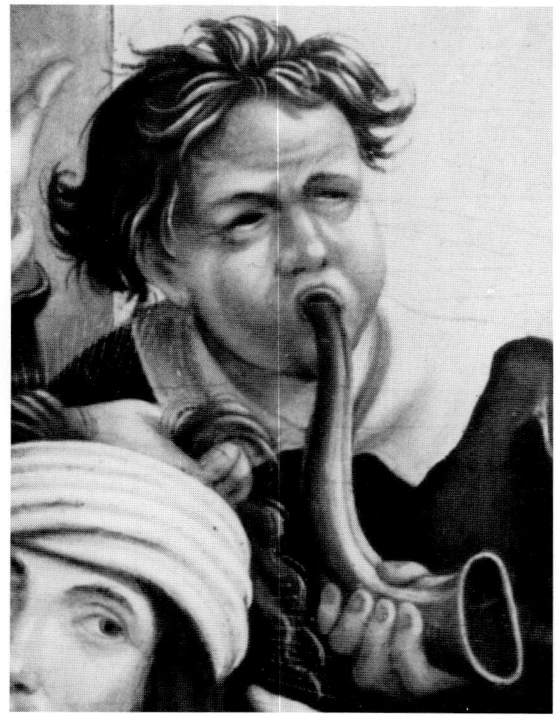

99 △

100 ▽

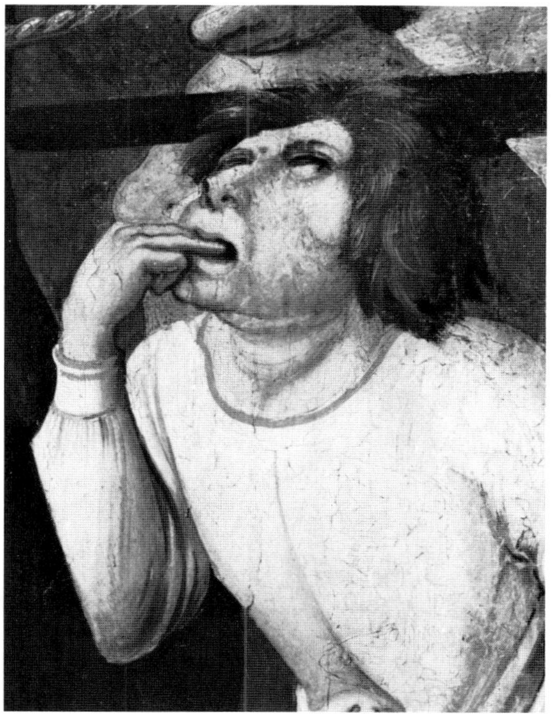

101 △

102 ▽

101, 102 Verspottung des kreuztragenden Jesus Christus. Ausschnitte aus einem Bild des Aggsbacher Altares. Von Jörg Breu. Um 1501.
Herzogenburg/Österreich, Stiftsgalerie

103 Gang zur Hinrichtung, zugleich »Ecce-homo«-Darstellung. Rötelzeichnung von Rembrandt van Rijn, 1630–1637.
Dresden, Staatliche Kunstsammlung

◁ *104 Hinrichtung des zürcherischen Bürgermeisters Hans Waldmann, der sich mit einem Teil der Stadt und vor allem mit dem Landvolk wegen seiner Anordnungen schwer verfeindet hatte, 1489 auf einem in freiem Gelände errichteten Schafott. »Er starb als guter Christ.« Miniatur in der Luzerner Chronik des Diebold Schilling d.J., 1513.*
Luzern, Bürgerbibliothek

105 Hinrichtung von Aufrührern auf dem Schafott vor dem Rathaus der Stadt Aachen am 3. 12. 1616. Zeitgenössisches Flugblatt.
Nürnberg, Germanisches Nationalmuseum

106 Ankündigung des öffentlichen Vollzugs der Prügelstrafe am Pranger durch den Stadttrompeter. Miniatur in der Chronik des Jean Froissart, III f. 44, 15. Jh.
Breslau, Stadtbibliothek

◁ 107 *Öffentliche Schaustellung von Jesus Christus und der im Halseisen gefesselten Missetäter Barrabas, Gismas und Dismas. Mittelstück des Flügelaltares aus dem Braunschweiger Dom. Vom Meister der Goslarer Sibyllen, 1506. Braunschweig, Herzog-Anton-Ulrich-Museum*

108 *Drei Frauen auf dem Bühnenpranger an der Wand des Nürnberger Rathauses. Kupferstich eines unbekannten Künstlers des 17. Jhs.*
Nürnberg, Museen der Stadt

109 *Der Landfahrer (vor der Hinrichtungsstätte auf dem Galgenhügel). Außenseite des »Heuwagen«-Tryptichons. Von Hieronymus Bosch (1450–1516).*
Madrid, Prado ▷

110 △

110 Hinrichtungsszene, in einen Dachziegel geritzt, 16./17. Jh.
Schwäbisch Hall, Keckenburgmuseum

111 Hinrichtungsszene, in die Esthertruhe (Hochzeitstruhe) geschnitzt. Von Hans Gudewerth d. Ä., 1606.
Flensburg, Städtisches Museum

111 ▽

112 Die Eiserne Jungfrau, 16. Jh.
Rothenburg o. d. T., Mittelalterliches Kriminalmuseum

113 Der dreischläfrige gemauerte Galgen von Beerfelden/Odenwald, 16. Jh. Die letzte Hinrichtung fand hier 1804 statt. ▷

Warhafftige vnd Wunderbarlich/ Newe zeitũng von einen pauren/ der sich durch Zaùberey/ des tags siben stund zu ainen wolff verwandelt hat/ vnd wie er darnach gericht ist worden durch den Colnischen Nachrichter/ den letzen October Im 1589 Jar

Vier Meil von Coln wolbekandt/
Ein flecken ligt Bedbur genant.
Alda ein Baùr gericht wardt.
Der an sich het ein Teifflische ardt/
Schrecklich ist es zu heren an.
Ein Gürtel het der selbig Man/
Wan er sy vmb seinen leib det.
Verwandelt er sich an der stedt/
In eines greilichen Wolffs gestalt.
Vnd loff also hin in den waldt.
Al Tag vnd weret siben stund/
Sein verwandlung wie dan ist kundt
Nun ging eines abents auß dem walt
Ein Baur der wart dem Wolff bekant
Lieff an der Wolff fraßlich in geferdt/
Gar bald der baur zucket sein schwert
Vnd schlug dem wolff ein dapen ab·
Der wolff gar bald die flucht gab.
Der Baur hüeb auff den dapen bald
Drug in bald haim sagt die gesicht/
Sein nachpãrẽ woltẽs glaubẽ nicht/
Den wolffs dapẽ wolt er ziechẽ rauß
War eines menschẽ hãd wordẽ dräus
Der wolff kam haim zu hauß verster.
Vnd wür gar kranck leckt sich zu pet.
Nach dem sein nachpaur in besucht/
Was im da wer vnd der verrücht.
Petter Stump bald zu im sprach/
O Nachpaur wist das ich den dag
Nechten der groß wolff war/
Der euch hat angeloffen gar/
Vñ jr habt mir hand abgeschlagẽ
Ich bidt dut darvon gar nix sagẽ
Dem Teiffel ich mich hab ergeben/
Das ich mit zaùberey mein leben.
Nach dem der nachbaur ham̃ kam
Sagt seiner frawen auch darvon,
Die es auch darnach offenbart.
Bis das es gar laùdt precht wart/
In seinẽ bet hat man in geffangen
Den Petter stũp wol mit verlangẽ
Da man in peinlich hat gefragt.
Darauff ers solches ales sagt/
Ermörd hab dreyzechen kinder klei
Drundert den aygnen Sune mein
Ihr Hirn geffresen vnd zerspalten/
Darnebẽ vmpracht auch drey altẽ/
Dem vich ich ãch gar schedlich war
Gebùlt hab Füff vnd zwantzig jar.
Mit ainer laidichen Teifflin eben/
War mein Gefaterin darneben/
Hab bschlaffẽ ãch die Tochter meñ
Vnd auff solches die vrgicht sein/
Hat man in auff ein Rad gesetzt.
Zechen zwick gab man in zu letz/
Mit ainer Hacken müß ich sagen.
Det man sein hẽd vñ füeß abschlagẽ
Dẽ Köpff man im abgschlagt hat
Vnd steckt in hoch auff ein Rad/
Ein wolff macht mã im drauff ebẽ
Weil er hat gfierd ein wolffs leben/
Darnach den Korper mon verprẽn
Vnd auch sein Dochter an dem end
Vnd sein Gefader auch darby/
Hat man verprãnd alle drey/
Welches Jedem ein Exempel sey.
Zu Meiden solche Teiffeley/
Gottes gericht nicht schlefft Firwar
Als man schreybt 89 Jar/
Den letzen October ist geschen.
Was man hie thut vor augen sechen

Gruckt Zu Normberg bey Lucas
Mair Formsck neider hinder
Sand Katterinna.

114 Zeitgenössisches Flugblatt über die Missetaten und die Hinrichtung eines Werwolfs im Oktober 1589 in Köln. Berlin, Kupferstichkabinett

Recht und Aberglauben

Die Einbindung des Rechts in das religiöse Weltbild bedeutete seine Begründung als Erkenntnis seines tiefsten Grundes im christlichen Glauben. Es war auf Gott bezogen, die rechtlichen Begriffe im eigentlichen Sinne religiös, was bei der Darstellung des Missetäters noch begegnen wird. Freilich erscheint uns heute dieser Glaube, z.B. an die Teufelsbesessenheit des Täters, als dem wesentlichen, dem geistigen Gehalt des Christentums nicht angemessen, als zu roh, materiell, magisch, damit als schlichter Aberglaube, wie er uns ja auch im Reliquienkult greifbar entgegentritt. Die Volksverbundenheit des Rechts führte überhaupt dazu, daß im Rechtsleben viele Inhalte des früheren, bis in die germanische Zeit zurückreichenden und seit der Christianisierung zum Aberglauben gewordenen Glaubens lebendig blieben, freilich in fortwährender Umwandlung und Veränderung aufgrund der Auseinandersetzung mit dem neuen Glauben des Christentums, wobei auch oft der ursprüngliche geistige Hintergrund verlorenging und bestimmte Formen nur mehr als überkommene Bräuche ohne Verständnis ihres Sinnes weiter angewendet wurden. Deshalb darf man aus den abergläubischen Vorstellungen des Mittelalters nicht unmittelbar auf das germanische Weltbild zurückschließen, obwohl die wesentlichen Grundgedanken z.B. einer Gegenstandsverehrung oder des Dämonenglaubens oder der Vorstellung vom lebenden Leichnam im Kern erhalten blieben. Auf alle Einzelheiten des frühen germanischen Weltbildes ist hier nicht einzugehen. Einige seiner Inhalte sollen aber doch in ihrem Fortleben als Aberglauben erwähnt werden.

115 Der Werwolf (Der Waldgänger). Holzschnitt von Lucas Cranach d.Ä. Um 1512.

Der Missetäter als dämonischer Wolf

Für die Germanen waren zumindest manche Missetäter erfüllt von negativ-dämonischer Kraft, vielleicht selbst Dämonen in Menschengestalt, die es zu vertreiben und/oder zu töten galt. Und damit waren sie vergleichbar dem Wolf, der im finsteren Wald, der Stätte der Dämonen, lebte, meist des Nachts, zur Zeit der Dämonen, kam, häufig auf Schlachtfeldern, Begräbnisplätzen und Hinrichtungsstätten zu finden war und daher mit den Toten und ihren dämonischen Kräften in Verbindung stand. Man sprach ihm auch eine Vorliebe für Leichenfleisch zu. Jedenfalls war der Wolf nicht – wie für uns heute – ein Tier, sondern selbst ein dämonisches Wesen wie der Missetäter auch[1]. Die Quellen noch des späten Mittelalters bezeichnen den Missetäter, vor allem den Grabschänder, Leichenräuber, Inzesttäter, als Wolf. Er sei wolfsfrei, daher von jedermann zu töten, er trage das Wolfshaupt; »da soll er sein soweit Wolf, hetzbar und gehetzt, wie Männer am weitesten Wölfe hetzen« – so formulierte eine Selbstverfluchungsformel aus Norwegen des 10. Jahrhunderts für den Fall des Bruchs des Versöhnungseides nach Einstellung der Rachehandlungen. Freilich war diese Vorstellung zu jener Zeit in vielem Dichtung geworden, der Täter wurde nur mehr mit dem Wolf verglichen, um seine verabscheuungswürdige Bosheit feierlich zum Ausdruck bringen zu können.

In der Vorstellung des Werwolfes, d.h. Mann-Wolfes, fand dieser Aberglauben seinen bis heute erregenden Ausdruck. Der Missetäter verwandelte sich, oft unter Verwendung bestimmter magischer Hemden oder Gürtel oder – da das Christentum den Wolfsgedanken mit dem Teufel als dem »Erzwolf« in Verbindung brachte – mit Hilfe teuflischer Künste, wie man annahm, in einen wölfischen Menschen oder überhaupt in einen Wolf. Als solcher tötete er dann vorwiegend Kinder und fraß Teile ihrer Leichen, weshalb er in unseren Augen wahrscheinlich an der Geisteskrankheit der Lykantropie litt. Diese Vorstellung, die auch durch künstlerische Darstellungen, wie durch einen bekannten Holzschnitt von Lukas 115
Cranach aus dem Jahre 1512, weit verbreitet wurde, blieb nicht nur Theorie, sondern wurde auch strafrechtlich-praktisch. Ein Flugblatt des Jahres 1589 z.B. berichtet über die Hinrichtung eines 114
Bauern zu Bedburg bei Köln, der durch Zauberei zum Wolf geworden war und Menschen getötet und verzehrt hatte. Er wurde am Rad festgebunden, mit glühenden Zangen gezwickt, dann enthauptet, sein Leichnam gemeinsam mit zwei Hexen zu Asche verbrannt, der Kopf auf einer Stange ausgestellt, wobei ein toter Wolf dazu gespießt wurde. Auch den Hexen sprach man oft die Zauberkraft zu, sich in Wölfe, aber auch in andere Tiere, vor allem in Katzen, zu verwandeln. Ein Holzschnitt von Hans Weiditz, der »die Emeis« von Johann Geiler von Kaysersberg (Straßburg 1517) illustriert, zeigt eine in einen Werwolf verwandelte Hexe, die Reisende angreift. Ein Flugblatt über das Hexentreiben im Fürstentum Jülich 120
(1591) stellt die Untaten dieser Hexenwerwölfe dar.

Diese Verfahren betrafen Menschen wegen Taten, die sie als Wölfe oder zumindest als wölfische Menschen begangen hatten. Es war aber auch durchaus möglich, sie noch als Tiere zu fangen und hinzurichten. Ein Holzschnitt aus dem Jahre 1685 117
zeigt einen solchen Wolf, der in Menschenkleidung und in aufrechter Haltung in Neues bei Ansbach aufgetreten ist. Das Bild an der Wand illustriert das Geschehen in einem anderen Flugblatt: 118
Ein Wolf, der einige Kinder weggetragen und gefressen haben sollte, konnte in einem Brunnen gefangen und erschlagen werden. Dann zog man dem toten Tier menschliche Kleider an und hing ihn an den Galgen, wobei manche glaubten, daß 116
dieser missetätige Wolf niemand anderes als der verstorbene betrügerische Pfleger Michael Leicht gewesen sei[2].

Die Vorstellung des wölfischen Missetäters war vielleicht auch mit ein Grund für die manchmal anzutreffende Praxis, neben dem verurteilten

Menschen einen Wolf, oder zumindest – als Ersatz für ihn – einen oder mehrere Hunde, an den Gal-
121 gen zu hängen, was ein Holzschnitt in der Schweizer Chronik von Stumpf (1586) bezüglich einer Hinrichtung eines Juden in Weißenstein in Schwaben im Jahre 1553 zeigt. Man darf dies freilich nicht überinterpretieren. Das Mithängen dieser Tiere war sicherlich auch als Strafverschärfung, vor allem für Juden, die an den Beinen aufgehängt wurden, gedacht. Hungrig schnappten sie nach dem Körper des noch lebenden Gehenkten und bereiteten ihm so zusätzliche Qualen, die ihn im übrigen auch dazu bringen sollten, zum christlichen Glauben überzutreten, wonach man ihm dann die Gnade der Enthauptung gewährte. Zusätzlich sollte auf diese Weise die Ehrlosigkeit des Täters ausgedrückt und er verspottet werden. So hing man auch, wenn zur Hand, Affen daneben,
122 was eine Miniatur aus dem Jahre 1398 zeigt.

Tiere als Missetäter

Darüber hinaus wurden häufig Wölfe selbst gehenkt, da in ihnen eine negativ-dämonische, später teuflische, Kraft wirksam war. Es gab sogar eigene »Wolfsgalgen« für solche Fälle.
Auch andere Tiere wurden hingerichtet[3]. Schweine – die nicht mit unseren heutigen Zuchttieren verwechselt werden dürfen, sondern verwilderte Tiere waren, die oft kleine Kinder angriffen – , Pferde, Rinder, auch Hunde wurden vom 14. bis zum 17. Jahrhundert vom Scharfrichter getötet, wenn sie irgendwelchen Schaden verursacht hatten. Sie wurden gehenkt, verbrannt, ertränkt, erwürgt oder lebendig begraben. Häufig wurden der Sodomit und das gebrauchte Tier gemeinsam auf den Scheiterhaufen gelegt und verbrannt. Die Gründe für diese Prozesse waren – neben dem alten Aberglauben – die Anwendung des Alten Testamentes, das gleichfalls Tierstrafen vorsieht, und der Einfluß der Tierepen. Auch die Kirche ging gegen Tiere vor, die sie vom Teufel besessen glaubte, freilich nicht in einem eigenen Strafverfahren, sondern sie bannte Maikäfer und andere schädliche Insekten, um die Tiere daran zu hindern, die Ernte zu zerstören. Der Sachsenspiegel sah eine weitere rechtsrituelle Tiertötung vor: Wurde eine Frau trotz ihrer Hilferufe vergewal-
124 tigt, sollte »jedes lebende Wesen, das bei der Notzucht dabei war, enthauptet« werden, da es nicht geholfen hatte und wohl auch durch die Nähe zur Tat befleckt worden war. Auch in einigen Weistümern, den bereits erwähnten Rechtsaufzeichnungen bäuerlicher Gegenden, wurden Tierstrafen angeordnet, wobei teilweise die Grenze zum Humor sehr naheliegt: Wenn Gänse über den Zaun flogen, sollten sie an einem Galgen aufgehängt werden, den man auf dem Feld errichtete; führte eine Ziege einen Schaden herbei, sollte sie ergriffen und auf den Rücken so gelegt werden, daß ihre Hörner in die Erde stoßen würden, oder ihr sollten die Zähne ausgeschlagen und sie mit den Hörnern an eine Gabel aufgehängt werden.

Bestrafung von Gegenständen

Auch Gegenstände, die von dämonischer Kraft erfüllt und daher »lebendig« bzw. »beseelt«[4] gedacht waren, wurden oft zerstört, was durchaus als »Bestrafung« in dem Sinne aufgefaßt wurde, daß die innewohnende Kraft und damit die »Existenz« des betreffenden Gegenstandes endgültig vernichtet werden sollte. So wurde z. B. die Glocke zerschlagen, die die aufrührerischen Truppen herbeigerufen hatte.
Diese abergläubische Vorstellung war zumindest auch ein Grund für die »Wüstung« des Hauses, d.h. für die Hauszerstörung[5] des geächteten Missetäters, denn seine negative Kraft hatte sich auf seine Wohnstätte übertragen. Die Befleckung des Ortes durch die Missetat selbst war wohl ebenfalls der Hintergrund mancher Rechtsvorschriften, wie des Sachsenspiegels, die vorsahen, daß die Hofstätte oder das Haus, wo eine Frau trotz ihrer Hilferufe vergewaltigt worden war, gewüstet werden 124
sollte; hatte sich doch dieses Gebäude wegen »unterlassener Hilfeleistung« der Mittäterschaft »schuldig« gemacht. Der Sachsenspiegel sah in diesem Sinne auch die Burg, in der ein Geächteter Aufenthalt gefunden hatte, als beklagte Partei an, die dafür mit ihrer Zerstörung »bestraft« wurde. In diesem Zusammenhang ist auch die »Bestrafung« von Bildnissen oder Statuen geflohener 123
oder gestorbener Missetäter[6] zu nennen, die ab dem 14. Jahrhundert manchmal berichtet wird. So wurden z. B. 1409 in Pisa zwei Papstfiguren als 119
Ketzer verbrannt. Auf diese Weise sollte auch das Verwerfliche und Verabscheuenswürdige der Tat zum Ausdruck gebracht werden, weshalb eine solche »executio in effigie« vor allem bei Majestätsdelikten z. B. der Verletzung der göttlichen Majestät – also Ketzerei – oder der menschlichen Majestät – also politische Delikte – in Betracht kam.

Tote als Missetäter

Die dämonische Kraft eines Menschen wurde im Glauben der Germanen häufig erst nach seinem Tod offenbar und wirksam. Als unberechenbarer »Wiedergänger« verließ der lebende Leichnam – eine Seelenvorstellung war den Germanen fremd – sein Grab und quälte die Menschen bis zur physischen Vernichtung, wobei oft Anklänge an die bis heute lebendig gebliebene »Vampyr«-Vorstellung vorhanden waren: Als »Nachzehrer« tötete er Menschen, um deren Blut oder deren Mark auszusaugen. Voraussetzung dieses »Wiedergehens« war entweder, daß der Verstorbene bereits zu Lebzeiten böse gewesen war oder daß er eines ungewöhnlichen, erschreckenden oder erschütternden Todes gestorben war, wie z. B. Selbstmörder, durch einen Unfall Umgekommene, Er-

116–118 Der Werwolf von Neuses im Markgrafentum Onolzbach (Ansbach): Im Jahre 1685 fiel ein menschenfressender Wolf bei der Verfolgung eines Hahnes in einen Brunnen, in dem ihn die herbeigeeilten Bauern erschlagen konnten. Manche glaubten – wie berichtet wird –, daß der verstorbene Pfleger Michael Leicht wegen seiner Betrügereien in diesen »Menschenwolf« verwandelt worden sei, jedenfalls wurde allgemein angenommen, daß der Wolf vom Teufel besessen sei. Man hieb dem toten Tier die Schnauze ab, klebte ihm menschliches Haar und einen Bart um das Gesicht und zog ihm fleischfarben-rötliche Kleider aus gewirkter Leinwand an. Dann hing man ihn an den Galgen. – »Ich, Wolf und Geist zugleich, tat stets die Menschen plagen, muß leiden und zulassen, daß man zu mir tut sagen: Sieh, du verfluchter Geist, bist in den Wolf gefahren; hängst nun am Galgen hier, geziert mit Menschenhaaren.« (Abb. 117). Drei zeitgenössische Flugblätter.

Der in seiner Menschlichen Wohnung noch stets rasende des Verbannt: und gehangenen; so genanten: Menschen Wolffs; und Geist,
Neüses

117 △

118 ▽

Waarhafftige Begebenheit!
Mit einem Verbannten Wolff: welcher im 1685ten Jahr im Marggrafthum Onolzbach etliche Kinder Weggetragen und ge„ fressen, lezlich den 9 Octobris in einen brünen zu Neüses, beÿ Eschen„ bach, gefangen, und ertödet; so dann: dieser figur nach, aufgehangen Worden,
Neüses
Eschenbach

119 △

120 ▽

121 △

122 ▽

119 Zwei Papstfiguren werden 1409 in Pisa als Ketzer verbrannt. Miniatur in der Spiezer Chronik des Diebold Schilling d. Ä., 15. Jh.
Bern, Burgerbibliothek

120 »Erschröckliche und zuvor nie gehörte neue Zeitung« über das Treiben von über hundert Hexen 1591 im Fürstentum Gülch (Jülich): die Missetäter verwandelten sich in Wölfe und töteten viele Menschen und Tiere. Zeitgenössisches Flugblatt »allen frommen Frauen und Mägden zur Warnung und Exempel in Druck verfaßt«.
München, Bayerisches Nationalmuseum

121 Hängen eines Juden in verkehrter Haltung zusammen mit zwei lebenden Hunden in Weißenstein/Schwaben im Jahre 1553. Holzschnitt in der Schweizer Chronik des Johann Stumpf (Ausgabe Augsburg 1586).

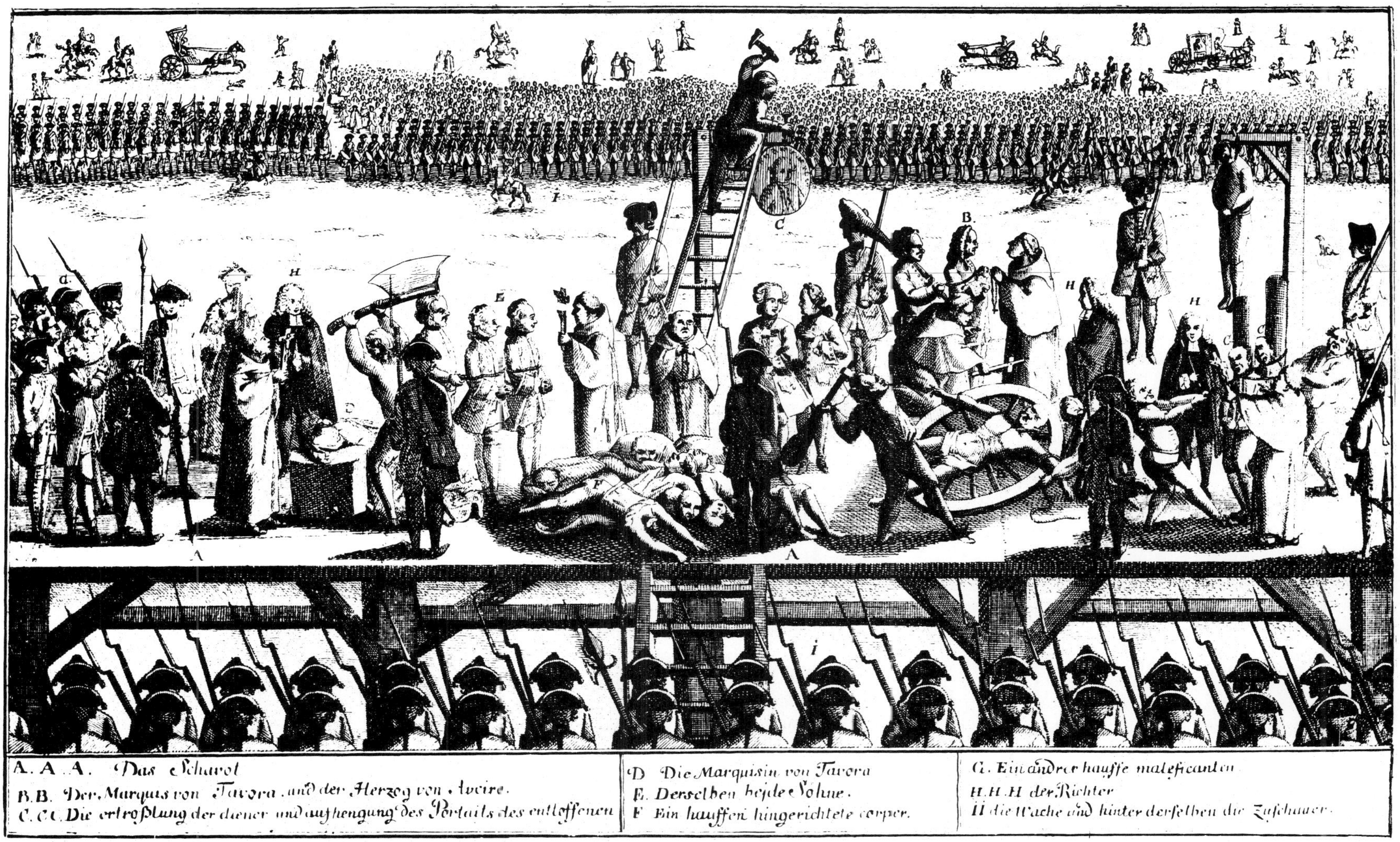

123 An Stelle eines geflohenen Hochverräters wird 1759 in Lissabon im Zuge der Hinrichtung der Verschwörer »das Porträt des Entloffenen« an den Galgen genagelt. Zeitgenössischer Stich.
Nürnberg, Germanisches Nationalmuseum

124 Zerstörung des Hauses, in dem eine Frau vergewaltigt wurde, und der bei der Tat in der Nähe gewesenen Tiere wegen »unterlassener Hilfeleistung«. Textillustration der Heidelberger Bilderhandschrift des Sachsenspiegels, 14. Jh. ▷

◁ 122 Hängen des Kaiphas und des Ochasan zusammen mit zwei lebenden Affen und Hunden. Miniatur in einem französischen Passionale für Isabella 1398.
München, Bayerische Staatsbibliothek (Cod. gall. 22, fol. 60 v.)

schlagene, Frauen während oder kurz nach der Geburt.

Der Gedanke des »lebenden Leichnams« führte zu zwei Konsequenzen im strafrechtlichen Aberglauben[7]. Man konnte einerseits bereits verstorbene Missetäter bestrafen, man mußte andererseits sogar bestimmte bereits Hingerichtete weiter bestrafen.

In der erstgenannten Weise wurden oft Missetäter, die im Gefängnis vor der Hinrichtung gestorben waren, noch nachträglich mit der für ihre Tat vorgesehenen Sanktion bestraft, z.B. tote Diebe aufgehängt. Auch Selbstmörder hatten für ihre Tat zu büßen: Ihr Vermögen wurde eingezogen, ihre Leichen wurden auf den Richtplatz geschleift und dort verbrannt, sie wurden auch in Fässer gesteckt und in den Fluß geworfen, damit sie weggeschwemmt würden – galten sie doch als besonders häufige Wiedergänger. Um ihre Rückkehr zu verhindern, trug man ihre Leichen auch nicht durch die Türe hinaus, sondern reichte sie durch das Fenster oder zog sie unter der Schwelle durch. Vor allem aber wurden Missetäter, die auf frischer Tat ertappt und dabei getötet worden waren, noch im 16. Jahrhundert vor Gericht gebracht, wo man
125 »Klage gegen den toten Mann« erhob[8]. Das in diesem Prozeß gefällte Todesurteil wurde dann manchmal noch an der Leiche vollstreckt, so wurden z.B. vom Ehemann erschlagene Ehebrecher aufeinandergelegt und gepfählt. Die Nürnberger Halsgerichtsordnung aus dem Jahre 1481 enthielt noch ausdrückliche Vorschriften, »wie man über einen toten Menschen richten soll«.

Auch die christliche Kirche hielt lange Zeit an diesen abergläubischen Vorstellungen fest. Vielen Hingerichteten und auch den Selbstmördern wurde das Begräbnis in geweihter Erde verweigert, was durchaus als Bestrafung gedacht war. Auch die Exkommunikation von bereits verstorbenen Ketzern war möglich. Dabei ging man sogar soweit, bereits bestattete Leichen auszugraben und erneut vor Gericht zu stellen; noch im 13. Jahrhundert wurden die dann verurteilten toten Ketzer verbrannt. Bekannt ist das Schicksal des toten Papstes Formosus geworden[9]. Im Jahre 897 ließ sein Nachfolger, Papst Stephan VII., sieben Monate nach dessen Tod den Leichnam ausgraben, an den Füßen heranschleifen und von der Synode aburteilen. Nachdem ihm zwei Finger von der rechten Hand abgeschlagen worden waren, warf man ihn in den Tiber. Ehemalige Anhänger fischten ihn heraus und begruben ihn erneut. 905 führte dann Papst Sergius III. einen zweiten Prozeß durch. Der halbverfaulte Leichnam des Formosus wurde wieder ausgegraben, als Papst angekleidet und feierlich als Ketzer verurteilt, die Leiche wurde enthauptet, abermals verstümmelt und in den Tiber geworfen. Wiederum zogen Fischer die Überreste heraus und brachten sie zur Peterskirche, wo – wie berichtet wird – die heiligen Bilder und Statuen sich vor dem Toten grüßend verneigt hätten. Schon daraus wird im übrigen ersichtlich, daß man auch die toten Heiligen als weiterlebend betrachtete, worüber bereits im ersten Kapitel berichtet wurde.

Die zweite Konsequenz dieser abergläubischen Vorstellungen von den Toten bestand in verschiedenen Maßnahmen, die man gegen bereits hingerichtete oder sonst verstorbene Missetäter durchführte und die den Sinn (zumindest: auch) hatten, das Wiedergängertum zu verhindern. Man konnte den Toten fesseln und ihn zusätzlich in Hockerstellung und mit dem Kopf nach unten begraben, ihn mit einem Holzpfahl am Boden festnageln, also pfählen, oder zumindest mit Zweigen oder Stangen niederhalten, auf ihn Steine oder Erde legen; man konnte die Leiche verbrennen und die 126, 128 Asche in den Wind streuen oder ins Wasser werfen, ihr auch den Kopf abschlagen und diesen zwischen ihre Beine legen oder auf eine Stange stekken. Manchmal reichte es aus, den Leichnam zwischen Dornen als Unterlage und/oder Bedeckung zu begraben oder magische Bänder oder Steine um das Grab zu setzen usw. Manche germanische Moorleichen[10] zeigen bereits diese »Behandlung«. Solche Maßnahmen wurden noch in der Neuzeit im Zusammenhang mit der Hinrichtung durchgeführt. Beim Lebendigbegraben legte man den Verurteilten in Dornengeflecht, zusätzlich wurde er oft gepfählt, wobei die Pfählung auch als 142 selbständige Strafe möglich war; oft zerstückelte man den Leichnam und befestigte die Leichenteile an Rädern oder Pfählen, auch an eigenen »Vier- 130, 181, 188 telsgalgen«, womit sicherlich auch der Abscheu über die Tat zum Ausdruck gebracht und zugleich potentielle Täter abgeschreckt werden sollten. Dieses Verfahren wurde deshalb vor allem bei politischen Delikten, z.B. Aufruhr, Hochverrat, durchgeführt, wie auch in dem Hochverratsprozeß gegen Theobaldo, dem Kapitan der Stadt Brescia, 129 den Heinrich VII. im Jahre 1311 hinrichten ließ. Manchmal wurden Leichenteile, vor allem die Köpfe der Hingerichteten, beim Stadttor oder an 127, 184 den Stadttürmen aufgestellt oder auf Pfähle gesteckt, worin vielleicht auch ein Ausdruck der abergläubischen Vorstellung zu sehen ist, daß die dämonische Kraft des Kopfes, vor allem der gebrochenen Augen, Feinde abhalten könnte[11]. Die Eingeweide des Zerstückelten verbrannte man in der Regel. Auch dies war ein altes Mittel, Wiedergängertum zu verhindern. Bei Ketzern konnte man auf diese Weise vermeiden, daß Leichenteile als Reliquien von Anhängern des Hingerichteten aufbewahrt wurden. Nicht umsonst verbrannte man die mit dem Teufel im Bunde stehenden Ketzer und Hexen und vernichtete so sie selbst und das Andenken an ihre Untaten. Auch die Leichen von auf andere Weise hingerichteten Missetätern wurden manchmal ins Feuer geworfen. Man glaubte, durch das Feuer (und das Hineinwerfen der Asche in fließendes Wasser – wie überhaupt bei den »Wasserstrafen« – durch dieses auch) eine

125 Gegen den auf handhafter Tat Erschlagenen erhebt der noch das Schwert tragende Kläger die »Klage gegen den toten Mann«. Textillustration der Dresdener Bilderhandschrift des Sachsenspiegels, 14. Jh.

126 Verbrennen eines geräderten Mordbrenners. Zeichnung in der Nachrichtensammlung des J. J. Wick (1560–1587). – Zürich, Zentralbibliothek

129 △ 130 ▽

127 Aufstecken der Köpfe hingerichteter Märtyrer auf die Zinnen der Stadtmauer. Miniatur im Stuttgarter Passionale. Um 1120.
Stuttgart, Württembergische Landesbibliothek

128 Verbrennen eines Gehenkten. Federzeichnung im Urfehdebuch der Stadt Nördlingen, 16. Jh.
Nördlingen, Stadtarchiv

129 Theobaldo, der Kapitan von Brescia, wird 1311 nach der Eroberung der Stadt durch Kaiser Heinrich VII. wegen Hochverrats zum Tode verurteilt und nach Quälereien enthauptet. Seine Leichenteile werden auf Räder geflochten und zur Schau gestellt. Miniatur in der Bilderchronik von Kaiser Heinrich VII. und Kurfürst Balduin von Luxemburg 1308–1313.
Koblenz, Landeshauptarchiv

130 Hinrichtung, verschärft durch das Schneiden von Riemen aus der Haut und Schütten heißen Pechs auf die Fußsohlen; die Leichenteile werden an Viertelsgalgen aufgehängt und zur Schau gestellt. Zeichnung in der Nachrichtensammlung des J. J. Wick (1560–1587).
Zürich, Zentralbibliothek

zusätzliche Wirkung zu erzielen: Die durch die Missetat hervorgerufene Befleckung (auch der in der Nähe des Tatortes oder des Missetäters lebenden Menschen) konnte durch die reinigende Kraft des Feuers oder/und des Wassers beseitigt werden.

Die Behandlung des Missetäters

Jedenfalls wurde der Missetäter als dämonisches Wesen gefürchtet. Nicht nur sein Leichnam war gefährlich, sondern schon zu Lebzeiten konnte der Umgang mit ihm Schaden bringen. Über die verschiedenen Maßnahmen bei der Folter wurde bereits berichtet. Das Verwenden von Weihrauch und Reliquien sollte zumindest auch Schutz vor der negativen Kraft der Hexen bieten. Dabei war vor allem der böse Blick des Missetäters gefürchtet. Man näherte sich deshalb oft nur von hinten, und die bei der Folterung verhörenden Gerichtspersonen fragten mit dem Gesicht zur Wand. Am gefährdetsten war der Scharfrichter, der deshalb
131 auch meist gemieden wurde. Ein Bild von Goya zeigt ihn bei der Erdrosselung einer Hexe, wie er jeden Blickkontakt mit ihr vermeidet. Manchmal trug der Scharfrichter auch aus diesem Grunde
143 eine eigene Maske. Vielleicht sollte darüber hinaus die gute Behandlung des Hinzurichtenden, vor
135 allem die üppige »Henkersmahlzeit«[12], den Verurteilten gnädig stimmen, wie überhaupt der Scharfrichter versuchte, die Verzeihung des von ihm zu Tötenden zu erlangen.

Diese Angst vor dem Missetäter kam in vielen anderen Formen zum Ausdruck, z.B. im Schlagen
184 eines Kreises vor der Hinrichtung oder in der völ-
132–134 ligen Nacktheit des Hinzurichtenden (die freilich in den Bildern selten zum Ausdruck kommt, da die frühere Zeit sich scheute, den nackten Körper darzustellen)[13]; im Enthaupten auf Stroh[14] oder auf Sandhaufen. Jene Angst führte auch dazu, daß alles, womit der Missetäter unmittelbar in Berührung kam, mit Scheu und grauenvoller Faszination betrachtet wurde. Der Scharfrichter, der Galgen, der Strick, mit dem er gehenkt wurde, auch der Pranger wurden »tabuisiert«. Man ging ihnen aus dem Wege, vermied jede Berührung; und trotzdem war man davon fasziniert, gefesselt, man versuchte, die unheimliche Kraft dieser Gegenstände durch Magie zu beherrschen und fruchtbar einzusetzen. Stücke des Strickes, Späne des Galgenholzes wurden genauso als zauberische Mittel verwendet, ja oft wie Reliquien verehrt, wie das Blut des Enthaupteten oder Leichenteile des Gehenkten, man versuchte, aus ihnen Medizin oder Talismane herzustellen.

Das Richtschwert

Dieser Aberglaube umgab das Richtschwert des Scharfrichters in besonderem Maße. Um dieses schwere, beidhändig zu führende, über ein Meter lange, zweischneidige, oft mit einer Blutrinne versehene Instrument der Strafrechtspflege, das – im 144–146, 499
Gegensatz zum spitzauslaufenden kunstvollen Richterschwert – einen viereckigen, flach abge- 319
rundeten oder halbrunden Ort hatte, rankten sich viele Sagen. Man erzählte, es erklinge vor der Hinrichtung aus Blutdurst, es werde bei einer Massenexekution müde, es verweigere den tödlichen Hieb gegen einen Unschuldigen. Man glaubte, daß ein Kind, das von ihm geritzt wurde, sein Leben lang mit der Justiz nicht in Konflikt käme usw. Auch die Scharfrichter selbst betrachteten das Richtschwert, das meist in ihrem Eigentum stand, als besonderen Gegenstand, der gepflegt und ausdrücklich testamentarisch vererbt wurde. Sie ließen sich auch spezielle Schwerter herstellen und mit Bildern und Sprüchen verzieren. So wur- 147–151
den Hinrichtungsszenen, Darstellungen der Justitia, des gekreuzigten Christus, biblische Gestalten und Heilige, aber auch bloße Linienornamente, Blumen, Ranken oder Fahnen eingraviert oder eingeätzt; ebenso deutsche oder lateinische Sprüche wie: »An Gottes Segen ist alles gelegen«, »Die Obrigkeit steuret dem Unheil, ich exequire ihr Ends Uhrteil«, »Fiat Justitia aut periat Mundus«, »Firch Got und lieb das Recht, so sein die Engel deine Knecht«, »Wan Ich das Schwert thu auffheben, so wünsche Ich dem Sünder das Ewige Leben«, »Weich nit von mir o treuer Gott«, »Dominus benedicat me et invat mihi vincere«. Ulrich Kühn[15] hat diese Bilder und Inschriften zusammengestellt und interpretiert als die Versuche der Scharfrichter, auf diese Weise ihre gefürchtete, aber nicht geachtete Tätigkeit zumindest vor sich selbst zu rechtfertigen, die Verantwortung abzuwälzen, Versöhnung mit dem Verurteilten zu erlangen, auch durch Warnung zu Wohlverhalten aufzufordern.

Die Toten als Prozeßbeteiligte

Abergläubische Vorstellungen über die Toten hielten sich durch lange Zeit auch im Bereich des Strafverfahrens selbst. Die Germanen fürchteten nicht nur die dämonischen Wiedergänger, sondern sie verehrten auch die Ahnen ihrer jeweiligen Sippen als diejenigen, die ihnen die Kraft für das Leben in dem sakralmagischen Weltbild gegeben und ihnen die Ordnung hinterlassen hatten, in der sie nun lebten. Die Ahnen waren – als Begründer und Hüter der überkommenen Ordnung – deshalb besonders aufgerufen, als Richter oder zumindest als Beistand im Rechtsverfahren tätig zu werden. Noch in der Neuzeit fand dieser Gedanke, daß die Herstellung der Ordnung immer auch Sache der Toten war, seinen Ausdruck darin, daß auch sie zur Gerichtssitzung zu laden waren.

Die Dorfgerichtsordnung von Kalchhofen schrieb in diesem Sinne vor, daß der Gerichtsbüttel beim Steinkreuz die Sitzung des Gerichts ausschreien

131 Der Scharfrichter erdrosselt eine Hexe von hinten, um ihrem gefährlichen »bösen Blick« zu entgehen. Gemälde von Francisco Goya (1746–1828) (?).
München, Bayerische Staatsgemäldesammlungen

132 Ein nackter Mann hängt am Galgen. Kolorierte Zeichnung in Wolf Neubauers handschriftlicher Chronik von Nürnberg, 17. Jh.
Nürnberg, Stadtarchiv

133 △

134 △

135 ▽

133 Der nackte Leichnam eines hingerichteten Mörders wird 1585 in Biberach auf ein Rad an einen Pfahl gebunden und mit der Mordhand, die ihm noch zu Lebzeiten abgeschlagen worden ist, ausgestellt. Ausschnitt aus einem zeitgenössischen kolorierten Einblattdruck. Überlingen, Stadtarchiv

134 Nackte Ketzer werden in den brennenden Scheiterhaufen getrieben. Zeichnung in der Nachrichtensammlung des J. J. Wick (1560–1587). Zürich, Zentralbibliothek

135 Der im Stock eingeschlossene, zum Tode Verurteilte erhält 1504 die reichliche Henkersmahlzeit, die er öffentlich einnimmt. Zeichnung im Salbuch (1448–1666). Volkach, Stadtarchiv

sollte mit den Worten: »Auf, ihr Lebenden und ihr Toten, kommt zum Halsgericht.« Auch als sonstige Verfahrensbeteiligte wurden die Toten anerkannt. Über ihre mögliche Verurteilung und Bestrafung wurde schon berichtet. Der Tote konnte auch Kläger sein. Man brachte ihn deshalb vor Gericht, zu welchem Zwecke man ihn für den Prozeß aufbewahrte, z.B. in einem Zimmer des
137 eigenen Hauses oder im Rauchfang hängend. Oft schmiedete man den ergriffenen Täter an die Totenbahre, so daß ihn eigentlich der Tote selbst vor Gericht zu bringen schien; oder man begrub den Toten zwar, schnitt ihm aber zuvor die Hand ab, um dann Klage »mit der toten Hand« zu erheben[16]; oder verwendete sonst ein »Leibzeichen« des Toten, wozu in späterer Zeit auch ein Kleidungsstück genügte.

Die Orte von Gericht und Hinrichtung

Die Verbindung des Gerichtsverfahrens mit den Toten fand ihren stärksten Niederschlag und ihre bedeutendste Nachwirkung im Ort des Gerichts und der Hinrichtung. Die Germanen hielten ihre »Thing«-Versammlung oft am Grab eines besonders verehrten Ahns ab. In christlicher Zeit verhandelte man manchmal auf Friedhöfen[17]. Auch
316–318 die Wahl des Kirchengebäudes als Gerichtsort, und zwar nicht nur für kirchliche Prozesse, hatte zumindest einen Grund in dieser Vorstellung. Denn in der Kirche war der Heilige begraben, zumindest ein Teil von ihm, nämlich die Reliquie. Oft hatte man das Gebäude von vornherein über einem alten Heiligtum, auch über dem Grab des Ahns, errichtet. Dazu kam sicherlich die christliche Auffassung, daß Gott selbst der gerechte Richter war, weshalb oft vor der Kirchentüre unter der Darstellung des Jüngsten Gerichts, das zugleich vor Rechtsbeugung warnen sollte, die Verhandlung durchgeführt wurde[18]. Auch die Bezeichnung mancher Gerichts- und Hinrichtungsstätten als »Rosengarten« deutet auf die alte Vorstellung von den richtenden Toten hin, denn darunter verstand man wüste Stätten, vor allem Begräbnisplätze[19].
Die Ahnen wurden von den Germanen in Steinen, die auch über ihrem Grab gesetzt wurden, oder in Pfählen personifiziert und damit anwesend gedacht. Von vielen Autoren wird ein Nachwirken dieser Vorstellungen gesehen in dem späteren Ort des Gerichts/der Hinrichtung bei Steinen[20]; die bereits erwähnten »Rabensteine« werden auf diese Weise ebenso erklärt wie manche erhaltenen steinernen Gerichtstische[21]. Vor allem führt man
152–156 die hölzernen oder steinernen Gerichtssäulen, auch die einfachen Säulenpranger und Staupsäulen auf den früheren Ahnenkult zurück, wobei zur Bestärkung darauf verwiesen wird, daß diese Säulen an der Spitze manchmal eine Kopf- oder Mas-
164–167 kendarstellung zeigen[22] oder überhaupt von einer Figur gekrönt sind[23]. Die Verbindung zu den Rolandsfiguren, vor denen ebenfalls Gericht gehal- 158–163
ten und hingerichtet wurde, liegt auf der Hand und wird auch gezogen. Auch in ihnen soll die Verehrung der Ahnen weitergewirkt haben[24]. Im einzelnen ist vieles strittig, oft wird in diese Rechtsdenkmäler zu viel hineininterpretiert. Für die Rolande z.B., die zwar sicherlich nichts mit dem Helden des bekannten Rolandsliedes zu tun haben, dafür aber mit dem »Rosengarten«, dem »roten Land« Westfalens, auch mit dem Blut, das an ihnen vergossen worden ist, in Verbindung gebracht werden[25], hat Gathen gezeigt, daß es überhaupt keinen einheitlichen »Roland« gegeben hat[26], sondern daß die Menschen diese Figuren aus verschiedenen Motiven errichteten. Sie wollten damit ein Symbol für jeweils verschiedene Inhalte aufstellen: der Roland in Bremen war wohl Zeichen der Stadtfreiheit; der in Ragusa Zeichen der Blutgerichtsbarkeit; der in Wedel Symbol für Zollfreiheit; der Roland in Halle bloßes Denkmal eines Grafen, usw. Ebenso muß bedacht werden, daß eine Säule auch unabhängig von jedem Aberglauben an die personifizierten Ahnen oder z.B. an eine Nachbildung der Himmelsachse der geeignete Platz für die Öffentlichkeit einer Gerichtsverhandlung oder einer Hinrichtung und auch der geeignete Träger eines Wahrzeichens war. So sollte das Marktkreuz von Trier die Gerichtsho- 157
heit der Stadt und zugleich die Einheit von bürgerlichem Leben und Religion zum Ausdruck bringen[27]. Jedenfalls muß man mit der Annahme des Weiterwirkens alten Aberglaubens vorsichtig sein.
Der Pfahl konnte im übrigen auch Sinnbild des Baumes sein. Auch in seinem Schatten hielten die Germanen ihre Thingversammlungen ab, da sie hohe mächtige Bäume als heilig verehrten, wie auch Quellen, Lichtungen, Teiche, Brunnen, mächtige Steine (auch über den Ahnenkult hinaus) und Hügel, die alle gleichfalls als Thingort in Betracht kamen. Diese überlieferten Stätten wurden als Orte für Gericht und/oder Strafvollstrekkung auch in christlicher Zeit beibehalten, wobei der alte (Aber-)Glauben, z.B. bezüglich Brunnen[28], mehr oder minder in den Hintergrund trat. So tagten bis in die Neuzeit vor allem die Dorfgerichte unter der »Gerichtslinde«, der »Zentlin-
de«[29], wie zwei Bilder aus Diebold Schillings 176, 177
Schweizer Chronik des 16. Jahrhundert zeigen. Dieser Gerichtsort war so typisch, daß Hierony-
mus Bosch in seiner »Tischplatte der sieben Tod- 139
sünden und der vier letzten Dinge« den Neid in einer Gerichtsszene unter der Linde darstellte. Viele dieser gewaltigen Bäume sind im Laufe der
Zeit zerstört worden, einige Fotografien (teils vor 168–171
1945 gemacht) sollen einen Eindruck dieser Gerichtsstätten vermitteln. Deutlich wird, daß häufig solche Bäume durch Säulen gestützt, sogar in mehreren Etagen gestuft und ausgebaut waren, so daß man selbst auf ihnen tanzen konnte, wie auch überliefert ist.

136 △

137 ▽

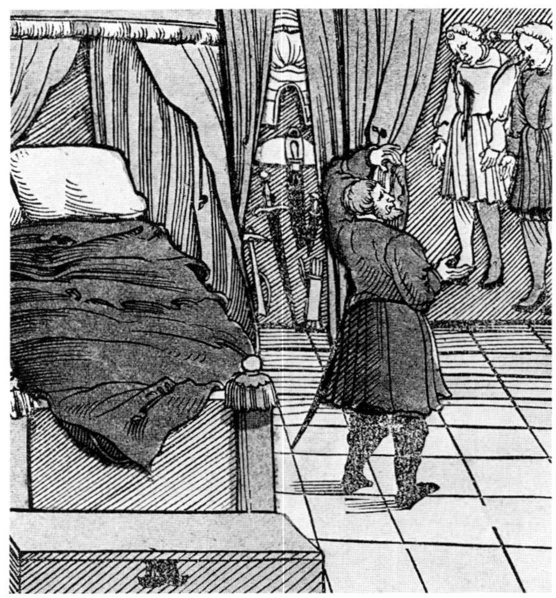

136 Der rechts dargestellte Richter (Graf) schlägt mit dem Rücken eines Beiles die ersten drei Schläge an die zum Schleifen verurteilte Burg. Textillustration der Heidelberger Bilderhandschrift des Sachsenspiegels, 14. Jh.

137 Die Leichen der erschlagenen Neffen hängen an der Wand des Schlafzimmers eines Ritters und mahnen ihn durch den allmorgendlichen Anblick zur Rache. Holzschnitt in der Nachrichtensammlung des J. J. Wick (1560–1587). Zürich, Zentralbibliothek

138 Die Schöffen haben auf Weisung des rechts sitzenden Richters – hinter ihm der Schultheiß – ihre Kopfbedeckungen und Handschuhe abgelegt. Textillustration der Heidelberger Bilderhandschrift des Sachsenspiegels, 14. Jh.

139 Eine Gerichtsverhandlung unter der Linde. Darstellung des Geizes in der »Tischplatte der sieben Todsünden und der vier letzten Dinge« von Hieronymus Bosch (1450–1516). Madrid, Prado

138 △

139 ▽

Über die Behandlung des Missetäters, vor allem im Vollzug der Strafen durch den Scharfrichter, wurde schon berichtet. Es liegt auf der Hand, daß nicht nur die Hinrichtung, sondern das gesamte Verfahren vor Gericht lange von einer Aura des Geheimnisvollen, vielleicht des Unheimlichen begleitet war. Die Verhandlung mußte feierlich »gehegt«[30], d.h. durch das Aussprechen bestimmter Formeln und durch bestimmte Handlungen eröffnet werden, worin eine Nachwirkung früherer Formen zu sehen ist, z.B. des Absteckens eines magischen Kreises durch Steine oder zauberkräftige Haselzweige.

Wie Abbildungen der Gerichtslinden zeigen, wa-
170, 171 ren diese Bäume oft von Steinen oder Steinmauern eingekreist. Auch das Ende der Verhandlung erinnerte an frühere Zeiten, wo ein feierliches Opfermahl mit Eß- und Trunkgemeinschaft die Thingverhandlung beschloß. Die Gerichtspersonen nahmen nach der Verhandlung Speise und Trank gemeinsam ein, wobei in dörflichen Gegenden oft die verhängten Geldbußen aufgebraucht wurden.

In der Verhandlung selbst herrschte »Prozeßgefahr«. Wer die althergebrachte Formel nicht traf, hatte seine Sache zumindest zum Teil verloren.
172, 174 Deshalb bediente man sich eigener »Fürsprecher«, die prozeßerfahren waren und für die Partei formulierten. Diese mußte durch bestimmte Gesten, z.B. Handauflegen, das Vorbringen des
175 Fürsprechers genehmigen, was ein Bild des Hamburger Stadtrechts zeigt. In einem Prozeß wegen Körperverletzung vor dem Vogt und den zwei Gerichtsverwaltern legt dort der Beschuldigte, rechts neben der linken Säule stehend, seinem vor ihm stehenden Fürsprecher zum Zeichen des Einverständnisses die Hand auf die Schulter. Sprach der Fürsprecher fehlerhaft, konnte sich die Partei davon distanzieren und durch einen neuen Fürsprecher erneut ihr Anliegen vorbringen, was die Hei-
140 delberger Sachsenspiegel-Handschrift illustriert. Darin wird meistens ein Nachwirken von zauberischen Vorstellungen einer »Wortmagie« gesehen[31].

Selbstverständlich war auch der Richter von solchen abergläubischen Vorstellungen betroffen. Nach manchen Prozeßordnungen hatte er eine bestimmte Stellung einzunehmen. Das Soester Recht schrieb vor: »Es soll der Richter auf seinem Richterstuhl sitzen als ein grimmiger Löwe (und) den rechten Fuß über den linken schlagen«, eine Miniatur des Soester Nequambuches untermalt 141
diese Vorschrift. Im einzelnen ist strittig, ob über- 173
haupt und wenn welcher magische Hintergrund hier wirksam war[32]. Einige sehen in dieser Sitzhaltung nur den Ausdruck für die Ruhe und Konzentration des Richters; andere anerkennen im Beinverschränken einen Abwehrzauber gegenüber bösen Geistern; wieder andere legen den Schwerpunkt auf den Sitz, den Hochsitz, als solchen und geben tief in die Mythologie führende Deutungen, sogar die einer »archetypischen Gebärdenmetaphysik«. Interessant ist, daß die Miniatur des Nequambuches den Richter ohne Gerichtsstab zeigt, obwohl andere Vorschriften gerade darauf und auf eine bestimmte Handhaltung abstellten. Der Sachsenspiegel schrieb nicht nur vor, daß die Gerichtspersonen sitzend tätig werden sollten, sondern daß »weder Schöffen noch Richter Kappen, Hüte, Hütlein oder Hauben tragen noch Handschuhe anhaben (sollen). Sie sollen Mäntel auf den Schultern haben und müssen ohne Waffen sein«, was die Heidelberger Handschrift illu- 138
striert. Auch darin kann man ein Nachwirken der Vorstellungen sehen, negativ-dämonische Kräfte von den Gerichtspersonen abzuhalten; zumindest auch war der christliche Gedanke von Bedeutung, daß der Richter bei gerechtem Urteil – als das Ebenbild Gottes – nicht entstellt sei und daher das Antlitz unbedeckt haben könnte und auch sollte[33].

Der Richter hatte nach dem Sachsenspiegel auch die ersten drei Schläge mit dem Beil an die Burg, 136
die wegen Friedensbruches abgerissen werden sollte, zu tun, was gleichfalls auf altes Gedankengut einer besonderen magischen Richterkraft schließen läßt.

140 Die Partei, die sich wegen der Prozeßgefahr eines Fürsprechers bedient, muß durch bestimmte Gesten – z. B. an die Schulter Fassen – dessen Vorbringen akzeptieren oder ablehnen. Textillustration der Dresdener Bilderhandschrift des Sachsenspiegels, 14. Jh.

141 Die Gerichtsordnung der Stadt Soest schrieb ausdrücklich eine bestimmte Sitzhaltung des Richters vor: er sollte »auf seinem Richterstuhl sitzen als ein grimmiger Löwe und den rechten Fuß über den linken schlagen«. Das Bild zeigt den Stadtrichter in seinem roten Gewand, allerdings nicht als dieser »grimmige Löwe« und auch mit dem linken Fuß über dem rechten. Er hat eine Hand auf das Knie gestützt und die andere Hand in Redegeste erhoben. Ihm gegenüber stehen der Ankläger mit dem Schwert und zwei vornehme Angeklagte.
Diese Miniatur des 14. Jhs. befindet sich im Soester Nequam (Nichtsnutz-)-Buch, in das der Rat der Stadt von 1315 bis 1421 die Namen der Missetäter, die wegen irgendwelcher Verfehlungen aus dem Kreis der Bürger ausgeschlossen, sonst geächtet oder der Stadt verwiesen wurden, eintragen ließ.
Soest, Stadtarchiv

142 Hinrichtung eines Missetäterehepaares in Freiburg i. Ü. im Jahre 1574: die Frau wird lebendig begraben und gepfählt, der Mann gerädert.
Diese kolorierte Zeichnung befindet sich in der Nachrichtensammlung des J. J. Wick, die als »Wickiana« bekannt ist. Der Schweizer Chorherr Johann Jakob Wick (1522–1588) begann 1560, Berichte und Notizen zur Zeitgeschichte zu sammeln und in Buchform zusammenzufassen. Er kopierte Briefe und Reiseberichte, schrieb Gehörtes und Gesehenes nieder, klebte Flugblätter ein usw. Bei seinem Tode waren auf diese Weise 24 Quart- und Foliobände von beträchtlichem Umfang entstanden.
Zürich, Zentralbibliothek (Handschriftenabteilung Ms. F 12–35)

143 Scharfrichtermaske, 16. Jh.
Rothenburg o. d. T., Mittelalterliches Kriminalmuseum

144 Richtschwerter, 17. Jh.
Linz, Oberösterreichisches Landesmuseum

145 Richtschwerter der Stadt Graz, 18. Jh.
Graz, Landesmuseum Joanneum

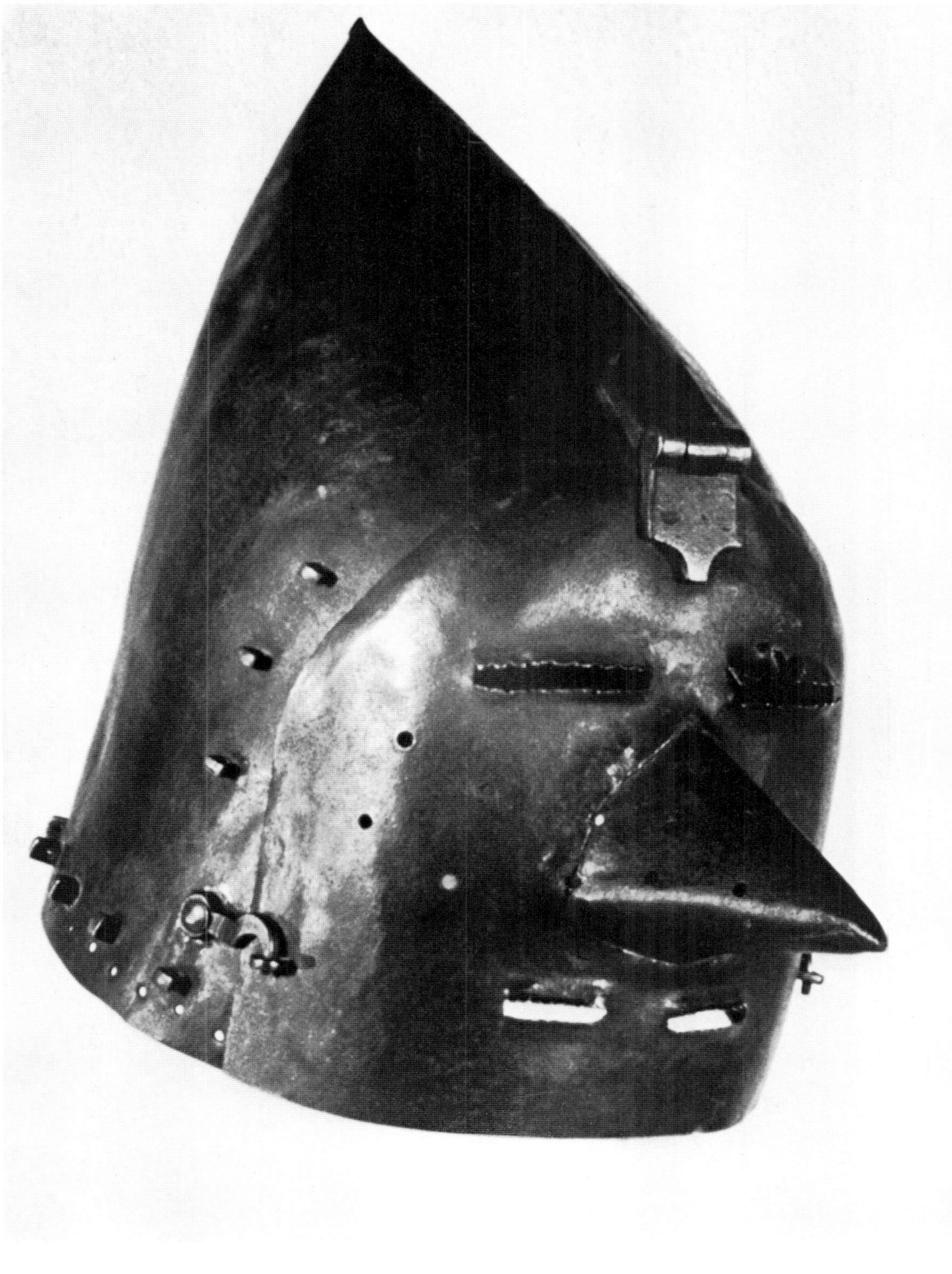

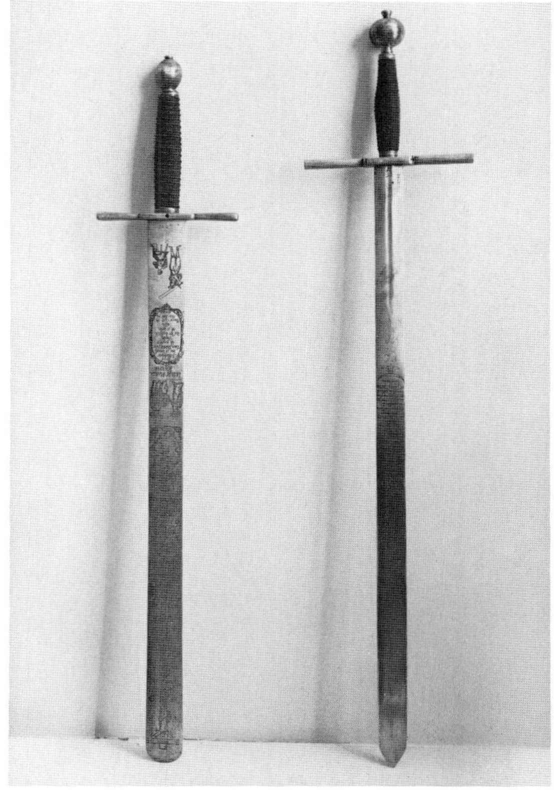

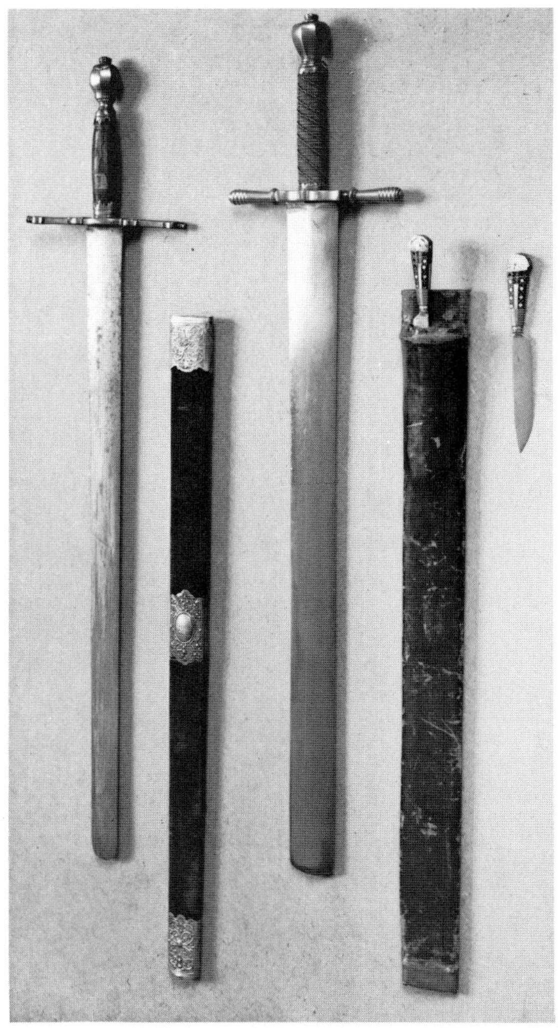

146 △

147 ▽

148 ▽

146 Richtschwerter mit Verzierungen und Inschriften auf der Klinge, 17./18. Jh.
Frankfurt a. M., Historisches Museum

147, 148 Hinrichtungsszenen und Inschriften auf der Klinge des Straubinger Richtschwertes, 17. Jh.
Straubing, Gäubodenmuseum

Gegenüberliegende Seite:
149 Darstellung der Justitia auf der Klinge des Erlanger Richtschwerts, 17. Jh.
Erlangen, Stadtmuseum

150 Darstellung des hl. Georg auf der Klinge des Richtschwerts des Ulmer Scharfrichters Johann Georg Degendesch, 17. Jh.
Ulm, Stadtmuseum

151 Hinrichtungsszene und Blumenornament auf der Klinge eines Richtschwerts, 17. Jh.(?)
Innsbruck, Tiroler Landesmuseum Ferdinandeum

149 △ 150 ▽

153 △ 154 ▽

◁ *152 Die Marktsäule am Münsterplatz in Bonn, ursprünglich Immunitätszeichen des Domstiftes, dann Pranger- und Gerichtssäule (und damit Ort des Gerichts).*

153 Staupsäule aus Eichenholz in Peterwitz bei Schweidnitz/Schlesien, 1582 errichtet

154 Prangersäule in Dürnkrut/Österreich

155 △ 156 ▽

155 Staupsäule in Heinzendorf bei Habelschwerdt/Schlesien

156 Prangersäule am Marktplatz von Rothbach/Schlesien (früher Markt Rothsürben), 1234 errichtet

157 Das Marktkreuz in Trier. 958 als religiöses Symbol errichtet, später Zeichen der Marktfreiheit und – vielleicht auch – Gerichtssäule. ▷

158 Der Roland in Halle/Saale. Nach altem Vorbild 1717 als Denkmal eines historischen Burggrafen errichtet.

159 Der Roland am Marktplatz von Belgern/Torgau, 1610 errichtet

160 Der Roland in Quedlinburg, 1440–1450 als Zeichen der Stadtfreiheit errichtet ▷

158 △ 159 ▽

161 *Der Roland in Zerbst, 1445 errichtet*

162 *Der Roland in Wedel, 1651 als Zeichen bestimmter Zollrechte errichtet*

163 *Der Roland am Marktplatz von Bremen, 1412 als Zeichen der Stadtfreiheit errichtet*

164 △ 165 ▽ 166 △ 167 ▽

164, 165 Prangersäulen mit einem Schwertarm als Zeichen der Gerichtsherrschaft in Hadres/Österreich, 1635 errichtet (Abb. 164) und Bockfließ/Österreich, im 16. Jh. errichtet (Abb. 165)

166, 167 Prangersäulen mit Figur (»Prangerhansl«) in Hagenberg/Österreich, 1717 errichtet (Abb. 166) und Weiten/Österreich, im 17. Jh. errichtet (Abb. 167)

Gegenüberliegende Seite:

168 Gerichtslinde vor der Kirche in Bordesholm bei Neumünster

169 Gerichtslinde mit Stützsäulen in Himmelsberg bei Marburg

170 Gerichtsplatz mit Steintisch im gehegten Steinkreis um die Gerichslinde in Rodebach bei Kassel

171 Dorflinde bei Neustadt a. d. Aisch

168 △ 169 ▽ 170 ▽ 171 ▽

172 Die Parteien mit ihren Fürsprechern. Zeichnung in der Brüsseler Bilderhandschrift des Schwabenspiegels. Um 1425. Brüssel, Königliche Bibliothek

173 Der Richter vor den (durch den über ihnen schwebenden Teufel gekennzeichneten) Meineidigen, links davon Zuschauer. Interessant ist, daß die Vorschrift bezüglich der Beinhaltung (vgl. Abb. 141) offensichtlich nicht eingehalten ist. Miniatur im Soester Nequambuch, 14. Jh. Soest, Stadtarchiv

174 Die Partei und ihr Fürsprecher. Textillustration der Dresdener Bilderhandschrift des Sachsenspiegels, 14. Jh.

175 Der wegen Verletzung der Hand des Klägers vor dem Vogt und den beiden Gerichtsverwaltern des Rates belangte Beklagte legt seinem Fürsprecher (»Vorsprake«) zum Zeichen des Einverständnisses mit dessen Handlungsweise die Hand auf die Schulter. Links ist eine Kampfszene, rechts die Stadtmühle und ein mit Mehlsäcken beladener Wagen dargestellt. Miniatur im Hamburger Stadtrecht von 1497. Hamburg, Staatsarchiv ▷

176 Die Dorflinde – meist neben dem Kirchengebäude – war der Mittelpunkt des politischen Lebens der Gemeinde und auch Gerichtsort. So auch 1478 in Schüpfheim, wo ein Verfahren gegen Peter am Stalden stattfand. Miniatur in der Luzerner Chronik des Diebold Schilling d.J., 1513. Luzern, Bürgerbibliothek

177 Unter der Gerichtslinde hat sich der Rat der Stadt Mühlhausen/Schweiz versammelt. Die außerhalb der Stadt gelegene Stätte ist in der alten überkommenen Weise durch Holzschranken gehegt, sie darf von Unbefugten nicht betreten werden, es herrscht in ihr Gerichtsfrieden. Die Ratsherren lesen im Schatten des Baumes einen Brief, den ein Edelmann – der Junker von Regisheim – geschrieben und darin Verschiedenes von der Stadt gefordert hat. Seine Forderungen werden abgewiesen. Der Schreiber am Tisch fertigt gerade eine Botschaft aus, die ein Bote, mit dem Botenstab, in Empfang nehmen und übermitteln wird. Der Stil, in dem diese Antwort gefaßt ist, wird im übrigen den Junker dazu bewegen, der Stadt die Fehde anzusagen. Miniatur in der Luzerner Chronik des Diebold Schilling d.J., 1513. Luzern, Bürgerbibliothek ▷

178 Die Grausamkeit des früheren Strafrechts tritt anschaulich und abstoßend in der Darstellung verschiedener Todes- und Leibesstrafen in dem »Neu Layenspiegel« von Ulrich Tengler (in der Ausgabe 1509) vor Augen.

Das Problem der Grausamkeit

179, 180 Darstellung von Missetätern und des Scharfrichters (der Henkersknechte) im Codex statutorum aus dem Jahre 1348.
Zwickau, Ratsarchiv

Läßt man das Gesagte und die Bilder Revue passieren, dann wird mancher wohl von Grauen gepackt bei der Grausamkeit, die hier Menschen gegen andere Menschen ausgeübt haben. Trotzdem machen bereits die Ausführungen über die abergläubischen Vorstellungen bezüglich der Toten als der potentiellen Wiedergänger deutlich, daß manche Maßnahmen gegen den Leichnam des Hingerichteten nicht angemessen erfaßt sind, wenn man sie einfach als »grausam« qualifiziert.

Die notwendige Qualifizierung der Unmenschlichkeit

Zunächst allerdings ist das Urteil über die frühere Strafpraxis notwendig: Sie kann nur verurteilt und als unmenschlich bezeichnet werden. Schon ein
178 erster Blick auf die Zusammenstellung der einzelnen Todesstrafen führt zu dieser Qualifizierung, die sich noch verstärkt, wenn man sich einigen Strafen im besonderen zuwendet. Da wurden
181 Menschen ganz einfach in der Art des Metzger-
185 handwerks abgeschlachtet und zerstückelt, ihre
183 Reste auf Galgen gehängt oder angenagelt, verbrannt oder gesotten; sie wurden bei lebendem
194 Leibe von Tieren zerrissen oder mit glühenden
187 Zangen zu Tode gezwickt. Beim Rädern wurden ihre Knochen in brutaler Weise zerschlagen – der
189 Geistliche oder/und die Marter daneben scheinen uns wie Hohn. Die Chronik des Christoph Silberisen (1576) schildert in Wort und Bild, wie der Rit-
182 ter von Wart tagelang mit geschundenen Gliedern ins Rad geflochten litt und seine Frau weinend und betend daneben saß. Wie konnte man nur in der lustvollen Erregung eines Volksfestes zusehen,
185 wie Menschen verbrannt wurden und halbverkohlt an den Pfählen hingen? Die Geschäftigkeit des Henkerknechtes kann den Eindruck der Brutalität dieser Todesstrafe – durch die vor allem Tausende von Frauen als Hexen hingerichtet wurden – keineswegs mildern, genausowenig die
191–197 heute kindlich anmutende Darstellungsweise der einzelnen Todesstrafen oder die »sanfte« Zurückhaltung, mit der die Dresdener Sachsenspie-
190 gel-Handschrift das Rädern des Mörders und desjenigen, der Pflug, Mühle oder Kirche beraubt hat, darstellt. Viele Quellen scheinen dieser Einschätzung nahezukommen, wenn sie den Scharf-
198 richter und seine Knechte abstoßend häßlich darstellen. Sollte damit deren Tätigkeit abqualifiziert werden? Doch ist am selben Ort häufig auch der
179, 180 hinzurichtende Missetäter in der gleichen Weise dargestellt. Jedenfalls erscheint uns heute die frühere wirkliche Strafpraxis durchaus vergleichbar den Schreckensbildern der Phantasie etwa des älteren Pieter Breughel, der den »Triumph des Todes« gemalt hat.

Dieses Urteil der Unmenschlichkeit ist das einzig mögliche; und trotzdem geht es – wie bereits erwähnt – in eine falsche Richtung, wenn man es nur in dieser negativen, verurteilenden Bedeutung nimmt. Denn zum Verständnis dieser Handlungen ist es erforderlich, nach dem Grund solcher Unmenschlichkeit zu fragen.

Die andere Leiblichkeit

Zunächst läßt sich aufzeigen, daß die Menschen jener Zeit in ihren Einstellungen, Gefühlen, auch in ihrer Wahrnehmung – worüber schon im Zusammenhang mit dem Teufel gehandelt wurde – anders waren als wir heute[1]. Sie erscheinen uns gefühllos, hartherzig, unempfindlich. Man denke nur an die damalige Art und Weise, Zähne zu ziehen oder Beine zu amputieren; auch daran, daß wegen des übergroßen Alkoholgenusses, bereits ab zartem Kindesalter, fast jeder unter Gicht zu leiden hatte[2]. Schmerzen war man auch von den reichlichen Prügeln der »Erzieher« in Familie und Schule gewohnt.

Norbert Elias hat in seiner Zivilisationstheorie deutlich gemacht, in welch hohem Maß Grausamkeit, Freude an Zerstörung und an den Qualen anderer im Mittelalter ausgelebt wurden. Die Dichter schwärmten häufig vom Kriegsgetümmel und von Fehdekämpfen, in denen man die Felder verwüstete, Brunnen verschüttete, Häuser zerstörte, Tiere und auch Menschen quälte, dies alles in einer ursprünglichen Wildheit des Gefühls, die sich auch in der besonderen Lust zeigte, Gefangene zu verstümmeln; dabei wirkten durchaus auch Frauen mit. Elias erwähnt ein Kloster in Frankreich, das 150 Männer und Frauen beherbergte, denen ein Ritter und seine Frau die Hände abgeschlagen, die Augen ausgedrückt, die Brüste abgehauen und die Nägel ausgerissen hatten[3]. Diese Grausamkeitsentladung war in Ritterkreisen durchaus gesellschaftsfähig, die Freude am Quälen und Töten war gesellschaftlich erlaubt, selbst angesehen. Dabei machten auch die Bürger keine Ausnahme. Die Städte z.B. des 15. Jahrhunderts waren gleichfalls erfüllt von Kriegen zwischen Familien und Cliquen. Die Bürger hatten alle schnell das Messer bei der Hand. So wird berichtet, daß in Augsburg – damals eine Stadt mit 20000 Einwohnern – von 1338 bis 1368 172 Totschläge, in dem etwa gleichgroßen Breslau von 1357 bis 1399 243 Totschläge gerichtlich gesühnt wurden, was auf mindestens doppelt soviele wirklich begangene schließen läßt[4]. Die Zeit war rauh; man braucht auch nur an die Behandlung der Kinder, der Fremden oder gar der Heiden in den Kreuzzügen oder der Juden im eigenen Land zu denken[5].

Das Maß dieser Lust an Grausamkeit kann wohl ein Beispiel aus dem 16. Jahrhundert sehr klar verdeutlichen. In Paris, dem damaligen Zentrum der Kultur, gehörte es zur Festesfreude des Johannistages, ein oder zwei Dutzend Katzen zu verbrennen. Diese Feier war sehr berühmt. Das Volk versammelte sich, festliche Musik spielte auf; unter einer Art Gerüst wurde ein mächtiger

Scheiterhaufen errichtet; »dann hing man an dem Gerüst einen Sack oder Korb mit den Katzen auf. Sack oder Korb fingen an zu glimmen. Die Katzen fielen in den Scheiterhaufen und verbrannten, während sich die Menge an ihrem Schreien und Miauen erfreute. Gewöhnlich waren König und Hof anwesend. Zuweilen ließ man dem König oder dem Dauphin die Ehre, den Scheiterhaufen anzuzünden. Und wir hören, daß einmal auf besonderen Wunsch König Karls IX. ein Fuchs gefangen und mitverbrannt wurde.«[6] Es war jedenfalls ein Spektakel im wahrsten Sinne des Wortes, ein Fest für Auge und Ohr, für die gesamte Sinnlichkeit in ihrer unmittelbaren Lebendigkeit. Gleiches galt für die Hinrichtung der Missetäter. Huizinga berichtet, daß die Bürger einer holländischen Stadt sich sogar einen durch ein fremdes Gericht verurteilten Räuber kauften, um die Hinrichtung innerhalb ihrer Stadtmauern durchführen zu können[7].

Das in diesem Zusammenhang Erwähnenswerte ist nicht nur die Grausamkeit als solche, sondern auch, daß sich hier die Lust, Lebendiges zu quälen, völlig nackt, unverhüllt, zweckfrei zeigt. Vor allem diese Zweckfreiheit[8] muß betont werden. Dem Mittelalter ging es im wesentlichen nicht um eine Abschreckungswirkung, man dachte bis zur Aufklärung nicht funktionell-rational. Deshalb erscheint uns diese Grausamkeit manchmal wie ein Stück Theater: sie folgte fast ästhetischen Gesetzen[9]. Die Begriffe des »Strafschauspiels« und des »düsteren Festes der Strafe«, die Foucault geprägt hat[10], passen genau.

Verallgemeinernd kann man sagen: Die mittelalterlichen Menschen waren – über das Phänomen ihrer Grausamkeit hinaus – keine Verstandesmenschen von nüchterner Rationalität, sondern sie erscheinen uns heute naiv, leidenschaftlich, sinnlich, unmittelbar, vielleicht sogar kindlich, wie die bereits genannten Formen von »Humor« im Rechtsleben zeigen. Siebert[11] charakterisiert die Gefühlswelt eines Menschen um 1300 durch unmittelbare Spontaneität, die zu Rührseligkeit, Mitleid, Freude, Erschütterung führte, auch in einer urwüchsigen Hemmungslosigkeit und Leidenschaftlichkeit gipfeln konnte. Diese Menschen waren auch viel gröberen, massiveren Reizen ausgesetzt, was im Stil der Volkspredigten, der Spuk- und Teufelsgeschichten und der satten farbengreulichen Höllenschilderungen den stärksten Ausdruck fand. Dadurch war der Mensch um 1300 äußerst phantasievoll, in seinen Gefühlszuständen schwankend, jedenfalls stets gereizt und erregt. Man hatte damals eine kindliche Freude an Farben, an Kleiderpracht, was uns die vielen Kleiderordnungen zeigen, die mit allen Mitteln (auch des Strafrechts) den Luxus der Bürger unterdrükken wollten[12]. Man hatte Vergnügen am Lärm, vor allem an Musik[13], die das gesamte Leben begleitete, was uns bereits beim Strafvollzug begegnet ist. Man war offen für »Sensationen« im eigentlichen Wortsinn, wie etwa für die geistlichen Spiele, die die Zuschauer so faszinierten, daß die tänzelnden Bewegungen in ihrer übertriebenen Heftigkeit und die lebhafte Gestik der dort auftretenden Schauspieler allgemein nachgeahmt wurden[14]. Überhaupt zeigte sich die Unmittelbarkeit des Lebens in Wildheit, Übermut. In den Dörfern herrschte Spielleidenschaft und Tanzlust[15]. Dazu war der Alkohol der ständige Begleiter. Eine Konsequenz war übersteigerte Rauflust und Grobheit. Die Zimmersche Chronik berichtet, daß selbst in den Ratssitzungen der vornehmen Bürger Beschimpfungen und Schlägereien auf der Tagesordnung waren. Dreck in ein fremdes Bierglas zu werfen oder jemanden das Bein zu stellen, selbst den anderen ins Feuer zu stoßen, gehörte zum Lebensstil der Bürger. Manche begannen und/oder endeten jeden Satz mit einem Schimpfwort oder einem Fluch[16]. Eine weitere durch den Alkoholkonsum noch gesteigerte Folge war die sexuelle Enthemmung[17]. Und auf der anderen Seite trifft man eine weltferne, ja weltverneinende Askese, fast eine Sucht nach Schmerzen, Peinigung und ein völliges Darin-Aufgehen an. Ein solcher Widerspruch führt – wie die heutige Medizin erkennt[18] – leicht zu Massenpsychosen. Die Menschen waren empfänglich für Suggestionsphänomene, neigten zur Hysterie und zur Besessenheit – man denke an die Tanzsucht, die Geißler oder an den Hexenwahn. Häufig zeigte sich der Widerspruch in schizophrener Charakterstruktur. Schumacher hat diese »seelische Auflockerung des Mittelalters« auch anhand der Darstellungen von besessenen Menschen dieser Zeit näher ausgeführt[19].

Wie man zum Leben stand, so betrachtete man auch das Sterben[20]. Der Tod war bei der Kürze des Lebens, der vielen blutigen Gewalt, der Hilflosigkeit gegenüber Krankheiten stets gegenwärtig. Deshalb waren die Menschen ihm gegenüber unbefangen, sie redeten über ihn, weil sie ihn unmittelbar an den vor ihren Augen sterbenden Mitmenschen erfahren mußten und konnten. Diese Allgegenwärtigkeit des Todes machte ihn zum Inhalt des alltäglichen Lebens. Man bereitete sein eigenes Begräbnis vor, kaufte sich ein Grab in der Nähe der Kirche, bestimmte, wer von den Standespersonen den Sarg tragen sollte: das Begräbnis sollte ein letztes Fest werden. Doch diese Geschäftigkeit täuschte nur Ruhe vor, denn die Sehnsucht des mittelalterlichen Menschen war in erster Linie auf ein seliges Ende gerichtet, er wollte mit Gott ausgesöhnt sterben. Man hatte furchtbare Angst vor den Qualen der Hölle, die in den schrecklichsten Farben fortwährend gepredigt und vor Augen gestellt wurden.

Jedenfalls wird daraus ersichtlich, daß die Gefühlssituation des Menschen nicht übergeschichtlich-angeboren festgelegt ist. Elias hat den Prozeß der Zivilisation am Ekel- und Schamgefühl z.B. bezüglich Essen, Schneuzen, Spucken,

181 Die Hinrichtung des »Mathias vulgo Windbeutl«. Flugblatt des 18. Jhs. mit der Warnung: »Seht, Räuber, Diebe, seht ein blutiges Beispiel hier – auf eben diese Art und Weise sterbet ihr.«
Nürnberg, Germanisches Nationalmuseum

Gegenüberliegende Seite:
182 Wegen Hochverrats wurde 1308 der Ritter von Wart gerädert. Vor den Augen seiner Frau dauerte sein Todeskampf am Rad drei Tage und Nächte. Aquarell in der Schweizerchronik des Christoph Silberisen, 1576.
Aarau, Kantonsbibliothek

183 Ertränken eines jugendlichen Missetäters 1470 in Luzern. Miniatur in der Luzerner Chronik des Diebold Schilling d.J., 1513.
Luzern, Bürgerbibliothek

184 Am 10. 9. 1573 wurden in Hamburg vor großem Publikum im Hinrichtungskreis 33 kahlgeschorene Seeräuber enthauptet und ihre Köpfe auf den Galgen genagelt. Flugblatt in der Nachrichtensammlung des J. J. Wick (1560–1587).
Zürich, Zentralbibliothek

181 △ 182 ▽ 183 △ 184 ▽

Verhalten im Schlafraum, Abgeben der Exkremente verfolgt[21] und gezeigt, wie diese Gefühlsschwelle immer weiter heraufgehoben wurde. Schmatzen, Rülpsen, Furzen, Sprechen über und sogar Herzeigen des eigenen Kotes, Spucken unter den Tisch usw. waren einst durchaus üblich, bis sie die jeweilige »höfische Gesellschaft« distanzierte und für »peinlich« erklärte, sich damit vom Pöbel abhob, bis dieser in einem allmählichen Entwicklungsprozeß sich anpaßte, was zu neuen »Höflichkeits«-Formen führte usw. Heute empfinden wir bei manchen dieser genannten Verhaltensweisen anderer körperliche Qualen. Tischsitten usw. sind für uns nicht bloße Vorschriften, die wir auch übertreten könnten, wenn wir die dafür vorgesehenen Sanktionen auf uns zu nehmen bereit sind, sondern sind, zumindest in einem Kernbereich, »verleiblicht«, in »Fleisch und Blut« übergegangen. Wir sind sensibler geworden und können gewisse Dinge nicht mehr ertragen. Man kann durchaus sagen: Unser »Affekthaushalt« hat sich – gemessen am Menschen des Mittelalters – verändert, ist eingeengt und gebändigt worden. Wir leben nicht mehr in der Unmittelbarkeit dieser Menschen, sondern sind durch Erziehung und Selbstzucht davon abgehoben. Wir sind sachlicher, nüchterner und kälter geworden. Wir stehen zu unserer Umwelt und zu unseren Gefühlen in einer großen Distanz; wir denken mehr und sind theoretisch geworden.

Nicht nur die Gefühlswelt des mittelalterlichen Menschen war in unseren Augen derb und ungeschliffen: auch seine Handlungen verwirklichten lapidare, drastische Motive, Habsucht, Hoffart, Haß, religiöse Inbrunst, selbstlose Hingabe, die ganz einfach gelebt und – auch in der Beurteilung durch andere – zugrunde gelegt wurden. In der Regel war ein einziges Motiv ausreichend. Feinere Differenzierungen waren der mittelalterlichen Psychologie unbekannt, weil sie nicht vorhanden waren[22]. Deshalb finden wir in den dargestellten und berichteten Lebensvollzügen dieser Menschen viel mehr Typisches und Gleichförmiges. Die Handlungen gleichen sich in vielen Punkten; war ein Mensch dann aber unterschieden, so war er bis zum völligen Extrem entgegengesetzt.

Rittner hat die Ausführungen zur Zivilisation bei Elias grundsätzlich interpretiert als Problem des Leibes als solchen[23]. Danach war der mittelalterliche Mensch viel mehr Leib als wir heute, sein Leib stand im Mittelpunkt, sein Leben war viel leiblicher. Man plante nicht, dachte nicht auf lange Sicht vorher, sondern reagierte spontan hier und jetzt, weshalb der Lebensstil – in unseren Augen – orgiastisch und ekstatisch war. Man lebte seine Leiblichkeit aus. Leben erschien als das, was der Leib brauchte: Essen, Trinken, Schlafen, Kämpfen. Demgegenüber müssen wir heute den Leib zurücknehmen zugunsten sozialer Systeme, vor allem des institutionellen Staates, welche eine Verinnerlichung von Regeln (Normen) verlangen, die noch dazu nicht einmal gelebt und so lebend erfahren werden können, sondern schriftlich fixiert sind. Die Affekte müssen verinnerlicht werden, an die Stelle des Leibes ist die Seele getreten als die »innere Außenwelt«. Unsere Welt ist verinnerlicht worden und innerlich geworden: Wir haben den Leib verloren zugunsten der Seele, der Reflexion, der Ratio, des Verstandes und damit die Unmittelbarkeit aufgegeben zugunsten der durchdachten, gewissenhaften, verläßlichen, geplanten und auch planbaren Lebensführung, ohne die unser Zusammenleben in Staat und Gesellschaft nicht mehr möglich wäre. Nur als Kinder, die der Erziehung bedürfen, können wir Reste des alten Lebensstiles ausagieren; und deshalb erscheint uns das Mittelalter, aber auch die Neuzeit bis zur Aufklärung hin so kindlich.

Den Gipfelpunkt dieser orgiastischen Unmittelbarkeit des Lebens, verbunden mit dem plötzlichen Umschwenken der Stimmungen, damit die tiefste Grausamkeit und das tiefste Mitleid nebeneinander, stellte zweifellos die Barockzeit[24], vor allem des 17. Jahrhunderts, dar, die deshalb von vielen in geistesgeschichtlicher Beziehung noch als Mittelalter charakterisiert wird. Flemming[25] hat die Übersteigerung der damals lebenden Menschen und die ungeheure Spannung von gloriosem Idealbewußtsein und tiefster Sündhaftigkeit geschildert und die Konsequenzen herausgestellt: Die Menschen waren reizbar, empfindlich, voller Überschwang und Übertreibung, auch voll energischen Schwungs und Einsatzes; zugleich aber erfüllt von der dunkel-pessimistischen Stimmung der Vergänglichkeit alles Irdischen. Diese polaren Emotionen waren nur zu ertragen durch das fortwährende Streben, das Leben als Schauspiel abzuwickeln und mit jeder Handlung um Beifall der Mitmenschen zu werben. Bei der Geburt, bei Hochzeit und beim Begräbnis wurden Feste gefeiert, die zugleich Aufgipfelung des gemeinschaftlichen Zusammenspiels auf der Bühne des Lebens waren. Mit unserem heutigen Wissen erkennen wir, daß in dieser Zeit ein letztes Aufbäumen der mittelalterlichen Welt stattfand, ein in allen Formen krampfhafter Versuch, zu retten, was bereits durch Reformation und beginnende Aufklärung, im Humanismus und in der Renaissance verloren war. Der drohende Zerfall weckte immer neue gewaltige Energien, am Überkommenen festzuhalten und es desto mehr zu überhöhen, je deutlicher der Untergang bevorstand. Der Zusammenbruch mußte kommen, und er riß ein ungeheuer kunstvoll errichtetes, freilich auf Sand gebautes Gebäude mit sich.

Diese Übersteigerung des Barock ist auch im Strafrecht aufzufinden. Es kam zu einem sprunghaften Ansteigen der Hexenprozesse, zu einer Blütezeit der Grausamkeit – was Zeichen dafür ist, daß die hinter dieser Praxis stehenden Vorstellungen bereits ausgehöhlt waren. Die Grausamkeit wurde zelebriert: Es wurden einige »Regie-

185 Hinrichtung des jüdischen Münzmeisters Lippold wegen seiner »grausamen und unmenschlichen Taten (so er an dem unschuldigen christlichen Blut begangen)« 1573 in Berlin. Ausschnitt aus einem Flugblatt in der Nachrichtensammlung des J. J. Wick (1560–1587). Zürich, Zentralbibliothek

186 Verbrennen von neunzehn Hexen wegen der Verbreitung der Pest – durch Bestreichen der Menschen mit einer Salbe – im Mai 1571 in Genf. Zeichnung in der Nachrichtensammlung des J. J. Wick (1560–1587). Zürich, Zentralbibliothek

187 ▽

183 △

189 ▽

187 Zwicken des an einen Pfahl gebundenen Missetäters mit glühenden Zangen und Verbrennen. Holzschnitt in der Schweizer Chronik des Johann Stumpf (Ausgabe Augsburg 1586).

188 Ein Verräter wird 1572 an den Füßen aufgehängt, dann enthauptet und verstümmelt, sein Kopf auf den Galgen genagelt. Zeichnung in der Nachrichtensammlung des J. J. Wick (1560–1587).
Zürich, Zentralbibliothek

189 Rädern eines Missetäters in Anwesenheit des Richters – mit dem Schwert als Symbol der Gerichtsherrschaft – und eines Geistlichen vor der Marter. Miniatur in der Luzerner Chronik des Diebold Schilling d.J., 1513.
Luzern, Bürgerbibliothek

bücher« für die Hinrichtungen verfaßt, um ja ein würdiges Schauspiel bieten zu können[26]. Auf der anderen Seite konnte die Grausamkeit unvermittelt umschlagen in die äußerste Barmherzigkeit, in Mitleid mit dem Missetäter, der begnadigt und sogar gefeiert wurde. Elias faßt für das Mittelalter zusammen: »Überall war Furcht, der Augenblick galt dreifach. Und unvermittelt also, wie die wirklichen Schicksale, schlug Lust in Angst um und die Angst löste sich oft ebenso unvermittelt in der Hingabe an eine neue Lust«[27]; und die Barockzeit war in allem die Übersteigerung dieser allgemeinen Grundhaltung des gesamten Mittelalters.

Der Grund der Un-Menschlichkeit

Mit diesen Hinweisen auf die andere Leiblichkeit der früheren Menschen ist das Problem ihrer Grausamkeit noch nicht zur Gänze beantwortet. Sondern der eigentliche Grund dieser Unmenschlichkeit – letztlich auch dieses anderen (Selbst-) Verständnisses von Leiblichkeit – lag darin, daß es in ihrer Welt, in dem religiösen Weltbild, niemals um den Menschen ging. Man konnte, ja man mußte un-menschlich sein, weil es zutiefst um Gott und um die Beziehung zu ihm als dem vergeltenden Gott des Alten Testaments ging.

Dies darf nicht nur psychologisch von einem subjektiv-innerlichen Glauben aus gesehen werden. Freilich läßt uns dieser religiöse Hintergrund z. B. die Einstellung der damaligen Menschen zum Tod und/oder zu den Schmerzen besser verstehen. Viele gingen davon aus, daß Gott ihnen die Schmerzen – wie einst dem Hiob – zur Prüfung ihres Glaubens auferlegt habe, sie stimmten auch einem Quälen ihres Leibes zu, um damit ihre Seele zu stärken und zu reinigen. Es wird in diesem Sinne berichtet, daß manche Missetäter den Scharfrichter um besonders qualvolle Behandlung baten, um so das ewige Seelenheil zu erlangen[28]. Allgemein spricht auch vieles dafür, daß die damaligen Menschen die Grausamkeit der Hinrichtung nicht in einer für uns vergleichbaren Weise empfunden haben, weil sie von tiefem Sündenbewußtsein erfüllt und daher offen für Qualen – als Sanktion – waren. Man dachte stets auch an das alle treffende göttliche Gericht, das mit der Verdammung ewige Qualen bereiten könne, die jene der Hinrichtung bei weitem übersteigen würden[29].

Man muß über das Psychologische hinausgehen: Das gesamte mittelalterliche Leben war – mit unseren Augen gesehen – vergleichbar einem Spiel, es war dramatisch, eine zeremonielle Handlung; alles stand im Zeichen des Triumphes des Guten, des guten Gottes. Deshalb wurde eigentlich kein Übeltäter hingerichtet, sondern es wurde feierlich der Sieg über das Böse zelebriert, was zugleich Anlaß eines freudigen Festes war; und auch weil die Menschen auf diese Weise den durch die sündhafte Übeltat als beleidigt betrachteten Gott wieder besänftigen und seine Vergeltungsmaßnahmen, wie Seuchen, Mißernten, Hungersnöte, abwenden konnten. Der Sieg des Guten war noch herrlicher, wenn es gelungen war, den Missetäter selbst den Klauen des Satans zu entreißen: wenn er nämlich ein Geständnis abgelegt hatte, denn damit hatte er zugleich dem Bösen abgeschworen und zurück in den Schoß der Kirche gefunden. Es ging im Strafrecht auch um sein Seelenheil. Döring-Hirsch meint, daß die Anwesenheit so vieler Menschen bei der Hinrichtung nicht nur auf Sensationslust und Grausamkeit zurückzuführen war: »So wie man es für eine religiöse Pflicht (ansah), an das Bett eines Sterbenden zu eilen, um für seine Seele mitzubeten, so (eilte) man auch zu den Richtplätzen, denn es war dem Verurteilten Gelegenheiten gegeben, vor seiner Hinrichtung das umstehende Volk zu bitten, für seine Seele mitzubeten.«[30] Wie stark die Sorge um das Seelenheil des Verurteilten die Menschen motivierte, wird aus folgendem Bericht deutlich: Im Jahre 1423 stiftete ein Bürgermeister aus Bremen eine Summe, für deren Zinsen der Priester des St.-Jürgen-Gasthauses verpflichtet war, den Missetätern, wenn sie dort zur Hinrichtung vorbeigeführt wurden, vom Gitter des Spitals aus den Glauben vorzusprechen und unter dem Absingen einer lateinischen Strophe das Sakrament vorzuzeigen.

Jedenfalls vermag die Berücksichtigung dieses religiösen Hintergrundes verständlich zu machen, warum das Strafrecht damals die Menschen zur Gänze ergriff und erregte, warum vor allem die Hinrichtung ein echtes Fest darstellte, zu dem von nah und fern das Volk herbeiströmte; sicherlich aus Sensationslust, aber aus einer Lust an der auch sinnlichen Bewährung der göttlichen Ordnung, die für das eigene Leben ohnehin den maßgebenden Rahmen darstellte, und aus einer Leidenschaft am Triumph des Guten, aus dem man wieder Kraft für das eigene armselige Leben schöpfen konnte. Dieser religiöse Hintergrund trat vor allem bei den echten Religionsdelikten wie Ketzerei, Hexerei, Blutschande und Sodomie offen zutage. Es muß aber bedacht werden, daß im letzten Sinne alle Verbrechen Verstöße gegen Gottes Ordnung waren. Auch die im Spätmittelalter entstehende Massen- und Elendskriminalität der Räuber-, Diebes- und Mörderbanden – der »landschädlichen Leute« – machte davon nur bei oberflächlicher Betrachtung eine Ausnahme. Diese Missetäter waren eine Bedrohung nicht alleine von Leib, Leben, Hab und Gut der Menschen, sondern vor allem und wesentlich eine Bedrohung der gottgewollten Ordnung, die auch den Schutz von Leib, Leben, Hab und Gut umfaßte. Nur eine völlige Verkennung der für diese Zeit maßgebenden Lebensgrundlagen kann etwa den Vergleich zur Massenkriminalität in modernen Industriegesellschaften ziehen.

In diesem Rahmen allein kann man die Grausamkeit der mittelalterlichen Menschen angemessen begreifen. Sie war sicherlich auch Abreaktion,

190 Rädern des Pflug-, Mühlen- und Kirchenräubers. Textillustration der Dresdener Bilderhandschrift des Sachsenspiegels, 14. Jh.

191–193 Hinrichtungsszenen: Ertränken, Enthaupten, Verbrennen. Federzeichnungen im Urfehdebuch der Stadt Nördlingen, 16. Jh.
Nördlingen, Stadtarchiv

190 △

191 △

194, 195 Hinrichtungsszenen: Zerreißen durch Pferde und Sieden. Zeichnungen in der Nachrichtensammlung des J. J. Wick (1560–1587).
Zürich, Zentralbibliothek

193 △

194 △

195 ▽

192 ▽

Haß und Verbitterung auf das Gesindel, das einen selbst bei der Schwäche der Obrigkeit fortwährend in Furcht und Schrecken versetzte; aber immer von dem Hintergrund aus, daß dadurch die göttliche Ordnung und das eigentliche christliche Leben angegriffen wurden, daß darin das Böse seinen Triumph zu erreichen suchte. Die eigene Existenz, auch die Existenz des Missetäters als solche, waren dagegen Nebensache; die frühere Zeit kannte das Individuum nur am Rande.

Von diesem religiösen Hintergrund her ist auch verständlich, warum man die Hinrichtung festlich begehen mußte, was voraussetzte, daß alle mitspielten: jedenfalls der Scharfrichter[31] in seiner auffälligen, häufig dunkelroten Kleidung, manchmal mit einer Maske, das riesige Schwert in den Händen hoch oben auf dem Schafott; in allem ein »Nachrichter« in der erschreckendsten Bedeutung des Wortes. Jedoch in seiner Sprachlosigkeit und Vermummung auch ein sichtbares Zeichen der göttlichen Macht, deren Stärke man sinnlich erleben durfte und so tiefe Sicherheit trotz der unsicheren Verhältnisse auf den Straßen und in den Dörfern erhielt. Die Scharfrichter waren sich durchaus ihrer Rolle bewußt und spielten mit. Aber auch der Verurteilte[32] selbst sollte mitspielen und dadurch sein ewiges Leben verdienen. Es ist geradezu unglaublich, mit welcher Gefaßtheit manchmal Verurteilte zur Hinrichtung schritten und ruhig vor dem tödlichen Schwert niederknieten, oft freudig singend in den Tod gingen, vor allem wenn ihnen ein Begräbnis in geweihter Erde bewilligt worden war[33]. Sie hielten noch feierliche Ansprachen an das umstehende Volk und ermahnten die Zuschauer, die Kinder gut zu erziehen, um ihnen ihr Schicksal zu ersparen. Darüber hinaus sollte alles mitwirken, damit das Fest zur Ehre Gottes in der gebührenden Weise stattfinden konnte. Es gibt Berichte, wonach selbst bei schlechtestem Wetter für einige Augenblicke ein Strahl der Sonne durchbrach und das Hinrichtungsgeschehen mit Licht erfüllte[34].

So ordnet sich auch die Grausamkeit des Strafrechts in das religiöse Weltbild ein; wie alles Leben waren selbst die Strafen auf den richtenden Gott bezogen. Die Zeit war eben deshalb unmenschlich, weil sie unmittelbar auf Gott hinlebte. Aus diesem Grunde war im übrigen die Grausamkeit im Zeichen Gottes nicht nur auf die Hinrichtung beschränkt: Siebert schildert z.B. die zeremonielle Absonderung der für aussätzig Erklärten als ein ergreifendes Schauspiel der Vergänglichkeit alles Irdischen und damit – als des Gegensatzes – der Pracht Gottes[35]. Wie zur Vollständigkeit angemerkt werden muß, lag die Grausamkeit auch nicht nur auf der Seite der die Missetaten bestrafenden Menschen. Auch die Missetaten selbst waren von einer ungewöhnlichen Wildheit, man kann durchaus sagen, daß sie sich oft im Negativen auslebten, ohne irgendwelche Grenzen zu spüren. Die Opfer wurden in abstoßender Weise gequält, gemartert, die Leichen zerstückelt und geschändet. Auch hier muß das religiöse Weltbild und der Aberglaube berücksichtigt werden: Diebe tauchten die Finger ungeborener Kinder in Wachs, um »Diebeskerzen« herzustellen, die ihnen bei der nächtlichen Tat Licht spenden, sie selbst aber unsichtbar machen sollten usw. Es ist auch durchaus kein Zufall, daß manche auch vor bzw. ohne Folterung angaben, mit dem Teufel im Bunde zu sein, und so Furcht und Schrecken verbreiteten.

Wir können dies heute nicht mehr nachvollziehen. Deshalb kann das Aufdecken des geistigen Hintergrundes unser Urteil über diese Zeit nicht ändern: Das frühere Strafrecht war unmenschlich und kann daher nur als abschreckendes und warnendes Beispiel dafür dienen, wohin Menschen gebracht werden, wenn sie sich nicht an der Menschlichkeit orientieren. Die Einbindung dieser Grausamkeit in das frühere Weltbild vermag darüber hinaus auch ein Zweites, und nur dies kann überhaupt rechtfertigen, sich mit solchen Grausamkeiten zu beschäftigen und sie auch im Bild vorzustellen: Es wird der fundamentale Unterschied zu unserer heutigen Welt deutlich, der jeden Bezug von früher auf heute ausschließt. Mögen damals auch Menschen mit gutem Gewissen und im Vertrauen auf den göttlichen Rechtswillen andere Menschen so behandelt haben: uns Heutigen ist dieses gute Gewissen genommen, wir können nicht mehr in diese Mentalität zurückfallen, da uns der Mensch das Maß unserer Praxis geworden ist. Unmenschlichkeit muß für uns heute unmenschlich bleiben! Hüten wir uns, dieses Maß aus den Augen und aus unserer Welt zu verlieren. Dabei soll nicht näher untersucht werden, ob nicht gerade diese neue Einstellung dem Menschen gegenüber – und auch der Straftäter hat seine Menschlichkeit nicht verloren – die eigentlich christliche ist, nämlich nur zu begründen ist in dem Geist der Liebe, der in Jesus Christus Mensch geworden ist.

Über das religiöse Weltbild der früheren Zeit hinaus darf man nicht außer acht lassen, daß – wie bereits geschildert – gerade im Strafrecht viele Inhalte des alten Aberglaubens weitergelebt haben: und auch in ihm müssen wir einen Grund der Grausamkeit erkennen, der uns freilich noch schwerer nachvollziehbar ist. Wir können diese Verstümmelungen der Leichen und die übrigen magischen Praktiken den Hingerichteten gegenüber in der Regel bereits leiblich nicht vertragen, schon der Gedanke daran, das Lesen darüber oder das Betrachten von Darstellungen bereitet uns Übelkeit. Dieses frühere Verhalten erscheint uns nur mehr vergleichbar dem Wüten von Geisteskranken, weshalb wir es auch gerne mit medizinischen Theorien als Mechanismen der Frustrationsbewältigung und Abreaktion von Angst, Armut oder sexueller Askese erfassen und verständlich machen. Begriffen haben wir die Grausamkeit der früheren Menschen damit aber nicht.

196, 197 Hinrichtungsszenen: Rädern und Enthaupten. Zeichnungen in der Nachrichtensammlung des J. J. Wick (1560–1587). Zürich, Zentralbibliothek

198 »Wer den anderen seiner Ehre beraubt an seiner Hausfrau, ergreift man sie beide auf der wirklichen Tat (des Ehebruchs), und begehrt man Gericht darüber, so ist Recht, daß man sie beide lebendig begrabe, und man soll zwei Bürden Dornengesträuch haben, eine unter sie und eine über sie legen und einen Pfahl durch sie schlagen und dann das Grab zuwerfen.« Miniatur im Codex statutorum aus dem Jahre 1348. Zwickau, Ratsarchiv ▷

die weren·
Swer den andern beraubit sines
landes wider sinen willen ku

199 Die bis heute erregendste Form des Missetäters war die Hexe. Oft haben sich bedeutende Künstler diesem Thema gewidmet; keiner war davon so fasziniert wie Hans Baldung Grien, der 1523 auch diese »Zwei Wetterhexen« malte. Diese haben sich mit Ziegenbock und Putto niedergelassen und das schlimme Wetter gezaubert, das mit schwefelgelbem Himmel und braunroten Wolken aufzieht. Links hebt die Jüngere ein Tuch in die Höhe, das über dem Ziegenbock gelegt ist, auf dem die ältere Hexe sitzt. Diese hält mit ihrer Linken die rot versiegelte Flasche mit dem Teufel in die Höhe. Hinter ihrem Rücken blickt der Putto mit der großen Fakkel hervor. Aus den Wendungen und Gebärden der beiden Frauen spricht das Heimliche und Hastige ihres Tuns und damit das Unheimliche des Geschehens.
Frankfurt a. M., Städelsches Kunstinstitut

Die Missetäter

200, 201 Über ein Kind und einen Verrückten darf keine Strafe verhängt werden. Textillustrationen der Dresdener (Abb. 200) und der Heidelberger (Abb. 201) Bilderhandschrift des Sachsenspiegels, 14. Jh.

Als Gegenstand des Aberglaubens ist der Missetäter schon begegnet. Es wurde gezeigt, daß er als gefährlicher, dämonischer Mensch galt, dessen Kraft gefürchtet, aber auch bewundert und für magische Praktiken verwertet wurde.

Der Missetäter als religiöser Begriff

Im Rahmen des religiösen Weltbildes der frühen Zeit, in dem Recht und Religion als Einheit gelebt wurden, war der Missetäter aber auch sonst kein bloßes Rechtsproblem, etwa eines »Rechtsbrechers« oder »Verbrechers«. Sondern er verstieß mit seiner Untat gegen ein Recht, das in die göttliche Ordnung eingebunden und vom göttlichen Willen getragen war, auch wenn es vom Landesherrn gesetzt wurde: denn dieser war von Gott berufen, sündhafte Taten und Laster ab- und Zucht und Ordnung herzustellen. Die Halsgerichtsordnungen, Landesordnungen und Polizeiordnungen, die ab dem 15. Jahrhundert in immer stärkerem Maße die mit den Landfrieden begonnene Entwicklung des öffentlichen peinlichen Strafrechts fortsetzten und vollendeten, waren als Erfüllung dieses göttlichen Auftrags gedacht und wurden »Gott zu Lobe« erlassen. Die »Liebe zur Gerechtigkeit«, die auch für die 1532 als Reichsgesetz beschlossene und verkündete, meist nur als »Carolina« bezeichnete Constitutio Criminalis Carolina Grundlage war[1], hatte stets einen religiösen Hintergrund in der Auffassung des richtenden, vergeltenden Gottes des Alten Testaments. Überhaupt war seit den Landfrieden die Bibel als Rechtsquelle erneut bewußt geworden, die Reformation verstärkte noch ihre Stellung, vor allem die Bedeutung des Dekalogs. Die Missetaten mußten bestraft werden, weil sie zugleich schwere Sünden waren und so Gottes Zorn nach sich zogen, der nicht nur den Täter, sondern als Hungersnot, Seuche, Naturkatastrophe das ganze Land traf: die vergeltende Strafe, meist die Todesstrafe, besänftigte den unbarmherzigen Gott.
Der Dekalog war überhaupt ab dem 15. Jahrhundert der maßgebliche Rahmen der Einteilung und auch der Begründung der Missetaten[2]: Religionsdelikte (Gotteslästerung, Meineid, Ketzerei und Hexerei, Zauberei, auch Unsittlichkeitsdelikte), dann sofort die Staatsdelikte – da der Landesherr sich als von Gott eingesetzter Vater in das 4. Gebot einbezog und das »crimen laesae maiestatis« auch als Verletzung der göttlichen Majestät ansah (weshalb etwa Wilddiebstahl oder Diebstahl durch Hofbedienstete mit grausamen Todesstrafen geahndet wurden) –, schließlich Tötungsdelikte und Diebstahl. Die Reformation verfeinerte diesen Katalog der Verstöße gegen den göttlichen Willen, die katholischen Länder übernahmen ihn. Der Dekalog stand als Ordnungsprinzip auch hinter den Polizeiordnungen sowohl des Reiches als auch der Länder, die – im Unterschied zum Kernbereich der Halsgerichtsordnungen – die »beweg-liche« Kriminalität zu erfassen suchten. Als »gute Polizey« wurde alles bezeichnet, was die Erhaltung der Sitten und Formen, des religiösen Lebens, des Friedens und der Ordnung der Wirtschaft und des Gewerbes betraf[3]. Dabei muß man bedenken, daß der Territorialstaat bereits vor der Reformation viele Kompetenzen der ursprünglich kirchlichen Strafgewalt an sich gezogen hatte. So stellte er nun unter Strafe Völlerei, Luxus, außerehelichen Geschlechtsverkehr, Ehebruch, gemeinsames Baden, auch Schwätzen in der Kirche während der Messe; den Kindern wurde sogar das Duzen ihrer Eltern verboten usw. Bekannt sind die Kleiderordnungen[4], die aus wirtschaftlichen und sozialen Gründen, nämlich zur Vermeidung von Verschuldung und Festigung der sozialen Gliederung, und wegen des in der Hoffart liegenden Verstoßes gegen Gott Strafen (Geldstrafe, zeitweilige Verbannung, Spanndienst, Vermögenskonfiskation) für das Tragen bestimmter luxuriöser, ungewohnter Kleidung androhten.
Die Bibel diente nicht nur zur Begründung der Notwendigkeit der Strafe – man denke an das alttestamentliche Talionsprinzip des »Auge um Auge« – und der aufkommenden Systematik der Gesetze; sie wurde auch unmittelbar in der Rechtsanwendung verwertet[5]. Fast jeder Urteilsspruch war angefüllt mit Bibelzitaten, um ja deutlich zu machen, daß die Strafe nicht aus Haß oder Rache verhängt wurde, sondern aus der Weisung Gottes selbst, meist verbunden mit der Bitte, daß Gottes große Gerechtigkeit, Güte und Gnade in dieser Stunde den reuigen Sünder zur ewigen Seligkeit führen mögen.
Diese Auffassung von der Missetat als Sünde ermöglichte es auf der anderen Seite, die von der (kirchlichen) Kanonistik ausgearbeitete Schuldlehre für das Strafrecht fruchtbar zu machen[6]. Es wurde nicht mehr auf bloße Erfolgsherbeiführung abgestellt, sondern eine schuldhafte Einstellung des Täters verlangt. Schon der Sachsenspiegel sah für Kinder und »rechte Toren und Sinnlose« keine 200, 201 Strafbarkeit vor. Die von der italienischen kanonistischen Wissenschaft beeinflußte Carolina unterschied bereits zwischen Vorsatz, Fahrlässigkeit und Zufall und sah allgemeine Regelungen für Strafmündigkeit und mildernde und erschwerende Umstände bei der Strafbemessung vor; das Problem der Rechtsunkenntnis und des Rechtsirrtums wurde allmählich bewußt.

Die landschädlichen Leute

Jedenfalls wurden nicht nur Gotteslästerung, Ketzerei u. ä. als Verstoß gegen den göttlichen Willen und als Sünde angesehen, sondern die »gewöhnlichen« Missetäter, wie Totschläger, Räuber, Diebe, verletzten ebenfalls die göttliche Ordnung, die ja auch den Schutz von Leib und Leben, Freiheit und Eigentum umfaßte, weshalb die Legenden wiederholt berichteten, daß Gott durch seine Heiligen diese »Rechtsgüter« vor Beeinträchtigungen bewahrte.

Die »landschädlichen Leute«[7] entwickelten sich ab dem Zerfall des karolingischen Reiches immer mehr zu einer echten Massenkriminalität. Verarmte Bauernsöhne, ehemalige, nun freigelassene Sklaven, entlaufene Mönche und Nonnen, entgleiste fahrende Scholaren, wandernde jüdische Händler bevölkerten die Straßen. Dazu kamen die Scharen der »unehrlichen Leute«[8], die von jedem anständigen Beruf von vornherein ausgeschlossen und oft überhaupt rechtlos waren, wie die Gaukler, Taschenspieler, das gesamte »fahrende Volk«. Eine Steigerung der Kriminalität wurde durch die Kreuzzüge herbeigeführt[9], denn von vornherein waren es nicht nur gläubige edle Ritter, die die Gewinnung des Heiligen Grabes anstrebten; sondern auch ein Haufen von Abenteurern, Beutehungrigen und Verarmten zog ins Heilige Land, sogar gesuchte Gewalttäter waren dabei, denen der Frieden des Kreuzzugheeres wohl zustatten kam. Enttäuscht, gedemütigt, oft verspottet, jedenfalls meist entwurzelt kehrten sie heim, dazu angesteckt von der orientalischen Zügellosigkeit.

Besonders gefährlich waren die Männer, deren Tätigkeit bisher Kampf und Töten war, z.B. entlassene Söldner, die im Rahmen von Fehden eingesetzt worden waren und gelernt hatten, sich ihren Unterhalt selbst zu beschaffen. Grundmann hat diese »Rotten und Brabanzonen« dargestellt und deutlich gemacht, daß es sich dabei um echte Truppen unter Söldnerführern handelte, die bei Beschäftigungslosigkeit von sich aus Beutezüge unternahmen[10]. Der 30jährige Krieg brachte den diesbezüglichen Höhepunkt. Irene Kraus hat die Schriften von Grimmelshausen auf die vielfältigen Formen von Kriminalität während der Kriegstätigkeit untersucht[11] und ein erschreckendes Bild der Brutalität und Hemmungslosigkeit dieser
202 »Landsknechte« gezeichnet. Das Kriegsende im Jahre 1648 bedeutete keineswegs auch das Ende der Gewalt. Die nun entlassenen Landsknechte waren nur imstande, das weiterhin zu tun, was sie bisher getan hatten. Ihre Brutalität steigerte sich sogar, schlug sich in Grausamkeit und Dreistigkeit nieder. Als »gartende Knechte« oder »Gartbrüder«, oft in Banden auftretend, waren sie eine echte Landplage[12]. Zudem blieben sie nicht allein: Frauen, Kinder, Dirnen, die ehemals den Heerestroß gebildet hatten, zogen mit ihnen mit, auch sie mußten ernährt werden.

Das Heer der landschädlichen Leute wurde immer größer und gefährlicher. Ab 1417 trafen die
206 Zigeuner in Deutschland ein, die nach anfänglicher wohlwollender Behandlung bald gemieden,
207 verachtet, dann grausam verfolgt wurden[13].

Die Kriminalisierung der Fehde führte dazu, daß die verarmten Adeligen mit ihren Truppen zu »Raubrittern« wurden, die von Menschenraub, Erpressung und Überfällen lebten, weshalb sie der entstehende Territorialstaat von ihren Burgen vertrieb. Auch sie schlossen sich der Massenkriminalität an, jedes ritterliche Ehrgefühl hatten sie verloren. Auf den Meeren bildeten die Seeräuber eine Gefahr. Dabei hatten die Seestädte sie anfangs zur Unterstützung der eigenen Kämpfe gegeneinander angeheuert und ihnen Kaperbriefe, sog. Stehlbriefe, ausgestellt. Nun wurde man sie nicht mehr los. Auch die strengsten Strafen halfen nicht viel, den waghalsigen Räubern wog die Aussicht auf Beutegewinn noch immer höher[14].

Ein Grund für die stetige Vermehrung der landschädlichen Leute lag auch in der damaligen Praxis der Behörden, nicht todeswürdige Missetäter einfach in das Nachbargebiet abzuschieben. Hinrichtungen kosteten viel, denn der Scharfrichter
war teuer. Es war bequemer, die Missetäter tüch- 203, 209
tig zu verprügeln und dann an der Grenze freizulassen, nicht ohne sie noch vorher zu »brandmarken«. Dabei wurde dem Missetäter ein Zeichen
eingebrannt, z.B. ein Galgen, ein Rad, ein Kreuz, 204, 205
das Wappen der Stadt, ein Schlüssel, auch ein 204
Buchstabe als Kennzeichen der Provinz. Man verwendete hierzu eigene Prägestempel oder auch Münzen, die man glühend machte. Manchmal rieb man Pulver in die Brandwunde und steckte die so Gezeichneten für einige Tage ins Gefängnis, damit die Spuren auf ihre deutliche Sichtbarkeit überprüft werden konnten. Anfangs brannte man »durch die Zähne«, d.h. auf die Backen bis zu den Zähnen; aus religiösen Gründen, der Ehrfurcht vor dem Angesicht als dem wesentlichen Zeichen der Gottebenbildlichkeit des Menschen, griff man später auf andere Körperteile wie Rücken, Schulter oder Hand zurück[15]. Der »Erfolg« dieser Maßnahme war verheerend. Der so als schädlicher Mensch Gekennzeichnete hatte keine Chance mehr, ohne Konflikte mit dem Strafrecht weiterzuleben, er konnte keinen ehrlichen Beruf annehmen, er mußte eine »kriminelle Karriere« unter den landschädlichen Leuten einschlagen[16].

Schließlich muß noch die vor allem durch die Reformation hervorgerufene Neubewertung des Bettlertums als weiterer Grund des Anwachsens der Massenkriminalität erwähnt werden. Früher war Armut keine negative Qualifikation, sondern ganz im Gegenteil hatten die Bettelorden eine Hochbewertung gebracht. Es war selbstverständliche Christenpflicht, den Armen zu helfen, sogar eine Möglichkeit, gute Taten zu Ehren Christi, der auch hierin Beispiele gegeben hatte, zu vollbringen. Der entstehende Territorialstaat dagegen legte Wert auf die Arbeit und auf den Fleiß seiner Untertanen, Betteln war Faulheit und Sünde. Die Reformation verstärkte diese negative Beurteilung. Arbeit galt als Gottesdienst und Fleiß als entscheidende Tugend. So begannen die Landesordnungen, ein Bettlerstrafrecht auszubilden und arbeitsfähige Bettler hart zu bestrafen[17]. Die flüchtenden Bettler vergrößerten das Heer der landschädlichen Leute.

202 △

203 ▽

*204 Brandeisen zum Brandmarken der Missetäter, 18. Jh.
Graz, Landesmuseum Joanneum*

*205 Brandeisen zum Brandmarken der Missetäter
Innsbruck, Tiroler Volkskunstmuseum*

*206 Die Zigeuner kommen 1419 nach Bern. Miniatur in der Spiezer Chronik des Diebold Schilling d. Ä., 15. Jh.
Bern, Burgerbibliothek*

*207 Verbotstafel für Zigeuner, 17./18. Jh.
Graz, Landesmuseum Joanneum*

204 △

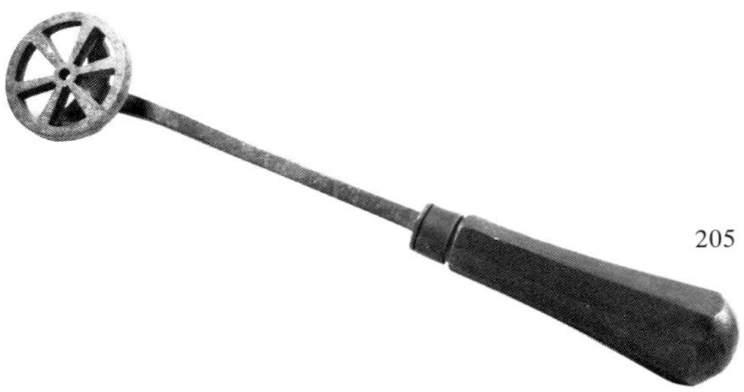

205

206 △

207 ▽

Gegenüberliegende Seite:
202 Deutscher Landsknecht. Holzschnitt, 17. Jh.

*203 Zwei (ehemalige) Mönche werden 1561 wegen Amtsanmaßung mit Ruten aus der Stadt Genf getrieben; zuvor wurden sie – als Zeichen ihrer Tat – mit dem Wappen der Stadt auf die Stirne gebrandmarkt. Zeichnung in der Nachrichtensammlung des J. J. Wick (1560–1587).
Zürich, Zentralbibliothek*

Jedenfalls bildete diese Massenkriminalität eine überaus große Gefahr, mit der der entstehende Territorialstaat lange Zeit nicht fertig wurde. Es wird noch berichtet werden, welche Verfahrensformen im Kampf gegen die landschädlichen Leute entwickelt wurden. Hier soll nur zusammenfassend festgehalten werden, daß die Zeit unruhig und gewalttätig, die Straßen unsicher waren, selbst die Dörfer nicht von Überfällen verschont blieben.

Die soziale Differenzierung

Von daher ist zunächst verständlich, daß man, vor allem die Stadtbürger, die an sicheren Straßen, Ruhe und Ordnung interessiert waren, mit aller Schärfe gegen dieses Gesindel vorging. Es wurden echte Jagden auf die Räuberbanden organisiert. Ergriff man einen wohlbekannten Missetäter, dann machte man nicht viel Umstände: Man hing ihn einfach und schnell an den nächsten Baum oder tötete ihn auf andere Weise.

Anders stand man der Missetat eines angesehenen Herrn oder eines geachteten Mitbürgers, mit dem man bisher zusammengelebt hatte, gegenüber. Mit ihm mußte man sich auseinandersetzen, noch dazu wenn man seine Mitarbeit in der Stadt vielleicht benötigte. Es lag auf der Hand, daß man ihn anders, vielleicht überhaupt nicht bestrafte.

Diese Ungleichbehandlung[18] war nicht nur im Strafrecht zu finden. Die soziale Stellung eines Menschen im Ganzen der göttlichen Schöpfungsordnung bedeutete immer auch ein Mehr oder Weniger an wahrer Menschlichkeit, der Höhere war eben Gott näher. Selbst der Leib wurde sozial differenziert; Geiseln und andere Gefangene wurden je nach sozialem Stand verschieden behandelt: Vornehme verloren die Ohren oder die Nase, Angehörige der unteren Schichten den Fuß oder die Hand[19]. Entsprechend waren anfangs Todes- und Leibesstrafen nur für die Unfreien vorgesehen, die Freien hatten eine Geldbuße zu leisten. Selbst die Tötung eines anderen Menschen war durch Zahlung des »Wergeldes«, d.h. »Mann-Geldes«, ablösbar, wobei die Höhe im Einzelfall meistens durch Sühneverträge festgesetzt wurde, obwohl die »Volksrechte« der Germanenstaaten bereits versuchten, feste Taxen einzuführen. Erst die Landfrieden und die Halsgerichtsordnungen der entstehenden Territorialstaaten beseitigten allmählich diese Differenzierung und bedrohten auch die Taten der Freien mit peinlichen Strafen. Doch auch diese Neuerung blieb lange Theorie. Denn in der Lebenswirklichkeit waren die Strafen durch Geldleistungen wei-
208 terhin ablösbar, was eben nur reichen Tätern und ihren Familien möglich war. Die Armen mußten sterben oder die Leibesstrafe über sich ergehen lassen. Die Territorialstaaten brachten auch dieser Ablösbarkeit allmählich ihr Ende. Trotzdem blieb die soziale Differenzierung in einer dritten Form bestehen: Die Untersuchung noch vorhandener Akten zeigt, daß das Recht in aller Härte und Grausamkeit nur gegen die landschädlichen Leute ohne Wohnsitz angewendet wurde, nicht aber gegen die eingesessenen Bürger, vor allem nicht gegen die begüterte Schicht[20]. Betrug oder Körperverletzung waren eben nicht gleich, wenn sie von ungleichen Tätern begangen wurden: Die einen bestrafte man peinlich, die anderen mit Geldbußen. Die Übernahme des römisch-kanonischen Rechtes brachte endgültig den Gedanken der Gleichbehandlung in das geschriebene Recht, die weltliche Gesetzgebung für Sittlichkeitsdelikte und Hexerei führte ihn immer konsequenter durch[21]. In der Praxis der Untergerichte blieb es freilich lange beim alten. Das »Richten nach Gnade«, über das noch berichtet werden wird, ermöglichte diese verschiedene Behandlung ohne jede Schwierigkeit. Selbstverständlich betraf auch das »Gnadebitten« stets häufiger den angesehenen Verurteilten als den unbekannten, gefährlichen »schädlichen« Mann. Diese unterschiedliche Behandlung der Missetäter wurde durchgeführt, obwohl die jeweiligen Rechtsvorschriften keine Differenzierung mehr vorsahen. Daraus wird ersichtlich, wieweit geschriebenes und tatsächlich gelebtes Recht früher auseinanderfiel, worauf bereits hingewiesen wurde.

Angemerkt sei, daß diese Ungleichartigkeit der Menschen in sozialer wie leiblicher wie »ontologischer« – auf das Menschsein selbst gerichteter – Beziehung auch ihren Ausdruck in ästhetischen Kategorien fand. Der vornehme Mensch wurde schön und strahlend, der »gemeine« Mensch häßlich und mickrig gesehen und dargestellt[22]. Dabei war die Schönheit häufig nur Ausdruck des moralischen Wertes des betreffenden Menschen: Der Heilige, überhaupt der gute Mensch war auch schön. So ist es – andererseits – verständlich, daß die verurteilten Missetäter oft abstoßend häßlich abgebildet wurden. Auch die Passionsbilder stellen Barrabas und die beiden Schächer Gismas und Dismas in dieser Weise dar.

Planetarische Kriminalanthropologie

Darüber hinaus wurde eine Verbindung gezogen zur Astrologie, die von dem mit der Neuzeit einsetzenden Streben nach Naturwahrheit und -beherrschung, vom Orient kommend, aufgenommen und zu einem fundamentalen System des Universums als eines belebten und beseelten Organismus ausgebaut wurde[23]. Dieser Glaube an den Einfluß der Gestirne, vor allem der Planeten, der Sonne und des Mondes, bestimmte in einer nicht zu unterschätzenden Weise das Verhalten der Menschen, vor allem der »Intelligenz«. Die Herrscher, selbst die Päpste, wandten ihm größte Aufmerksamkeit zu, sie hatten eigene Hof- und Leibastrologen. Feldherren unternahmen keinen Kriegszug, ließen sich in keine Schlacht ein, Päpste traten

208 Der handhafte Dieb, dem die Beute auf den Rücken gebunden ist, löst die ihm drohende Strafe des Handverlustes durch Geldzahlung an den Richter aus. Textillustration der Dresdener Bilderhandschrift des Sachsenspiegels, 14. Jh.

209 Ein Missetäter wird aus der Stadt geprügelt. Federzeichnung im Urfehdebuch der Stadt Nördlingen, 16. Jh. Nördlingen, Stadtarchiv

210 △

211 ▽

210, 211 Die Missetäter als Planetenkinder: die Gewalttätigen als Marskinder (Abb. 210) und die »Gemeinen« als Saturnkinder (Abb. 211). Zeichnungen in einer astrologischen Handschrift (Cod. lat. 4394), 15. Jh.
München, Bayerische Staatsbibliothek

212–214 Die Missetäter als Saturnkinder:
212 Miniatur in einer Planetenhandschrift (M. d. 2.), 15. Jh.
Tübingen, Universitätsbibliothek
213 Miniatur im Passauer Kalendarium (2° Ms. astron. 1), 15. Jh.
Kassel, Gesamthochschul-Bibliothek-Landesbibliothek und Murhardsche Bibliothek
214 Zeichnung im »Mittelalterlichen Hausbuch« des 15. Jhs.

213 △

214 ▽

215–217 Die Missetäter als Marskinder:
215 ***Miniatur im Passauer Kalendarium (2° Ms. astron. 1), 15. Jh.***
Kassel, Gesamthochschul-Bibliothek-Landesbibliothek und Murhardsche Bibliothek
216 Zeichnung im »Mittelalterlichen Hausbuch« des 15. Jhs.
217 Miniatur in einer Planetenhandschrift (M. d. 2.), 15. Jh.
Tübingen, Universitätsbibliothek

215 △

216 ▽

keine Reise und beraumten kein Konsistorium an, ohne zuvor das Einverständnis der Gestirne eingeholt zu haben. Die Astrologie galt als Wissenschaft und wurde auf den Universitäten gelehrt. Erst die kopernikanische Wende des Weltbildes bereitete ihren Niedergang vor, ihre deterministische Auffassung auch des menschlichen Handelns konnte dem entstehenden Freiheitsbewußtsein nicht standhalten, die Verbindung zur Wissenschaft löste sich, sie wurde zum Aberglauben. Der Fall Wallensteins, das Aufkommen der exakten wissenschaftlichen Forschung seit Newton gruben ihr vollends das sichere Grab.

Radbruch hat den Zusammenhang der Astrologie mit dem Verständnis des Missetäters anhand der
210–217 »Planetenkinder«-Vorstellung aufgezeigt[24]. Die
220 (soziale = leibliche = ontologische = moralische = ästhetische) Niedrigkeit wurde dem Einfluß des Planeten Saturn zugeordnet, als »Saturnkinder« daher die Diebe, Mörder, Verräter – damit die schändliche und schimpfliche Kriminalität – aufgefaßt, daneben auch (Falsch-)Spieler und Betrüger, ebenso die Vertreter der minder bewerteten Berufe, wie Abdecker, und die geplagten Bauern. Die Bilder von Saturnkindern zeigen diese Menschen bei ihrer Arbeit bzw. die Vollstreckung der »unehrlichen« Strafen – Hängen, Rädern, auch Einspannen in den Stock oder Stehen am Pranger – an den Missetätern. Die »ehrliche« Todesstrafe des Enthauptens, die Strafe vor allem der Totschläger, findet sich in diesen Saturnkinderbildern nicht; denn die Gewalttaten wurden dem Planeten Mars zugeordnet, als »Marskinder« daher Kämpfer, Soldaten, auch Ritter beim Turnier und in der Schlacht, ebenso Viehräuber, Brandstifter, »Bauernfänger«, überhaupt Gewaltverbrecher dargestellt.

Gründe für diese Aufteilung in Saturn- und Mars-Kriminalität gab es viele. Radbruch weist auf psychologisch-medizinische Einsichten hin[25]: Saturnkinder waren die heimtückischen, Marskinder die gewalttätigen Verbrecher, jene mehr durch dauernde Anlagen, diese mehr durch den Affekt des Augenblicks gekennzeichnet und daher in der Regel dem cholerischen Temperament zugerechnet. Daneben wirkten sicherlich alte abergläubische Inhalte weiter, war doch Saturn im Glauben der frühen Römer eine chthonische Gottheit und damit einerseits Fruchtbarkeitsgott (Gott der Aussaat und Fluren, auch des Erdinneren und der Feuchtigkeit), anderseits Gott des Totenreiches gewesen[26], was die Zuordnung der Bauern verständlich macht, aber auch die der Missetäter, vor allem der Gehängten, die im Glauben der Germanen dem Totengott Wodan (Odin) zugeschrieben waren.

Zu beachten ist noch, daß die Astrologie häufig in eine Verbindung zum Christentum gebracht wurde. So enthielt die »Astrologia Gallica« (1661) des J. B. Morin eine Widmung an Jesus Christus, womit der Autor zum Ausdruck bringen wollte, daß er alles, was in diesem Buche richtig sei, durch die Gnade des Herrn gefunden habe[27]. Sogar inhaltlich wurde die Verbindung angestrebt. In dem »Buch der heiligen Dreifaltigkeit« aus dem
15. Jahrhundert wurde eine »saturnische Passion 218, 219
Jesu Christi« ausgearbeitet: Der Mensch gewordene Sohn Gottes konnte danach die sündige Menschheit nur dadurch erlösen, daß er den schimpflichsten Tod auf sich nahm; deshalb mußte er wie ein Missetäter hingerichtet werden, vor allem auch wie ein Saturnkind gehängt und gerädert werden. In eben diesem Sinne wurde Jesus Christus – sogar unter dem zweiten Namen »Saturn« – an einem »Galgenkreuz« hängend dargestellt[28]. Allerdings blieben diese Versuche einer inhaltlichen Verbindung von Astrologie und Christentum bloße Theorien einzelner Autoren, die christliche Auffassung insgesamt sah die Natur als Schöpfung Gottes und den Menschen als Gottes Ebenbild, dessen gutes und böses Handeln nicht auf Einflüsse irgendwelcher Gestirne zurückzuführen war. Die Missetäter waren von daher auch nicht wesentlich als Saturn- oder Marskinder zu begreifen. Gleich blieb nur der Ansatz: Missetat und Missetäter waren nicht bloße Rechtsprobleme, sondern mußten im Ganzen des religiösen Weltbildes begriffen werden, d.h. sie mußten als allgemeine Probleme des bösen sündhaften Handelns überhaupt gesehen werden.

Die Mitwirkung des Teufels

Diesbezüglich kann man verschiedene theologische Auffassungen herausarbeiten, die teilweise nebeneinander vertreten und als Alltagstheorien auch geglaubt wurden, trotzdem in eine Entwicklung gebracht werden können, wenn auch die Übergänge fließend waren.

Die erste und früheste Form einer solchen theologischen Handlungslehre knüpfte in vielem an alte Vorstellungen eines dämonischen Menschen an und sah in dem Missetäter den vom Teufel Besessenen, der zugleich das Gegenstück zum heiligen Menschen war. Wie der letztere von der göttlichen Kraft erfüllt und daher auch mächtig war, weshalb er z.B. Gefangene befreien konnte, so war der böse Mensch von der teuflischen Kraft erfüllt. In ihm wirkte der Teufel, der ihn als Werkzeug in seinem absoluten Kampf gegen das Gute, gegen Gott, benutzte, wobei jeder einzelne Mensch in gleicher Weise Ort dieser Auseinandersetzung war[29].

Ihren schärfsten Ausdruck fand diese Vorstellung in dem »Antichristen«[30] als dem Sohn des Teufels, in dem dieser die letzte Epoche vor dem Jüngsten Tag einleiten sollte. Die Angst der Menschen vor diesem Ereignis führte dazu, jeden ihrer Zeitgenossen, der als böse angesehen wurde, als Antichristen aufzufassen. Vor allem Papst und Kaiser wurden von den jeweiligen Vertretern der Gegenpartei im Investiturstreit so gesehen[31]. Auch

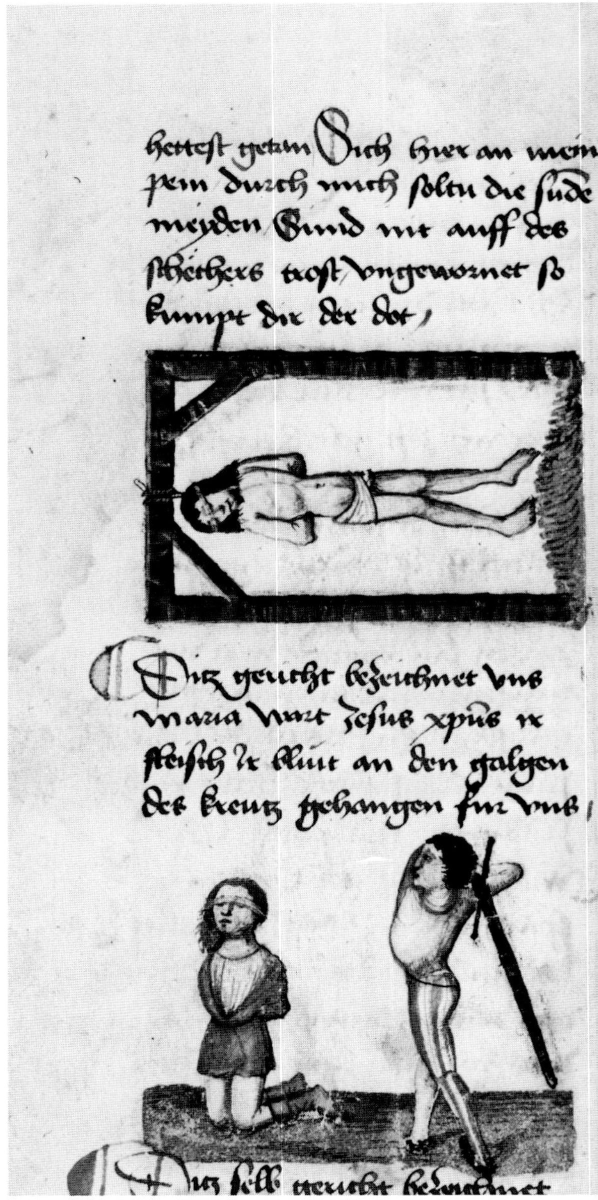

218 △

219 ▽

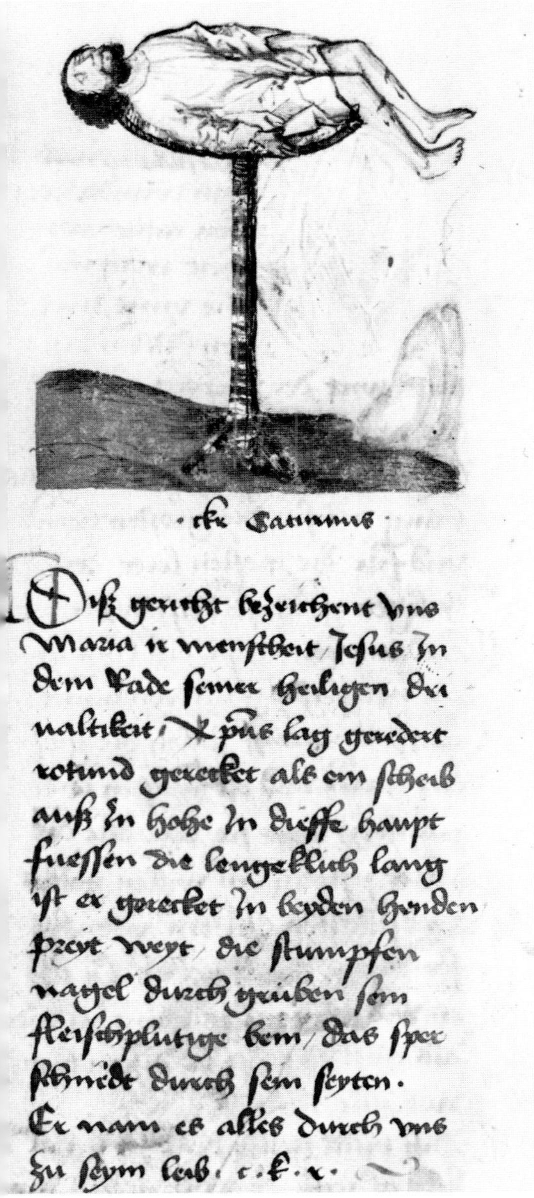

218, 219 *Jesus Christus als Saturn(kind): Sein Kreuz bildet mit dem Galgen eine Einheit, er wird nicht nur gehängt, sondern auch gerädert und enthauptet. Miniaturen im »Buch von der heiligen Dreifaltigkeit«, 15. Jh.*
München, Bayerische Staatsbibliothek

220 *Saturnkinder. Unter der Darstellung des Saturn und umrahmt von Szenen eines Leichenbegängnisses, eines Bettlers, eines Greises beim Brunnenschöpfen, von Männern beim Weintrotten, einer Schweineschlachtung, des Pflügens und einer Hinrichtung ist in einer Nische eine Retorte (ein Kolben) gemalt, worin ein nacktes Knäblein – wohl ein »Homunculus« – mit Feuer und Blasebalg einen Drachen – das Symbol für die »prima materia« und zugleich Tier des Saturn – aufbläst und so belebt. Miniatur im »Splendor Solis« (»Sonnenglanz«), 16. Jh.*
Berlin, Kupferstichkabinett ▷

viele »kleine« Missetäter, vor allem Ketzer und
Sittenlose, bezeichnete man als »ministri antichri-
sti«.
Ein solcher, vom Teufel besessener Mensch war
rettungslos verloren. Die Sachsenspiegel-Hand-
schriften zeigen diese Vorstellung für den von den
kirchlichen Behörden Exkommunizierten nicht
nur im Zeitpunkt seines Todes – wo der Teufel
222 seine Seele ergreift und in die Hölle hinabzieht –,
sondern machen deutlich, daß bereits noch zu
223 Lebzeiten der Teufel von ihm Besitz ergriffen
226 hat[32]. Das Bild einer Hinrichtungsstätte von Urs
Graf verdeutlicht dies für den enthaupteten Mis-
setäter, dessen Seele von einem Teufel in Dra-
224 chengestalt weggetragen wird[33]. Auch auf Pas-
sionsbildern findet sich diese Darstellung bezüg-
lich des einen Schächers. Die Exkommunikation
war – jedenfalls als feierlicher »großer« Bann
(Anathema) – anfangs bloß deklarativ: Sie stellte
die Verdammung fest, der Betroffene war aus je-
der Gemeinschaft der Menschen – auch im Reich
Gottes – ausgeschlossen, er gehörte dem Reich
der Finsternis an[34]. Bis in das 14. Jahrhundert
verweigerte man häufig dem zum Tod verurteilten
Sünder vor der Hinrichtung die Sterbesakramen-
te, um diese Ausschließung auch von der himmli-
schen Gemeinschaft auszudrücken[35]. Ein kirchli-
ches Begräbnis gewährte man meist nur den Ent-
haupteten, die anderen verfaulten am Galgen
oder am Rad oder wurden zerstückelt, gesotten,
verbrannt, jedenfalls nicht in geweihter Erde be-
stattet, was lange Zeit ewige Verdammung bedeu-
tete. Diesen Glauben teilten auch die Verurteil-
ten, und nur so kann man verstehen, mit welch
überschwenglicher Freude die Umwandlung einer
»unehrlichen Todesstrafe« in Enthauptung ent-
gegengenommen wurde, mit der die Gnade des
kirchlichen Begräbnisses verbunden war, und mit
welcher Ruhe der zu Enthauptende den tödlichen
Schlag erwartete.
Die Kirche änderte bald ihr Verständnis der Ex-
kommunikation; dennoch mußte noch im
14. Jahrhundert der Papst durch besondere Edikte
die Franzosen auffordern, dem Missetäter die
Sterbesakramente zu reichen[36]. Das letzte Urteil
über den Sünder wurde nun Gott am Jüngsten Tag
vorbehalten, die Exkommunikation wurde nur für
die kirchliche Gemeinschaft der Lebenden ausge-
sprochen und konnte sogar zurückgenommen
werden. Dies kann nicht wichtig genug bewertet
werden, denn der Verzicht auf das Verdam-
mungsurteil bedeutete die Anerkennung des Mis-
setäters als eines Menschen, der gerettet werden
konnte, für den Jesus Christus ebenfalls gestorben
war. Wir können heute nicht mehr nachvollzie-
hen, welcher Fortschritt an Humanität erreicht
228–230 war, als Geistliche den Verurteilten auf seinem
233, 189 letzten Gang begleiteten, ihm Trost spendeten
192 und ihm das Sterben erleichterten. Sichtbaren
Ausdruck fand diese neue Einstellung auch in den
231, 232 Martern und Kreuzen, die auf dem Weg zur oder
direkt an der Hinrichtungsstätte errichtet waren. 370, 371
Grundlage dieser Änderung war ein neues Ver-
ständnis der Handlung und ein neues Menschen-
bild überhaupt bzw. das Bewußtwerden einer
Freiheit des Menschen, die früher noch nicht er-
kannt worden war. Der Missetäter wurde zwar
weiterhin vom Teufel besessen, aber er war nicht
mehr dessen bloßes Werkzeug, sondern hatte
selbst diese fremde teuflische Kraft angenommen,
hatte sich mit dem Bösen eingelassen. Die Tat war
somit auf seine eigene Entscheidung zum Bösen
zurückzuführen. Der Täter hatte sich dem Teufel
geöffnet, seine Besessenheit hatte ihren Grund in
ihm selbst. Deshalb hatte er aber auch – mit Hilfe
der Sakramente – die Möglichkeit, sich vom Bö-
sen wieder abzuwenden, womit der Hintergrund
der Betreuung des Hinzurichtenden durch die
Geistlichen in Sicht gebracht ist.
Die Quellen formulieren dieses Verständnis meist
mit den Worten: Die Missetat sei geschehen »aus
Eingebung des laidigen Sathans«, »aus lauterm
Haß des ledigen Teuffels«, »durch des bösen Gei-
stes Eingebung und Anregung« oder »aus
menschlicher Blödigkeit und Eingebung des Sa-
tans«. Manchmal wird die Initiative ganz beim
Teufel gesehen: Der Täter habe, »von dem bösen
Feind überwunden«, seine Missetat begangen[37].
Dabei wird der Missetäter, überhaupt jeder Sün-
der, meist mit einem Teufel über dem Kopf darge-
stellt, wie z. B. der Meineidige, auch die geschwät- 173
zigen Frauen in der Kirche. Oder der Teufel un-
terstützt den Totschläger bei seiner Tat unmittel-
bar, zumindest aber durch seine Anwesenheit am 225
Tatort. Die Wickiana zeigt ihn, wie er dem Täter
den Tatentschluß in ganz handfester Weise mit ei-
nem Blasebalg einflößt. Die freie Entscheidungs- 227
möglichkeit des Täters wird meistens dadurch
bildlich ausgedrückt, daß Teufel und Engel den 221
vor der Entscheidung stehenden Menschen in die 31, 38
Mitte nehmen: Der Teufel sucht ihn zur sündhaf-
ten Handlung zu verleiten, der Engel ihn zur guten
Handlung zu ermahnen.
Der Unterschied zur früheren Auffassung war we-
sentlich. Zwar war der Missetäter auch vom Teu-
fel besessen und daher grenzenlos böse. Aber es
bestand die Möglichkeit und die Pflicht, mit Got-
tes Hilfe seine Seele zu retten, die Besessenheit
aufzuheben und ihn zu »heilen«, d.h. ihm das
ewige Heil zu erringen. Deshalb mußte man sich
um ihn bemühen, seine Verstocktheit lösen und
seine Beharrung im Bösen brechen. Der Schmerz,
den man ihm vor allem in der Folter zufügte, sollte
durch Schwächung des Leibes die Kraft der Seele
stärken und den Teufel austreiben. Entscheidend
war diesbezüglich das Geständnis. Heilende Kraft
hatten auch der geistliche Zuspruch und das Ge-
bet: Die Carolina verlangte aus diesem Grunde,
dem Verurteilten drei Tage Vorbereitungszeit für
sein Sterben zu gewähren, Geistliche sollten ihn
betreuen.
Anzumerken ist, daß erst diese geänderte Vorstel-

221 △

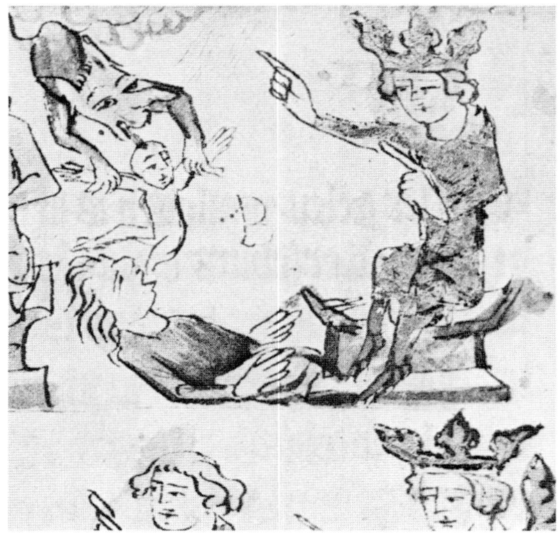
222 △

223 ▽

224 △ 225 ▽

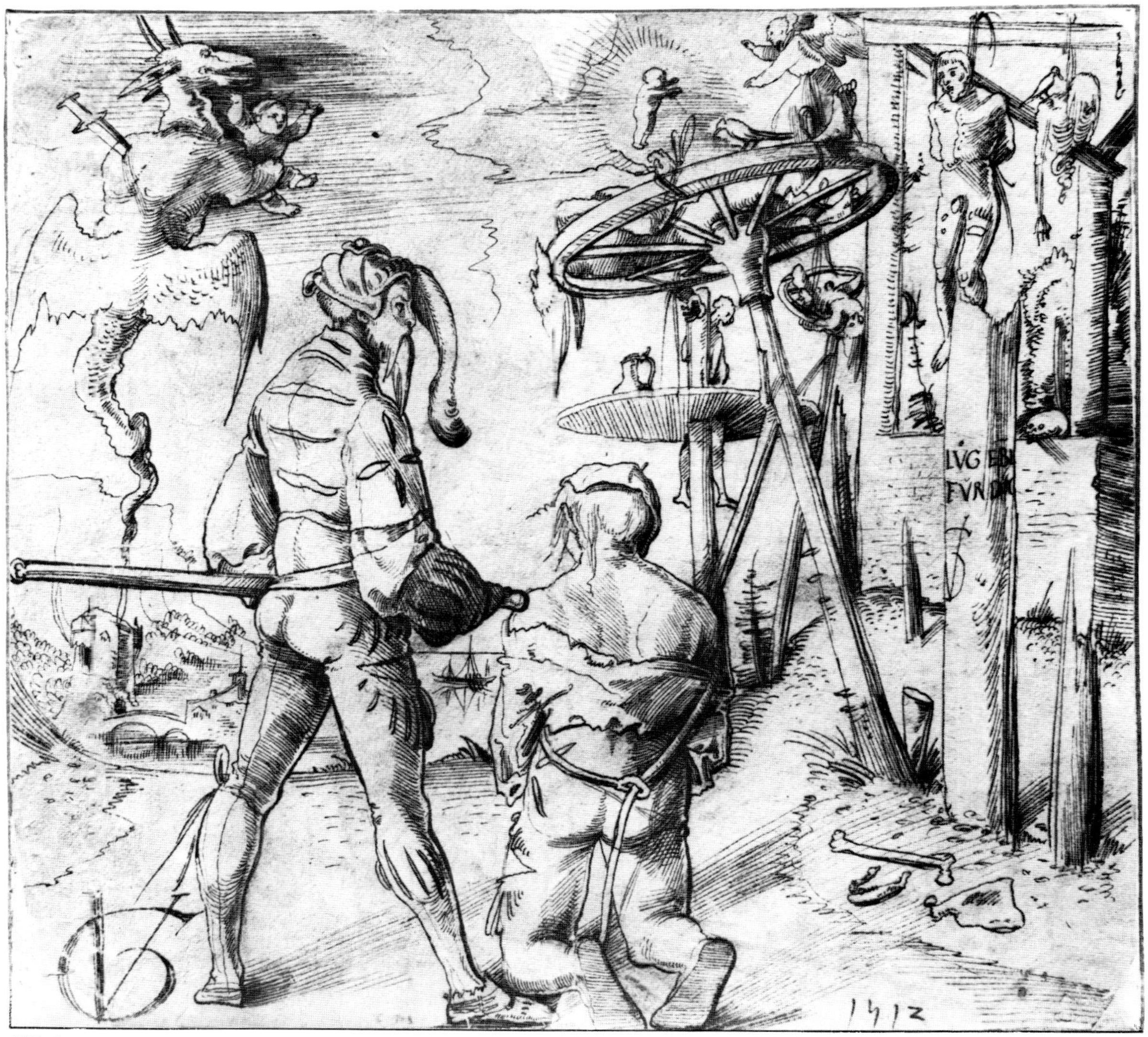

226 △ 227 ▽

221 Engel und Teufel ringen um den Schwurpflichtigen, die Wahrheit bzw. die Unwahrheit zu beeiden. Ausschnitt aus einer Miniatur im Hamburger Stadtrecht von 1497.
Hamburg, Staatsarchiv
222, 223 Der Teufel bemächtigt sich der Seele des gerade verstorbenen kirchlich Gebannten. Aber auch bereits zu Lebzeiten ist der Gebannte vom Teufel besessen. Textillustrationen der Dresdener Bilderhandschrift des Sachsenspiegels, 14. Jh.
224 Der Teufel entführt die Seele des verdammten Schächers in die Hölle. Ausschnitt aus dem Flügelaltarbild des Meisters des Göttinger Passionsaltares. Um 1480.
Hannover, Landesgalerie
225 Der rechts hinter dem Bett lauernde Teufel hat die Frau verführt, ihr Kind zu töten. Zeichnung in der Nachrichtensammlung des J. J. Wick (1560–1587).
Zürich, Zentralbibliothek
226 Der drachengestaltige Teufel trägt die Seele des verdammten Enthaupteten in die Hölle. Federzeichnung der »Richtstätte« von Urs Graf, 1512.
Wien, Albertina
227 Der Teufel bläst dem Täter 1567 in Lenzburg ein, seinen Neffen mit einem Faustschlag und sein eigenes Kind mit der Hacke zu töten. Der Täter wird – links – dafür gerädert. Zeichnung in der Nachrichtensammlung des J. J. Wick (1560–1587).
Zürich, Zentralbibliothek

lung des Missetäters den Gedanken einer individuellen Schuld aufkommen lassen konnte. Denn nun war es seine persönliche Entscheidung, die ihn dem Bösen öffnete und auslieferte[38]. Freilich war das Böse noch eine Kraft, die von außen her in den Körper des Täters eindrang, die ihn in Besitz nahm, von der er besessen wurde. Der Täter hatte nur die Kraft, sich zu verschließen oder zu öffnen: Diese Kraft selbst war jenseits von Gut und Böse. Die weitere Entwicklung ist damit freilich schon angedeutet. Die Verinnerlichung des Menschen, die in der Kunst seit der Gotik, in den Schriften der Humanisten und in der Reformation zum endgültigen Bewußtsein kam, mußte hier eine letzte Änderung herbeiführen: Der Mensch selbst ist in dieser inneren Kraft böse.

Der Teufelsbündner – die Hexe

Der Unterschied war wiederum wesentlich. Das Böse kam nun nicht mehr von außen, sondern zeigte sich als das Innere des Menschen. Er war nicht mehr vom Teufel besessen, sondern besaß den Teufel, er machte sich dessen Kräfte nutzbar, weil er selbst schon böse war. Die Initiative ging von ihm aus; er wollte die Kräfte des Teufels für seine bösen Ziele erwerben, weil er damit Stärke erlangte. Denn zunächst war er schwach; er mußte sich dem Teufel unterwerfen, mußte ihm huldigen und ihn anbeten, erst der Bund mit ihm machte ihn stark. Doch zeigte die Möglichkeit des Bundes, daß er von vornherein mit dem Teufel auf gleicher Stufe stand: Denn er war schon vorher böse. Noch mehr: Er war vorher schon teuflisch, weshalb auch der Teufel nun nicht mehr als Fratze oder Ungeheuer, sondern als Mensch auftreten konnte. Der Teufel hörte auf, un-menschlich zu sein und von außen zu kommen, er erwies sich als das Böse des Menschen selbst und als die Sündhaftigkeit in ihm[39]. Der Missetäter selbst war der Böse; daher nicht mehr »der Arme«, dem man helfen, sondern ein böser Mensch, den man hassen mußte, weil auch er selbst haßte und die Vernichtung alles Guten anstrebte. Er war zu vernichten, wobei der Kampf nicht mehr nur gegen ihn oder nur gegen den Teufel ging, sondern gegen sie beide, die sich im Bunde vereinigt hatten. Noch mehr: Dem Bund waren auch andere beigetreten, man stand einer Gemeinschaft von bösen Menschen gegenüber, die immer mehr zu wachsen drohte. Wie die Köpfe der Hydra traten für einen Besiegten zwei andere auf, der Kampf war gigantisch, der Feind schien übermächtig. Die Angst, manchmal die Verzweiflung, weckten immer neue Kräfte in denen, die für das Gute kämpften. Sie gerieten in eine Ekstase, in eine Orgie des Hasses. Je größer die Zahl der Besiegten war, desto größer wurde die Angst, zumal darunter auch Menschen waren, mit denen man lange zusammengelebt hatte. Das Mißtrauen wuchs: Denn man konnte die bösen Menschen nicht mehr äußerlich erkennen, so sehr man auch nach Teufelsmalen auf der Haut suchte und Hexenproben einsetzte. Jeder konnte in seinem Inneren den Pakt mit dem Teufel geschlossen haben, jeder war verdächtig. Klarheit konnte nur das eigene Geständnis des Verdächtigen bringen. Es mußte alles getan werden, die Wahrheit herauszubringen, seine eigene Bosheit und den Bündnispartner Teufel zu besiegen. Die Folter war das einzige Mittel, sie durfte keinerlei Begrenzung unterworfen werden. Jede Milde wäre Verrat des Guten gewesen.

Der Ernst der Situation erhöhte die Wichtigkeit des eigenen Beitrages in diesem Kampf gegen das Böse und gab dem eigenen Willen die Kraft, auch über Leichen zu gehen: besser einen Unschuldigen getötet, als einen Schuldigen am Leben gelassen zu haben. Überdies stand Gott einem bei: Wie sonst hätte man eine Folterung der mit dem Teufel verbündeten Person überleben können? Das eigene ruhige Gewissen war zugleich das Maß des zu bekämpfenden Bösen. Was man selbst als böse ansah, entdeckte man durch Foltern beim anderen, was das Vertrauen in das eigene Urteil festigte. Und wem hätte man sonst trauen können? Was man selbst als Leidenschaft, Aggressivität, Perversion, Triebhaftes verteufelte, kam einem als Eigenschaften und Handlungen des Teufels und seiner Bundesgenossen entgegen. Alles, was teuflisch war und gewesen war, war nun Eigenschaft bzw. Handlung der Hexe, mußte dies auch sein, denn nur so konnte das Teuflische menschlich werden.

Mit anderen Worten: Diese Vorstellung vom Teufelsbündner, der Hexe, war eine notwendige Entwicklungsstufe unserer heutigen Welt, für die der Teufel bzw. die Vorstellung von ihm keine Wirklichkeit mehr haben, sondern in der das Teuflische eine Möglichkeit des Menschen geworden ist. Diese Erkenntnis mußte aber – um heutige Wirklichkeit zu werden – bis zur Neige durchlebt und erfahren werden: in den Hexenprozessen.

Eine Konsequenz dieser hier nicht näher begründbaren geschichtsphilosophischen Auffassung bedeutet die These, daß die Vorstellung vom Teufelsbündner, der Hexe, einen neuen Typ des Missetäters darstellte, was aber wohl auch nur von der deutschen Geistesgeschichte her zu verstehen ist[40]. Freilich gingen in sie vielfältige Elemente auch eines alten Aberglaubens und sogar ausländische Einflüsse ein.

Die vergleichende Religionswissenschaft zeigt, daß die Vorstellung einer Hexe weitverbreitet war und noch ist, wobei allerdings nur an dämonische, schadenbringende Menschen überhaupt gedacht ist[41]. Auch der Volksglauben in Deutschland[42] war am Schadenszauber orientiert. Schon im frühen, hier nicht zu behandelnden Weltbild der Germanen war dieser Glaube an männliche und weibliche Zauberer selbstverständlich, diese Magier waren oft hochgeachtet, die Weisheit der germanischen Seherin wurde selbst von den Rö-

228 Der Verurteilte wird bei der Hinrichtung von einem Geistlichen betreut. Holzschnitt von Wolfgang Katzenheimer in der Bambergischen Halsgerichtsordnung, 1507.

229 Ein Geistlicher hält dem Verurteilten das Kreuz vor. Federzeichnung im Urfehdebuch der Stadt Nördlingen, 16. Jh.
Nördlingen, Stadtarchiv

230 △ 231 ▽ 232 △ 233 ▽

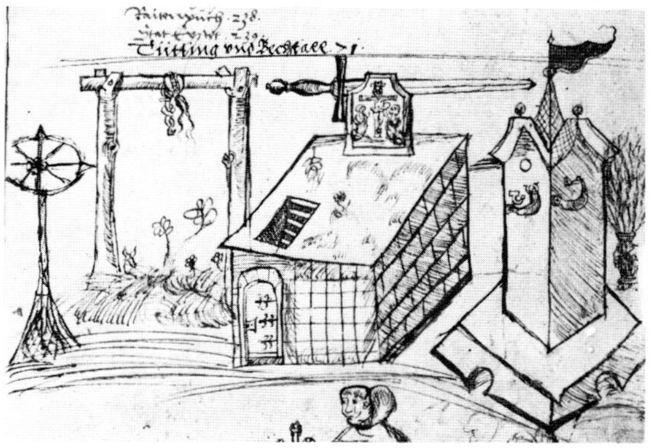

230 Peter von Hagenbach wird 1474 in Breisach wegen seiner Gewalttätigkeiten als Landvogt vor der Beichtmarter enthauptet. Miniatur in der Luzerner Chronik des Diebold Schilling d.J., 1513.
Luzern, Bürgerbibliothek

231 Eine Beichtenmarter auf dem Rabenstein, daneben andere Werkzeuge des Strafvollzugs. Federzeichnung im Halsgerichtsbuch von Eichstätt, 16. Jh.
Nürnberg, Staatsarchiv (Eichstätter Literalien Nr. 13)

232 Hinrichtungsstätte mit Marter. Ausschnitt aus dem Urteil Daniels des Meisters von Mariapfarr. Um 1500.
Graz, Landesmuseum Joanneum

233 Ein Mönch hält dem als Verräter in Uri hinzurichtenden Turmann das Kruzifix vor. Miniatur in der Luzerner Chronik des Diebold Schilling d.J., 1513.
Luzern, Bürgerbibliothek

mern gerühmt. Verachtet waren die Schadenszauberer, die andere Menschen töteten, sogar verzehrten, das Vieh verhexten, Frauen unfruchtbar machten oder sonst Übles taten. Man nannte einen solchen Unhold »striga«[43]. – Die junge fränkische Kirche wurde jedenfalls mit einem üppigen Aberglauben konfrontiert: Man glaubte an die Luftfahrt dieser Menschen mit Hilfe eines Stockes (das Wort »Hexe« kommt wahrscheinlich von »hagazussa« = »Zaunreiterin«) oder eines Tieres[44] und an deren Fähigkeit, sich in Tiere zu verwandeln. Die Kirche verbot bei schwerer Kirchenstrafe den Glauben an solchen Unfug. Nur an der Möglichkeit von Schadenszauber hielt sie fest, wie überhaupt die Existenz von Dämonen unbestritten war, allerdings nur in Verbindung mit dem Teufel. Erfolgreich war sie damit freilich nicht: Im Aberglauben des Volkes, vor allem in bäuerlichen Gegenden, lebte die alte Striga-Vorstellung weiter und ging in die spätere Hexenvorstellung ein.
235–238, 240 Bilder zeigen den Flug der Hexen und ihre schädigenden Zauberhandlungen, z.B. das Wettermachen, die Zubereitung von Salben und Getränken,
63 das Verhexen von Körperteilen oder des ganzen Menschen. Auch die Tötung von Kleinkindern (weshalb Hebammen oft vordringlich der Hexerei verdächtig waren) und auch Erwachsenen, oft in
120 Gestalt von Tieren, z.B. Wölfen – worüber schon berichtet wurde – oder Katzen, wurde ihnen angelastet; ebenso Leichenschändungen und zauberischer Umgang mit Vieh.

Der Sachsenspiegel stand gleichfalls in dieser Tradition des Schadenszauberglaubens, machte aber mit seiner Strafbestimmung die weiteren Elemente des Hexenbegriffes sichtbar: »Welcher
239 Christenmensch ungläubig ist oder mit Zauberei umgeht oder mit Giftmischen und dessen überführt wird, den soll man auf dem Scheiterhaufen verbrennen.« Zum Schadenszauber auch des Giftmischers trat die Ketzerei und damit der Gedanke des Teufelspaktes. Denn die ab dem 11. Jahrhundert in Erscheinung tretenden »Ketzer«[45], also Menschen, die vom Papst nicht als rechtgläubig anerkannt und z.B. nicht wie die neuen Bettelorden in die Kirche aufgenommen wurden, sah man bereits als mit dem Teufel verbündet an. Deshalb mußten sie auch eine »Ket-
234 zermütze« mit der Abbildung von Teufeln tragen, z.B. auf dem Weg zur Hinrichtung oder als selbständige Kirchenstrafe. Ein solcher Ketzer war – wie Grundmann herausgearbeitet hat[46] – der Brennpunkt aller Sünden, der böse Mensch, der die Ordnung nicht nur der Kirche, sondern der gesamten Welt zerstören wollte. Deshalb mußte er verfolgt und getötet werden. Papst Gregor IX. hatte 1227 gegen die Katharer – von denen der Name »Ketzer« genommen wurde – eigene Untersuchungsrichter, die »Inquisitoren«, eingesetzt. 1231/32 wurde der Dominikanerorden mit der Ketzerinquisition betraut[47]. Die Mönche erhielten den Auftrag, mit den Bischöfen Ketzer aufzuspüren, sie zu verhaften und zu verhören. Die weltlichen Behörden waren dabei zur Hilfeleistung verpflichtet. 1252 ermahnte sie Papst Innozenz IV. zur Folterung. Die Inquisitoren und der Bischof fällten anfangs selbst das Urteil. Zeigte sich der Verurteilte reumütig und schwor seinem Irrglauben ab, wurde er mit lebenslänglichem Gefängnis (damals – wie noch gezeigt werden wird – eine Kirchenstrafe) bestraft. Blieb er hartnäckig, lieferte man ihn den weltlichen Behörden »zur gehörigen Strafe« aus. Der von den Geistlichen manchmal beigefügte Zusatz »ohne Blutvergießen« war nicht ernst zu nehmen, denn bei der Drohung der Exkommunikation waren die weltlichen Behörden verpflichtet, ohne Nachprüfung des Verfahrens die Todesstrafe des Verbrennens zu vollstrecken. Mit dem Zurückdrängen der kirchlichen Gerichtsbarkeit überhaupt übernahmen die Gerichte der Territorialstaaten ab dem 16. Jahrhundert auch die Verfolgung und das Verfahren selbst.

Der Ketzer war der böse Feind in einem eher intellektuellen Sinn, vielfach gebildet und belesen, weshalb man oft mit ihm seine Bücher verbrannte. Er verfügte über teuflische Rhetorik und Überredungskunst, was der Erfolg der immer stärker um sich greifenden Ketzerbewegung zeigte, bis mit den neuen Bettelorden die Kirche über gleichfalls rhetorisch geschulte Prediger verfügte. Der teuflische Mensch mußte aber darüber hinaus sündig im Vollsinn des Wortes sein: Und diesbezüglich war der Teufel der »Leibhaftige«, der fleischliche Verführer zur Wollust, Begierde und Selbstsucht. Mit bloßer intellektueller Sündhaftigkeit war somit das Wesentliche des Teufelspaktes nicht erreicht. Die Vereinigung mit dem Teufel mußte eine völlige sein, sie mußte auch leiblich geschehen. Die Vorwürfe gegen die Ketzer enthielten denn auch fleischliche Unsittlichkeiten wie Homosexualität, Sodomie, orgiastische Feste. Doch blieb im Mittelpunkt der intellektuelle Glaubensabfall, der »error in intellectu«.

Dafür bildete sich aus der Ketzerei heraus der Typ der Hexe: einer Frau, die vom rechten Glauben abgefallen – daher eine Ketzerin – war und einen Teufelsbund geschlossen hatte, dessen Inhalt vor allem in der fleischlichen Vermischung mit dem
Teufel, in der Teufelsbuhlschaft, bestand. Man 241
kannte zwar auch männliche Hexenmeister, die aber nur am Rande interessant waren und nur als Teilnehmer an den Hexenorgien in Betracht kamen. Der Schwerpunkt lag auf der weiblichen Hexe[48], war doch die Frau seit Eva immer schon der Sünde näher, was sogar aus dem Wort »femina« abgeleitet wurde, dessen Herkunft man auf »in fide minus« zurückführte.

Diese Gedanken von Teufelspakt und Teufelsbuhlschaft konnten zwar leicht mit dem Volksaberglauben verbunden werden, sie entstanden aber in den Köpfen der Intellektuellen, der Theologen und der Juristen[49]. Es wurde bereits er-

234 Johannes Hus – auf dem Kopf die mit Teufeln bemalte Ketzermütze – 1415 beim Gang zur Hinrichtung. Hinter ihm ein Mann mit der Dolchfaust auf einer Stange als Zeichen der Gerichtsgewalt. Zeichnung in der Bilderhandschrift der Konstanzer Chronik des Ulrich Richental, 1455–1465. Konstanz, Rosgartenmuseum

235 △ 238 ▽ 236 △ 237 △ 239 ▽

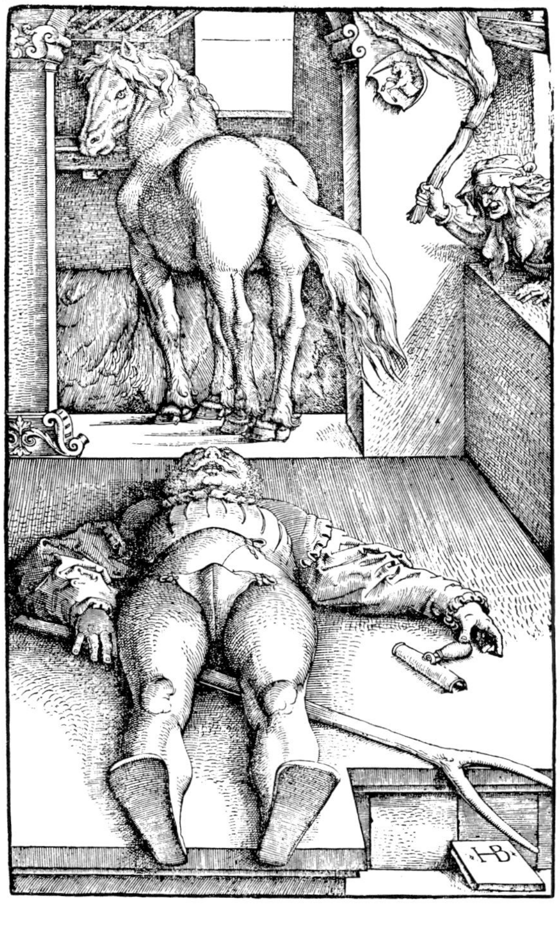

235, 236 Hexen brauen Unwetter und verzaubern Körperteile. Holzschnitte in: »Ulrich Molitor, Von den Unholden und Hexen«, Konstanz 1489.

237 Hexen bringen dem Teufel Menschenopfer. Ausschnitt aus einem Stich von Wilhelm Baur (1600–1642).

238 Eine Hexe hat einen Stallknecht verzaubert. Holzschnitt von Hans Baldung Grien. Um 1544.

239 Ketzer, Zauberer (Hexen) und Giftmischer(innen) sollen verbrannt werden. Textillustration der Dresdener Bilderhandschrift des Sachsenspiegels, 14. Jh.

wähnt, daß die Kirche an der Existenz von Dämonen, den Teufeln, immer festgehalten hatte. Mit der Ausbildung der theologischen Wissenschaft in der Scholastik (ab 1100) wurden Systeme betreffend dieser Dämonen ausgearbeitet und besondere Probleme theoretisch erörtert: vor allem die Frage des Teufelspaktes und die Möglichkeit der fleischlichen Vermischung der Dämonen mit dem Menschen. Das erstere Problem befriedigte das entstehende juristisch-theoretische Interesse. Das zweite war durch das Alte Testament aufgegeben, in dem es heißt, daß die Söhne Gottes sich mit den Menschentöchtern vereinigten, und wohl auch durch orientalische Vorstellungen, z. B. von arabischen Beischlafsgeistern, die die Kreuzfahrer mitbrachten, interessant geworden. Der theoretische Geist brachte die seltsamsten Früchte: Man anerkannte die Möglichkeit eines sexuellen Verkehrs – der Dämon war als »Succubus« Partner des Mannes, als »Incubus« Partner der Frau, wobei man an die »natürliche Stellung« beim Geschlechtsverkehr anknüpfte –, lehnte aber die Zeugungsfähigkeit des teuflischen Partners ab. Um aber die Miß-
243 geburten, die »Wechselbälge«, begreifen, d. h. auf den Teufel zurückführen zu können, meinte man, daß er sich zunächst als Succubus den Samen eines Mannes besorge und ihn dann als Incubus an eine Frau weitergebe. Bis in Einzelheiten ging man: Der Mangel der Zeugungsunfähigkeit des Incubus zeige sich in der Eiseskälte seines Penis, der zwar lang, aber dünn sei usw. – Die Theorie beanspruchte bald mehr: Sie wollte die Wirklichkeit begreifen. Einige Theologen meinten zwar, daß die geschlechtliche Vereinigung nur auf Sinnestäuschung durch den Teufel selbst zurückzuführen sei, andere erklärten sie für Realität. Und die letztere Auffassung trug den Sieg davon, zumal in den Ketzerprozessen neben dem Vertragsabschluß auch der Geschlechtsverkehr mit dem Teufel angegeben wurde. Der Weg zur Hexenvorstellung im neuen Sinne war geebnet.

Die Inhalte des Hexenbegriffes waren somit vor allem Teufelspakt und Teufelsbuhlschaft. Mit beiden wurde der göttlichen und menschlichen Ordnung genug Schaden zugefügt, denn die Hexe beging zugleich Ketzerei, Gotteslästerung, widernatürliche Unzucht – da der Teufel oft in Tiergestalt auftrat –, u.U. Ehebruch, alles todeswürdige Missetaten. Deshalb wurde sie mit dem Tode bestraft, auch wenn sie Reue zeigte und dem Teufel abschwor, obwohl in der Praxis – wie allgemein – auch aus Gnade andere Strafen, sogar bloße Geldbußen, verhängt wurden. Nur vor Gott konnte die Hexe durch ihre reuige Abkehr vom Teufelsbund gerettet werden, weshalb auch sie bei der Hinrichtung von Geistlichen betreut wurde. Die darüber hinausgehende Schädigung von Mensch und Tier durch Zauberei war sekundär, sie spielte in der Praxis der Prozesse nicht die wesentliche Rolle, obwohl die Carolina auf Schadenszufügung abstellte; nicht weil die Hexerei kein Schadensdelikt gewesen wäre – wie oft behauptet wird –, sondern weil die Schädigung und Verletzung der göttlichen Ordnung im Zentrum standen und damit ein unvergleichbar größerer Schaden angerichtet wurde.

Die Phantasie der Zeitgenossen malte vor allem die Teufelsbuhlschaft in den grellsten Farben aus. Man begnügte sich nicht nur mit dem bloßen Teufelspakt oder mit dem Teufel als bloßen Liebhaber 61, 241
der Hexe, der sie vielleicht sogar in einer Art Trauung zur Frau nehmen konnte, oder mit dem gemeinsamen Hexenmahl, sondern ließ Teufel und Hexen wahre Orgien feiern. Die Hexen und Hexenmeister flogen oder ritten zu den geheimen 240, 254
Treffpunkten, meist zum »Blocksberg«, wo sie zusammen die wildesten Dinge trieben, eben alles, was die Phantasie als teuflisch-böse ansah und schilderte: vom Kinderschlachten über Freß- und Saufgelage zum obszönen Teufelskuß und ande- 242
ren Perversionen, wobei der Teufel oft als Bock oder als anderes Tier in Erscheinung trat, und zur geschlechtlichen Orgie. Die vielen Bilder, die von 17, 244, 245, 247
diesem Treiben des »Hexensabbats« lustvoll hergestellt wurden, sprechen eine so deutliche Sprache, daß auf weitere Einzelheiten nicht eingegangen zu werden braucht.

Die modernen Wissenschaften haben sich in vielen Arbeiten bemüht, die Ursachen und Hintergründe dieser Hexenvorstellung herauszuarbeiten[50]. Man verweist auf damals tatsächlich noch gepflegte alte Kulte[51], die auf germanische Schamanentechniken, z.B. Fliege- und Schwebegefühl, oder auf Fruchtbarkeitskulte, daher die Orgien, oder auf Weiberbünde zurückzuführen seien und die die Kirche als heidnisch = teuflisch bekämpft habe. Man nennt auch die tatsächlich aufgetretene sexuelle Zügellosigkeit in den Klöstern oder die sexuelle Besessenheit der Mystikerinnen, die dann verteufelt wurde, vielleicht sogar in der eigenen nachträglichen Verarbeitung der Betreffenden, die so einen Sündenbock fanden[52]. Oder man sieht das Phänomen im Ganzen des mittelalterlichen Aberglaubens. Die Polizeiordnungen bedrohten häufig Wahrsagen als Betrug mit Strafe, was zeigt, daß viele Menschen daran glaubten und auch viele tatsächlich, gläubig oder ungläubig, wahrsagten. Häufig wird berichtet, daß Fremde sich als Teufel ausgegeben haben, um abergläubische Frauen für den Geschlechtsverkehr gefügig zu machen. Manche der als Hexen Verurteilten verstanden sich durchaus auch als Zauberer. Sie hatten geheimnisvolle Amulette oder Kräutersäfte versteckt, sie trugen Pergamentrollen, den Teufelspakt, in den Achselhöhlen oder an anderen, versteckten Körperhöhlen verborgen usw.[53]. Hörger schildert den Fall eines Hexenmeisters aus dem Jahre 1665, der deutlich macht, daß der Täter einen Zaubererbund gründete und sich zu dessen Meister machte, um die eigene wirtschaftliche Situation zu heben und eine Steigerung des sozialen Ansehens zu erreichen, indem der gemeinsam

240 Hexen – in Dämonengestalt – fliegen zum Sabbat. Holzschnitt in: »Ulrich Molitor, Von den Unholden und Hexen«, Konstanz 1489.

241 Die Hexe ist die Teufelsbuhlerin. Holzschnitt in: »Ulrich Molitor, Von den Unholden und Hexen«, Konstanz 1489.

242 △ 243 ▽ 244 △ 245 ▽

242 Die Huldigung des »Teufelskusses«. Ausschnitt aus einem Holzschnitt in: »R. P. Guaccius, Compendium Maleficarum«, Mailand 1626.

243 Die Frucht der Teufelsbuhlschaft: ein Wechselbalg, der vom hl. Stephanus exorzisiert wird. Ausschnitt aus den »Sieben Szenen aus der Legende des hl. Stephanus«. Gemälde von Martino di Bartolommeo (1389–1434).
Frankfurt a. M., Städelsches Kunstinstitut

244 Hexensabbat im Bistum Trier um 1620. Zeitgenössischer Kupferstich.
Nürnberg, Germanisches Nationalmuseum

245 Hexensabbat. Kupferstich von Michael Herr. Um 1650.
Nürnberg, Germanisches Nationalmuseum

veranstaltete Sabbat die höfische Gesellschaft und den Kult der Kirche nachahmte[54].

Die Psychoanalyse lehnt es ab, in diesen Vorstellungen ein reales Phänomen zu sehen, sondern führt sie auf psychische Abwehrmechanismen zurück, d.h. verlegt sie in das Innere der damals lebenden Menschen[55]. Entweder derjenigen, die verfolgt wurden: sie hätten im Teufel einen Vaterersatz projiziert oder Teile des Ichs (oder Über-Ichs) zu Dämonen objektiviert oder Alpträume bzw. sexuelle Träume, die z.B. auf Frustration durch die harte Erziehung zurückzuführen waren, weshalb auch der Penis des Incubus als eiskalt = lustlos vorgestellt wurde, für Realität genommen. Oder derjenigen, die verfolgt haben: Die Psychoanalyse stellt diesbezüglich auf Verdrängung der Sexualität oder der Angst vor der Frau, die sowohl im Madonnenkult als auch in ihrem Gegenextrem – der Hexe – abreagiert worden sei, oder auf Gegenkompensation der Erfahrung der eigenen inneren Sündhaftigkeit, vor allem seit der Reformation, ab. Oder man meint, daß die Hexe die Verkörperung der Angst vor der Natur, die man zu beherrschen begann, weil man sie »entdämonisiert« hatte, darstellte.

Auch die anderen Sozialwissenschaften setzen bei den Verfolgern an. Die Hexen seien die »Feministinnen von gestern« gewesen, die die patriarchalische Gesellschaft als Außenseiter verteufelt habe[56]; oder sie seien überhaupt die zu Außenseitern, zu »Sündenböcken«, gestempelten sozialen Unterschichten gewesen[57]; oder der entstehende Medizinerstand habe die heilkundigen Frauen, auch die Hebammen, als Hexen bekämpft und so zurückgedrängt[58]; oder der entstehende Territorialstaat habe die Hexenprozesse zur Stabilisierung der Gerichtsorganisation ausgenützt und damit seine Macht durch Statuierung eines Exempels gefestigt[59]. Man verweist auch darauf, daß viele Hexen durch Aussagen von Kindern überführt worden seien, weshalb die andere Wirklichkeitsvorstellung des kindlichen Weltbildes zu beachten sei[60].

Es werden noch andere Lösungen des Hexenproblems angeboten: Die Betroffenen hätten sich durch Hexensalben und/oder Drogen diese Phänomene, vor allem den Flug und die sexuellen Lustempfindungen, eingebildet[61]; oder viele Hexen seien geistesgestört gewesen, wofür z.B. auch das Hexenzeichen der Tränenlosigkeit und das geringe Körpergewicht der Hexen sprächen, da diese Phänomene bei schwerer Depression auftreten würden[62]; oder der Hexenglaube sei ein Massenwahn gewesen, vergleichbar der Tanzwut, dem Geißlertum oder der Kreuzzugseuphorie[63]. Oder schlicht: Die Hexenprozesse hätten den Ehemännern die kostspielige und zeitraubende, vielleicht sogar rechtlich unzulässige Auflösung der Ehe erspart und allen Verfolgern materiellen Gewinn gebracht: den Richtern und Scharfrichtern für ihre Tätigkeit – da überdies das Vermögen der Verurteilten eingezogen wurde – , den Geistlichen allgemein für den Verkauf von begehrten Gegenzaubermitteln, die sie herstellten, und für die Exorzismushandlungen[64].

Alle diese Theorien (oft auch interessant zur Beurteilung desjenigen, der sie aufgestellt hat) können sich auf historisches Material stützen, alle haben recht und unrecht zugleich, da sie bloß einen Teilaspekt des Hexenproblems in methodischer Abstraktion vom Ganzen herausstellen. Zu begreifen ist die Hexe – wie bereits erwähnt – nur als eine Entwicklungsstufe der Herausbildung unserer heutigen Welt, die entzaubert ist, Vernunft zu Lasten der Triebe hochbewertet, Sexualität weitgehend tabuisiert und privatisiert, die Würde des menschlichen Individuums im inneren Gewissen, als der Instanz der Entscheidung über Gut und Böse, sieht und die Allmacht des Menschen postuliert[65]. Denn in der Hexe wurde all das, was nicht Grundlage der neuen Welt sein konnte, also Triebhaftigkeit, Aggressivität, Sexualität, ungezügelte Emotionalität, Unvernunft, bloße Natürlichkeit, zusammengedacht und leibhaft in dem Menschen, der als Hexe verurteilt wurde, erfahren. Sie war Bild der verbotenen, teuflischen Sinnlichkeit, daher nackt, sexuell zügellos, ihre Haare waren offen[66]. Sie war entweder abstoßend häßlich und alt, weil sie böse war und auch die Potenz des Mannes gefährdete, oder sehr schön, weil gerade offenbar werden sollte, daß in einem schönen Leib eine häßliche Seele stecken konnte und außerdem dadurch das Verderben durch Wollusterregung herbeigeführt wurde[67]. Man schrieb der Hexe alles zu, was man für verboten und teuflisch ansah. Man konnte sich so leichter davon distanzieren, weil man das Böse leibhaftig vor sich sah. So gewann man auch die Kraft, diese neue, menschliche (weil der Teufel als fremde Macht seine Existenz verloren hatte) Wirklichkeit zu leben.

Die Hexenprozesse hörten dann auf, als der Mensch mit dieser neuen Wirklichkeit so vertraut war, daß er die Kraft hatte, in sich selbst das Problem des Bösen zu bewältigen. Nur deshalb kann man sagen, daß die Aufklärung zum Verschwinden der Hexenvorstellung führte[68]. Durch sie wurde das Selbstverständnis des Menschen gefestigt, durch die Betonung seiner Vernunft ihm die notwendige Kraft vermittelt, die Frauen, die sich selbst als Hexen bezeichneten, als Kranke zu behandeln und zu heilen. Wo dies nicht gelang und bis heute nicht gelingt, lebt die Hexe weiter.

Schon damals waren die Hexenprozesse nicht kontinuierlich. Immer hatte es Kritik gegeben[69], die auch für bestimmte Zeit erfolgreich war. Doch wurde bei Naturkatastrophen, Himmelszeichen, Auftreten wilder Tiere, auch bei Prozessen in der Nachbarschaft die Angst wieder zu stark, die Schwäche zu bewußt, weshalb immer wieder die Hexenverfolgung aufflackerte, und zwar in katholischen und protestantischen Ländern in gleicher

246 Hexenszene. Federzeichnung (weiß gehöht) von Hans Baldung Grien, 1514
Paris, Louvre, Cabinet des Dessins

247 Vier Hexen. Federzeichnung (weiß gehöht) des Monogrammisten HF, 1515.
Berlin, Staatliche Museen

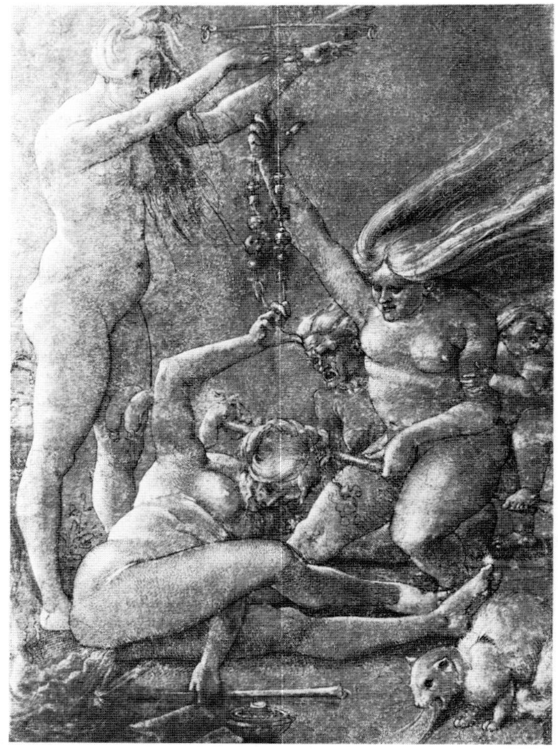

248–250 Hexenbilder von Hans Baldung Grien:
248 Die junge Hexe und der Unhold in Drachengestalt. Federzeichnung (weiß gehöht), 1515
Karlsruhe, Staatliche Kunsthalle
249 Hexenszene. Federzeichnung (weiß gehöht), 1514
Wien, Albertina
250 Drei Hexen (zugleich Neujahrswunschblatt für das Jahr 1514). Federzeichnung (weiß gehöht), 1514
Wien, Albertina

248 △

249 ▽

Weise. Jedenfalls muß man wegen dieses bloß periodischen Auftretens der Verfolgungen bei der Schätzung der Zahl der tatsächlich verbrannten Hexen sehr vorsichtig sein[70].

Allerdings ist unbestreitbar, daß die Möglichkeit des immer erneuten Aufflackerns in der Praxis darin lag, daß in der Theorie fortwährend Hexen- und Teufelsbücher geschrieben wurden[71], und zwar von gebildeten, angesehenen Männern. Theologen verfaßten Traktate, der 1487 veröffentlichte »Hexenhammer« (»Malleus Maleficarum«) der beiden Dominikaner Jakob Sprenger und Heinrich Institoris war ein durchkonstruiertes rationales System der Hexenlehre, das einfache Leute einfach überzeugen mußte. Was sollte man auch gegen die Gelehrten einwenden? Die Juristen übernahmen dann diese Theorie und wendeten sie in Gutachten für bestimmte Fälle, in denen die Carolina (und die Landesgesetze) den Richtern befahlen, sich an juristische Fakultäten zu wenden, und als Inhalt der Ausbildung der Jurastudenten an. Der Hexenbegriff gewann auf diese Weise ein Eigenleben in der Theorie, er wurde mit theologisch-juristischer Argumentation systematisiert, dadurch weltfremd und zu einem wissenschaftlichen Stereotyp[72]. Er wurde in einzelne Elemente zerlegt und in Fragenkatalogen zusammengestellt, die bei der Folterung zugrunde gelegt wurden. Die erpreßten Antworten galten als Verifizierung der Theorie[73]. Zugleich trat die Täuschung ein, die Grundmann bereits für die Ketzerverhöre aufgezeigt hat[74]: Man glaubte wegen der gleichen Fragenkataloge an die Gleichheit des Phänomens und damit an die Wahrheit der Theorie.

So bestärkte die Wissenschaft den ohnehin im Volk lebendigen Aberglauben, der bis heute in Märchen und Sagen weitergegeben wird. Auch von der Kanzel wurde die Hexenlehre verkündet, und die öffentliche Verlesung der Hexengeständnisse und die Hinrichtungen verstärkten den Glauben des Volkes und wohl auch der Wissenschaftler genauso wie die massenweise verteilten Flugblätter über die Greueltaten der Hexen[75].
Den Einfluß der Hexendarstellungen berühmter
251–253 Künstler, z. B. von Albrecht Dürer[76] oder Hans
199, 238, 246, 248–250 Baldung Grien, darf man gleichfalls nicht unterschätzen. Dabei war die Wirkung auf die Betrachter dieselbe, auch wenn die Schöpfer Verschiedenes mit ihren Bildern erreichen und ausdrücken wollten. Dürer glaubte etwa selbst an die Realität der Hexen und wollte mit seinen Werken vor ihnen warnen, Baldung dachte wohl eher an Geschöpfe von dämonischer Art als an lebende Menschen, weshalb seine Darstellung der drei Parzen seinen Hexenbildern völlig gleicht, und sah in ihnen die Möglichkeit, unbehelligt von der kirchlichen Zensur derbsinnliche nackte Frauen und orgiastische Szenen zu malen.

Jedenfalls wurde aus dem »Hexenglauben« des Volkes durch die Verwissenschaftlichung in Theologie und Jurisprudenz und durch seine Verbreitung in Wort und Bild der eigentliche »Hexenwahn«[77], der um 1450 einsetzte und 1700 sein eigentliches Ende fand, obwohl noch 1749 in Würzburg eine Hexe verbrannt und 1782 in Glarus eine Dienstmagd wegen Verzauberung des Kindes ihrer Herrschaft enthauptet wurden. Die beginnende Aufklärung in den Geisteswissenschaften, die von der Theologie getrennt waren, das Aufkommen einer entdämonisierten Naturwissenschaft und das Eindringen des Naturrechts, des Vernunftrechts, in die juristischen Fakultäten, die die Theorien beseitigten, sowie die Entwicklung des zentralisierten, bürokratisierten, absoluten Staates, der die Richtermacht beschränkte und die hohen Kosten der Hexenprozesse scheute und so die Praxis beendete, bereiteten ihm den Untergang.

Verständnis und Selbstverständnis der Missetäter

Nur kurz sei darauf hingewiesen, daß die dargestellten Entwicklungsstufen des Verständnisses des Missetäters und seiner Tat nicht nur bei den Verfolgern aufzufinden war. Sondern es ist anzunehmen, daß auch die Missetäter selbst sich in dieser Weise verstanden haben, zumindest durch den Prozeß und durch ihre Verurteilung zu diesem Verständnis gebracht wurden.

Dies galt auch für die Hexen[78]. Es wurde schon dargestellt, daß manche Verurteilte von ihrer Zauberkraft überzeugt waren, auch Teufelspakte unterschrieben hatten, magische Gegenstände besaßen, auch im Namen des Teufels Flüche gegen Mensch und Tier aussprachen und sich in echter Gegnerschaft zur Kirche und damit im damaligen Verständnis: im Lager des Teufels befanden. Es ist auch anzunehmen, daß es in verschiedenen Gebieten Deutschlands Reste von alten heidnischen, von der Kirche verteufelten Kulten gab, die in Orgien endeten. Berichte von Reisenden, die durch Zufall in solche Feiern gerieten und z. B. verprügelt wurden, sind durchaus ernst zu nehmen. Auch die Geständnisse von Frauen, bei solchem Treiben mitgemacht zu haben, wurden in großer Zahl ohne jede Folter erzielt. Selbst wenn man eine Übernahme der Vorstellung der Verfolger durch den psychischen Druck des Verfahrens oder gar eine Form der Gehirnwäsche annimmt, können diese Faktoren nicht einfach weginterpretiert oder als psychische Abwehrmechanismen aufgefaßt werden.

Sicherlich traf dies freilich nur für eine kleine Zahl der Verurteilten zu, denn durch die Fragenkataloge bei der Folterung wurden unzählige Geständnisse Unschuldiger erpreßt. Verständnis der Verfolger und Selbstverständnis der Opfer konnten nicht mehr zur Deckung gebracht werden. Mit dem Bewußtwerden dieser Differenz war auch den Hexenverfolgungen das gute Gewissen genommen und ihrem Ende der Boden bereitet.

251–253 Die Hexenbilder von Albrecht Dürer:
251 Der Gewalttätige (der Hexer). Kupferstich. Um 1495.
252 Die vier Hexen (vielleicht: Das Urteil des Paris und Discordia). Kupferstich. Um 1497.

253 Rückwärtsreitende Hexe (Allegorie der verkehrten Welt). Kupferstich 1501.
Darmstadt, Hessisches Landesmuseum ▷

254 Aufbruch zum Hexensabbat. Federzeichnung (weiß gehöht) von Albrecht Altdorfer 1506
Paris, Louvre ▷

252 △ 253 ▽

255 Gerichtsverhandlung im alten Gerichtshaus von Hamburg. Miniatur im Hamburger Stadtrecht von 1497. Hamburg, Staatsarchiv

Das Gericht

256, 257 *Das Schelten des Urteils – symbolisiert durch die Rose –, das von den auf einer Bank oder auf den Gerichtsstühlen sitzenden Schöffen gefunden wurde. Textillustrationen der Dresdener Bilderhandschrift des Sachsenspiegels, 14. Jh.*

Auch das Gericht ist bereits im Rahmen des religiösen Weltbildes und des Aberglaubens erwähnt worden. Gott als der höchste und letzte Richter und zugleich als das absolute Vorbild des irdischen Richtens, der weise König Salomon des Alten Testamentes als Ideal eines gerechten Richters, der magische Hintergrund der eine bestimmte Kleidung und Sitzhaltung des Richters anordnenden Vorschriften wurden genannt. Auf einige zusätzliche Merkmale ist nun einzugehen; dabei interessiert hier nur das Strafgericht, wobei freilich anzumerken ist, daß die Unterscheidung von Zivil- und Strafrechtssachen erst spät gemacht wurde, weshalb in früheren Zeiten beide Aufgaben in einem Gericht vereint waren und für die Auffassung des Richters als solchen, z.B. bezüglich Kleidung und Sitzhaltung, kein wesentlicher Unterschied zu finden ist.

253 Eine Miniatur des Hamburger Stadtrechts soll eine wesentliche Differenz zum heutigen Gericht nahebringen, nämlich die Unterscheidung von Richter und Urteilern.

Richter und Urteiler

Diese Darstellung[1] zeigt eine Gerichtsverhandlung nach der feierlichen Eröffnung, Hegung, durch den Vogt. Die Öffentlichkeit ist hergestellt, was die links beim Fenster der offenen Gerichtslaube drängende Menge verdeutlicht. Unter dem Bild des Jüngsten Gerichts hat der Vogt mit dem roten Hut als Richter Platz genommen, neben ihm zwei »Gerichtsherren«, Gerichtsverwalter, die ihm helfen und zugleich seine Verhandlungsführung kontrollieren sollen, rechts daneben führt der Gerichtsschreiber das Protokoll. Interessant ist, daß die schon genannten Vorschriften des Sachsenspiegels bezüglich Kleidung nicht eingehalten sind, auch hält der Vogt keinen Richterstab in den Händen. Schon daraus wird ersichtlich, daß in früheren Zeiten eine Vielzahl unterschiedlicher Vorschriften in Geltung stand und das Recht zersplittert war. Gerade wird ein auf handhafter Tat ertappter, nun verurteilter Missetäter von den Gerichtsbütteln, die zum Zeichen ihrer Funktion lange weiße Stäbe tragen, gebunden abgeführt. Die anderen Personen, die vor dem Gerichtstisch stehen, sind Parteien mit ihren Fürsprechern, was zeigt, daß das Gericht sich nach dem Strafrechtsfall nun bürgerlichen Streitsachen zuwenden wird. An der rechten Schmalseite des Gerichtstisches stehen elf Männer und blicken auf den Vogt, sie haben eine wesentliche Funktion zu erfüllen; sie müssen das Urteil finden.

Das frühere Gericht war durch eine Zweiteilung von Richter und Urteilern[2] gekennzeichnet. Der Richter eröffnete, leitete und schloß die Verhandlung, er verkündete auch das Urteil, gefunden wurde der Urteilsspruch aber nicht von ihm, sondern von eigens dazu bestellten Männern. Ursprünglich, als das Gericht in der Versammlung aller waffenfähigen Männer in dem Thing (oder Ding) abgehalten wurde, war zum Urteilsvorschlag jeder versammelte Dinggenosse berufen, die anderen konnten diesen Vorschlag annehmen oder einen neuen abgeben, bis ein einheitlicher Spruch zustande kam. In Hamburg z.Z. des hier besprochenen Bildes wurden bereits einige »Bürger und Dingleute« für jede einzelne Sitzung des Gerichts bestellt, elf an der Zahl, wohl nach dem Vorbild von Jesus Christus und seinen elf Aposteln, wodurch eine Entlastung der anderen Bürger eintrat, die nicht mehr alle zu jeder Gerichtsverhandlung kommen mußten. Doch bestand in Hamburg die Bürgerpflicht, einer Bestellung zum »Dingmann« zu folgen, was für einen beschäftigten Kaufmann oder Handwerker noch immer stark belastend sein konnte. Gleiches galt außerhalb der Städte für den dingpflichtigen Bauern. Deshalb wurde, in Ansätzen bereits von Karl dem Großen, ein eigenes Schöffenamt[3] eingeführt, d.h. für eine bestimmte Zeit hatte jemand als dauernder Urteilsfinder zu wirken, was sich nur ein begüterter Mann, der nicht selbst arbeiten mußte, leisten konnte. Die anderen waren freilich teilweise auch noch zum Erscheinen verpflichtet. So sah der Sachsenspiegel das Schöffenamt und zugleich die Pflicht eines jeden Dingpflichtigen vor, beim Gericht von Sonnenaufgang bis Mittag anwesend zu sein. Erst allmählich wurde diese Pflicht gelockert. In Hamburg führte man diese Schöffenverfassung erst 1622, also lange nach dem Zeitpunkt dieser Miniatur (1497), ein. Das Bild zeigt deshalb die Urteilsfinder stehend, im Unterschied zu den Schöffen, die das Urteil sitzend finden mußten, was der Sachsenspiegel ausdrücklich anordnet und die Handschriften auch illustrieren. Die Schöffen sitzen dabei auf einer Gerichtsbank oder auf Gerichtsstühlen. Allerdings 256, 257
war es durchaus möglich, daß sie ihren Platz räumen und damit ihre Tätigkeit aufgeben mußten, was der eigentliche Inhalt dieser Abbildungen ist. Jemand aus den vor Gericht versammelten Männern ergreift dort einen der Schöffen, dessen ausgestreckter Finger auf eine Rose zeigt, beim Arm und weist gleichfalls auf eine Rose. Diese Rose ist Zeichen des Urteils. Die gesamte Szene illustriert das sog. »Schelten« des Urteils, d.h. der Schöffe hat einen Urteilsvorschlag abgegeben, der von dem vor ihm stehenden Mann abgelehnt wird, wohl mit guten Gründen, da der Schöffe nun seinen Platz an den Scheltenden abzugeben hat. Früher war es bei diesem Schelten zu einem Zweikampf zwischen Scheltendem und Gescholtenem gekommen, später entwickelte sich daraus das Rechtsmittelverfahren.

Jedenfalls wird deutlich, daß das Urteil nicht von berufsmäßigen Juristen gefunden wurde, sondern von juristischen Laien, die zwar oft rechtserfahren waren, vielleicht sonst auch als Fürsprecher herangezogen wurden, aber grundsätzlich keine eigene Rechtsausbildung hatten. Sie waren darin

den Parteien gleich. Teilweise wurde sogar angeordnet, daß sie gleicher Herkunft – so durfte nach
258 dem Sachsenspiegel z.B. ein Wende nicht über einen Sachsen (und umgekehrt) urteilen – oder des gleichen Standes wie der Beklagte sein mußten. Vor allem Adelige verlangten, nur von Standesgenossen abgeurteilt zu werden. Aber auch für die Dienstleute, die nach eigenem, vom Herrn gegebenen Dienstrecht lebten, für die Stadtbürger, die Dorfbewohner, auch für die Geistlichen wurde das Urteil von ihresgleichen gefunden. Dieses »Personalitätsprinzip«, das eine Vielzahl von verschiedenen Rechtsordnungen, unter denen ein einzelner zur gleichen Zeit leben konnte, begründete, wurde erst vom Territorialstaat beseitigt zugunsten der gleichen Rechtsunterworfenheit aller auf seinem Gebiet lebenden Menschen.

Der Territorialstaat bereitete auch der Trennung von Richter und Urteilern das Ende. Er benötigte den beamteten Berufsjuristen, der das geschriebene Recht, das in steigendem Maße an die Stelle des altüberlieferten »Gewohnheitsrechts« trat, studiert hatte. In vielen Punkten wurde überdies das von den italienischen Rechtsschulen weitergeführte und modernisierte römische Recht übernommen[4], was wiederum die Notwendigkeit geschulter Juristen mit sich brachte. Die Carolina stellte die Zwischenstufe dar. Sie sah vor, daß das Urteil von Richter und Schöffen gemeinsam zu finden war, befahl aber darüber hinausgehend für alle zweifelhaften Rechtsfragen ein Gutachten, z.B. von Rechtsfakultäten oder übergeordneten Schöffenstühlen, einzuholen, was im Endergebnis oft bedeutete, daß die eigentliche Entscheidung auswärtige Rechtssachverständige aufgrund der mitgeschickten Akten fällten. Wichtige Urteile mußten später auch dem Territorialherrn gemeinsam mit den Akten zur Bestätigung vorgelegt werden. Der Richter und die Schöffen in der althergebrachten Form traten so bald in den Hinter-
259 grund, der Gerichtsschreiber wurde zur wichtigen Gerichtsperson, da er die Akten herstellte. Die Ablösung durch den beamteten Berufsrichter des ausgebildeten Territorialstaates war schließlich problemlos durchzuführen.

Das (Selbst-)Verständnis der Gerichtstätigkeit

Wie die Bezeichnung der Schöffen als »Urteilsfinder« schon zeigt, verstand man die Tätigkeit des Gerichts als bloßes »Finden« des richtigen, d.h. gerechten Urteils. Denn das Recht wurde eingeordnet in das Ganze der göttlichen Schöpfungsordnung gesehen, damit auch als vorgegeben und nur durch geistige Anstrengung nachzuvollziehen. Das Urteil wurde so nicht im Verfahren durch die Auseinandersetzung der Parteien erzeugt und durch Spruch fixiert, d.h. der Prozeß wurde nicht »entschieden«, sondern das gerechte Urteil lag im Grunde bereits vorher fest, es mußte nur gefunden werden. Ein starkes Indiz für die Richtigkeit des Urteils lag darin, daß früher bereits in gleicher oder zumindest vergleichbarer Weise geurteilt worden war: Das »gute alte Recht«[5] wurde meist als maßgebend angesehen, jedem Neuen stand man skeptisch gegenüber.

Freilich darf man sich nicht täuschen lassen, denn auch wenn man im theoretischen Verständnis nur das alte Recht erneuern wollte, führte dies in der Praxis zu fortwährender Änderung und Anpassung. Nur bemerkten die Menschen dies damals wohl überhaupt nicht, solange das Recht nicht schriftlich fixiert war. Jedenfalls darf man die im praktischen Ergebnis rechtsetzende Tätigkeit der Könige und später der Territorialherren, aber auch der Grundherren in den dörflichen »Weistümern«[6] und des Rates der Stadt in den »Satzungen« (»Willküren«)[7] nicht unterschätzen. Sie beanspruchten zwar oft nur die bereits vorgegebene Regelung zu treffen, eigentlich aber setzten sie in durchaus modernem Sinne »positives« Recht.

Die weltlichen Gerichte

Oberster weltlicher Richter war der König, was 262
der Sachsenspiegel ausdrücklich festhielt, sogar mit der Konsequenz, daß – wenn er zum ersten Male in ein Land kam – ihm alle noch nicht abgeurteilten Gefangenen zur Durchführung ihres Gerichtsverfahrens vorgeführt werden mußten. In der richterlichen Tätigkeit wurde sogar ein wesentlicher Inhalt des dem König von Gott verliehenen Amtes gesehen: Die Herstellung einer gerechten Friedensordnung war seine zentrale Aufgabe. Die Quellen berichten stets über die richterliche Tätigkeit des Herrschers, so z.B. die um 1340 in Trier entstandene Bilderchronik der Ita-
lienfahrt Heinrichs VII. (1308 – 1313), wie er in 261
Mailand und Brescia öffentlich und feierlich über die aufständischen Bürger Gericht hielt.

Freilich konnte der König unmöglich selbst über-
all zu Gericht sitzen. Er setzte Grafen als Vertre- 30
ter ein, die wiederum Unterbeamte, Schultheißen 263
und Fronboten, beriefen. Nach dem Sachsenspiegel mußte der Graf unmittelbar vom König den
»Königsbann« und damit die Gerichtsgewalt er- 260
halten. Doch war dies bereits damals mehr Theorie als praktische Wirklichkeit, denn viele Fürsten betrachteten die Gerichtsgewalt als eigenständiges, zumindest erbliches Recht. Es war diese Auffassung, die auch die Entwicklung zur Territorialherrschaft einleitete.

Die Landesherren verliehen den Gerichtsbann bereits nach eigenem Recht und wurden bald auch als die eigentlichen Träger der Gerichtsbarkeit anerkannt. Es wurde in ihrem Namen Recht gesprochen.

Vor allem zogen die Landesherren die Blutgerichtsbarkeit, die sich im Verlaufe der Landfrieden in immer stärkerem Maße herausbildete, als »hohe Gerichtsbarkeit« an sich[8] und ließen sie
durch Landgerichte – im Süden »Zentgerichte«, 265

258 Jeder darf Urteil über den anderen finden, nur nicht ein Wende – der deshalb links die Verweigerungsgeste zeigt – über einen Sachsen. Textillustration der Dresdener Bilderhandschrift des Sachsenspiegels, 14. Jh.

259 Vereidigung der vier Gerichtspersonen – von rechts: des Richters, eines Schöffen, des Gerichtsschreibers (durch seine Schreibgeräte gekennzeichnet) und des Scharfrichters – durch den Gerichtsherrn. Holzschnitt von Wolfgang Katzenheimer in der Bambergischen Halsgerichtsordnung, 1507.

260 ▽

261 △

262 ▽

260 Der König als Träger der Gerichtshoheit verleiht den Bann an den Grafen. Textillustration der Heidelberger Bilderhandschrift des Sachsenspiegels, 14. Jh.

261 Kaiser Heinrich VII. hält am 1. 10. 1311 in Brescia Gericht über die aufrührerischen Bürger. Miniatur in der Bilderchronik von Kaiser Heinrich VII. und Kurfürst Balduin von Luxemburg 1308–1313.
Koblenz, Landeshauptarchiv

262 Der König ist der oberste Richter. Holzschnitt in der niederdeutschen Ausgabe des Sachsenspiegels von Bartholomäus von Unckel. Köln 1480.

in Sachsen »Gogerichte« – ausüben. Sie verliehen diese »Halsgerichtsbarkeit« oft auch an Städte, teilweise sogar an Gutsherren[9]. Selbst Universitäten durften (Todes-)Urteile über ihre Mitglieder und deren Familienangehörige fällen[10]. Im Bereich der Niedergerichtsbarkeit, wo keine Todesurteile verhängt werden durften, gab es weiterhin eine Reihe von kleinen, mehr oder minder selbständigen Gerichten, wie etwa Hofgerichte des
267 Grundherrn, Dorfgerichte der Dorfbewohner mit einem »Bauernmeister« als Richter, kleine Stadtgerichte usw. Der Territorialstaat versuchte wenigstens auf die Ernennung dieser Richter Einfluß zu nehmen und sie so seiner Gerichtsorganisation einzuverleiben. Auf weitere, eher rechtstechnische Fragen der Gerichtsorganisation ist hier nicht einzugehen, nur zwei Punkte sollen noch erwähnt werden.

Zunächst seien die bekannten »Femegerichte«[11] (wahrscheinlich von »veme« = »heimliches Gericht«) genannt, die sich im Zuge der Friedensbewegung, wahrscheinlich als Gerichte der Freien, der »Freischöffen«, herausbildeten. Sie sahen sich als Gerichte des Kaisers und führten sich sogar auf Karl den Großen zurück. Daraus wird bereits ersichtlich, daß sie als eine Reaktion gegen die mit der Friedensbewegung einsetzenden Entwicklungen, wie Gleichbehandlung von Freien und Unfreien, Herausbildung der Territorialmächte, aufzufassen sind. Ihr Wahrzeichen war das blanke Schwert, denn sie urteilten nur über die in den Landfrieden mit peinlichen Strafen bedrohten Missetaten wie Diebstahl, Raub, Mord, Eidbruch, Rechtsverweigerung. Ihren Namen als »geheimes Gericht« erhielten sie, weil sie zunächst nur im Verborgenen unter strenger Geheimhaltung tätig wurden. Die Freischöffen waren somit ein Geheimbund, dem auch hochgestellte Personen, selbst Herrscher angehörten. Erfuhr ein Freischöffe von einer nicht geahndeten Missetat, so war er verpflichtet, diese dem Freigericht, dem »Freistuhl«, das unter freiem Himmel meistens unter mächtigen Bäumen tagte, anzuzeigen. Das Urteil der Freischöffen lautete auf Freispruch oder auf Tod durch den Strang. Leistete der Angezeigte der Vorladung keine Folge, wurde er geächtet (»verfemt«), was bedeutete, daß jeder Freischöffe ihn, wo immer er ihn fand, hängen sollte. Diese stille Wirksamkeit der Feme, das nächtliche Zuschlagen der Freischöffen, das zwar nicht allzu häufig war, aber immer wieder vorkam und sich dann wie ein Lauffeuer verbreitete, begründete den geheimnisumwitterten Ruf der Feme, der bis heute lebendig geblieben ist. Die Gerichte selbst verloren im 15. Jahrhundert ihre Bedeutung, denn sie hatten sich an ganze Städte herangemacht und selbst Könige vorgeladen. Bündnisse von Städten und Fürsten gegen ihre Tätigkeit waren die Antwort, und diese vereinigten Kräfte besiegelten ihren Untergang.

Im Soester Stadtarchiv befindet sich das berühmte Femegerichtsbild[12], eine kolorierte Federzeich- 287
nung des 15. Jahrhunderts, das eine Sitzung des Gerichts zeigt. Der grüne Boden unter den Füßen der sitzenden Figuren deutet an, daß das Gericht unter freiem Himmel tagt. Der »Freistuhl« besteht aus einer vierbeinigen Bank ohne Lehne und einem vierbeinigen Tisch, der in den Rechtsaufzeichnungen gleichfalls »Bank« genannt wird. Beide sind aus Holz und tragbar, was erforderlich war, da der Freistuhl immer vor jeder Sitzung neu errichtet wurde. Auf dem mit einem Tuch bedeckten Tisch liegt das Schwert als Zeichen der Blutgerichtsbarkeit, weshalb das Halten eines eigenen Gerichtsstabes nicht mehr erforderlich war. Manche Texte verlangen, daß auch ein Strick vor dem Richter liegen soll, der hier aus unbekannten Gründen weggelassen ist. Die Personen auf der Sitzbank sind der Richter, der »Freigraf«, und beiderseits neben ihm je ein Urteilsfinder, ein »Freischöffe«. Es ist anzunehmen, daß diese kleine Zahl von Schöffen wegen der Besonderheit des Femegerichts ausreichend war, obwohl viele Quellen sonst die Mindestzahl von sieben Urteilsfindern angeben. Ihre Kleidung mit Mantel und Filzmütze, aber ohne Hut, entspricht der bereits erwähnten Vorschrift des Sachsenspiegels. Sie sind auch unbewaffnet. Ob der Richter die Beine übereinandergeschlagen hat, läßt sich nicht feststellen. Die Gestik der Hände der Gerichtspersonen soll wohl ihre unterschiedliche Funktion verdeutlichen: Der Richter erhebt die hohle Hand, fragt also um das Urteil, der linke Nebenmann führt mit dem Zeigefinger eine hinweisende Gebärde aus, weist somit das Urteil.

Als zweiter Punkt seien noch die Stadtgerichte 264, 266, 272, 288
erwähnt, deren Richter, meist ein Vogt, zunächst vom Stadtherrn bestellt, später, nach Erwerb der eigenen Gerichtsgewalt (zumindest der Marktgerichtsbarkeit, versinnbildlicht durch das Marktkreuz, aber durchaus auch der peinlichen Gerichtsbarkeit, die durch das Schwert oder Beil 164, 165
symbolisiert wurde), von den Bürgern als Stadtrichter gewählt oder vom Rat der Stadt ernannt wurde. Oft übernahm auch der Rat selbst richterliche Funktionen[13].

Eine Miniatur im Rechtsbuch der Stadt Herford 325
um 1380 zeigt den Stadtrichter und sechs Schöffen auf der Bank vor einem halbrunden, mit einem weißen Tuch bedeckten Tisch, auf dem ein Kruzifix oder Reliquienkästchen steht. Das vor ihnen liegende Schwert ist wiederum als Symbol der Gerichtsbarkeit aufzufassen. Vor dem Tisch stehen sich die Parteien gegenüber, zwischen ihnen sitzt der Gerichtsschreiber mit Federkiel und Protokollbuch. Die Mauern und der Turm im Hintergrund symbolisieren die Stadt.

Die städtischen Gerichte waren deshalb bedeutend, weil sie mit dem modernen Lebensstil[14], den die Bürger gegenüber den Bauern allmählich ausbildeten, bald die Grenzen des althergebrachten Prozesses erfahren mußten und allmählich ver-

263 Der Schultheiß – als Richter – und die Schöffen bei der Urteilsfindung. Zeichnung in der Handschrift der Hedwigslegende, 1353.
Schlackenwerth, Bibliothek des Piaristenklosters

264 Sitzung des Luzerner Gerichts in der großen Ratsstube. Miniatur in der Luzerner Chronik des Diebold Schilling d. J., 1513.
Luzern, Bürgerbibliothek

265 △

266 ▽

267 ▽

265 Sitzung des Landgerichts. Holzschnitt in: »Hohberg, Georgica curiosa«, Nürnberg 1687.

266, 267 Der Stadtrichter (Abb. 266) und das Dorfgericht (Abb. 267). Textillustrationen der Heidelberger Bilderhandschrift des Sachsenspiegels, 14. Jh.

suchten, diesen schneller, formfreier, rationaler zu gestalten.

Die geistlichen Gerichte

Neben den weltlichen Gerichten müssen die Gerichte der Kirche genannt werden[15]. Dabei sind nicht die Gerichte gemeint, die die Bischöfe als Landesfürsten durch ihre Vögte, die den Blutbann vom König erhalten mußten, da den Geistlichen jede Mitwirkung im Verfahren mit möglichem Todesurteil kirchenrechtlich bis 1298 verboten war, abhalten ließen. Diese Gerichte werden zu den weltlichen gezählt. Jene eigentlich »geistlichen« Gerichte stellten freilich auch in Strafsachen die bei weitem wirksameren Instanzen dar, waren manchmal sogar die einzig wirklich funktionierenden Gerichte. Jedenfalls erfüllten auch die kirchlichen Gerichte »staatliche« Aufgaben. Noch der Sachsenspiegel sah deshalb vor, daß
269 weltliche und geistliche Gerichte zusammenwirken sollten. Auch die frühere Kirche, die sich vom richtenden und vergeltenden Gott des Alten Testaments her verstand, hatte die Aufgabe, die sündhafte Missetat zu bestrafen, durch Kirchenstrafe dem Täter eine Sühne aufzuerlegen und ihn und seine Mitmenschen mit Gott zu versöhnen.
Wesentliche Bedeutung erlangte dabei das Send-
268, 270 gericht[16] des Bischofs, manchmal auch des Dom-
271, 30 propstes, vertreten durch den Archediakon. Es entstand aus den bischöflichen Visitationen zur Überprüfung der kirchlichen Zustände und der sittlichen Praxis des Kirchenvolkes im Laufe des 9. Jahrhunderts. In jeder Pfarrei wurden ehrenwerte Männer ausgewählt, die dem visitierenden Bischof oder seinem Vertreter vor der Kirchenversammlung (»synodus«, daher der Name »Send«) die ihnen bekanntgewordenen Vergehen der Pfarrangehörigen angeben sollten. Das Urteil wurde unter dem Vorsitz des Bischofs/Archediakons als Richter von den versammelten Gläubigen, später von ausgewählten »Sendschöffen«, gefunden, wobei die Geistlichen immer mehr Einfluß nahmen. Als die Kirche ihr Recht schriftlich niederlegte und dieses corpus iuris wissenschaftlich behandeln ließ, war die Mitwirkung der Laien in steigendem Maße ausgeschlossen. Der studierte bischöfliche »Official«, der erste eigentliche Beamte, übernahm nicht nur die Verfahrensführung, sondern fällte auch als Einzelrichter das Urteil. Dadurch wurde das Verfahren zwar beschleunigt und modernisiert, doch verloren ab dem 15. Jahrhundert die Sendgerichte ihre Bedeutung. Zu sehr hatten sie sich dem Volk entfremdet, zu sehr sich auch in weltliche Fragen eingemischt. Vor allem die Städte zogen allmählich immer mehr ehemals vor das Sendgericht gehörende Materien an sich und vor das Stadtgericht. Die Reformation stellte schließlich den endgültigen Niedergang der Sendgerichte her.
Nur wenig Bedeutung erlangten in Deutschland die eigentlichen Inquisitionsgerichte, wie sie vor allem aus Spanien bekannt und berüchtigt sind. Die Verfolgung der Ketzer und – dann – der Hexen wurde zwar von den kirchlichen Inquisitionsbehörden in Zusammenarbeit mit den Bischöfen betrieben, aber schon bald von den weltlichen Behörden übernommen. Das Aussprechen des Todesurteils und die Vollstreckung der Todesstrafe lag stets bei der weltlichen Macht, die bald auch das gesamte Verfahren an sich zog.

Zeit und Ort des Gerichts

Die Veränderung der Gerichtsverfassung und -organisation, etwa die Einführung von Schöffen, dann von beamteten Juristen, brachte auch Änderungen bezüglich Zeit und Ort des Gerichts. Die alte Gerichtsversammlung des Things (Dings) war zu überlieferten heiligen Zeiten an ehrwürdigen öffentlichen Orten abgehalten worden: bei großen Steinen, unter Bäumen, den Gerichtslinden, an Gewässern. Hierüber wurde im Zusammenhang mit dem Aberglauben schon berichtet.
Zunächst veränderte sich die Gerichtszeit. Für die immer intensiver werdenden Lebensbeziehungen der Menschen konnten die seltenen Thingversammlungen nicht mehr genügen. Es war erforderlich, das Gericht häufiger einzuberufen. Die Einführung der Schöffen und die Entlastung der anderen »Dingpflichtigen« ermöglichte diese Vermehrung der Gerichtstermine, bis im Territorialstaat mit seinen Berufsrichtern ständige Behörden eingerichtet waren. Die gleichfalls vom Territorialstaat »erfundenen« Steuern ermöglichten auch ihre Finanzierung. Diese Kostenfrage stellte in der früheren Zeit oft den Gerichtsherrn vor große Probleme. Die »Fiskalisierung des Strafrechts«[17], die mit der bereits genannten Ablösbarkeit der peinlichen Strafen durch Geldzahlungen und mit der Geldbuße überhaupt verbunden war, darf deshalb nicht einseitig negativ gesehen werden. Sie brachte zwar eine Ungleichbehandlung von Arm und Reich und bereicherte vielleicht auch die Gerichtsherren, aber die einfließenden Gelder dienten auch dem Ausbau der Gerichte und hatten dadurch, selbst wenn nur das Motiv der Geldgier dahintergestanden sein sollte, wesentliche Bedeutung für das Entstehen einer funktionierenden Rechtspflege.
Die Veränderung betraf auch den Gerichtsort[18].
Die Versammlung unter freiem Himmel konnte 265
leicht zu einer unangenehmen Belastung werden, weshalb bereits Karl der Große erlaubte, bei
schlechtem Wetter die Vorhallen von Kirchen 316–
oder andere gedeckte Hallen aufzusuchen. Im 318
Jahr 819 wurde von Ludwig dem Frommen der Bau eines eigenen Gerichtshauses vorgeschrieben, in dem im Notfall verhandelt werden durfte. Allerdings war die Gerichtssitzung im Freien noch lange die Übung. Vor allem die Dorfgerichte verhandelten in der althergebrachten Form häufig

268 Der Bischof als Richter. Textillustration der Heidelberger Bilderhandschrift des Sachsenspiegels, 14. Jh.

269 Geistliches und weltliches Gericht (Papst und Kaiser) sollen zusammengehen. Textillustration der Dresdener Bilderhandschrift des Sachsenspiegels, 14. Jh.

270 △ 271 ▽

270, 271 Drei Bischöfe und drei Mönche – das Sendgericht – beraten über den Urteilsvorschlag eines der drei Sendschöffen. Zuvor hat eine Magd die hl. Wiborada der Unkeuschheit bezichtigt. Federzeichnungen im Deutschen Heiligenleben (Codex 602), 1460.
St. Gallen, Stiftsbibliothek

272 Gerichtssitzung des Rates in der Rathaushalle. Deckfarbenzeichnung der flämischen Schule. Um 1525.
Berlin, Kupferstichkabinett ▷

unter der Linde, suchten bei Schlechtwetter aber
auch ein Wirtshaus, das Gemeindehaus, oft sogar
Privaträume auf[19]. Die grundherrlichen Gerichte
verhandelten ebenfalls in eigenen Gerichtsstuben
in Privathäusern, z. B. des Grundherrn oder des
Vogtes[20].
In den Städten wurde diese Entwicklung zum
überdachten Gerichtsort sehr gefördert. Schon
bald errichtete man anstelle einer künstlich aus-
gebauten Gerichtslinde sogleich ein künstliches
307, 311 Blätterdach, die Gerichtslaube[21]. Sie war nach
vielen Seiten offen oder zumindest durch große
Fenster leicht zu öffnen, was für die Öffentlichkeit
63, 255 des Verfahrens wichtig war. Die Bilder des Ham-
burger Stadtrechts lassen diese Bedeutung der
Gerichtslaube für die Öffentlichkeit klar erken-
nen. Die Gerichtslaube stand oft frei mitten auf
dem Marktplatz oder vor dem Roland, der
manchmal der Laube seinen Namen gab, wie in
Halle, anfangs wohl in Verbindung mit einem
Baum und daher aus grünen Zweigen, später an
Steinsäulen. In der Regel aber wurde die Ge-
302–306 richtslaube an das städtische Rathaus oder unmit-
telbar in dieses gebaut, jedenfalls so, daß sie vom
Platz vor dem Rathaus, meist dem Markt, leicht
eingesehen werden konnte. Später wurde eine
Laube im Erdgeschoß des Rathauses für Markt-
streitigkeiten errichtet und – für die wichtigeren
»Dinge« – im ersten Stockwerk ein Gerichtszim-
mer, ein Gerichtssaal, mit einer anschließenden
308–310 Laube oder zumindest einer Freitreppe gebaut,
von der aus wichtige Entscheidungen verkündet
werden konnten. Das Gericht fand dann im Inne-
ren des Rathauses statt, die Laube war nur mehr
bloße »Verkündlaube«[22].
Gerichtsort war somit die Ratsstube geworden.
Bilder der damaligen Gerichtssitzungen vermit-
teln uns heute die häufig als Schmuck verwende-
300, 301 ten »Gerichtsscheiben«. Große und reiche Städte
errichteten Gerichtssäle oder verhandelten große
289, 312–315 Prozesse in den prachtvollen Ratssälen, oft wur-
den auch eigene Gerichtshäuser erbaut[23].
Die immer weitergehende Verwissenschaftli-
chung der Rechtsprechung, durch die Einflüsse
des kanonisch-kirchlichen und des römischen
Rechts gefördert, führte zu einer Entfremdung
des Rechtsverfahrens vom Volk und damit von
der Öffentlichkeit. Die Laien wurden immer mehr
in den Hintergrund gedrängt, der gelehrte Richter
trat seinen Siegeszug an. Der Ort des Gerichtes
verlagerte sich auch deshalb immer mehr in das
Innere des Rathauses oder des Gerichtshauses. In
jenen abgeschlossenen Gerichtszimmern gab es
auch keine Zuschauer mehr, denn das Verfahren
wurde im wesentlichen nur schriftlich geführt, es
gab nichts mehr zu hören und zu sehen. Den Hö-
hepunkt erreichte diese Entwicklung im Inquisi-
tionsprozeß. Seine wesentlichen Verfahrens-
schritte waren überhaupt der Öffentlichkeit ver-
borgen. Das Recht wurde nun in unterirdischen
Folterkammern gefunden, in kleinen Räumen der
Kerkertürme, in verschlossenen Ratsstuben oder
überhaupt nur mehr im versiegelten Briefverkehr
mit den Rechtsfakultäten, die um eine Begutach-
tung gebeten wurden und die urteilten, ohne je-
mals den Missetäter gehört und gesehen zu haben.

Die Richtersymbole

Das Schwert am Tisch des Feme- und des Stadtge-
richts wurde bereits als Symbol der (Blut-)Ge-
richtsbarkeit erwähnt. Das Mittelalter und die
frühe Neuzeit war überhaupt eine Zeit der Sym-
bole[24].
Betrachtet man heute Bilder aus dieser Zeit, dann
fallen immer wiederkehrende Gesten, Haltungen,
auch Gegenstände auf, die uns fremd und eigenar-
tig vorkommen, vor allem weil sie für uns heute im
Zusammenhang mit den dargestellten Szenen
keine Funktion mehr haben. So findet sich auf vie-
len Herrscherbildern ein Löwe. Dies kann bloße
Verzierung, kann aber auch mehr sein. Die Men-
schen damals wollten mit dem Löwen irgend etwas
bildlich zum Ausdruck bringen, das wir heute
nicht mehr unmittelbar erkennen, sondern
sprachlich »übersetzen« müssen. So weiß man
heute, daß der Löwe Zeichen (= Symbol) der 8
Herrschaft war[25], d. h. daß die Menschen damals
mit dem Löwenbild den Sinn eines Herrschafts-
zeichens verbunden haben. Vieles spricht dafür,
daß sie dies nicht bewußt-konstruktiv taten, son-
dern daß ihre Welt als Ganzes so symbolisch war
und erlebt wurde, daß für sie der Löwe in be-
stimmten Zusammenhängen nicht nur Zeichen
für, sondern unmittelbares Bild der Herrschaft
selbst war. Diese geschichtsphilosophische Pro-
blematik ist hier nicht zu vertiefen, nur die Konse-
quenz zu nennen, die heute oft Verständnis-
schwierigkeiten bereitet: Denn je nach Situation,
in der der Löwe im Bild erscheint, konnte er für
die damaligen Menschen etwas anderes sein, ist in
ihm ein Symbol für etwas anderes zu sehen. So war
er nicht nur Symbol der Herrschaft, sondern auch
des auferstandenen Jesus Christus, weil man
glaubte, daß dieses Tier seine Jungen tot zur Welt
bringe und sie erst durch seinen Atem belebe[26],
aber auch Symbol des Bösen[27], also genau des Ge-
genteils. Manchmal ist der Sinn überhaupt nicht
mehr zu verstehen.
Symbol des Richters war vor allem der Stab[28], und 2, 3, 7, 14, 139, 197, 273, 276–281, 283–286, 290–299
zwar in Verbindung mit einer bestimmten Geste.
Der Richter mußte den Stab aufnehmen und wäh-
rend seiner Verhandlungsführung in der Hand
halten. Er war damit Zeichen der richterlichen
Gewalt als solcher, weshalb der Richter ihn bei je-
der Amtshandlung zu führen hatte, bei der er oder
sein Vertreter anwesend war, also auch bei der
Folterung oder beim Vollzug der Strafen.
Manchmal wurde der Richterstab einem Ge-
richtsgehilfen übergeben, wodurch dieser bei sei-
ner Handlung als Amtsperson auftreten konnte. 234
Wie selbstverständlich der Stab mit dem Richter

273 Gerichtssitzung im Freien: Der Missetäter wird gerade vorgeführt. Zeichnung in der Nachrichtensammlung des J. J. Wick (1560–1587).
Zürich, Zentralbibliothek

274 Der Richter mit erhobenem Schwert (als Zeichen der Gerichtsgewalt). Textillustration der Heidelberger Bilderhandschrift des Sachsenspiegels, 14. Jh.

275 Sitzung des Berggerichts. Zeichnung im Schwazer Bergbuch 1556.
Innsbruck, Tiroler Landesmuseum Ferdinandeum ▷

276–278 Sitzung des Landgerichts im Berner Zwingherrenstreit – dem Streit der Stadt Bern mit dem umliegenden Adel – im Jahre 1470:
276 Die adeligen Frauen von Bubenberg, die wegen Verstoßes gegen die Kleiderordnung der Stadt belangt waren, schwören gemeinsam mit ihren Ehemännern, künftig diese Satzungen einzuhalten und sich so wie die Bürgerfrauen zu kleiden.
277 Fünf Ritter stehen vor Gericht, um dem Vorwurf der Überschreitung ihrer Kompetenzen zu entgegnen. Knappen tragen ihre Wappenschilder hinterher.
278 Gerichtssitzung
Miniaturen in der Berner Chronik des Diebold Schilling d.Ä., 15. Jh.
Bern, Burgerbibliothek

275 △

278 ▽

276 △

277 ▽

280 *Jesus Christus vor Herodes mit dem Richterstab. Holzschnitt von Martin Schongauer (1430–1491).*

281 *Durch die Aussage Daniels vor dem den Stab aufrecht haltenden Richter wird Susanna vor dem Tod bewahrt. Holzschnitt von Albrecht Dürer (?) in: »Der Ritter vom Turn«, Basel 1493.*

◁ 279 *Der Richter Quintinian mit dem erhobenen Stab bei der Marterung der hl. Agathe. Initiale D in einem Chorbuch vom Meister B (F) aus der Schule von Mailand. Anfang 16. Jh.*
Berlin, Kupferstichkabinett

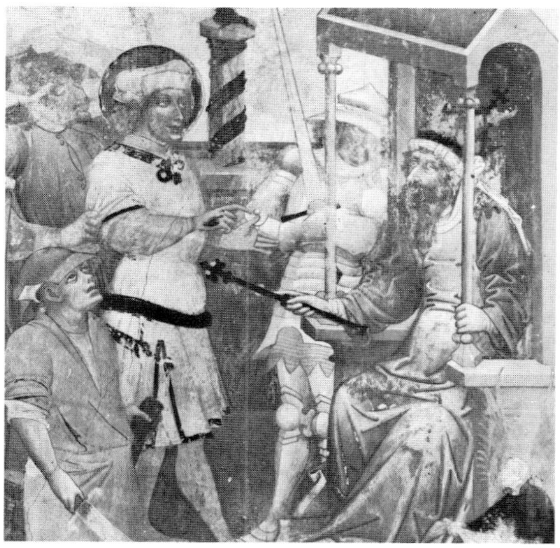

282 *Sitzung des Gerichts: als Zeichen der Gerichtshoheit hält der Richter ein Schwert in der Hand. Holzschnitt in: »Ulrich Tengler, Der neu Layenspiegel«, Augsburg 1512.*

283 *Der stabhaltende Richter. Ausschnitt aus dem »Bekenntnis des hl. Georg« von Thomas von Villach. Um 1450. Gerlamoos/Österreich, Filialkirche zum hl. Georg*

284 *Der Richter Matroclus mit dem Stab verhört die hl. Benedikta. Miniatur in dem »Leben der hl. Benedikta«. Von einem Meister der französischen Schule, 1312. Berlin, Kupferstichkabinett* ▷

zusammengedacht wurde, zeigt die kirchliche Kunst mit den zeitgenössischen Bildern der Passion und der Märtyrerszenen, in denen der Richter, vor allem Pilatus und Herodes, fast immer mit dem Stab in der Hand gemalt wurde.

Wie erwähnt, war der Stab in den Augen der damaligen Menschen nicht nur ein Symbol; er war das wirkliche Abbild der Richtergewalt. Daher mußte er in bestimmter Weise bearbeitet sein, denn mit seiner näheren Ausgestaltung war die Qualität der richterlichen Tätigkeit untrennbar verbunden. Ein schlechter Stab bedeutete auch schlechte Gerichtsbarkeit. So sollte er anfangs
59, 322, 323 schmucklos, vor allem aber entrindet sein, um keine bösen Dämonen verbergen zu können. Die senkrecht nach oben weisende Form, in der er gehalten werden mußte, zeigt Nachwirkungen alten Aberglaubens, etwa an die Kraft der Weltsäule oder an den Pfahl als Personifizierung des Ahns[29]. Erst in späterer Zeit, als dieser alte abergläubische und symbolische Inhalt verblaßte und vergessen war, wurden die Gerichtsstäbe zu immer prachtvolleren Zeichen der Herrschaft und zu echten
321, 324 »Gerichtszeptern«. Oder man stellte den Richter nun ohne jedes weitere Symbol dar, war doch das eigentliche Zeichen des berufsmäßigen Beamtenjuristen nur mehr das Gesetzbuch.

282, 320 Neben dem Stab war, wie erwähnt, das Schwert Gerichtssymbol, schon die Bilderhandschriften
91, 274 des Sachsenspiegels stellen den Grafen häufig mit Schwert und in bestimmter Haltung dar. Zahlrei-
287, 325 che Bilder verdeutlichen dieses Richterzeichen während der Verhandlung, aber auch beim Voll-
189 zug der Strafen. Anzumerken ist, daß dieses
319 »Richterschwert« nicht mit dem Richtschwert des Scharfrichters verwechselt werden darf[30]. Es wurde nur als Zeichen der Herrschaft, der Gerichtsgewalt, verwendet und vorgezeigt, war deshalb oft reich geschmückt und mit Edelsteinen verziert, wurde aber nicht zum Enthaupten gebraucht.

Nicht immer sind die Symbole des Gerichts so eindeutig zu bestimmen wie Stab und Schwert. So
32, 262, 277, 280, 338 findet sich auf den Bildern sehr oft die Darstellung eines oder mehrerer Hunde in verschiedener Haltung. Manchmal wird angenommen, daß auch darin ein Gerichtssymbol zu sehen ist. Der Hund sei nämlich Ersatztier für den Löwen, und so wie dieser als Symbol der Hochgerichtsbarkeit verstanden worden sei – man denke an die Darstellung des weisen Richters Salomon oder an die bekannte »Sonne der Gerechtigkeit« von Albrecht Dürer[31] –, sei jener Zeichen der Niedergerichtsbarkeit gewesen[32]. Andere sehen darin ein Symbol der Öffentlichkeit der Verhandlung[33]. Es muß aber auch beachtet werden, daß der Hund oft in Darstellungen anderer Lebensverhältnisse, etwa als spielendes Tier, abgebildet wurde. Haben daher jene Autoren recht, die im Hund auch der Darstellung der Gerichtsverhandlung nur eine Vordergrundfüllung sehen[34]? Dies mag für einige Bilder zutreffen; daneben aber ist der Hund in eindeutiger Weise als Mittelpunkt in wichtigen Szenen angeordnet, woraus zu folgen scheint, daß er etwas »bedeuten« mußte. Dafür spräche auch, daß die Verwendung des Hundes in anderen Szenen durchaus als Symbol aufgefaßt wird, z. B. bei Vermählungsbildern als Zeichen der Treue oder in Passionsbildern als Gegensatz zur Grausamkeit der Menschen. Der Hund war auch Symbol des Helfers und im weiteren Sinne des Glaubens und der Verläßlichkeit, aber auch des Neides, selbst des Teufels[35]. Darüber hinaus wurde der Hund ebenso als Ersatztier für den Wolf verwendet[36], weshalb alle Bedeutungen des Wolfes auf ihn bezogen werden können. Dorothea Forstner hat einige weitere Bedeutungen zusammengestellt, die jedoch für seine Verwendung gerade in Gerichtsdarstellungen keinen Anhaltspunkt geben[37]. So läßt sich eine endgültige Antwort auf die Frage nach der Bedeutung des Hundes in Gerichtsbildern wohl nicht geben, vielleicht ist auch keine einheitliche Lösung möglich, weil durchaus Verschiedenes damit verbunden und gemeint war. 8

Der Richter als »Jupiterkind«

Darstellungen des Richters finden wir auch auf den Planetenkinderbildern[38], deren Bedeutung 285, 286
für die planetarische Kriminalanthropologie bereits erwähnt wurde. Jupiter war im Glauben der alten Römer der Göttervater und Herrscher über das Universum gewesen. Der seinen Namen tragende Planet galt der Astrologie als das Gestirn der Ordnung und der guten/gerechten Macht[39]. Sein Einfluß wurde deshalb mit der Theologie und Jurisprudenz in Verbindung gebracht und als »Jupiterkinder« häufig Geistliche, Rechtsgelehrte und auch Richter während der Gerichtssitzung dargestellt.

285, 286 Der Richter als Planetenkind, nämlich als Kind des Jupiter:
285 Ausschnitt aus einer Zeichnung in einer astrologischen Handschrift (Cod. lat. 4394), 15. Jh.
München, Bayerische Staatsbibliothek
286 Ausschnitt aus einer Miniatur in einer Planetenhandschrift (M. d. 2), 15. Jh.
Tübingen, Universitätsbibliothek

287 *Das Soester Femegerichtsbild, 15. Jh.*
Soest, Stadtarchiv

288 *Das Memmelsdorfer Zentgericht. Kolorierte Zeichnung im Gerichtsbuch des Vogtes Sebastian Zollner von Kirchschletten 1589–1596.*
Bamberg, Staatsarchiv

▷

290–293 Darstellungen des Richters mit dem Stab als dem Symbol der Gerichtsherrschaft in der religiösen Kunst:
290 Ausschnitt aus: Meister der Brucker Martinstafel, Disputation des hl. Stephan mit den Juden. Um 1520.
Graz, Landesmuseum Joanneum
291 Ausschnitt aus dem Gemälde »Christus vor Pilatus« vom Meister von St. Severin. Um 1510.
Köln, Wallraf-Richartz-Museum
292 Ausschnitt aus dem Heiligentaler Altar von Hans Borneman (gest. 1474).
Lüneburg, Evangelische Nicolaikirche
293 Ausschnitt aus dem Gemälde »Christus vor Pilatus« von Hans Holbein d. Ä., 1502.
München, Alte Pinakothek

290 △

292 △

291 ▽

293 ▽

◁ *289 Die gotische Gerichtslaube im Lüneburger Rathaus (Sitzungssaal des Rates).*

295 △ 296 ▽

294–299 Darstellungen des Richters und des Richterstabes in der religiösen Kunst:

294 Ausschnitt aus: Michael Pacher, Der hl. Laurentius vor dem Präfekten Roms, 1465–1470.
Wien, Österreichische Galerie

295 Ausschnitt aus: Der A-Meister des Bernt Notke, Altarbild in Tensta Kyrka. Um 1490.
Stockholm, Kunigl. Vitterhets och Antikvitets-Akademien

296 Ausschnitt aus einem Bremischen Altarflügel, 1474.
Bremen, Roseliushaus

297 Ausschnitt aus: Albrecht Altdorfer, St. Florian vor dem Richter, 1525–1530.
Nürnberg, Germanisches Nationalmuseum

298 Ausschnitt aus: Unbekannter Meister, Die hl. Dorothea vor Gericht. Ende 15. Jh.
Kremsmünster/Österreich, Stiftsgalerie

299 Ausschnitt aus: Hans Holbein d. Ä., Ecce Homo, 1502. München, Alte Pinakothek

297 △ 298 ▽

◁ *300 Sitzung des Gerichts »im Tablat«. Gerichtsscheibe von 1597.*
St. Gallen, Museum

301 Sitzung des Gerichts in Suhr. Gerichtsscheibe von 1676.
Suhr/Schweiz, Gemeindehaus

Gegenüberliegende Seite:
302–306 Orte der städtischen Gerichtsbarkeit:
302 Das Rathaus von Heilbronn
303 Das Rathaus von Schweinfurt
304 Das Rathaus von Lahr/Schwarzwald
305 Das Rathaus von Kempten
306 Das Rathaus von Goslar

302 △ 305 ▽ 303 △ 304 △ 306 ▽

307 △ 308 ▽

309 △ 310 ▽

307 Die Gerichtslaube am Rathaus von Freiburg i. Br., 16. Jh.

308 Die Rathauslaube in Lindau

309 Die Rathaustreppe in Nördlingen

310 Die Rathaustreppe in Lübeck

Gegenüberliegende Seite:
311 Die Rathauslaube in Goslar

311

312 △ 313 ▽

312 Gerichtsplatz im großen Rathaussaal von Rothenburg o. d. T., 1591 errichtet.

313 Kaiserstuhl in der Domkapelle Goslar

314 Rathaussaal in Regensburg. Balkendecke von 1408.

315 Der große Rathaussaal in Nürnberg, 14. Jh. (heute zerstört)

316 △

317 ▽

316–318, 320 Kirchengebäude als Orte der Gerichtsbarkeit:
316 Das Südportal (Marienportal) des Straßburger Münsters, 13. Jh.
317 Die Torhalle in Lorsch, 8. Jh.
318 Das Portal (»Paradies«) des Münsters in Freiburg i. Br.
320 Der Graf als Richter mit dem Schwert als Zeichen der Gerichtsherrschaft. Steinfigur neben dem Portal des Münsters in Freiburg i. Br. Um 1300.

319 Marktrichterschwert und Scheide, 1720. Graz, Landesmuseum Joanneum

318 △

319 ▽

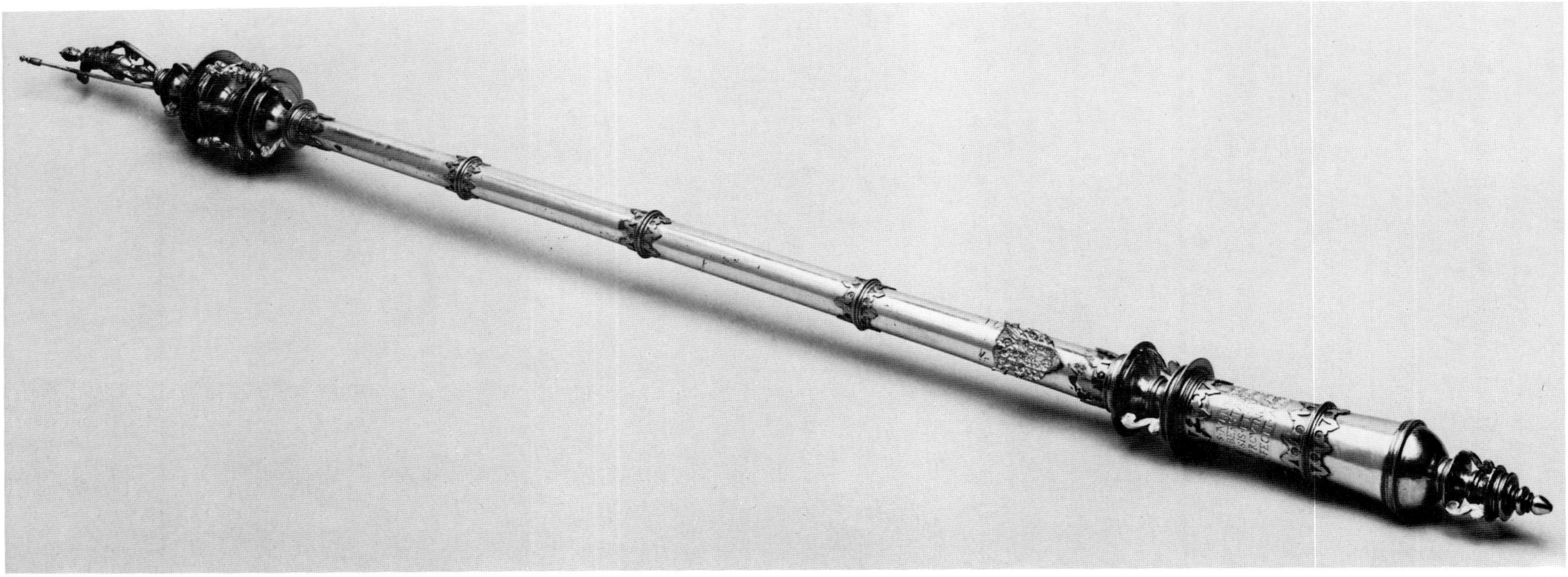

321 △ 322 ▽ 323 ▽ 324 ▽

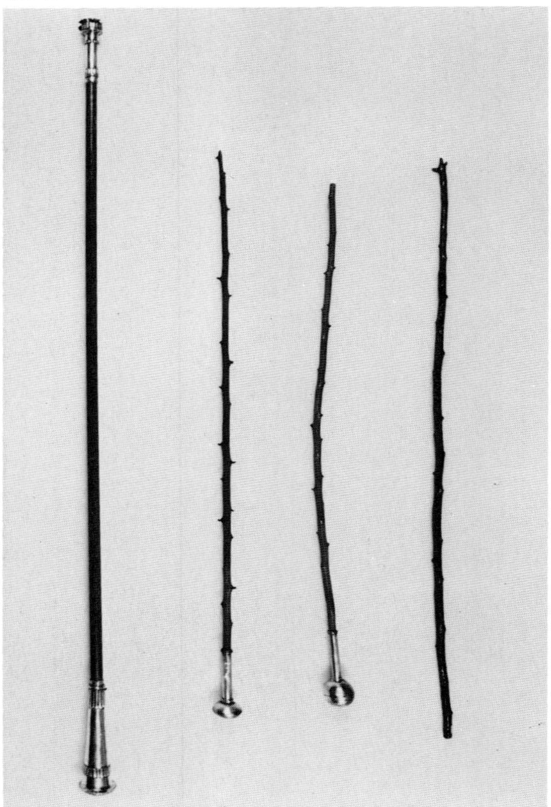

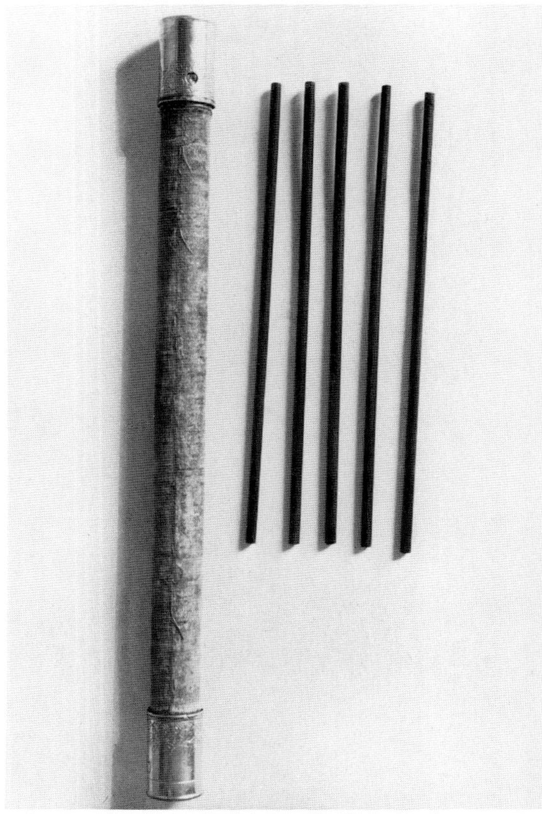

321 Das silberne Gerichtsszepter Herzog Heinrichs Julius, 1588.
Braunschweig, Herzog-Anton-Ulrich-Museum

322 Gerichtsstäbe. 17. – Anfang 19. Jh.
Chur/Schweiz, Rätisches Museum

323 Bannrichterstäbe mit Futteral
Linz, Oberösterreichisches Landesmuseum

324 Vergoldeter Marktrichterstab, 18. Jh.
Graz, Landesmuseum Joanneum

325 Verhandlung vor dem Herforder Stadtgericht. Miniatur in dem Herforder Rechtsbuch. Um 1375. Herford, Stadtarchiv

326 Die Schwäche der Gerichtsorganisation und die Mängel der Verfahrensregeln führten lange Zeit zu Formen einer »Privatjustiz«. So wurden etwa Schuldner, die trotz wiederholter Mahnung nicht zahlen wollten, öffentlich in Scheltbriefen (Schandbriefen) beschimpft, wobei sie vor allem in Kontakt mit den ehrlos machenden Akten der Strafjustiz und bestimmten Tieren dargestellt wurden, was ein solcher Brief vom 23. Mai 1550 veranschaulicht.
Rothenburg o. d. T., Mittelalterliches Kriminalmuseum

Das Verfahren

327 *Dem Fürsten – mit der Fahne als Zeichen seines Lehens – »gibt man als Buße zwölf goldene Pfennige, von denen jeder das Gewicht von drei Pfennigen in Silber haben soll«. Textillustration der Heidelberger Bilderhandschrift des Sachsenspiegels, 14. Jh.*

Der Prozeß der Rechtsverwirklichung, das Verfahren, umfaßte im Rahmen des religiösen Weltbildes eigentlich auch das Eingreifen Gottes und seiner Heiligen, über das schon berichtet wurde. Hier sollen einige Punkte des irdischen Verfahrens, mit dem Schwergewicht auf den weltlichen Behörden, erörtert werden.

»Privatjustiz«

Zunächst ist festzustellen, daß ein eigentliches behördliches Verfahren erst verhältnismäßig spät aufzufinden ist. Die Reaktion auf eine Missetat, selbst auf Totschlag, war – neben der von der Kirche verhängten Buße – Rache des Verletzten oder seiner Angehörigen[1], die sich gegen den Täter, anfangs auch gegen alle seine Angehörigen, richtete, aber keine öffentliche Strafe. Auch Missetaten der Ehefrau, der Kinder und des Gesindes sanktionierte nur der Familienvater, die der Unfreien der Grundherr nach Willkür[2]. In all diesen Fällen wird oft von »Privatjustiz« gesprochen, ein Ausdruck, der nicht ganz glücklich ist, weil er den Gegensatz zu einer »öffentlichen« Strafjustiz voraussetzt; diese entstand jedoch im wesentlichen erst im Zuge der Landfrieden.

Da alle diese Rachehandlungen des Opfers bzw. seiner Angehörigen gegen den Täter bzw. dessen Angehörige in letzter Konsequenz Sippenkrieg bedeuteten, gab es seit jeher Bemühungen, solche länger dauernde Feindschaft zu verhindern und durch Sühneverträge wieder Frieden und Freundschaft herzustellen. Der Täter verpflichtete sich zur Zahlung eines Geldbetrages an die verletzte Seite, im Falle der Tötung des bereits erwähnten »Wergeldes«. Die »Volksrechte« der Germanen-
327 staaten sahen genaue Summen für die einzelnen Handlungen vor, die vom Gericht, das der Verletzte anrufen konnte, bestimmt und auch eingetrieben wurden. Hier war ein Geldbetrag auch an den Gerichtsherrn – als echte »Geldbuße« – zu leisten. Man kann darin eine erste Form von Strafe sehen, doch blieben zunächst die privaten Vereinbarungen der Parteien weiterhin zulässig. Der Verletzte war nicht gezwungen, das Gericht anzurufen; nicht einmal bei Totschlag mußte es zu einem gerichtlichen Verfahren kommen.

In steigendem Maße wurde dann die Kirche als Vermittlungsinstanz eingeschaltet, vor allem, wenn der flüchtende Täter das Kirchengebäude erreicht und darin »Asyl« gefunden hatte. (Diese vor Verfolgung schützende Bedeutung war bereits bei den Germanen heiligen Orten zuerkannt worden, die Kirche gestaltete sie zu einem allgemeinen Rechtsinstitut aus[3], das im Verlaufe der Zeit auch von weltlichen Instanzen beansprucht wurde. Manche Städte erwarben ein königliches/landesherrliches Asylprivileg, das vielen in ihre Mauern geflohenen Missetätern – gegen Zahlung einer Gebühr – Schutz vor einem fremden Gerichtsverfahren bot[4].) Im Wege dieser Vermittlung gingen viele Inhalte der kirchlichen Buße in die Sühneverträge ein. So wurde z. B. dem Täter im Vertrag aufgetragen, eine Wallfahrt zu unternehmen[5], entweder eine »Bußfahrt«, um für das Seelenheil des Getöteten zu beten, oder eine eigentliche »Sühnefahrt«, wobei als Erschwerungen das Tragen eines schwarzen Kleides, das Gehen mit bloßen Füßen oder mit ausgespannten Armen, auch in Ketten oder mit angeschmiedeten Tatwerkzeugen bestimmt werden konnten. Oft sollte der Täter auch Messen für den Getöteten lesen und ein
steinernes »Sühnekreuz«[6] oder einen Bildstock, 365–371
eine Marter, wie etwa 1428 in Heidingsfeld[7], als 372
Sühnezeichen und für das Seelenheil des Opfers 328,
setzen lassen. Elemente der öffentlichen Kirchen- 332
buße wurden in dem Erfordernis der demütigenden Bußprozession und der Abbitte übernommen. Der Totschläger mußte, oft bekleidet mit dem Totenhemd oder dem Büßerhemd, manchmal auch barfuß, mit Kerzen in den Händen, vom Tatort zur Kirche und dann zum Grab gehen, dort niederknien und alle um Verzeihung bitten. Zuweilen mußte er die Hand des getöteten Opfers, welche die Verwandten als Leibzeichen für den Prozeß aufbewahrt hatten, entgegennehmen und begraben[8].

Diese viele Momente der Kirchenbuße enthaltenden Sühneverträge wurden auch ohne Mitwirkung der Kirche geschlossen, schließlich, mit der Übernahme durch weltliche Behörden, z. B. den Rat der Stadt, den Parteien zur Annahme befohlen. So kam es, daß weltliche Gerichte für Totschlag oft kirchliche Bußen aussprachen, was wieder nur von der Einheit des religiösen Weltbildes her zu verstehen ist.

Eine andere Form dieser »Privatjustiz« stellten
die Scheltbriefe und Schandbilder[9] dar, die gegen 326
säumige Schuldner oder bei Ehrverletzungen öffentlich ausgehängt wurden. Wie die Beispiele zeigen, wurde der Gegner im »Umgang« mit schimpflichen Tieren, oft aber auch mit Gegenständen des Strafvollzugs (Galgen, Rad, Spieß, Pranger) dargestellt.

Der entstehende Territorialstaat schränkte in der Folge die Privatjustiz in immer größerem Maße ein, wobei sein Vorbild die Städte waren, die von ihren Bürgern im alljährlich zu erneuernden Bürgereid den Schwur verlangten, untereinander Frieden zu halten. In manchen Stadtrechten fand sich schon früh die Kompetenz des Rates, den in Feindschaft befindlichen Gegnern die Aussöhnung zu befehlen. Kam es dazu innerhalb einer bestimmten Frist nicht, erfolgte ein amtliches Sühneverfahren. Später führte der Rat überhaupt sofort ein eigenes Verfahren durch, in dem neben der an den Gegner zu leistenden Sühne auch eine eigene Geldbuße an die Stadt zu zahlen verlangt wurde, wodurch die Grenzen zu einem eigentlichen Strafverfahren verwischt wurden. Überhaupt bedeutete die Entstehung des peinlichen Strafrechts in der Regel das Ende des Buß- und

Sühneverfahrens. Für bestimmte Taten, etwa Diebstahl und Totschlag, wurde bald ein Sühneverbot aufgestellt, auch trotz Abschlusses eines privaten Sühnevertrages die peinliche Strafe verhängt usw.

Das Handhaftverfahren

Wichtiges Anliegen des Territorialstaates war auch die Einschränkung des Handhaftverfahrens, das gleichfalls als Fall einer Privatjustiz, zumindest der Volksjustiz, angesehen werden kann.

Im Zusammenhang mit dem Aberglauben an den lebenden Leichnam wurde bereits das ursprüngliche Vorgehen gegen den auf handhafter Tat ertappten Täter berichtet: Er wurde auf der Stelle getötet. Danach mußte Geschrei, das »Gerüffte«, erhoben werden, um die Nachbarn zusammenzurufen. Der Sachverhalt wurde ihnen klargelegt, die Tötung damit »verklart« und so von der Rache der Angehörigen des handhaft Ertappten frei, wozu manchmal ein eigenes Verfahren »gegen
329 den toten Mann« erforderlich war. Ein Bild der Heidelberger Sachsenspiegel-Handschrift zeigt, wie ein Friedensbrecher auf der Flucht mit einem Schwerthieb getötet wird und wie der Verfolger dies mit sechs Zeugen, den »Schreimannen«, also »selbsiebt«, vor Gericht auf das Reliquienkästchen beschwört, den Getöteten also »übersiebnet«.

Schon bald wurde das unmittelbare Tötungsrecht eingeschränkt und ein eigenes Handhaftverfahren[10] gefordert, nur dem Ehemann wurde noch
330 lange das Recht zuerkannt, die beim Ehebruch Ertappten zu töten. In den anderen Fällen durfte der handhafte Täter nur mehr gebunden werden, worauf wiederum die Nachbarn als Zeugen[11] herbeigerufen werden mußten. Sodann wurde ein Notgericht einberufen. Nach dem Sachsenspiegel z. B. durfte aus drei Dörfern ein eigener »Zentgraf« gewählt werden, »die jähe Tat zu richten«. (War die Tat »übernächtig« geworden, konnte der Täter also erst am nächsten Tag vor Gericht gestellt werden, so war der ordentliche Richter, der Graf, zuständig.) Dabei band man dem ertappten Dieb oft Teile der Beute um, die vergewaltigte
91 Frau mußte mit zerrissenen Kleidern erscheinen, der vom Täter Getötete wurde vor Gericht gebracht; dies alles, um die Tat offenkundig zu machen. Der Kläger konnte dann den handhaften Täter mit seinem Eid überführen, was die Heidel-
331 berger Handschrift des Sachsenspiegels illustriert. Dort stellt der Kläger das Reliquienkästchen auf den Kopf des Beklagten und schwört darauf. Hinter ihm steht einer seiner Zeugen, der »Schreimannen«, der die Richtigkeit des Klägereides beschwört. Der Beklagte hatte keine Möglichkeit, sich von dem Tatvorwurf zu reinigen. So wurde das Urteil schnell gefällt und auch rasch vollzogen. Der Überführte wurde dem Kläger zur freien Verfügung übergeben, der ihn töten, aber auch als Sklaven behalten konnte; vielleicht nahm ihm das Gericht die Tötung auch ab.

Entscheidend für das Funktionieren dieses Verfahrens war die Schnelligkeit, mit der das Gericht zusammentreten konnte. Nur bei Erwartung eines raschen Verfahrens und Urteils unterließ der Verletzte die sofortige Tötung. In der Praxis war dieses Handhaftverfahren wohl auch schnell; so schnell, daß davon ausgegangen werden kann, daß es viele Ähnlichkeiten mit einer Lynchjustiz aufwies.

Das Ziel des sich entwickelnden Territorialstaates war klar: Er mußte die Aburteilung des handhaften Täters in seine Zuständigkeit bekommen, nicht ein zusammengewürfeltes Notgericht, sondern das ordentliche Gericht durfte ihn aburteilen. Dies war aber nur zu erreichen, wenn das ordentliche Verfahren in vielen Punkten sich an das Handhaftverfahren materiell anglich, z. B. in raschem Verfahren eine Todesstrafe aussprechen konnte. Je härter die geordnete Strafjustiz wurde, desto leichter fiel es dem Verletzten, auf schnelle Rache zu verzichten und den ordentlichen Rechtsweg einzuschlagen. Durch die Ausbildung und den Ausbau einer funktionierenden Blutgerichtsbarkeit im ordentlichen Verfahren erreichte der Territorialstaat sein Ziel, die Tötung des handhaften Täters im Schnellverfahren allmählich zurückzudrängen.

Die Herausbildung des Inquisitionsprozesses

Das Handhaftverfahren war somit das Vorbild des neuen Strafverfahrens, in dem das sich mit dem Landfrieden allmählich herausbildende peinliche Strafrecht die prozessuale Grundlage fand[12]. Der Grund für diese Ausdehnung des Handhaftverfahrens lag darin, daß der Eid des Klägers und der Schreimannen dem Beklagten den Reinigungseid verlegte, er war überführt und konnte getötet werden. An diesem Ergebnis war man vor allem in den Städten sehr interessiert, weil es sich als allein taugliches Mittel zur Bekämpfung der Kriminalität der landschädlichen Leute erwies, über deren Gefährlichkeit für die Sicherheit der Straßen, des Handels und auch des Lebens bereits berichtet wurde.

Dabei ist noch zu bedenken, daß der herkömmliche, im wesentlichen in die germanische Frühzeit zurückgehende »ordentliche« Prozeß von einem privaten Kläger eingeleitet werden mußte und als Beweismittel neben den Gottesurteilen und dem Zweikampf nur den Eid kannte. Die Parteien mußten ihre Behauptungen beschwören. Den Sieg im Prozeß trug derjenige davon, dessen Eid sich als stärker erwies, entweder weil nur er bereit war zu schwören oder, wenn beide den Eid ablegten, weil er mehr »Eideshelfer« fand. Dies waren Männer, die ihm und seiner Aussage vertrauten und deshalb vor Gericht schworen, daß der Eid »rein, aber nicht mein« war. Sie waren also keine

328 △

329 △

330 ▽

331 ▽

332 ▷

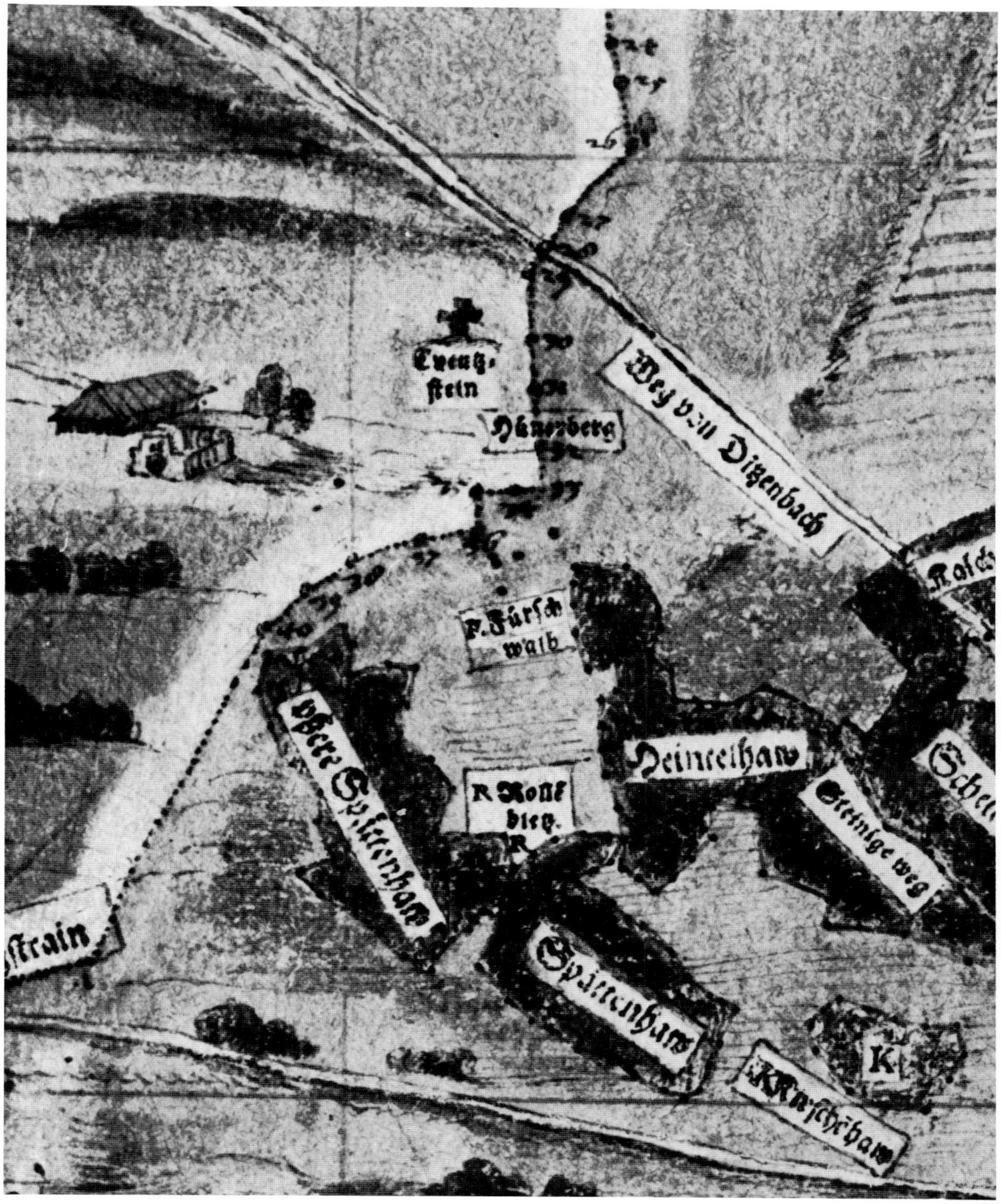

Gegenüberliegende Seite:
328 Ein Sühnekreuz an der Weggabelung vor den Ruinen des Schlosses Rechberghausen. Aus einer Ansicht von Andreas Kieser, 1685.
Stuttgart, Hauptstaatsarchiv

329 Jedermann hat das Recht, den auf handhafter Tat ertappten Missetäter zu töten. Er braucht diese seine Tat rechtfertigenden Umstände nur mit Hilfe von sechs Schreimannen vor Gericht zu beeiden. Textillustration der Heidelberger Bilderhandschrift des Sachsenspiegels, 14. Jh.

330 Der Ehemann hat das Recht, die ertappten Ehebrecher zu töten. Textillustration der Dresdener Bilderhandschrift des Sachsenspiegels, 14. Jh.

331 Der handhafte Täter (mit gebundenen Händen) wird vom Kläger mit Hilfe der Schreimannen durch Siebnereid »überschworen«. Textillustration der Heidelberger Bilderhandschrift des Sachsenspiegels, 14. Jh.

332 Das Sühnekreuz (der »Creutzstein«) von Aufhausen. Aus einer Karte des Gebiets der Reichsstadt Ulm von Wolfgang Bachmayer, 1651.
Stuttgart, Hauptstaatsarchiv

Zeugen, beschworen deshalb auch keinen Sachverhalt, sondern bekräftigten nur mit ihrem Eid, daß die Partei glaubwürdig sei[13]. Sie halfen also dem Parteieneid selbst, daher ihr Name. So sprechen die Quellen davon, daß die Partei ihre Aussage »selbdritt« oder »mit 21 Händen«, d.h. mit zwei bzw. 20 Eideshelfern, beschwören mußte.
333, 334 Die Heidelberger Sachsenspiegel-Handschrift illustriert diese Vorschriften. Auch der bereits erwähnte »Übersiebnungseid« gegenüber dem handhaften Täter war ein Eid mit sechs Eideshelfern, obwohl hier die Grenze zu den Zeugen fließend war. Sonst war der Zeugenbeweis unbekannt und damit eigentlich auch ein Erforschen der materiellen Wahrheit, ob der Beklagte auch »wirklich« die Tat begangen hatte. Diese Beweismittel des alten Verfahrens werden daher als »formelle« bezeichnet.

So wird der Vorteil des Handhaftverfahrens, die »Verlegung« des Reinigungseides des Beklagten, gegenüber den landschädlichen Leuten verständlich, denn es war nicht vertretbar, ihnen diese Möglichkeit von Rechtfertigung zu gewähren und vielleicht sogar ihre Genossen als Eideshelfer zu akzeptieren. Bereits der Sachsenspiegel schloß diejenigen, »die ihr Recht durch Raub oder durch Diebstahl verloren haben«, vom Reinigungseid aus. Sie wurden dem Gottesurteil des heißen Eisens oder der Kesselprobe unterworfen. Mit Verfall der Gottesurteile mußte ein anderes Verfahren entwickelt werden, das nach dem Vorbild des Handhaftverfahrens gestaltet wurde.

Dessen Grundsätze wurden im übrigen auch bei der Verurteilung von Tätern, die geflohen waren und nun vor Gericht standen, angewendet, sofern der Täter vorher »verfestet«[14] oder »geächtet«[15] worden war, wobei die Reichsacht mit dem von den kirchlichen Behörden ausgesprochenen Bann verbunden war[16]. Dazu hatte man ein eigenes Verfahren ausgebildet. Bei Totschlag z.B. wurde der Getötete vor Gericht gebracht, der geflohene Täter überführt und durch Urteil »verfe-
337 stet«, nach einiger Zeit auch in Acht gelegt. Dadurch hatte der Täter seine Gerichtsfähigkeit verloren, er durfte nicht mehr beherbergt und verköstigt werden, anfangs durfte ihn sogar jeder erschlagen, da er »vogelfrei«[17] geworden war. Die Handschriften des Sachsenspiegels stellen den
335 Verfesteten und den Ächter deshalb mit einem Schwert durch den Hals (bei Reichsacht krönt das Schwert eine Krone) dar. Wurde er gefangen und nun vor Gericht gestellt, konnte er wie ein hand-
336 hafter Täter überführt werden. Der Kläger hatte nur die Verfestung bzw. die Ächtung mit den Eideshelfern zu beschwören. Um trotz dieser Gefahr einer schnellen Verurteilung ein ordentliches Verfahren zu ermöglichen, konnte der Richter dem Geächteten/Verfesteten für den Fall seiner frei-
338, 340 willigen Selbststellung vor Gericht freies Geleit zusichern[18], d.h. ihm durch einen Geleitbrief Schutz vor Hinrichtung und peinlicher Behandlung versprechen. Die Praxis, selbst die des Königs, hielt sich freilich nicht immer daran, wie etwa der Fall Hus zeigt.

Im Kampf gegen die landschädlichen Leute wurde dieser Überführungseid mit sechs Eideshelfern als »Übersiebnungsverfahren«[19] übernommen. Im Zuge der Landfrieden erhielten einige Städte ab dem 14. Jahrhundert vom Kaiser das Privileg, einen auch nicht auf handhafter Tat gefangenen »schädlichen Mann« durch Siebenereid zu überführen. Es war nur ein Kläger erforderlich, der beschwor, daß der Angeschuldigte die bezichtigte Tat begangen habe, und der für diesen Eid sechs unbescholtene Helfer fand, die schworen, daß sein Eid »rein und nicht mein« war. Damit war bei todeswürdiger Tat das Todesurteil spruchreif, irgendeine Reinigung oder Verteidigung war nicht möglich.

Diese Eideshelfer wurden im Laufe der Zeit aus dem Kreis der Gerichtsmitglieder, der Schöffen, der Ratsherren, der Stadtgeschworenen, bestimmt, auch durch das Los ausgewählt. Das Interesse an einer Verfolgung der landschädlichen Leute führte schließlich zur Bestellung eines »Klagers von der stat wegen«, d.h. eines öffentlichen Klägers, eines Anklägers, der ebenfalls ein Gerichtsmitglied sein konnte, aber auch ein anderes Organ der Stadt. An manchen Orten war es sogar der Scharfrichter. Seine Überzeugung von der Täterschaft war ausschlaggebend, denn wenn er durch seinen Eid bekräftigte, daß der Angeklagte schuldig sei, war das weitere Verfahren mehr oder minder Formsache. Bereits daraus wird schon ersichtlich, daß wegen dieser seiner Verantwortung der Ankläger mit allen Mitteln und in immer stärkerem Maße versucht haben wird, seine Überzeugung von der Täterschaft zu festigen und die »materielle« Wahrheit herauszubringen, was wiederum notwendig im Laufe der Zeit zu einer Änderung des Ermittlungs- und Beweisverfahrens führen mußte.

Manche Städte erleichterten dem Ankläger seine Verantwortung, indem sie den Gegenstand seines Eides erweiterten. Er hatte nicht mehr die Schuld des Täters an einer bestimmten Tat zu beeiden, sondern ausreichend war, daß er schwor, der Täter sei überhaupt übel beleumundet und als landschädlicher Mann bekannt. Es war einfach, durch Privilegien für diese Städte das Übersiebnungsverfahren mit dem neuen »Leumundsverfahren«[20] zu verbinden. Ankläger und Eideshelfer hatten dann nur mehr zu beschwören: »Ich sage auf meinen Eid, daß mir wahrhaft gewiß ist, daß X, der da gegenwärtig vor dem Richter steht, land- und leuteschädlich ist.« Damit hatte der Ankläger seine eigentliche Stellung verloren, er schwor im Grunde nichts anderes mehr als die Eideshelfer. Das Verfahren konnte daher weiter vereinfacht werden. Man konnte nicht nur auf einen privaten Kläger, sondern auch auf einen öffentlichen Ankläger verzichten. Der Rat der Stadt trat zusam-

333, 334 Eid mit 21 Händen (mit 20 Eideshelfern) (Abb. 333); Eid »selbdritt« (mit zwei Eideshelfern) (Abb. 334). Textillustrationen der Heidelberger Bilderhandschrift des Sachsenspiegels, 14. Jh.

335 ▽

336 △

337 ▽

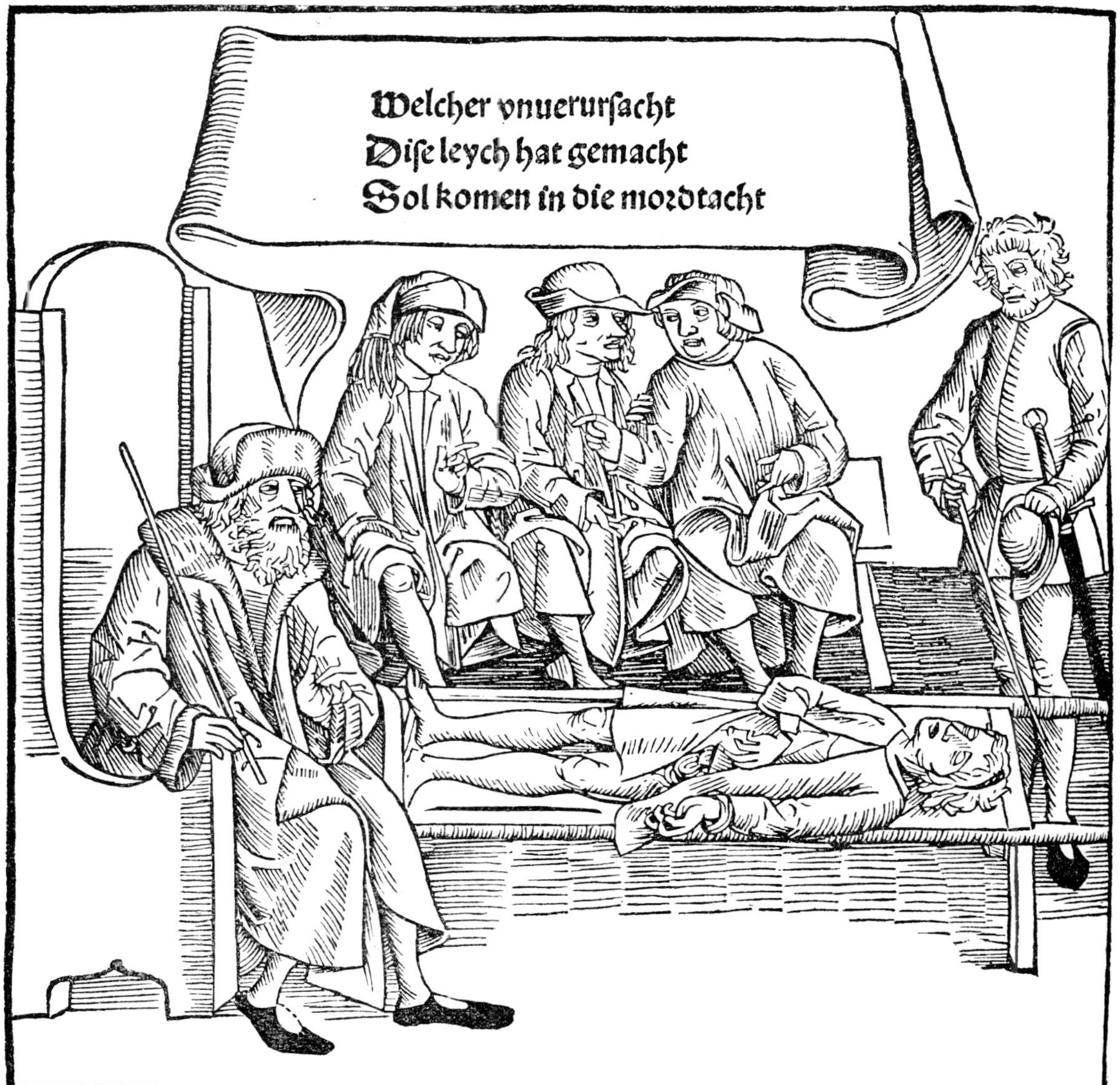

335 Der Verfestete mit dem Schwert, der Reichsächter – der von der Reichsacht Betroffene – mit dem Schwert (mit einer Krone am Griff) durch den Hals. Textillustration der Heidelberger Bilderhandschrift des Sachsenspiegels, 14. Jh.

336 Der Kläger überführt durch seinen Eid (und den seiner Eideshelfer) den Verfesteten. Textillustration der Heidelberger Bilderhandschrift des Sachsenspiegels, 14. Jh.

337 Der Richter und die Schöffen, um die Bahre eines Erschlagenen sitzend, verhängen die (Mord-)Acht über den flüchtigen Täter. Rechts berührt der Gerichtsdiener mit dem Stab die Bahre. Holzschnitt von Wolfgang Katzenheimer in der Bambergischen Halsgerichtsordnung, 1507.

men und stimmte darüber ab, ob der Angeschuldigte ein übelbeleumundeter, landschädlicher Mensch sei. Bejahte die Mehrheit der Mitglieder bei ihrem Eid diese Frage, war das Todesurteil spruchreif.
Das Ziel einer schnellen Bekämpfung der Massenkriminalität war damit erreicht. Wurde ein schädlicher Mann gefangen, dann trat das Gericht zusammen, um über ihn zu urteilen. War die Mehrheit der Urteiler bei ihrem Eid der Überzeugung, daß er so übel beleumundet sei, »daß man billiger richte über seinen Leib als daß man es unterlasse, daß er damit den Leib verloren habe«, »daß er so ungeraten sei, daß er deshalb besser tot sei als lebendig« – wie das Privileg für Nürnberg (1320) formulierte[21] –, konnte er zum Tod verurteilt und hingerichtet werden. Freilich war es dazu erforderlich, vorher Erkundigungen über diesen Mann einzuholen und Ermittlungen gegen ihn durchzuführen, Beweise gegen ihn zu sammeln, am besten ein Geständnis zu erhalten. Es wurden eigene Kommissionen eingesetzt, die solche Beweise sammeln sollten. Das alte Beweisverfahren hatte damit jedenfalls sein Ende gefunden. Es wurde der Zeugenbeweis – der im kanonischen Prozeß und in den Gästegerichten der Städte allmählich ausgebildet worden war – eingeführt: Zwei übereinstimmende Aussagen konnten das Geständnis ersetzen. Doch blieb das eigene Geständnis des Missetäters der beste Beweis. Es zu erhalten, war oberstes Ziel des Ermittlungsverfahrens, auch aus den bereits genannten religiösen Motiven. Die Folter war das beste Mittel für diesen neuen Prozeß, den man den »Inquisitionsprozeß« (von »inquirere« = »untersuchen«)[22] nennt. Zuvor ist noch ein letzter Schritt zu erwähnen. Das neue Verfahren, das im Kampf gegen die landschädlichen Leute entwickelt worden war, wurde auch allmählich gegen Stadtbürger zugelassen. Der Widerstand war freilich anfangs groß[23]; doch in eigenen Privilegien wurde schließlich den Städten das Recht zuerkannt, bei Indizien einer konkreten schweren Schuld auch die Bürger wie »verleumdete Leute« zu behandeln.
Erst dieses neue Verfahren, der Inquisitionsprozeß, verwirklichte den Gedanken, der mit Beginn des religiösen Weltbildes zumindest theoretisch bewußt geworden war: daß Missetaten niemals nur die Interessen des einzelnen verletzten, sondern die göttliche Ordnung selbst, weshalb sie in
339 öffentlichem Interesse, d. h. im Interesse aller, zu verfolgen und zu bestrafen waren. Ansätze zu einer solchen Verfolgung »von Amts wegen« gab es schon früh[24], man kann sagen: seit der christliche König seine von Gott übertragene Aufgabe, für Frieden und Gerechtigkeit zu sorgen, angenommen hatte. So waren bereits von Karl dem Großen Königsboten beauftragt worden, Männer von einwandfreiem Ruf auszuwählen und als »Rügegeschworene« eidlich zu verpflichten, ihnen auf Befragung mitzuteilen, was in deren Bezirk an etwa vorgekommenen Missetaten kundgeworden sei. Wurde durch das unanfechtbare Zeugnis der Rügegeschworenen eine bestimmte Person einer Missetat bezichtigt, so galt dies als Klage. Diese Rügepflicht lebte nach dem baldigen Zerfall des Instituts der Rügegeschworenen unter den Nachfolgern Karls im kirchlichen Sendgerichtsverfahren, auch in den Femegerichten, weiter; sie wurde auch in manchen Landfrieden zugrunde gelegt. Doch konnten diese Versuche nicht zum Ziele führen, da sie auf dem überkommenen Beweisverfahren, vor allem auf dem Reinigungseid, und der Ausgestaltung des Prozesses mit einem (An-)Kläger beharrten.
Aus all dem wird deutlich, daß der neue Inquisitionsprozeß mit dem Offizialgrundsatz, d. h. dem Grundsatz der amtsmäßigen Verfolgung (also ohne das Erfordernis der Einleitung durch eine private Klage, auch ohne öffentliche Anklage) und der Erforschung der materiellen Wahrheit (Instruktionsmaxime) durch das Gericht selbst (also ohne formelle Beweismittel des Eides, der Eideshelfer und des Gottesurteils, auch ohne Trennung von Ankläger und Urteiler), sich allmählich aus den Bedürfnissen der Städte vor allem im Kampf gegen die Massenkriminalität der landschädlichen Leute herausgebildet hat. Dabei begann diese Entwicklung im Süden Deutschlands, von wo sie sich allmählich auch in den Norden ausbreitete. Die alte These, daß der Inquisitionsprozeß auf außerdeutsche Einflüsse, etwa auf das römische, in Italien angewendete Recht oder das Recht der Kirche, zurückzuführen sei, ist unhaltbar[25]. Allerdings kann nicht bezweifelt werden, daß das kanonische Recht, das seit dem 12. Jahrhundert, im Zusammenhang mit dem Ketzerproblem, ein Inquisitionsverfahren mit Zulassung von Denunziationen als Grund der Eröffnung des Ermittlungsverfahrens mit Zulassung des Zeugenbeweises, auch in Ansätzen der Folter, ausgebildet hatte[26], von bestärkendem Einfluß auf die Entwicklung war, zumal die kirchliche Gerichtsbarkeit in den Städten noch funktionierte und viele Stadtschreiber in Italien das Recht studiert hatten.

Die Folter

Auch die Folter, die Tortur, die scharfe oder peinliche Frage[27], wurde in Deutschland eigenständig entwickelt, obwohl gleichfalls ausländische Einflüsse nicht zu bestreiten sind. Schon die germanischen Volksrechte ließen sie, vom Recht des römischen Reiches beeinflußt, gegen Sklaven zu. Sicherlich wurde sie auch stets vom Grundherrn gegenüber den Unfreien angewendet[28]. Folterungen wurden in den Fehden vorgenommen, um Verstecke von Wertsachen herauszubringen. Bei kriegerischen Auseinandersetzungen waren sie gleichfalls üblich, um die Absichten des jeweiligen Gegners herauszupressen[29]. Dabei darf man die »Anforderungen« nicht allzu hoch ansetzen. Man

338 Der Richter übergibt dem demütig das Knie beugenden »armen Knecht« den vom Gerichtsschreiber (im Hintergrund) ausgefertigten Geleitbrief. Holzschnitt von Wolfgang Katzenheimer in der Bambergischen Halsgerichtsordnung, 1507.

339 Zwei Gerichtsdiener führen einen gefangenen Verdächtigen vor den Richter, der ihn »von Ampts wegen annehmen« muß. Holzschnitt von Wolfgang Katzenheimer in der Bambergischen Halsgerichtsordnung, 1507.

340 Der französische Gesandte erhält zu Freiburg durch einen Basler Läufer den Geleitbrief für die Tagsatzung. Miniatur in der Luzerner Chronik des Diebold Schilling d. J., 1513. Luzern, Bürgerbibliothek ▷

wendete keine komplizierten Methoden an, diese waren erst vielfach die »Erfindungen« und spezialisierten Techniken der berufsmäßigen Folterer, der Scharfrichter, sondern prügelte den Betroffenen und sperrte ihn, wenn überhaupt, in einem finsteren Loch bei Wasser und Brot ein. Auch an einen Pfahl schmiedete man ihn, was ein Bild der
341 Heidelberger Sachsenspiegel-Handschrift zeigt (und zwar als Beispiel der Behandlung eines privat gefangenen Mannes), oder bereitete ihm sonst auch psychische Qualen. Die Folter als Erpressung einer Aussage war altbekannt und auch weitverbreitet, war sie doch überaus erfolgreich und billig, sie brachte auch schnell das gewünschte Ergebnis. Wie Folterungen bis in unsere Zeit beweisen, sind ihre »Vorzüge« offensichtlich.

Es geht daher nicht darum, woher die Folter stammt und wer sie »erfunden« hat; sie war und ist ein universales Mittel der Vergangenheit und auch der Gegenwart[30]. Die entscheidende Frage muß vielmehr lauten: Wie kam es, daß sie zur Erpressung gerade eines Geständnisses des Täters verwendet wurde? Und zwar obwohl stets die Gefahr gesehen wurde, daß die so erpreßte Aussage un-
341 zuverlässig war, was z. B. der Sachsenspiegel deutlich zum Ausdruck brachte, indem er das Versprechen des oben erwähnten Gefangenen für ungültig erklärte. Die Antwort kann nach dem Ausgeführten nur lauten: Die Folter war eine Verlegenheitslösung, die einzige Möglichkeit, in dem neuen Verfahren einen zunächst leugnenden Beschuldigten schließlich doch noch verurteilen zu können, nachdem die alten formellen Beweismittel – Eid mit Eideshelfern und Gottesurteil – ihren Sinn (und ihre Glaubwürdigkeit) verloren hatten. Der Beschuldigte mußte auf jeden Fall materiell überführt werden. Der Zeugenbeweis war dazu an sich geeignet, nur in vielen Fällen einfach nicht zu führen, da keine Tatzeugen vorhanden waren. Vor allem in den Hexenprozessen war der Schwerpunkt der Missetat die innerliche Verbundenheit mit dem Teufel, auch sonst wurde unter dem Einfluß der scholastischen Schuldlehre und der Neubewertung des Inneren durch die Reformation nun viel mehr auf die Gesinnung des Missetäters abgestellt. Dafür gab es keine Zeugen, ebensowenig für die geheimen nächtlichen Zusammenkünfte der Hexen. Darüber hinaus liegt auf der Hand, daß die Folter nur denkbar war in einem Verfahren, das mit dem Tode enden konnte und auch sollte, weil hinter dem gesamten Strafverfahren der Haß auf diese abgrundschlechten Bösewichter stand, der vor allem in den Hexenprozessen seinen schärfsten ekstatischen Ausdruck fand. Die weiteren geistigen Voraussetzungen, die Folter als Kampf gegen den Teufel, die Notwendigkeit des Geständnisses als der Rettung des Missetäters vor der ewigen Verdammung, wurden bereits berichtet. Sie dürfen bei der Gesamtwürdigung des Phänomens nicht unbeachtet bleiben, genausowenig wie das zugrundeliegende andere Verständnis der Schmerzen und des Leibes selbst, das sogar zu der Auffassung führen konnte, man foltere nicht den Menschen, sondern nur den betreffenden Körperteil und auch diesen nur zur Reinigung, d.h. zur Freisetzung der Seele[31].

Die Skepsis gegen die Wirkung der Folter war von Anbeginn an spürbar. Das Geständnis in der Folterkammer war als solches ungültig, es war nur Zeichen dafür, daß der böse Wille und die Verstocktheit des Missetäters gebrochen waren. Jedenfalls mußte es freiwillig und ohne Drohungsdruck wiederholt werden. Freilich wurde diese Vorsicht im Eifer der Verfolgung und Vernichtung der bösen Menschen oft vergessen. Widerrief der Gefolterte sein Geständnis oder weigerte er sich, es zu wiederholen, unterwarf man ihn erneut den Qualen oder ließ das Zeugnis der Gerichtspersonen, die das Geständnis in der Folterkammer gehört hatten, genügen.

Deshalb ist es schwer, die Folter, wie sie vor der Carolina (1532) praktiziert wurde, wobei sie zum ersten Male im Wiener Neustädter Stadtrecht zu Beginn des 14. Jahrhunderts erwähnt, sicherlich schon vorher gehandhabt worden war, darzustellen: Denn auch etwa vorhandene Regeln wurden nicht beachtet. Trotzdem soll eine kurze Darstellung eines »typischen« Folterverfahrens versucht werden. Zur Vermeidung von Mißverständnissen muß vorausgeschickt werden: Die Folter war keine Strafe, sondern ein Beweismittel und daher im Aufbau des Prozesses vergleichbar dem Zeugenbeweis, nämlich ein »peinliches Verhör«.

Am Anfang dieses Verhörs stand die »gütige Frage«. Der Richter forderte den zu Vernehmenden, den »Inquisiten«, auf, zu gestehen, er wurde ermahnt, vielleicht auch von einem Geistlichen ins Gebet genommen. Erfolgte kein Geständnis, schritt man zur »territio verbalis«, zum bloßen 343
Schrecken. Der Scharfrichter oder einer seiner Gehilfen, ein »Folterknecht«, wurde mit seinen Instrumenten gezeigt, deren Verwendung genau erklärt. Oft wurde der Inquisit entkleidet, seine Haare wurden abrasiert, ihm dann ein Peinkleid, ein »Marterkittel«, meist eine Art Schürze mit einem kleinen Brustteil (bei Frauen) – nur selten blieb der Inquisit völlig nackt – angezogen. Er wurde dann gebunden und auf die Marterbank ge- 342
legt, alles in furchterregender Weise, oft durch schrille Schmerzensschreie in den Nebenräumen unterstützt. Dazu muß man bedenken, daß der Ort dieses Verhörs in der Regel ein unterirdischer, künstlich beleuchteter, kalter, nur mit den Folterwerkzeugen »eingerichteter« Raum in einem 373, 375
Turm, im Haus des Scharfrichters oder im Keller des Rathauses war. Erfolgte darauf noch kein Geständnis, begann die »territio realis«. Jetzt legte der Scharfrichter die Daumenschrauben an, er 381
»griff« den Betroffenen »mit dem Daumenstock« 352, 353
an, doch ohne schon Schmerzen zu verursachen. Deshalb bezeichnete man diese erste Phase auch als »gelinde« Territion. Sofern kein Geständnis

341 Das erpreßte eidliche Versprechen braucht der bedrohte Gefangene nicht zu halten. Textillustration der Heidelberger Bilderhandschrift des Sachsenspiegels, 14. Jh.

342 In der Folterkammer unter Anwesenheit des stabhaltenden Richters, eines Schöffens und des Gerichtsschreibers wird der Verdächtigte vom Scharfrichter und seinen Knechten gebunden. Er soll mit der Rolle an der Decke in die Höhe gezogen und in dieser Stellung mit dem noch am Boden liegenden Gewicht gereckt werden. Holzschnitt in der Bambergischen Halsgerichtsordnung (Ausgabe Mainz 1508).

343 Bereits die Androhung der »peinlichen Frage« bringt Peter Amstalden dazu, seinen geplanten Verrat zu gestehen. Miniatur in der Luzerner Chronik des Diebold Schilling d. J., 1513.
Luzern, Bürgerbibliothek ▷

abgelegt wurde, folgte dann Schlag auf Schlag. Zunächst zog der Scharfrichter die Daumenschrauben immer weiter zu. Um die Schmerzen zu steigern, klopfte er mit einem eisernen Schlüssel oder Hammer auf die Platte. Manchmal legte er
355 dem Inquisiten auch Stricke um die Handgelenke, die dann derart hin und her gezogen wurden, daß
378 die Haut durchsägt wurde. Auch die Beinschrauben oder die »spanischen Stiefel« wurden auf
345, 357 Schienbein und Waden gepreßt und zusammengezogen, zur Verschärfung Holzkeile zwischen Beine und Schrauben getrieben, häufig auch mit Stöcken daraufgeschlagen. Manchmal wurde der »spanische Hosenträger« angelegt, die eisernen Riemen immer mehr zusammengezogen und dadurch die Brust immer enger zusammengedrückt. Der nächste Schritt war der »zweite Grad«, die »ziemliche«, »härtere« Frage, bestehend vor al-
344, 347, 349, 354 lem im Aufziehen, »dem trockenen Zug«, wobei meist ein Stein von bis zu 30 kg Gewicht an die Füße gehängt wurde. Man zog den Inquisiten dabei über eine an der Decke befestigte Rolle hoch und ließ ihn dann mit dem Gewicht beschwert hängen, was das anschließende Prügeln oder Brennen erleichterte. Oft verwendete man eine
356, 382 breite Folterleiter, an deren unterer Sprosse die Fußgelenke an Ringen befestigt wurden. Mittels eines Kolbens oder eines Rades wurden die Arme an den hinter dem Rücken gefesselten Händen über den Kopf immer höher gewunden, dabei oft ausgerenkt. In dieser Stellung ließ man den Inquisiten einige Stunden hängen, in der Zwischenzeit gingen die »Peinkommissare« essen, und zwar zu Abend, denn die Folter begann in der Regel am Nachmittag und dauerte bis Mitternacht, oft die ganze Nacht hindurch. Dieses Foltermittel wurde in verschiedenster Weise variiert, etwa als bloßes Spannen und Strecken auf der Leiter oder Folterbank, als Ziehen des Rückens über eine Walze, die u. U. mit Spitzen versehen war und als »gespickter
373, 375 Hase« bezeichnet wurde.

Der Übergang zur schwersten Folter, dem »drit-
348, 350, 351 ten Grad«, war fließend. Dazu zählten Rutenstreiche, das Brennen mit Schwefelhölzern, vor allem das Abbrennen der noch vorhandenen Haare oder das Werfen von brennendem Schwefel oder Pech auf den Leib. Man trieb auch Schwefelhölzchen oder Kienstöcke unter die Fingernägel und zündete sie dann an. Auch aus Schwefel oder Pech angefertigte Pflaster wurden auf den bloßen Körper, z.B. Hals, Nacken, Fußsohlen, geklebt und dann angezündet.

Der Phantasie waren keine Grenzen gesetzt. Alles, was »peinlich« im Vollsinn des Wortes war, wurde durchgeführt. Nur einige weitere Quälereien seien genannt: So setzte man den Inquisiten
377 auf einen Stachelstuhl oder auf einen zumindest
374 an der Lehne mit Spitzen versehenen Stuhl. Man
379, 380 verwendete auch eine »Mundbirne«, die man in den Mund einführte und dann auseinanderschraubte und die so neben der Qualzufügung auch das Schreien verhinderte, oft benützte man statt dessen eine Art Trichter, durch den man Heringslake oder Wasser mit Pfeffer einflößte, ohne den dadurch herbeigeführten Durst zu stillen; oder man ließ den gestreckten Inquisiten mit Wasser, oft mit Weihwasser, vollaufen. Bei manchen 346
Berichten weiß man nicht, ob sie nicht allzu phantasievolle Erdichtungen sind, wie etwa bei dem metallenen »brüllenden Ochsen«, in den der In- 344
quisit hineingesetzt worden sein soll, während darunter ein Feuer brannte.

Viele der auf solche Weise behandelten Menschen überlebten die Qualen nicht. Häufig findet sich in den Berichten der »Hexenschlaf« genannt. Der derart gefolterte Leib wurde anscheinend schmerzunempfindlich, der Betroffene fiel in einen oft über Tage dauernden Schlaf, aus dem er nicht mehr erwachte. Der Teufel habe hier geholfen, meinte man, wie auch in dem Fall, daß jemand diese Qualen ertrug, weshalb darin oft kein Zeichen der Schuldlosigkeit, sondern geradezu der besonderen Verstocktheit gesehen wurde, ein wahrlich »teuflischer Zirkelschluß«. Vereinzelt mußten Gefolterte auch freigelassen werden, weil sie zu keinem Geständnis gebracht wurden. Der Scharfrichter mußte sie zwar heilen, was ihm medizinische Kenntnis vermittelte, doch konnte er viele nicht wiederherstellen. Als Krüppel siechten die Entlassenen dahin. Vorsorglich mußten sie die »Urfehde«[32], welcher Name auf die eidliche Beendigung der Fehde, die Versöhnung, zurückzuführen ist, schwören, d.h. das eidliche Versprechen abgeben, sich wegen der erlittenen Maßnahme an niemandem zu rächen und über alles Stillschweigen zu bewahren. Zusätzlich wurden sie oft des Landes verwiesen und mußten auch schwören, nicht zurückzukehren. Jeder Bruch dieser Urfehde führte ohne jedes weitere Verfahren zur Meineidstrafe, also Handverlust, oder zur Prügelstrafe, u. U. auch, vor allem bei Wiederholung, zur Todesstrafe.

Im Regelfalle war die Folter »erfolgreich«. Der Inquisit legte ein Geständnis ab, meist schon bei der »Verbalterrition«. Die Angst vor den Qualen ließ ihn jede Frage, die man ihm vorlegte, positiv beantworten. In den Hexenprozessen verwendete man ganze Fragenkataloge, und der Befragte bemühte sich in einer uns heute deutlich erkennbaren Weise, glaubwürdig zu sein, d. h. genug auszusagen, um nicht bzw. nicht weiter gefoltert zu werden. Nur wenn er die Phantasie der Fragenden befriedigte, kam er aus der Folterkammer. Über die Tauglichkeit der Folter, die Wahrheit herauszubringen, braucht man deshalb nicht viel auszuführen. Sie erpreßte fast jede Aussage, die man hören wollte. Eigentlich war die Wahrheit aber auch gar nicht gefragt. Die Folter sollte im Grunde nur die subjektive Überzeugung des Richters, sein gutes Gewissen, stärken und ihm ermöglichen, die Verantwortung des Inquisitionsprozesses durchzustehen. Gefoltert wurde im Interesse des Gerichtes,

344 Folterszenen, dabei ist der »brüllende Ochse« links erfunden. Holzschnitt von Hans Burgkmair in: »Franciscus Petrarca, Trostspiegel«, Augsburg 1583

345 △ 348 ▽ 346 △ 347 △ 349 ▽

345–347 Folterszenen: Anlegen der Beinschraube; Strekken und Einflößen eines Tranks; Aufziehen, Schnüren und Hängen mit Gewichten an den Beinen. Holzschnitte in: »Johannes Millaeus, Praxis Criminis persequendi«, Paris 1541.

348 Folterung durch Brennen und Aufziehen, dahinter Vollzug einer Strafe des Handverlustes. Holzschnitt in: »Ulrich Tengler, Der neu Layenspiegel«, Augsburg 1512.

349 Der des Gattenmordes verdächtigte Hans Spieß wird 1503 durch Aufziehen und Strecken mit Gewichten an den Füßen gefoltert, doch gesteht er nicht. Erst die Bahrprobe (vgl. Abb. 18) überführt ihn. Miniatur in der Luzerner Chronik des Diebold Schilling d. J., 1513. Luzern, Bürgerbibliothek

◁ 350 Das »Brennen« als Feuermarter der hl. Barbara. Flügelbild des Barbara-Altars von Meister Francke, 1410–1415.
Helsinki, Nationalmuseum

351 Das Streichen mit Ruten als Marter der hl. Margaretha. Flügelbild eines gotischen Flügelaltars. Um 1450. St. Georgen ob Murau/Österreich, Filialkirche St. Cecilia

Gegenüberliegende Seite:
352–357 Die Constitutio Criminalis Theresiana, das österreichische Strafgesetzbuch von 1768, versuchte (bloß), die Folter an gewisse, auch bildlich untermalte Regeln zu binden, wobei auf bisherige ortsübliche Praktiken Rücksicht genommen wurde. Die Abb. 352–354 etwa waren »Abschilder- und Erklärung der Peinigungsarten, wie selbe in der kaiserl. königl. Residenzstadt Wien bey dem kaiserl. königl. Stadt- und Landgericht vorgenommen zu werden pflegen«, die Abb. 355–357 galten für Prag.

Figura I. Latus III.

Die Einlage der Daumen.

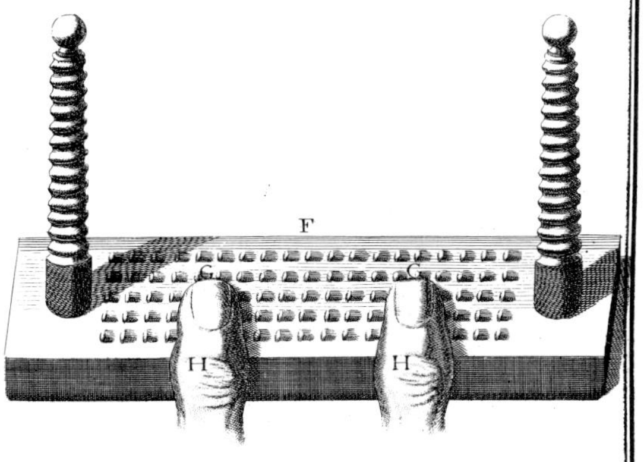

Erklärung der Buchstaben.

F. Das untere flache Eisen.
G. Der Ort, wo die Daumen eingelegt zu werden pflegen.
H. Das erstere Glied des Daums, bis an welches, und nicht weiters die Daumen eingeleget werden.

e 3

352 △ 355 ▽

Figura I. Latus IV.

Vorstellung der eigentlichen Anwendung des Daumstockes, mit den hierzu nöthigen Personen.

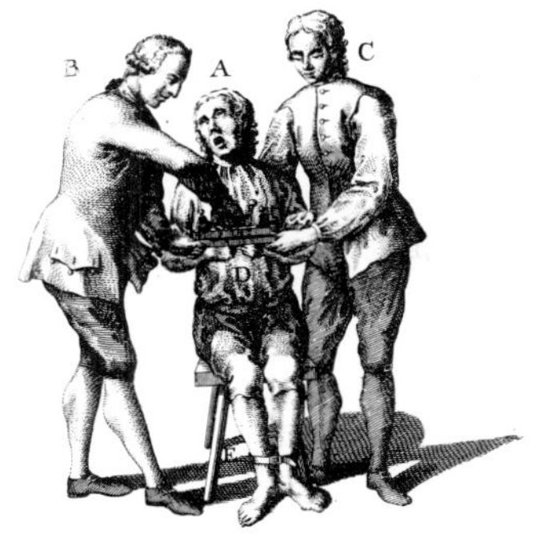

Erklärung der Buchstaben.

A. Der Inquisit, auf dem gleich hiernach des mehreren entworffenen Bankel, oder Schammel sitzend.
B. Der Freymann, der mit der linken Hand den Daumstock an einem Ende haltet, mit der anderen aber mit dem Schraubenschlüssel beyde flache Eisen wechselweise an den Schraubspindeln immer mehr, und mehr zusammen schraubet.
C. Der Freymannsknecht, welcher mit dem rechten Arm den Inquisiten an den Schultern, und mit der linken Hand den Daumstock bey dem anderen Ende haltet.
D. Des Inquisitens Hände.
E. Ein Riem, womit dem Inquisiten die Füsse zusammen geschnallet sind.

353 △ 356 ▽

Vorstellung des bereits in der Luft aufgezogenen Inquisiten

354 △ 357 ▽

Figura II. Latus II.

Eigentlicher Entwurff, der die Anlegung des Grads der Schnürung mit den benöthigten Personen vorstellet.

Erklärung der Buchstaben.

A. Sind beyde zusammen gelegte Hände.
B. Ist das Knöchel bey dem Handgelenke.
C. Der Ort vor des Ellbogens Bug, wo die Schnürung aufhöret.
D. Carpus die Handwurzel, in welcher die Schnürung, oder Umschlingung der Schnur geschiehet folgender gestalten.

1mò. Des Inquisiten P. beyde Hände werden durch den vorwärts stehenden Henkersknecht E. in der Gleichheit zusammen gehalten, und ausgestrecket. 2dò. Um die Bewegung einzuschränken haltet der in K. stehende Henkersknecht den Inquisiten um den Leib; 3tiò. fasset der Scharffrichter F. mit der Schnur in dem Carpus, oder der Handwurzel unter dem Knöchel in dem Handgelenke, und zwischen beyden Juncturen (wo die Schnur die Haltung haben muß) die beyden Hände, welche Schlingung hier nicht sehr zusammen gezogen wird, weil dieses zur Verhütung einer Lähmungsgefahr wohl zu beobachten ist. Dann wird die Schnur X. von hier unter dem Knöchel um die blosse Arme auf ein Finger weit voneinander in der Tieffe nach Complexion lediglich bis C. vor dem Bug des Ellbogens, wo die beyde Armen zusammen stossen müßen, langsam herum gewunden, und jedesmal wohl angezogen, damit das Fleisch H. zwischen der Schnürung hervorsteigen thue.

Erklärung der Buchstaben.

A. Der Inquisit, wie selber von der Seiten in vollzogener Ausdehnung bey diesem Grad des Feuers auf der Folter anzusehen kommet.
B. Der Scharfrichter, welcher also auf der Leiter stehet, daß selber des Inquisiten Füsse zwischen den seinigen habe, und mit dem rechten unten auf dem Sprossen aufstehet, mit dem linken Fuß aber auf der Sprossen kniet. In beyden Händen haltet er zwey angezündete Buschen Unschlittkerzen F. deren jeder aus 8. zusammen gebundenen Kerzen bestehet, und fahret mit selben dem Inquisiten auf die beyde Seitentheile der Brust, oder latera pectoris in der mittleren Gegend zwischen der Achsel, und der Weiche (oder Ilia) in die Rundung 3. bis 4mal beyderseits zugleich herum.
C. Die Achselhöhle, so von der ruckwärts gedrehten Schulterhöhe verdeckt.
D. Die Weichen, oder Ilia.
E. Die beyden Warzen, welche mit der Brennung verschonet werden müßen.
F. Die zwey angezündete, und etwas schief an den Leib des Inquisiten zuhaltende Buschen Unschlittkerzen, welche dergestalt angehalten werden müssen, damit die in den brennenden Buschen befindliche erste Kerzen mit dem Dacht an den Leib des Inquisiten angehalten, von denen übrigen aber die Flammen auf die zubrennende Theile frey spielen können; diese Brennung, so auf beyden Seiten gleichsam durch 3. runde Cirkeln L. vorgestellet, wird während ausgesetzten Zeit der Peinigungsart 10. bis 11mal widerholet.
G. Der die Handhebel der Walzen fest haltende Knecht, damit sich selbe nicht umdrehe.
H. Der Inquisit, wie selber nach vollzogener Brennung seitwärts anzusehen ist.
K. Der von vorne anzusehende Inquisit nach vollzogener Brennung.
L. Die in allen 3. Vorstellungen A. K. und H. des Inquisiten gebrennte Flecke, oder Cirkeln.
M. Der ruckwärts stehende Knecht, der im Erforderungsfall die Lichter abbuzet.

Figura V. Latus IV.

Entwurff der Anlegung der Schraubstiefeln.

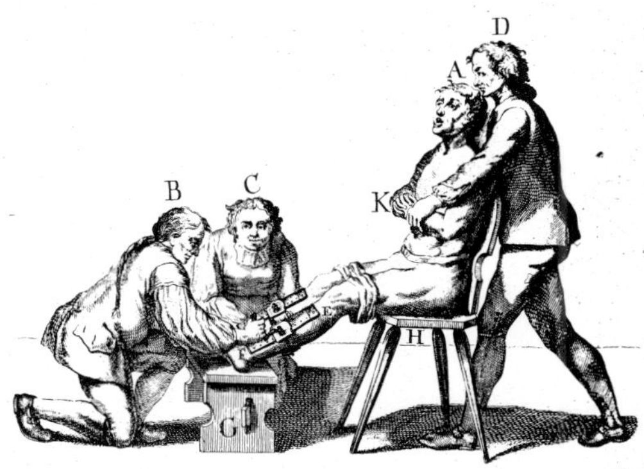

Erklärung der Buchstaben.

A. Der auf einem Stuhl H. sitzende Inquisit.
B. Der Scharffrichter, welcher mit der linken Hand den Fuß des Inquisiten haltet, mit der rechten aber den Schraubenschlüssel umdrehet, und dadurch die beyden Theile der Schraubstiefeln aneinander ziehet.
C. Der neben der linken Seiten des Scharffrichters knieende, und dem Inquisiten seinen rechten Fuß in der Lage haltende Knecht.
D. Der hinter dem Inquisiten stehende Knecht, welcher demselben die beyden Hände auf der Brust kreuzweis zusammen haltet.
E. Der Ort, wo die Anlegung des oberen Eisens, so einen starken Mannszoll tief unter der Kniescheiben geschehen muß, weil ansonsten, sofern das Eisen an der Kniescheiben zu liegen kommet, das Band der Kniescheiben, oder Ligamentum patelæ gedrucket würde, wodurch die Articulation des Knies selbsten Gewalt leidete, folglich eine Extravasation in der Höhle der Knie-Articulation entstünde, wodurch eine Steiffigkeit, oder Anchylosis erfolgete.
F. Der Ort oberhalb dem Knöchel, wo das End der Eisen aufzuliegen kommet.
G. Eine halbe Ellen hohes Schammerl, worauf die beyden Füsse des Inquisiten vorwärts gerad ausgestreckter mit den Fersen aufzuliegen kommen.
H. Ein Lehnstuhl, so eine Ellen hoch ist.
K. Die beyden Hände des Inquisiten, so von dem ruckwärts stehenden Knecht D. zusammen gehalten werden.

nicht um der Wahrheit willen. Zu sehr war man an formelle Beweismittel gewohnt gewesen!
Erwähnt sei noch, daß die Folter bis in das 18. Jahrhundert Verwendung fand. 1740 beseitigte sie Friedrich der Große für Preußen, erst
352–357 1828 wurde sie in Gotha abgeschafft. Die »Theresiana«, das österreichische Strafgesetzbuch von 1768, legte noch dieses Beweisverfahren zugrunde und versuchte nur durch genaue Beschreibung und Kupferstiche bestimmte Grenzen auch anschaulich zu setzen.

Der Prozeß der Carolina

Es wurde schon erwähnt, daß in der Praxis etwa vorhandene, die Folter einschränkende Vorschriften nicht eingehalten wurden. Die Bekämpfung der landschädlichen Leute ließ jede Regel außer acht und wurde manchmal wie eine blutige Form der alten Fehde geführt. Die Städte und, ihrem Vorbild folgend, die Landesherren ließen echte
384 Verbrecherjagden durchführen[33]. In Fesseln oder mit dem Fangeisen wurde die »Beute« vor Gericht geschleppt, dort im Schnellverfahren verurteilt und hingerichtet.
Ein Umschwung trat mit der Ausdehnung des neuen Verfahrens auf die Bürger selbst ein. Die Willkür mancher Herren oder städtischer Organe machte auch vor ihnen nicht halt. Die Klagen über unberechtigte Verhaftungen, Folterungen und Hinrichtungen häuften sich. In dieser Lage faßte der 1498 in Freiburg versammelte Reichstag den Beschluß, eine Reformation und Ordnung des Strafverfahrens vorzunehmen. Die Verhandlungen dauerten lange. Manche fürchteten, daß das Schwert des neuen Strafrechts stumpf sein könnte, die Kriminalität überhandnehmen würde. 1532 war es endlich soweit, daß auf dem Reichstag zu Regensburg die »Constitutio Criminalis Carolina«[34] beschlossen wurde. Heute scheint auch sie uns barbarisch; und trotzdem war sie ein nicht hoch genug einzuschätzender Fortschritt, teilweise kam sie sogar zu früh, weshalb manche Reichsstädte sie nicht anwendeten, da sie »zu nichts fürständiger sei, als alle Übeltaten zu harzen und zu pflanzen«. Die Carolina war vorwiegend ein Prozeßgesetz, das die Regelung der Missetaten und der Strafen selbst von den bisher angewendeten Rechtsvorschriften im wesentlichen übernahm. Ausdrücklich sah die Carolina dabei für den Regelfall, auch hier im Anschluß an die deutsche Vergangenheit, den Anklageprozeß mit der Einleitung durch die Klage des Verletzten oder eines öffentlichen Anklägers vor, doch wird deutlich, daß sie eigentlich mehr an das – gleichfalls aber nur in wenigen Artikeln geregelte –
339 »Annehmen der Übeltäter von der Oberkeit und Amts wegen«, also an das Inquisitionsverfahren, dachte[35]. Dieses Verfahren wurde auch in der praktischen Anwendung der Carolina im Laufe der Zeit maßgebend.

Der Prozeß[36] wurde mit der Anzeige oder der Anklage eröffnet, das Vorverfahren mit den Ermittlungen durch das Gericht eingeleitet. Der Beschuldigte wurde verhört, Zeugen wurden einvernommen, auch Augenscheinbeweise, z. B. Besichtigung der Leiche, durchgeführt. Hatte man zwei Tatzeugen, die übereinstimmend aussagten, war das Urteil spruchreif. Wenn nicht, benötigte man das Geständnis des Beschuldigten, das freilich auch bei vorhandenen Zeugen stets angestrebt wurde. Dazu ließ die Carolina die Folter zu, war aber bemüht, sie einzuschränken, indem die in der kanonistischen Rechtswissenschaft ausgearbeitete Indizienlehre zugrunde gelegt wurde. Nur bei »redlicher Anzeigung«, also bei Vorliegen bestimmter konkreter Verdachtsmomente, durfte die Folterung erfolgen. Aber selbst für diesen »Tag zu peinlicher Frage« setzte sie Grenzen. Nur nach »ermessung eyns guten vernünfftigen Richters« durfte gefoltert werden. Das erfolterte Geständnis mußte einige Tage später freiwillig und ohne Drohung »verifiziert« werden, indem zusätzliche Fragen zu stellen waren, die die Richtigkeit der Aussage erhärten sollten.
Hatte der Beschuldigte nochmals und freiwillig gestanden, wurde diese »Urgicht« niedergeschrieben. Dann wurde, oft nach Einholung von Gutachten, das Urteil in geheimer Beratung gefällt, das dem Beschuldigten anschließend mitgeteilt wurde. Er erhielt, bei Verurteilung zum Tode, noch drei Tage Zeit, »damit er zu rechter Zeit sein Sünd bedenken, beklagen und beichten möge«.
Sodann erfolgte der erste und einzige öffentliche Akt des Verfahrens. Der »endliche Rechtstag« wurde angekündigt, d. h. in den althergebrachten Formen durch den Gerichtsbüttel oder Stadtknecht »beschrien«. Am festgesetzten Tag versammelten sich die Gerichtspersonen im Rathaus 288
oder Gerichtshaus, das Urteil wurde endgültig schriftlich niedergelegt. Dann begab man sich in feierlichem Zug zur Gerichtsstätte. Das Salbuch von Volkach zeigt für einen Prozeß im Jahre 1504 die von der Carolina später übernommenen Verfahrensschritte in Bildern[37]: Auf dem Marktplatz vor dem Rathaus hat man eine viereckige »Schranne« durch hölzerne Schranken und Plan- 358
ken errichtet. Die Schöffen stehen noch, da der von links mit dem Gerichtsknecht kommende Richter mit Stab und Schwert erst die feierliche Frage nach der Rechtmäßigkeit des Gerichts, also die althergebrachten Hegungsfragen, stellen muß. Sind die Fragen bejaht, nehmen der Richter und die Schöffen auf den Bänken Platz. In der Mitte 359
der Schranne liegen die gestohlenen Gegenstände als corpora delicti. Rechts stehen bewaffnete Zuschauer, der »Gerichtsumstand«, links bewacht der Gerichtsknecht die Öffnung der Schranne, unter ihm ist der Kläger gezeichnet. Dieser Kläger, oder der oft nur für diesen endlichen Rechtstag eigens bestellte öffentliche Ankläger, begehrt dann die Vorführung des Missetäters, der nun gebun-

Gegenüberliegende Seite:
358–361 Gerichtsverhandlung (öffentlicher Rechtstag) gegen einen Dieb 1504 in Volkach:
358 Die zwölf Schöffen haben sich am Marktplatz innerhalb der errichteten Gerichtsschranne versammelt und erwarten den Richter, der – den Stab in den Händen, gegürtet mit dem Schwert – in Begleitung des Gerichtsknechts den Gerichtsplatz betritt.
359 Nachdem der Richter die feierlichen Hegungsfragen – etwa ob das Gericht ordnungsgemäß besetzt und einberufen ist – gestellt und beantwortet erhalten hat, nimmt das Gericht Platz. In der Mitte liegen die Beweisstücke. Die Verhandlung am öffentlichen Rechtstag – rechts stehen bewaffnete Zuschauer – beginnt. Der Gerichtsknecht – mit einem Zettel in der Hand – ruft mit lauter Stimme: »Wer zu klagen hat, der mag damit anfangen.« Mit entblößtem Haupt naht auch bereits (unten links) der (An)Kläger.
360 Der Beschuldigte wird von (An)Kläger und Gerichtsknecht aus dem Gefängnis zum Gerichtsplatz geführt.
361 Der Stadtschreiber verkündet öffentlich – symbolisch durch Männer und Frauen, Lahme und Blinde dargestellt – die (An)Klagepunkte (und das Urteil).
Kolorierte Zeichnungen im Salbuch (1448–1666). Volkach, Stadtarchiv ▷

358 △ 359 ▽

360 △ 361 ▽

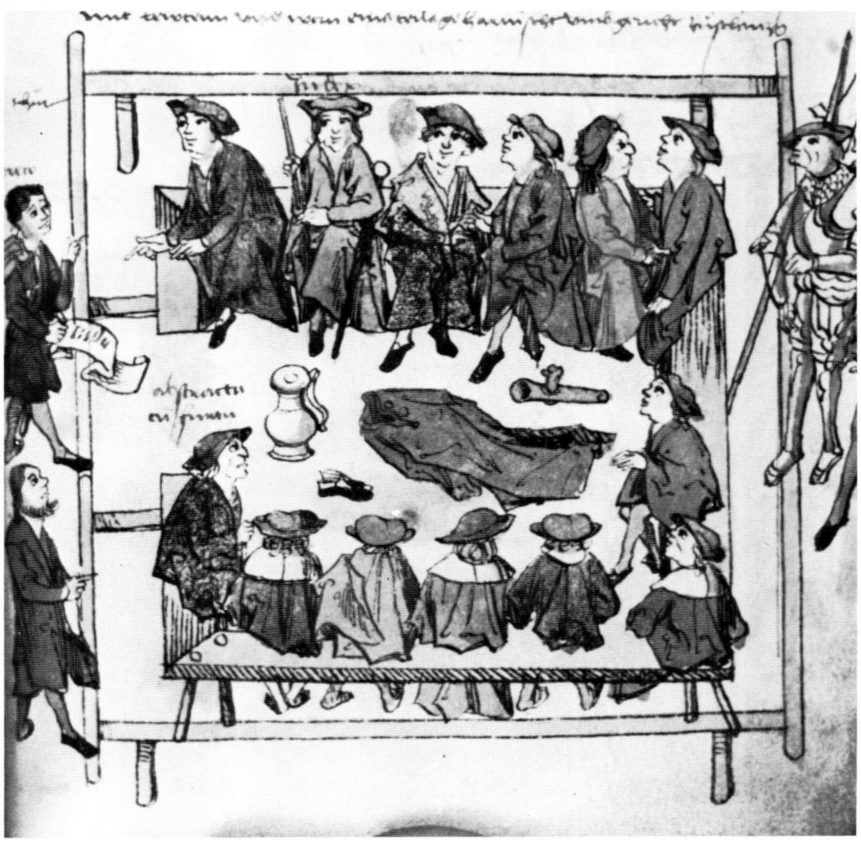

360 den vor das Gericht gebracht wird. Auf sein Begehren erhält er einen »Fürsprech«, der aber keine materielle Bedeutung etwa als Verteidiger mehr hatte[38]. Die (An-)Klage und die Urgicht
361 werden verlesen, der Angeklagte bestätigt öffentlich sein Geständnis; wenn nicht, wird er durch den Eid der beim ersten Geständnis anwesend gewesenen Gerichtspersonen überführt. Die Urteiler treten daraufhin etwas zur Seite, um abzustimmen, was aber nur mehr den Eindruck einer Beratung und Entscheidung für die Öffentlichkeit erzeugen soll, ist doch das Urteil bereits verfaßt.
361–363 Dann wird das Urteil verlesen und bei Todesurteil oft der Stab gebrochen[39]. Der Verurteilte wird dem Scharfrichter übergeben, dann beginnt die
93 feierliche Führung des Verurteilten zur Hinrichtungsstätte, wo das Urteil vollstreckt wird.

Anzumerken ist, daß trotz eines gefällten Todesurteils u. U. die Strafe nicht vollstreckt wurde. Das Gericht selbst oder der Landesherr konnten im Gnadenweg[40] auf eine mildere Strafe erkennen, den Verurteilten sogar freilassen. Gnade konnte auch als Zeichen der Hochschätzung anderer Personen gewährt werden, die für den Verurteilten gebeten hatten. Dieses »Gnadebitten«[41] wurde vielfach geradezu als Sport betrieben. Die hochedlen Damen und Herren des Adels konnten nicht genug Bittbriefe schreiben, um jeden verurteilten Missetäter vom Galgen zu bringen. Die Belästigung der Gerichte und des Landesherrn wurde schließlich so schwerwiegend, daß dieses Fürbitten gesetzlich untersagt wurde. Die Herausbildung der territorialen staatlichen Herrschaft bereitete auch anderen Formen althergebrachten Begnadigungsrechtes ihr allmähliches Ende. So hatte bei Massenhinrichtungen der Scharfrichter manchmal ein Recht auf den 10. Mann, nach dem Sachsenspiegel z. B. durfte er diesen gegen Lösegeld freilassen. Manche hochgestellte Frauen, vor
364 allem Äbtissinnen, hatten ein »Losschneidungsrecht«. Sie durften den zum Tode Verurteilten freigeben, selbst wenn er bereits die Leiter zum Galgen hinaufschritt. Bekannt sind Begnadigungen durch das Erbitten zum Ehepartner. Der Scharfrichter konnte die verurteilte Frau auf diese Weise vor dem Tod retten, auch eine Jungfrau einen verurteilten Mann. Für uns ist dies nicht mehr zu verstehen, es erscheint irrational, eine Befriedigung des Sensationsbedürfnisses der damals Lebenden, vielleicht begründet in altem Aberglauben, etwa an die reinigende Kraft der Jungfrau[42].

Die Bedeutung der Carolina war groß, darf aber keineswegs mit der eines modernen Gesetzes verglichen werden. Sie war eine »Ordnung«, die nur subsidiär gelten wollte, sie war Reichsrecht, das vom guten Willen der Territorialstaaten abhängig war. Zudem regelte sie nur das Verfahren der schwersten Missetaten, wobei für Hexerei und für Majestätsverbrechen die einschränkenden Regeln der Folter von vornherein nicht angewendet wurden, da in ihnen ein »crimen exceptum«, also eine Ausnahme gesehen wurde. Für die leichtere Kriminalität der Polizeiordnungen galt sie von vornherein nicht, hier blieb die landesherrliche Willkür weiterhin zulässig. Mit der Herausbildung des absoluten Staates wurde der Bereich des polizeilichen Inquisitionsverfahrens immer weiter ausgedehnt, die Anwendung der Carolina immer mehr zurückgedrängt[43]. Landesherrliche Beamte griffen in steigendem Maße ein, die Laienschöffen verloren immer mehr an Bedeutung zugunsten der gelehrten Richterbeamten, der endliche Rechtstag erwies sich in steigendem Maße als die Farce und als das inszenierte Schauspiel, das er auch schon in der Carolina war[44]. Im absoluten Staat schließlich waren die Errungenschaften der Carolina wieder vergessen, das Strafverfahren war polizeistaatliche Inquisition und – erneut – Willkür. Erst die Aufklärung brachte auch für das Strafverfahren die allmähliche Wende.

362 Das Todesurteil über den Mörder Christoph Windt wird 1572 öffentlich verkündet. Zeitgenössisches Flugblatt in der Nachrichtensammlung des J. J. Wick (1560–1587). Zürich, Zentralbibliothek

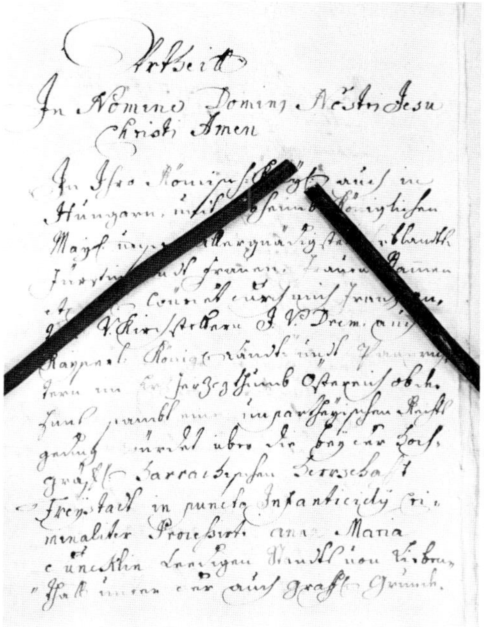

Urtheill

In Nomine Domini Nostri Jesu Christi Amen

363 *Die schriftliche Ausfertigung eines Todesurteils mit den beiden Hälften des Stabes, der bei Verkündigung gebrochen wurde.*
Linz, Oberösterreichisches Landesmuseum

364 *Die Gräfin von Montfort macht von ihrem »Losschneidungsrecht« Gebrauch und rettet so zwei 1509 in Baden bereits zum Galgen geführten Missetätern das Leben. Miniatur in der Luzerner Chronik des Diebold Schilling d. J., 1513.*
Luzern, Bürgerbibliothek ▷

365 Sühnekreuz in den Anlagen der Kirche Hannoversch-Münden. Errichtet im Jahre 1451.

366 Steinkreuz von Ludesch in Vorarlberg, 15./16. Jh.

367 Der »Sammelstein«, ein Kreuzstein im Waldgebiet »Heide« bei Saalfeld, Südthüringen, 14./15. Jh.

368 Das »Sälzerkreuz«, ein spätgotisches Steinkreuz in Niederklein/Marburg-Biedenkopf

369 Das Scheibenkreuz von Großröhrsdorf/Sachsen

365 △

366 △

367 ▽

368 ▽

369 ▽

Gegenüberliegende Seite:
370 Beichtenmarter in Rechtmehring bei Haag. Errichtet im Jahre 1523.

371 Beichtenmarter in Bamberg

372 Der Sühnebildstock in Heidingsfeld. Errichtet als Teil einer Sühne für einen Totschlag im Jahre 1428.

370 △

371 ▽

374 △

375 ▽

373 Die »Fragstatt« mit Leiter, Stachelstuhl, Zug, Gewichten und Streckband mit dem »gespickten Hasen«. Erste Folterung 1338 erwähnt.
Regensburg, Altes Rathaus

374 Verhörstuhl
Salzburg, Museum Carolino Augusteum

375 Folterkammer mit zwei Holzverschlägen (»Keuchen«), Zug und Gewichten, Folterbank mit mehreren »gespickten Hasen« und Leiter.
Schloß Staufeneck/Bayern

Gegenüberliegende Seite:
376 Verhörtisch und Daumenschraube, 18. Jh.
Rothenburg o. d. T., Mittelalterliches Kriminalmuseum

377 Stachelstuhl, 17. Jh.
Rothenburg o. d. T., Mittelalterliches Kriminalmuseum

376 △ 377 ▷

378 Beinschraube
Nürnberg, Germanisches Nationalmuseum

379 Mundbirne
Linz, Oberösterreichisches Landesmuseum

380 Mundbirne, 16. Jh.
Rothenburg o. d. T., Mittelalterliches Kriminalmuseum

381 Daumenschraube
Linz, Oberösterreichisches Landesmuseum

378 △

379 ▽

380 ▽

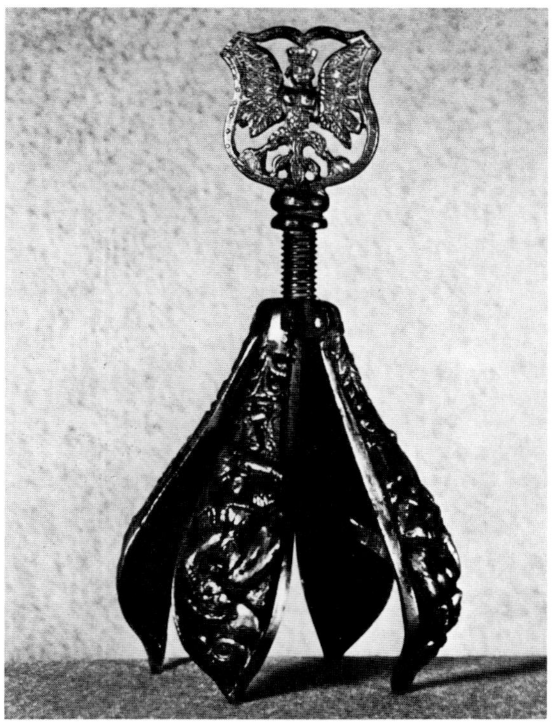

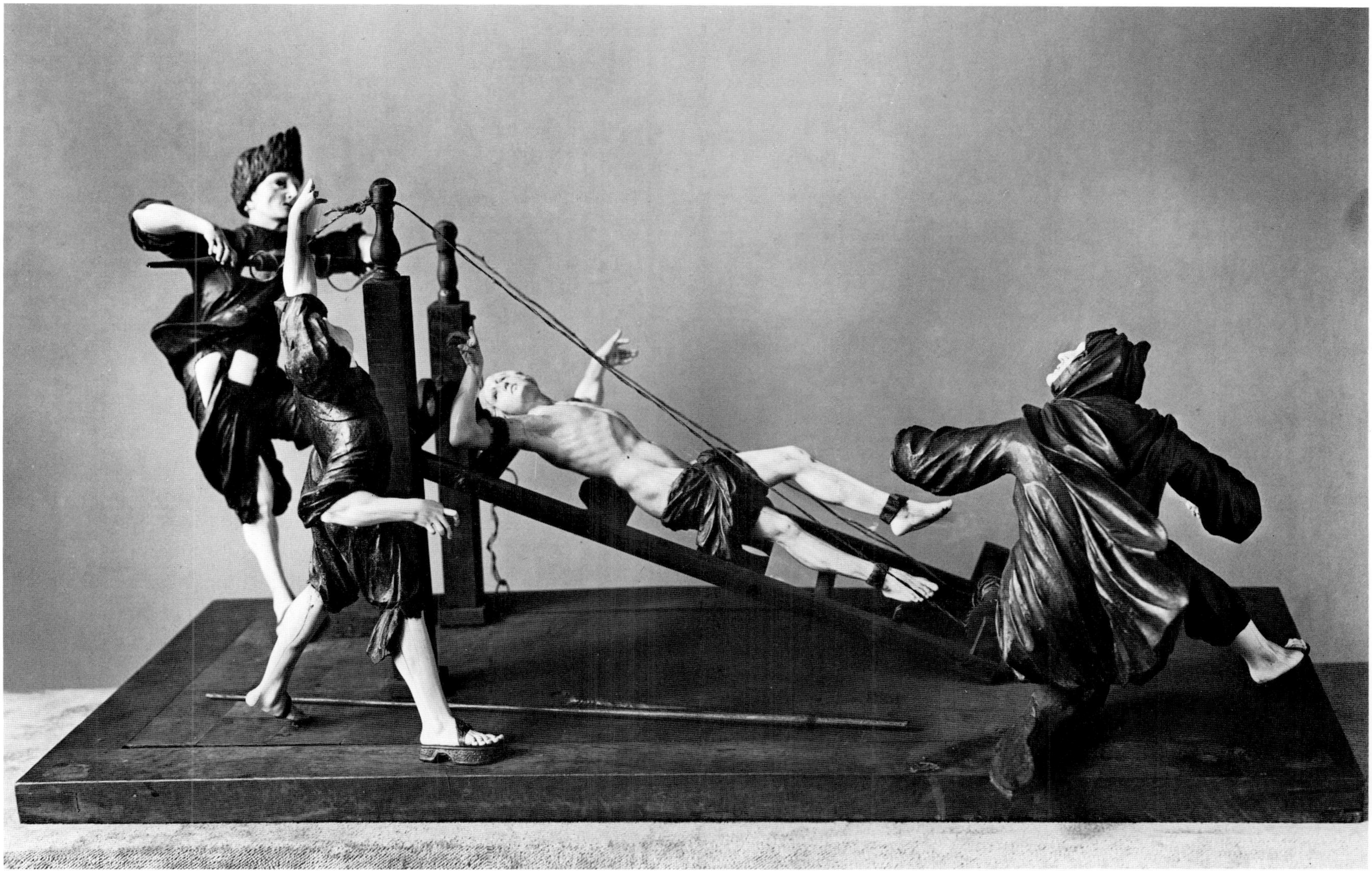

382 Der hl. Theodosius auf der Leiter. Plastik aus Holz und Elfenbein, 18. Jh.
München, Bayerisches Nationalmuseum

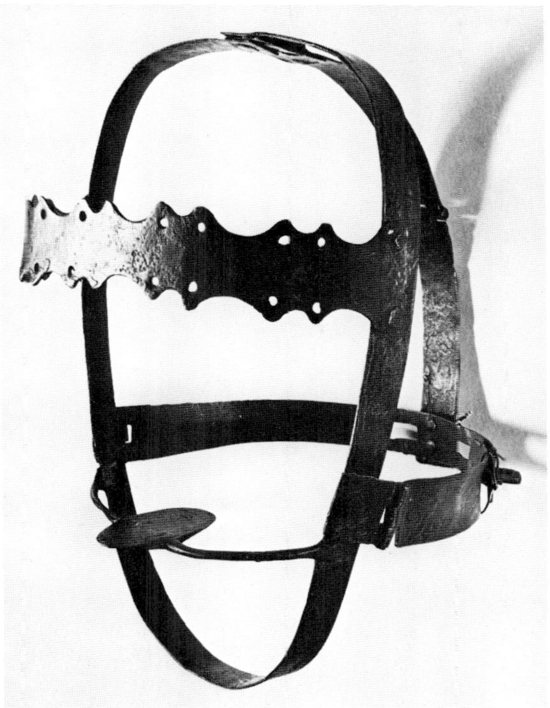

383 Foltermaske, 17./18. Jh.
Graz, Landesmuseum Joanneum ▷

384 Hand- und Fußschellen zum Fesseln
Linz, Oberösterreichisches Landesmuseum ▷▷

Der Scharfrichter

◁ 385 *Einen Scharfrichter mit edlen Zügen und vornehmer Haltung – und damit im Gegensatz zur üblichen Darstellungsweise – stellte Lucas Cranach d. Ä. (1472–1553) im Mittelfeld des Katharinenaltars dar.*
Dresden, Staatliche Kunstsammlung

386 *Der Scharfrichter. Textillustration der Heidelberger Bilderhandschrift des Sachsenspiegels, 14. Jh.*

Jede Erörterung der Folter und der Strafen ist zugleich eine Darstellung des Mannes, der beides zu erledigen hatte: des Scharfrichters, der auch als »Henker«, »Freimann«, »Meister Hans«, »Kleemeister«, »Nachrichter«, »Züchtiger« usw. bezeichnet wurde (worüber Else Angstmann[1] ein Buch geschrieben hat). Um seine Gestalt allein ließe sich eine Geschichte des Strafrechts schreiben, was in vielen Punkten Helmut Schuhmann versucht hat[2]. Einige Punkte seien hier – in teilweiser Wiederholung – zusammengestellt.

Vorgeschichte

Bereits zur Zeit des Frankenreiches gab es Personen, die verurteilte Missetäter hinrichteten. Sie wurden »Apparitores«, »Carnifices« (wohl im Anklang an die Bezeichnung im römischen Strafrecht), »Custodes«, »Lictores«, auch schlicht »Milites« (»Soldaten«) genannt. Trotzdem kann man sagen, daß es einen eigentlichen berufsmäßigen Scharfrichter bis zum 13. Jahrhundert nicht gab. Der Grund liegt vor allem darin, daß die Todesstrafen bis zu den Landfrieden die Ausnahme darstellten, überdies durch Geldzahlung ablösbar waren. Im Handhaftverfahren wurde der Ergriffene dem Kläger selbst ausgeliefert, der ihn, u.U. durch seine Knechte, töten durfte. Das Gericht leistete dabei wohl Vollstreckungshilfe, indem es z.B. die Werkzeuge zur Verfügung stellte. Manchmal mußte auch eine Gerichtsperson selbst, etwa der jüngste Schöffe, den Strick um den Hals des Verurteilten legen oder, in manchen fränkischen Orten, der jüngste Ehemann des Dorfes. Gelegentlich mußten alle zusammenwirken, indem sie gemeinsam am Strick zogen. Die Variationen waren jedenfalls vielfältig.

Im Sachsenspiegel wird der Fronbote[3] auch als Vollstrecker genannt, er wird deshalb oft mit Geißel oder mit Schwert dargestellt. Doch ist fraglich, ob er wirklich die Strafen selbst vollstreckte oder ob er sie nicht durch seine Knechte vollstrecken ließ. Die Bilder der Sachsenspiegel-Handschriften zeigen jedenfalls sowohl beim Enthaupten als auch bei dem Vollzug der anderen Strafen nicht
386 den Fronboten.

Lange Zeit hindurch war also der »Nachrichter« – also derjenige, der nach dem Gericht(sspruch) richtete – ein Mensch, der das Töten nicht gelernt hatte, außer er war vielleicht ein Sklave des Grafen oder des Fronboten, der immer wieder für diese Arbeit herangezogen wurde. Die Hinrichtung war deshalb beileibe kein Fest in der Weise, wie sie uns dann später entgegentritt.

Es waren die Städte, die in ihren Mauern keine Sklaven kannten – »Stadtluft macht frei« – und deren Einwohner als biedere Bürger sich mehr dem Handel und dem Handwerk zuwandten, als schädliche Leute zu töten. 1276 erwähnte das Augsburger Stadtbuch zum ersten Male in Deutschland den »Henker«, der neben dem Vollzug der Leibesstrafen auch andere Aufgaben zu erfüllen hatte. Allerdings gab es manche Orte, in denen bis ins 16. Jahrhundert hinein ein Privatmann die Hinrichtungen durchführte. Einen eigenen ständigen Scharfrichter konnten sich ohnehin nur reiche Orte leisten, die anderen waren darauf angewiesen, sich jeweils einen auszuborgen. Ohne berufsmäßigen Scharfrichter kam man aber bald nirgends mehr aus, denn im Zug der Herausbildung eines eigentlichen peinlichen Strafrechts im Anschluß an die Friedensbewegung wurden die einzelnen Strafen immer genauer ausgestaltet, zu einem phantasievollen Ritual verfeinert und die Vollstreckung als erregendes Spektakel aufgezogen. Den Höhepunkt stellte die Barockzeit dar, in der sogar eigene »Drehbücher« für besonders interessante Hinrichtungen ausgearbeitet wurden[4].

Tabuisierung und Ambivalenz

So spät das Amt des Scharfrichters auch begründet wurde, so geheimnisvoll war meist seine Stellung. Seine Person war verbunden mit starken Emotionen und Vorstellungen[5], die als Aberglauben lang vergessene Reste des Weltbildes der früheren Zeit wieder lebendig machten. Man spricht vom »Tabu« des Scharfrichters und meint damit die häufig anzutreffende Auffassung seiner Zeitgenossen, daß jede Berührung mit ihm magische Kräfte freiwerden lasse: böse und schädliche, aber auch gute und heilende. Diese Doppeldeutigkeit, die vielen Tabus innewohnt, hatte einmal (negativ) zur Folge, daß man den Scharfrichter mied. Er durfte nicht innerhalb der Stadt wohnen oder höchstens am Rande, durfte nicht mit den anderen im Wirtshaus trinken, oder höchstens an einem besonders gekennzeichneten Tisch, nicht die Badestuben benutzen oder die Messe besuchen, außer wiederum an einem ausgezeichneten Platz. Er durfte nicht auf die Jagd gehen, außer auf Wölfe, sein Vieh durfte nicht mit der Gemeindeherde zusammen grasen. Gegenstände, die er berührt hatte, waren aus dem Verkehr gezogen, niemand wollte sie mehr angreifen. Es war selbstverständlich, daß alle diese Einschränkungen auch für seine Familie galten. Niemand spielte mit seinen Kindern oder wollte seine Tochter zur Frau, außer wiederum ein fremder Scharfrichter. Selbst wenn er das Recht ausübte, eine zum Tod verurteilte Frau durch das Angebot, sie zu ehelichen, freizubieten, kam es vor, daß diese den Tod vorzog. Für ein bürgerliches Leben wäre sie durch die Hochzeit ohnehin gestorben. So versteht sich auch die Strafe, die das Ofener Stadtrecht für Unzucht vorschrieb – einen Tanz mit dem Scharfrichter.

Die Berührungsscheu galt zu seinen Lebzeiten wie auch nach dem Tode. Wenn ihm jemand, auch unwissend, bei irgendeiner Tätigkeit half, war dieser bereits unehrlich geworden. Wer sein Kind aus der Taufe hob, wurde »zur Abscheu« fünf Tage im Turm bei Wasser und Brot eingesperrt. Ebenso war es schwer, für seine Frau eine Hebamme zu finden, wie auch für ihn selbst ein Begräbnis durchzuführen. Diese Berührungsangst führte häufig zu besonderen Kleidungsvorschriften. Die Verordnung über die Scharfrichterkleidung der Stadt Frankfurt am Main vom Jahre 1543 bestimmte etwa, daß auf seinem Wams oder seinem Mantel auffällige rote, weiße und grüne Streifen aufgenäht sein mußten, »damit er abgesondert von ehrlichen Leuten erkannt werden könne«. An manchen Orten mußte er einen roten, oben spitz zusammenlaufenden Hut tragen. Dabei galten diese Kleidungsvorschriften für das Alltagsleben und betrafen daher nicht seine eigentliche Amtskleidung bei der Hinrichtung selbst.

Ein Grund für dieses negative Tabu lag sicher darin, daß der Scharfrichter zum Objekt eines Aberglaubens geworden war, der seine Wurzeln in alten Vorstellungen des frühen Weltbildes der Germanen hatte. Das Volk fürchtete trotz aller Christianisierung bis hinauf in unsere Zeit, daß der verurteilte Missetäter ein Wesen dämonischen Charakters sei, weshalb der Umgang mit ihm die Gefahr der »Ansteckung« auch des Scharfrichters begründete. Deshalb war der Akt der Hinrichtung als solcher gefährlich. Es gab Vorschriften, die auf magische Weise Schutz bieten sollten. Der Strick mußte in bestimmter Weise hergestellt, der Galgen aus entrindetem Holz (»lichter Galgen«) errichtet sein, damit keine Dämonen unter der Rinde verborgen sein konnten. Anfangs wurde der Hinzurichtende auch entkleidet, um zu verhindern, daß seine Kleidung Gegenstände magischer Kraft enthielt, manchmal wurde er überdies vor der Hinrichtung aus diesem Grunde geschoren. Das Rad, auf das er geflochten wurde, mußte eine bestimmte Anzahl von Speichen haben.

Auch der Erfolg der Hinrichtung wurde unter Aufnahme magischen Gedankenguts umschrieben. So sollte der Leichnam des Gehängten dem Wind und den Raben, beide Attribute des germanischen Gottes Wodan, ausgesetzt sein. Bei der Enthauptung mußte der Kopf so abgeschlagen werden, daß ein Wagenrad zwischen Kopf und Leib durchfahren konnte, was auf eine Verhinderung des Wiedergängertums hinweist, welcher Zweck auch beim Pfählen deutlich hervortrat; ebenso wurde oft der Kopf des Geräderten auf einen Pfahl gesteckt. Beim Verbrennen, Ertränken oder Lebendigbegraben war die Gefahr nicht so groß, da die reinigende Kraft des Feuers, des Wassers und der Erde entgegenwirkte und Schutz bot. Auch die Sitte, während der ganzen Hinrichtung eine Glocke, das »Armesünderglöcklein«, zu läuten, verweist auf einen magischen Hintergrund, da die Glocke überhaupt als dämonenvertreibend gedacht wurde[6].

Neben diesem alten Aberglauben war sicherlich auch maßgebend die besondere erregende Aura, die dem Akt des Tötens wohl immer angehaftet hat, weshalb in frühen Kulturen häufig nur die Priester töten durften[7], verstärkt auch dadurch, daß der entstehende Territorialstaat das allgemeine Tötungsverbot bereits des Dekalogs allmählich stärker bewußt machte und verinnerlichte[8].

Jedenfalls waren nach der Auffassung des Volkes alle Gegenstände der Strafvollstreckung auch als solche, also unabhängig von der Person des Hinzurichtenden, selbst schon vor ihrer Benutzung, von magischer Kraft. Es war deshalb ein ungeheurer Aufwand erforderlich, überhaupt einen Galgen zu errichten. Die Handwerker zogen alle – niemand durfte sich ausschließen; wenn jemand abwesend war, wurde oft ein Nagel aufbewahrt, den er nach seiner Rückkehr in das Galgenholz schlagen mußte, um ebenfalls mitgewirkt zu haben – unter Musikantenbegleitung hinaus zum vorgesehenen Platz, die Ratsherren mußten in feierlicher Form die ersten Handgriffe setzen, dann wurde der Galgen gemeinsam erbaut[9]. Über den Aberglauben um das Richtschwert wurde bereits berichtet.

Freilich war dies alles nur die eine, negative Seite. Die meisten Tabus sind ambivalent, haben auch erregend-positive Aspekte. Dies zeigte sich mancherorts auch beim Scharfrichter bereits äußerlich in der Kleidung. 1584 schenkte z.B. der Rat der Stadt Braunschweig dem Scharfrichter ein kostbares Ehrenkleid mit eingesticktem Wappen. Auch sonst wird manchmal seine prachtvolle Kleidung beschrieben und abgebildet. Von einer Berührungsscheu oder einer Unehrlichkeit des Scharfrichters ist da nichts zu spüren; er durfte sogar manchmal bei Prozessionen die Fahne tragen[10]. 1647 erhielt der Frankfurter Scharfrichter einen Wappenbrief und damit die Lehnsfähigkeit. Auch sein Leichnam erregte keinen Abscheu, manchmal wurde er sogar in unmittelbarer Nähe der Kirche begraben, ja an ungewöhnlich bevorzugter Stelle, z.B. unter den Geistlichen[11].

Dieses positive Tabu vermittelte dem Scharfrichter eine besondere Stellung. Er war der von vielen, unter Umständen selbst heimlich und des Nachts, aufgesuchte Medizinmann[12], der durch magische Praktiken Heilsäfte und Wundermittel herstellen konnte und auch über die mit besonderer Macht ausgestatteten Gegenstände des Hinrichtungsgeschehens verfügte. Das Blut des Hingerichteten z.B. sollte Epilepsie und Aussatz heilen, Stücke seines Leibes, aber auch des Strickes, mit dem er gehenkt worden war, hatten gleichfalls Heilskraft. Man sah darin gleichsam Reliquien, da der Hingerichtete im Zeichen des Triumphes des Guten, des guten Gottes, getötet worden sei und so die Welt entsühnt habe; damit sei er »heilig« geworden[13].

Diese Tabu-Vorstellungen waren in einer vom Christentum sowohl in Kirche als auch im Staat geprägten Welt, in der ja überhaupt erst das Scharfrichteramt entstand, von vornherein nur mehr Bestandteile des große Teile der Bevölke-

387 Der Scharfrichter bei der Enthauptung von Hans Pienzenauer, des Pflegers von Kufstein, im Jahre 1504. Holzschnitt von Hans Burgkmair (?) im »Weisskunig« Kaiser Maximilians I. (Ausgabe 1775).

388 Der Scharfrichter vor der Enthauptung von Johannes dem Täufer. Holzschnitt von Lucas Cranach d.Ä. Um 1508.

389 Der Scharfrichter bei der Enthauptung der Königin Jezabel. Holzschnitt von Albrecht Dürer (?) in: »Der Ritter vom Turn«, Basel 1493.

390 Der Scharfrichter bei der Enthauptung von Johannes dem Täufer. Glasmalerei ehem. in der Kathedrale von Lausanne. Nach 1219.
Lausanne, Musée Historique de l'Ancien'Evêché ▷

rung motivierenden Aberglaubens, der durchaus in christlicher Verbrämung weiterbestehen konnte. Denn auch für das gläubige Volk, vor allem auf dem Lande, war der Scharfrichter die bedeutende Gestalt im Zeremoniell der Hinrichtung zur Versöhnung und zur Ehre Gottes, und der feierlich Tötende, auf den die Wucht des triumphalen Geschehens konzentriert blieb. Er war der »Nachrichter«, der den letzten Akt für soviel sündige Menschen setzte. So ging man ihm selbst dann aus dem Wege, als man ihn nicht mehr eigentlich tabuisierte: geheimnisvoll, grausig-erregend, mit einem Schimmer des Un-Menschlichen behaftet, blieb er jedenfalls trotzdem.

Die »aufgeklärteren« Christen, vor allem die Bürger, betrachteten den Scharfrichter in der Regel mit anderen Augen. Seine Tätigkeit war ihnen suspekt, ein notwendiges Übel, aber doch letztlich unmoralisch, weil er für Geld tötete und davon sogar lebte, was immer den Verdacht wachrufen konnte, daß er sein Geschäft aus persönlichem Interesse ausübte[14]. Zwar hatte die Kirche in der Friedensbewegung ein positiveres Verständnis des Tötens in staatlichem Auftrag, vor allem im Krieg, entwickelt[15] – Luther bewertete sogar ausdrücklich die Scharfrichtertätigkeit positiv –, aber das moralische Unbehagen blieb, selbst als man dem Scharfrichter nicht jede einzelne Hinrichtung bezahlte, sondern ihm ein Monatsgehalt aussetzte[16]. An manchen Orten wurde ihm der Kirchgang, die kirchliche Hochzeit und ein kirchliches Begräbnis verweigert. Dieser kirchliche Einfluß führte zwar zu keiner Berührungsscheu wie bei der einfachen Landbevölkerung, man wollte aber als anständiger Bürger mit dem Scharfrichter und seiner Familie nichts zu tun haben. Seine Ehrlosigkeit beruhte hier auf dem Abscheu der in den kleinen Städten eng beieinander wohnenden Bürger, die in streng strukturierten Gemeinschaften lebten und ihren Stand und ihre Stellung nachdrücklich betonten und vertraten. Vieles spricht dafür, daß die schlechte Stellung des Scharfrichters im Barock immer mehr betont wurde[17], damit also in einer Zeit, in der dieses Angewiesensein auf das Urteil anderer existentiell erlebt wurde. Eine weitere Bedeutung hatte sicherlich die Tatsache, daß häufig die Vertreter des Scharfrichteramtes nicht gerade hoffähig waren[18]. Sie tranken sehr viel, was ihre Brutalität und Roheit noch steigerte, manchmal waren sie sogar zu dieser Tätigkeit begnadigte ehemalige Verbrecher, was auch ihre Gesellschaft nicht gerade anziehender machte. Dadurch verschlechterte sich die Situation aber erst recht. Wegen dieses schlechten »Berufsimages« gab es immer weniger angesehene und ordentliche Männer, die das Amt übernahmen. Überdies waren die Scharfrichter oft gezwungen, zusätzliche Tätigkeiten auszuführen, die anrüchig waren. Sie mußten häufig auch Abdecker, Hundefänger, »Cloacarii« sein, Aussätzige aus der Stadt treiben und Vergleichbares mehr tun.

Häufig gelang es dem Scharfrichter jedoch, diese minderen Tätigkeiten an seine »Halbmeister«, die Schinderknechte und Gehilfen, abzutreten, so daß er sich nur mehr die wichtigsten Akte, vor allem das Enthaupten, vorbehielt. Manchmal war er sogar mit einem erfahrenen Handwerksmeister vergleichbar[19], der an der Spitze eines ansehnlichen Gewerbebetriebes stand, zahlreiches Personal verschiedener Art laufend beschäftigte, der lesen und schreiben konnte, was die bekannten »Tagebücher«[20] zeigen, in dessen Haus die Eilboten der Behörden ein- und ausgingen, der seine Zeit und seine Hilfskräfte meist für Wochen im voraus einteilen mußte, kurz: der ein gebildeter, verantwortungsbewußter Mann mit Menschenkenntnis, anständigen Umgangsformen und Geschäftsgewandtheit sein konnte.

Tätigkeiten

Es wurde bereits erwähnt, daß der Scharfrichter nicht nur für die Folterung und die Vollstreckung der Strafen eingesetzt wurde, sondern auch, u.U. durch seine Knechte, als Abdecker, Hundefänger, Cloacarius tätig war. Auch über seine Aufgaben als Heilkundiger, wobei er es manchmal sogar zu einer Anstellung als Stadtmedicus bringen konnte, wurde schon berichtet. Dabei muß berücksichtigt werden, daß er durch seine Hinrichtungsarbeit leicht anatomische Kenntnisse erwerben konnte[21], besser als die »studierten« Ärzte, denen lange Zeit das Sezieren verboten war, und daß er wegen seiner Verpflichtung, freigesprochene Missetäter von den Folgen seiner Folterung zu heilen, über ein gewisses medizinisches Geschick verfügen mußte. Daneben wurde der Scharfrichter auch für andere Amtstätigkeiten herangezogen. Er fungierte häufig als Bordellwirt und beaufsichtigte die öffentlichen Spielveranstaltungen. Bei den fälligen Abrechnungen mit dem Rat der Stadt war dann von einer Berührungsscheu und Ähnlichem nichts zu spüren[22]. Sogar im Prozeß wurde der Scharfrichter eingesetzt. An manchen Orten hatte er das Zetergeschrei über den gebundenen Missetäter zu erheben, auch die Anklage am endlichen Rechtstage feierlich zu vertreten[23]. In einigen Städten durfte er sogar die Art der Hinrichtung bestimmen[24].

Das Selbstverständnis

Die Scharfrichter selbst hielten in der Regel viel von ihrem Amt, auch dann, als sie von ihrer Umwelt verachtet wurden. Sicherlich ist darin die Ausbildung einer Berufsideologie zu sehen, die als Gegenkompensation zur allgemeinen negativen Einschätzung funktionieren sollte[25]. Die Scharfrichter sahen sich oft unmittelbar von Gott zu ihrem Amt berufen, was ebenfalls zu einem hohen Berufsethos führte. Sie verstanden sich als eigene Zunft, hielten Zunfttage ab und verlangten eine

391 △

392 ▽

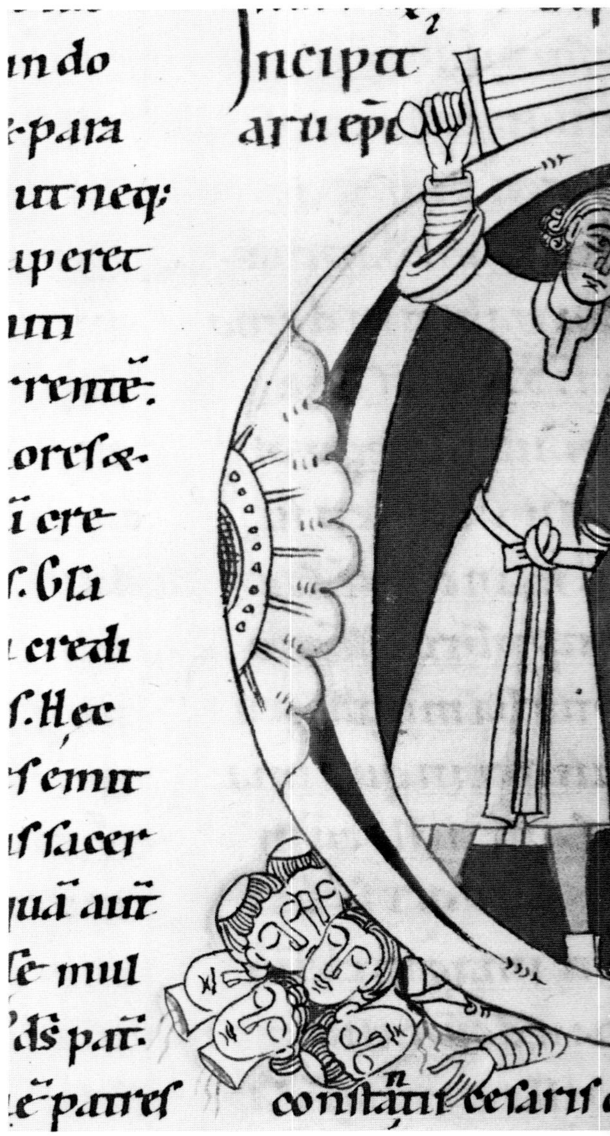

393 △ 394 ▷

391 Der Scharfrichter bei der Enthauptung der hl. Katharina. Wandbild im Ulmer Münster, 1455.

392 Der Scharfrichter bei der Enthauptung eines Heiligen. Miniatur im Stuttgarter Passionale. Um 1120.
Stuttgart, Württembergische Landesbibliothek

393 Der Scharfrichter bei der Enthauptung des hl. Jacobus. Holzschnitt von Michael Wohlgemut in Hartmann Schedels Weltchronik, Nürnberg 1493.

394 Der Scharfrichter vor der Enthauptung eines Märtyrers. Illustration in der »Chronik der Stadt Augsburg« von Siegmund Meisterlin. Um 1490.
Berlin, Kupferstichkabinett

strenge Ausbildung des Nachwuchses, der in der Regel aus der eigenen Familie kam, da die Söhne ja kein ehrliches Handwerk ausüben durften. In solchen Scharfrichter-»Dynastien« begannen die Lehrjahre schon früh. Bereits als Kind war man dabei, manche legten mit 16 Jahren die Meisterprüfung, meist aus einer Enthauptung bestehend, ab. Jedenfalls war die Ausbildung streng und umfassend. Man bedenke, wieviele Tätigkeiten ein Scharfrichter können mußte: Die Folterung, die Verstümmelungs- und Tötungstechniken, vor allem das Enthaupten, dessen Beherrschung ausdrücklich bei einer Bewerbung nachgewiesen werden mußte. Es gehörte Körperkraft und beachtliches Geschick dazu, den Kopf des Verurteil-
387, 395, 400 ten aus freier Hand zwischen zwei Halswirbeln hindurch mit einem Streich vom Rumpf zu trennen, noch dazu wo eine Drehung des Oberkörpers erforderlich war, um gehörig ausholen zu können, wodurch ein genaues Zielen erschwert wurde. Es bedurfte deshalb eines intensiven Trainings. Hierzu taugliche Objekte waren Tiere, vor allem Kälber und Hunde, auch an aufgesteckten Kohlköpfen konnte der Hieb geübt werden[26]. Trotzdem kam es immer wieder vor, daß der Scharfrichter so außer Form war, daß er den daneben stehenden Geistlichen verletzte. Häufiger war es noch, daß ihm nicht der erste Streich gelang, dann mußte er mehrere Male hintereinander zuschla-
397 gen, zuletzt vielleicht mit dem Schwert den Kopf abschneiden, jedenfalls eine wahre Schlächterei durchführen. Dieses »Putzen« brachte ihm von der wütenden Menge in der Regel Prügel ein, er erhielt auch keine Bezahlung, sondern einige Tage Turmhaft, manchmal wurde er sogar von den auf-
432 gebrachten Zuschauern gelyncht, z.B. gesteinigt[27]. Da half ihm nicht viel, daß nach der Carolina der Richter ausdrücklich einen besonderen Frieden über ihn verkündete. Sicher war er nur auf
71, 74, 231 dem unzugänglichen »Rabenstein«, über den bereits gesprochen wurde. Gelang ihm freilich der
396 Streich hervorragend, dann kam es durchaus vor, daß man ihn bejubelte und feierte. Helfer[28] berichtet in seinen »Henker-Studien«, daß deshalb manche Scharfrichter artistische Fähigkeiten erlernten. So schaffte es ein Nürnberger »Meister«, mit einem Streich den Hals des Verurteilten zugleich mit einem von diesem in der Hand gehaltenen Blumenstrauß durchzuschneiden oder sogar zwei Übeltäter auf einen Streich zu enthaupten. Wer je ein Richtschwert aufgehoben hat, wird ermessen, welche Kraft allein dazu gehört haben
401 muß, als 1444 der Scharfrichter von Bern an einem Tag nacheinander 72 Mann der Zürcher Besatzung von Greifensee enthauptete.

Jedenfalls erfüllte der Scharfrichter eine besondere Rolle in dem Schauspiel der Hinrichtung, und er war sich, wie auch die Betonung seines Berufsethos zeigt, dessen durchaus bewußt. Deshalb bemühte er sich, mitzuspielen und gute Kritiken zu erhalten, er sah sich als Künstler[29]. Auch darin lag sicherlich eine Gegenkompensation zu der ihm entgegengebrachten allgemeinen Verachtung. Die Auffassung seiner eigenen Tätigkeit als Kunst und damit als Selbstzweck konnte das negative Bild an den Rand drängen, vielleicht sogar verdrängen; genauso wie die frommen Inschriften auf 147–151
den Richtschwertern, über die bereits berichtet wurde, und die strengen sittlichen Forderungen, die auch die Obrigkeit an sein Privatleben stellte. Scharfrichter sollten nur fromme, unbescholtene, freundliche, barmherzige, unerschrockene und erfahrene Personen werden[30]. Angemerkt sei, daß diese Ideologie nicht allen Scharfrichtern in ihrem Selbstverständnis helfen konnte. Viele griffen zum Alkohol, wurden selbst Verbrecher und dann von Kollegen hingerichtet oder gingen freiwillig in den Tod[31].

Die Anzahl der Hinrichtungen

Einige Zahlen sollen die Hinrichtungstätigkeit des Scharfrichters umfangmäßig kennzeichnen[32]. In Augsburg z.B. wurden im Jahre 1369 zehn Personen hingerichtet, 1371 dreizehn, 1373 fünf. Von 1407 bis 1500 fanden in Nördlingen hundertsiebenunddreißig, von 1501 bis 1600 hundertzwanzig Hinrichtungen statt. In Memmingen wurden von 1551 bis 1573 achtunddreißig Todesurteile vollstreckt, von 1574 bis 1661 waren es fünfundvierzig, von 1615 bis 1683 neununddreißig. Frankfurt am Main wies für den Zeitraum von 1366 bis 1400 hundertfünfunddreißig, für die Jahre 1401 bis 1560 dreihundertsiebzehn Hinrichtungen auf. In Lübeck zählte man von 1371 bis 1460 vierhundertelf Hinrichtungen. In Breslau wurden in 69 Jahren (von 1456 bis 1525) sogar vierhundertvierundfünfzig Verbrecher getötet, darunter zweihunderteinundfünfzig gehenkt, hundertdrei enthauptet, fünfundzwanzig gerädert, neununddreißig verbrannt, einunddreißig ertränkt, drei lebendig begraben und zwei gevierteilt. Berlin brachte es in den Jahren 1402 bis 1448 auf hunderteine Hinrichtungen (einundfünfzig durch Erhängen, vierzehn durch Verbrennen, dreizehn Enthauptungen, elf durch Rädern, zehn durch Lebendigbegraben), wobei die Vollständigkeit dieser Angaben fraglich bleibt. In Ansbach, das damals ca. 100000 Einwohner hatte, wurden von 1575 bis 1603 vierhundertvierundsiebzig Menschen hingerichtet. Schließlich sei noch Hamburg mit einem traurigen Rekord erwähnt: viermal wurden an einem Tag mehr als siebzig Seeräuber, siebenmal mehr als 25 Seeräuber hingerichtet. Wie viele Menschen ein einzelner Scharfrichter jeweils getötet hat, geht aus diesen Angaben nicht hervor. Es wird aber berichtet, daß von 1501 bis 1525 ein Nürnberger Scharfrichter in seinen Amtsjahren 1159 Urteile vollstreckt hat; Peter Aichelin, der Henker des schwäbischen Bundes, richtete im Bauernkrieg in einem Monat dreihundertfünfzig Mann mit dem Schwert, und

395 Die »klassische« Haltung von Verurteiltem und Scharfrichter bei der Enthauptung. Zeichnung im Nürnberger Malefizurteilsbuch vom 18. 5. 1591 (Amts- und Standbuch Nr. 223).
Nürnberg, Staatsarchiv

396 △

397 ▽

396 Die »gelungene« Enthauptung des Hans Misel 1571 in Warthausen. Kupferstich in der »Schaubühne der Martyrer« von Johann Luyken, Leyden 1700.

397 Die »mißlungene« Enthauptung des Wolfgang Pinder 1571 in Schärdingen/Innviertel, auch »Putzen« des Scharfrichters genannt. Kupferstich in der »Schaubühne der Martyrer« von Johann Luyken, Leyden 1700.

den »Rekord« hielt wohl der bereits erwähnte
401 Berner Scharfrichter, der zweiundsiebzig Männer an einem Tag enthauptete.

Der Scharfrichter in der Kunst

Die allgemeine Ambivalenz der Stellung des Scharfrichters fand ihren Niederschlag auch in der Art und Weise der künstlerischen Darstellung[33]. Dabei muß man bedenken, daß individuelle Merkmale erst verhältnismäßig spät herausgestellt, daß zunächst bloß die typischen Gesichtspunkte zum Ausdruck gebracht wurden. So wurde »der« Scharfrichter einerseits als roher, primitiver, häßlicher, vielleicht beschränkter Sadist dargestellt, anfangs fast wie ein dämonischer Kobold, später mit feindseliger Miene und Haltung und in Landsknechtstracht. In der kirchlichen Kunst erscheint der Scharfrichter in der Passionsdarstellung oder in Märtyrerbildern oft auffallend gekleidet, ähnlich dem Narren. Daneben finden sich aber auch Darstellungen eines ernsten, gedankenvollen Scharfrichters, der sich seiner schweren Aufgabe bewußt ist und sachlich, fast redlich seine Tätigkeit als Kunst ausübt, vielleicht mit einem Ausdruck fatalistischer Betrübnis. Reyländer[34] hat für die niederländische Malerei des 15. Jahrhunderts gezeigt, daß manchmal bei Passionsszenen der Scharfrichter bewußt als »normal« dargestellt wurde, um das Furchtbare der ganzen Handlung erst recht und auf viel feinere Art zum Bewußtsein zu bringen. Aber noch mehr: Der Scharfrichter wurde sogar mitleidsvoll und schön gemalt, um die Versöhnung durch den Tod Christi für die gesamte Schöpfung zum Ausdruck zu bringen.
385, 388–394, 398, 399, 403–422 Eine Reihe von Abbildungen kann dies verdeutlichen; und damit auch etwas von jener Ambivalenz nahebringen, die uns heute nicht mehr nachvollziehbar ist. Zwar trat noch im 20. Jahrhundert der Scharfrichter in der Berufskleidung des Virtuosen oder Zauberkünstlers auf, indem er im Frack mit weißer Binde und hohem Hut amtierte; er hatte aber kein Publikum mehr. Überhaupt wurde er immer mehr zum Techniker, der durch Apparate elektrischen Strom erzeugen läßt oder die Gaskammer füllt. Er braucht auch keine Handschuhe mehr, weil er mit dem Menschen, der getötet wird, direkt nichts zu tun hat. Die moderne Hinrichtung ist nicht einmal mehr grausam, im mittelalterlichen Sinne, sondern nur mehr brutale technische Herstellung eines »Produktes«, nämlich des Eintritts des Todes, der durch medizinische Apparate festgestellt werden kann. Die Un-Menschlichkeit dieses Aktes ist damit offenbar geworden. Sie war auch früher durchaus bewußt, wurde aber ausdrücklich an- und hingenommen, weil es eben um Gott und die Herstellung seiner Ordnung durch diese »Sanktion« (von »sanctus« = »heilig«) ging. Dieser Hintergrund hat seine Wirklichkeit für uns heute verloren, die Todesstrafe zeigt sich nur mehr in ihrer nackten, technischen Unmenschlichkeit.

Auch der Gehilfe des Scharfrichters soll vorgestellt werden. Dieser Henkersknecht, oft »Peinlein«, »Löwe«, »Schinderknecht« genannt, war niemals von so großem Interesse wie der Scharfrichter selbst, den man meistens bei seiner erregendsten Tätigkeit, dem Enthaupten, das er immer selbst vornahm, darstellte. Dem Helfer blieben nur die einfachen, primitiven Tätigkeiten der Vorbereitung und Durchführung, er war der »Henkersknecht«, der die schmutzige Arbeit machen mußte. In dieser Weise wurde er auch von
den Künstlern bei den Szenen der Passion, z. B. 423–431
beim Geißeln oder Verspotten Jesu, oder der Schilderung der Märtyrerleben dargestellt. Dies geschah sicherlich in »tendenziöser« Weise, um die Reinheit und Heiligkeit des Gequälten als Gegensatz herauszuarbeiten. Oft wurden die Scharfrichtergehilfen als Heiden (Türken) gemalt. Doch ist auch hier davon auszugehen, daß viel Zeitgenössisches des damaligen Strafvollzugs Eingang in diese Bilder gefunden hat.

398 Der Scharfrichter bei der Enthauptung eines Heiligen. Holzschnitt in: »Der Heiligen Leben und Leiden«, Augsburg 1471.

399 Der Scharfrichter nach der Enthauptung eines Heiligen. Holzschnitt von Michael Wohlgemut in Hartmann Schedels Weltchronik, Nürnberg 1493.

400 *Der Scharfrichter bei der Enthauptung eines Vornehmen, die aus Gnade nicht öffentlich vorgenommen wird. Miniatur in der fränkischen Chronik des Lorentz Friess von Mergentheim. Würzburg 1546.*
Würzburg, Stadtarchiv

401 *Der Scharfrichter von Bern 1444 bei der Enthauptung von einem der 72 Männer der Zürcher Besatzung von Greifensee. Miniatur in der Berner Chronik des Diebold Schilling d. Ä., 15. Jh.*
Bern, Burgerbibliothek ▷

402 Der Scharfrichter bei der Enthauptung. Miniatur im Soester Nequambuch, 14. Jh.
Soest, Stadtarchiv

403–406 Der Scharfrichter wurde in der religiösen Kunst meist als roher, primitiver Mann dargestellt:
403 Ausschnitt aus: Steirischer Meister, Enthauptung der hl. Katharina, 1455–1460.
St. Georgen ob Murnau/Österreich, Pfarrkirche
404 Ausschnitt aus: Das Graduale von St. Katharinental. Um 1312.
Zürich, Schweizerisches Landesmuseum
405 Ausschnitt aus: Hans Holbein d. Ä., Enthauptung des hl. Jacobus. Um 1502.
München, Alte Pinakothek
406 Ausschnitt aus: Martin Schongauer, Enthauptung des hl. Johannes des Täufers, 1460.
München, Alte Pinakothek

403 △ 404 ▽

405 ▽ 406 ▷

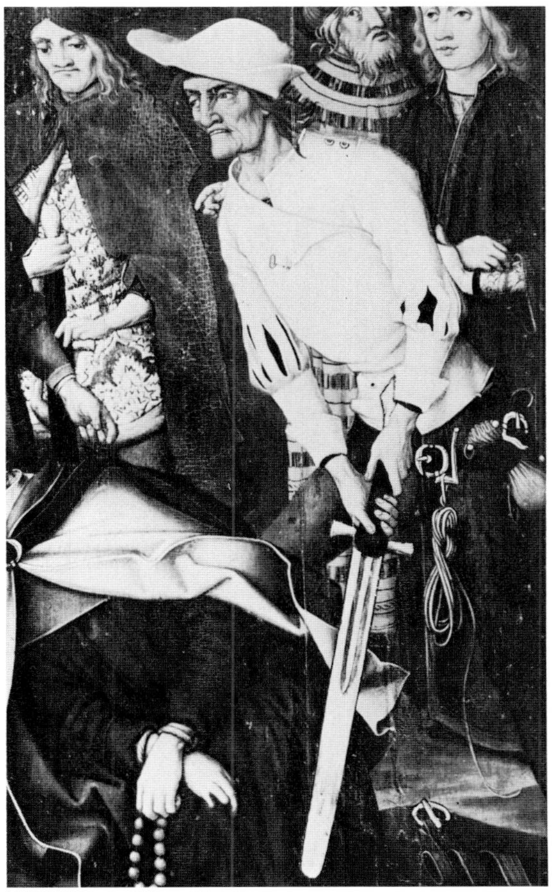

407 △ 408 ▽ 409 △ 410 ▽ 411 △ 412 ▽

407–414 Die Auffassung des Scharfrichters (und seines Berufes) spiegelt sich in der Darstellung seines Gesichts in der religiösen Kunst:

407 Ausschnitt aus: Nürnberger Meister um 1575, Marter des hl. Kilian.
Würzburg, Mainfränkisches Museum

408 Ausschnitt aus einem Flügelbild von Stephan Lochner (1410–1451), Das Martyrium des hl. Paulus.
Frankfurt a. M., Städelsches Kunstinstitut

409 Ausschnitt aus: Böhmischer Meister, Enthauptung des hl. Johannes des Täufers. Um 1470.
Frankfurt a. M., Städelsches Kunstinstitut

410 Ausschnitt aus: Sächsisch-böhmischer Meister von 1515, Enthauptung der hl. Katharina.
Nürnberg, Germanisches Nationalmuseum

411 Ausschnitt aus: Nicolo di Giacomo da Bologna, Initiale M im Chorbuch, 14. Jh.
Berlin, Kupferstichkabinett

412 Ausschnitt aus: Hans Baldung Grien, Die Legende der hl. Dorothea, 1516.
Prag, Nationalgalerie

413 Ausschnitt aus: Hans Holbein d. Ä., Enthauptung der hl. Katharina. 1512.
München, Alte Pinakothek

414 Ausschnitt aus einem Flügelbild von Stephan Lochner (1410–1451), Das Martyrium des hl. Jacobus.
Frankfurt a. M., Städelsches Kunstinstitut

413 △ 414 ▽

415 Der Scharfrichter nach der Enthauptung von Johannes dem Täufer. Rechter Flügel aus dem dreiteiligen Altar mit Szenen aus der Geschichte des Johannes des Täufers. Werkstattkopie (?) nach Rogier van der Weyden (1399–1464).
Frankfurt a. M., Städelsches Kunstinstitut ▷

416–422 Die Auffassung des Scharfrichters (und seines Berufes) fand ihren Ausdruck auch in der Darstellung seiner Gestalt in der religiösen Kunst:
416 Ausschnitt aus: Werkstatt Lucas Cranachs d. Ä., Enthauptung der hl. Katharina. Um 1515.
Nürnberg, Germanisches Nationalmuseum
417 Ausschnitt aus: Dirk Bouts, Gerechtigkeitsbild, 1468.
Löwen/Holland, Rathaus
418 Ausschnitt aus: Hinrik Funhof, Szenen aus der Legende Johannes des Täufers, 1482/84.
Lüneburg, Johanniskirche
419 Ausschnitt aus: Meister der Katharinenlegende, Enthauptung der hl. Katharina. Um 1519.
Kremsmünster/Österreich, Stiftskirche
420 Ausschnitt aus: Albrecht Altdorfer, Enthauptung der hl. Katharina. Um 1506.
Wien, Kunsthistorisches Museum
421 Ausschnitt aus: Friedrich Pacher, Martyrium der hl. Katharina, 1480.
Kloster Neustift b. Brixen/Italien, Pinakothek
422 Ausschnitt aus: Meister vom Kloster Neustift b. Freising, Enthauptung Johannes des Täufers. Um 1480.
Nürnberg, Germanisches Nationalmuseum

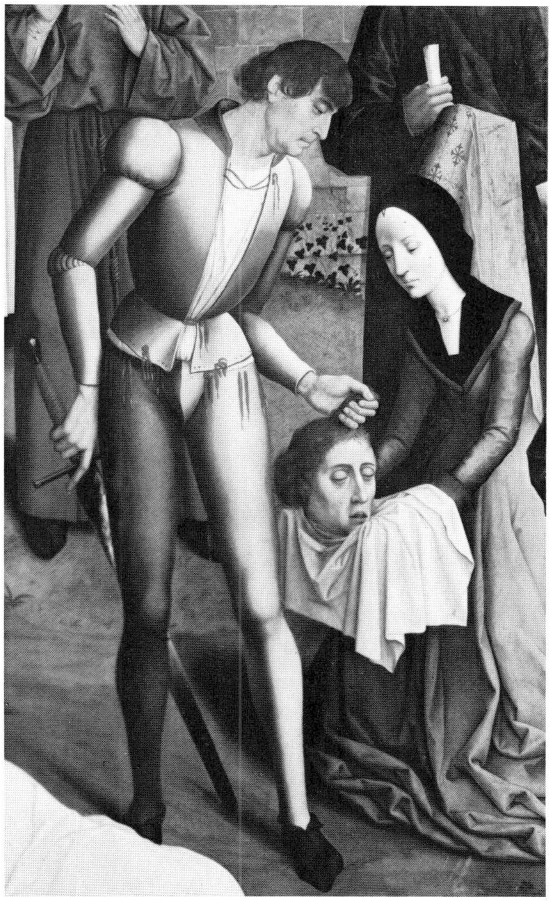

417 △

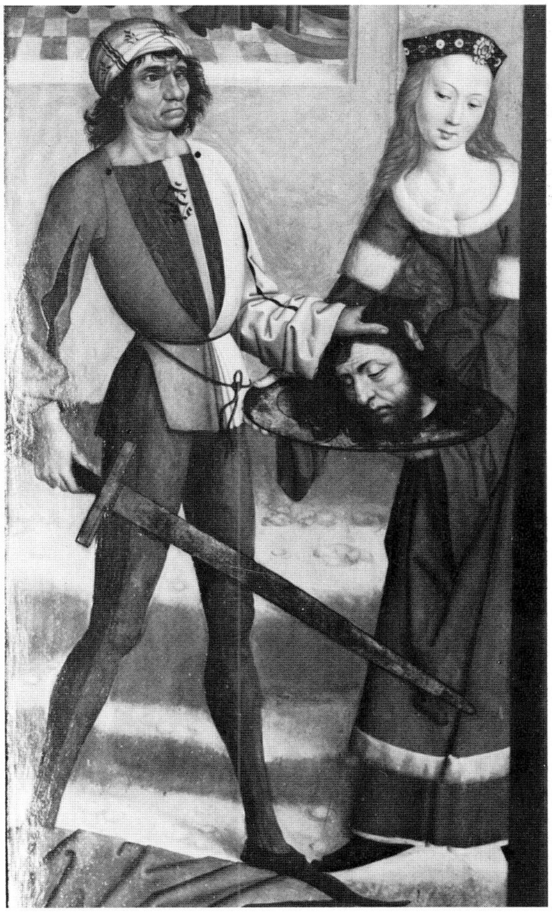

418 ▽

419 △

420 ▽

421 △

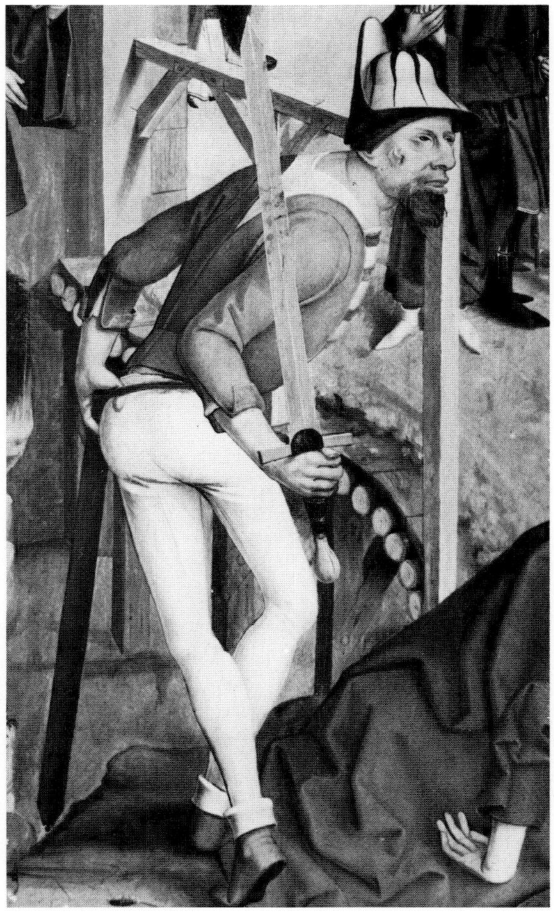

422 ▽

423 △

424 ▽

425 △

426 ▽

427 ▽ 428 ▷

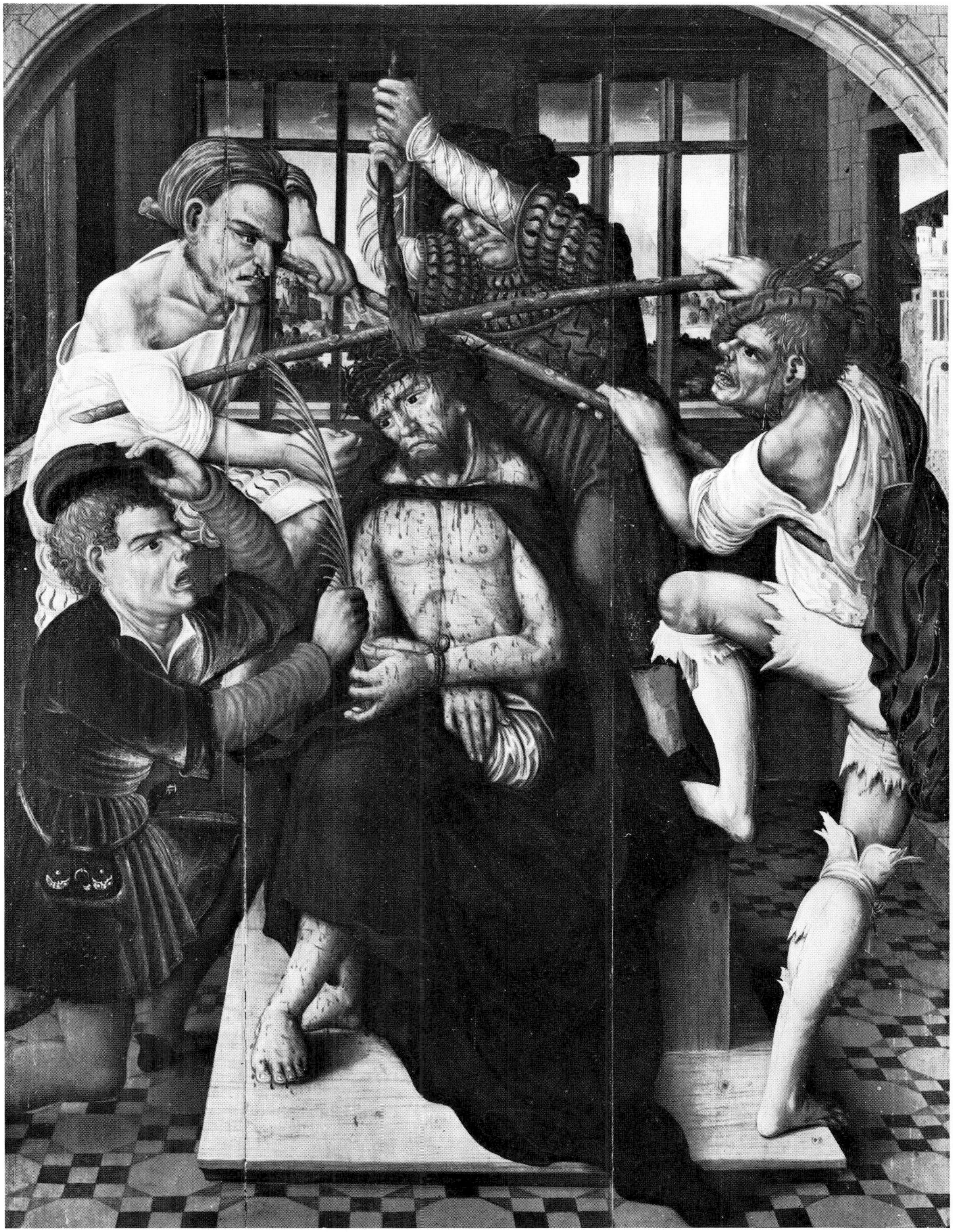

423–428 Die Knechte des Scharfrichters wurden in der religiösen Kunst meist als rohe, primitive Männer dargestellt:

423 Ausschnitt aus einem Flügelbild von Stephan Lochner (1410–1451), Das Martyrium des hl. Bartholomäus. Frankfurt a. M., Städelsches Kunstinstitut

424, 427 Ausschnitte aus: Augsburger Maler, Martyrium des hl. Erasmus. Um 1520. Graz, Landesbildergalerie

425 Ausschnitt aus: Geißelung Jesu Christi. Miniatur im Psalterium. Thüringisch-sächsische Schule. Um 1235. Berlin, Kupferstichkabinett

426 Ausschnitt aus: Hans Borneman (gest. 1474), Heiligentaler Altar. Hannover, Landesgalerie

428 Ausschnitt aus: Meister des Halepagenaltars, Verspottung Christi. Um 1510. Hannover, Landesgalerie

429–431 Die Darstellung der Knechte des Scharfrichters in der religiösen Kunst:
429 Ausschnitt aus einem Flügelbild von Stephan Lochner (1410–1451), Das Martyrium des Johannes d. Evangelisten. Frankfurt a. M., Städelsches Kunstinstitut
430 Ausschnitt aus: Legende des hl. Vitus. Gotischer Flügelaltar in Krantnig bei Lind o. Velden/Österreich. Klagenfurt, Landesmuseum
431 Ausschnitt aus: Martyrium des hl. Veit. Spätgotisches Tafelbild. Kloster Mödingen bei Dillingen

432 Dem Scharfrichter von Chur/Graubünden gelingt im Jahre 1575 wegen Trunkenheit die Enthauptung eines Diebes nicht, nachdem er bereits bei zwei anderen Missetätern versagt hat: er hat sie einige Male am Oberkörper getroffen. Nun versucht er, sogleich den Kopf des Hinzurichtenden abzuschneiden. Die Zuschauer sind über dieses Vorgehen empört und beginnen, ihn mit Steinen zu bewerfen. Der Richter zu Pferde weist nur auf die beiden mißhandelten Leichen hin, greift selbst zum Schutz des Scharfrichters nicht ein. So findet dieser den Tod. Aquarell in der Nachrichtensammlung des J. J. Wick (1560–1587). Zürich, Zentralbibliothek ▷

433 Die frühere Zeit war in der Vielfalt der Strafen überaus erfinderisch. Denn stets war deren Vollzug ein Fest für die Zuschauer. Dies galt auch für die Strafe des Wippens, die das Soester Nequambuch des 14. Jhs. vorsah und bildlich darstellte. Der kahlgeschorene Missetäter, vielleicht ein Garten- oder Felddieb, dessen Namen mit »Lambertus Sanikelenhovet« angegeben ist, fliegt – von den Stockknechten mit kräftigem Schwung hochgeschleudert – zum Spott der Zuschauer über den »großen Teich« von Soest. Gleich wird er im Wasser versinken und unter dem Gelächter der Umstehenden versuchen, sich ans Ufer zu retten. – Diese Strafe wurde in etwas abgewandelter Form an der gleichen Stelle noch bis 1780 vollzogen.
Soest, Stadtarchiv

Die Strafen

434 *Eine mit ihrem Ehemann wegen ihres evangelischen Glaubens im Jahre 1567 in den Niederlanden gehängte Frau gebar nach vier Stunden am Galgen zwei lebende Söhne. Zeichnung in der Nachrichtensammlung des J. J. Wick (1560–1587). Zürich, Zentralbibliothek*

Die Darstellung der Strafen kann in vielen Punkten an bereits Gesagtes anknüpfen, auch viele Abbildungen haben bereits den Vollzug fast aller dieser Sanktionen vor Augen gestellt. So braucht im Folgenden nur eine Zusammenfassung der wichtigsten Strafen gegeben zu werden, ohne nochmals auf allgemeine Hintergründe eingehen zu müssen[1]. Überhaupt nicht behandelt wird die Frage nach dem Alter der einzelnen Strafen, es wird von dem Strafensystem ausgegangen, wie es uns nach den Landfrieden (und der Einführung des Scharfrichters) entgegentritt, und zwar nicht so sehr in den geschriebenen Vorschriften, als vielmehr in der praktischen Lebenswirklichkeit. Ausführlich ist schon erwähnt worden, daß selbst ausdrückliche Bestimmungen im Einzelfall nicht eingehalten wurden, sondern daß man »nach Gestalt der Sache« und »nach Gelegenheit« individuell entschied (bzw. daß oft auch ein bereits festgelegtes Urteil im Wege der Gnade noch verändert und aufgehoben werden konnte). Manche Stadtrechte und dörfliche Weistümer gewährten überhaupt dem Rat bzw. dem Grundherrn eine »arbiträre Strafgewalt«, d.h. der Täter fiel in des Rates/des Grundherrn Ungnade und durfte nach dessen Willkür bestraft werden. Erst der erstarkende Territorialstaat band auf seinem Wege zum absoluten Staat den Richter in immer stärkerem Maße an genaue festgelegte Tatbestände und Strafdrohungen des Gesetzes.

Spiegelnde Strafen

Die Freiheit in der Bestimmung der Strafe ermöglichte es dem Gericht, eine unmittelbare individuelle Verbindung von Missetat und Strafe herzustellen, die man als »Spiegelung« bezeichnet. Der Grund für diese »spiegelnde Strafe«[2] war das Talionsprinzip (Auge um Auge), zusammen mit dem Gedanken, jede einzelne Verletzung der göttlichen Ordnung zu sühnen bzw. sühnen zu müssen; damit wird ersichtlich, daß sie trotz der oft altertümlich erscheinenden Form eine christliche »Erfindung« unter Einfluß des Alten Testamentes war.

Ein Urteil aus dem Jahre 1665 über einen Hexenmeister zeigt, daß die Sanktion bis ins einzelne das Verwerfliche der Missetat spiegeln sollte. Es wurde entschieden, »daß der Malefikant von peinlichem Recht wegen folgendermaßen gestraft werde: daß er wegen der fünfmaligen Verunehrung des hochheiligsten Gutes (der Hostie) an fünf verschiedenen Orten in- und außerhalb der Stadt mit glühenden Zangen gerissen werde; danach lebendig auf den Scheiterhaufen gesetzt und durch das Feuer vom Leben zum Tod hingerichtet werde; und weil dieser Malefikant mit seinen Füßen den allmächtigen Gott selbst getreten und auf das Höchste verunehrt hat, soll man ihm noch vorher, ehe der Körper auf den Scheiterhaufen gesetzt wird, durch das Rad beide Füße entzweistoßen«[3]. Schon daraus wird ersichtlich, daß oft mehrere Todesstrafen kombiniert wurden.

Auch die näheren Modalitäten der Hinrichtung selbst sollten spiegeln: Eine Frau, die mit einem Strohwagen Feinde in die Stadt geführt hatte, wurde auf eben diesem Wagen verbrannt. Nach dem Sachsenspiegel sollte der nächtliche Gras- und Holzdieb nicht mit dem Strick, sondern mit der Weide gehängt werden. Man hing dem Verurteilten oft auch das Tatwerkzeug oder ein Beutestück um, wenn man ihn hinrichtete; der Sodomit wurde auf das von ihm gebrauchte Tier gelegt und beide verbrannt, Ehebrecher wurden oft aufein- 198
ander gelegt und dann gepfählt. Häufig war auch der Ort der Hinrichtung der Tatort.

Dabei ist stets zu bedenken, daß über den Sinn, die Missetat durch die Strafe in allen Einzelheiten zu sühnen, hinaus die spiegelnde Strafe den Zweck der Volkserziehung und auch der Unterhaltung erzielte[4]: Die Überwindung des Bösen in Tat und Täter wurde in grausiger Einzelheit augenfällig erlebt.

Erhängen

»Den Dieb soll man hängen!« Diese Bestimmung des Sachsenspiegels – illustriert am Erhängen eines jüdischen Hehlers – betrifft die häufigste Missetat (allerdings nur in erschwerten Fällen) und daher die am häufigsten vollzogene Todesstrafe, die auch Mordbrenner, Münzfälscher und schwere Räuber traf. Oft hingen mehrere Missetäter nebeneinander an den zahlreichen Galgen oder Bäumen, bis sie herabfielen, d.h. bis die Stricke oder sie selbst verfaulten. Das Verbot, Gehängte zu begraben, war Folge der Schimpflichkeit dieser Strafe: sie galt als »unehrlich« wie die meisten Todesstrafen (mit der großen Ausnahme der Enthauptung).

Das Hängen – »das Richten mit trockener Hand«, da der Tod hier auf unblutige Weise, meist durch Ersticken, eintrat – war vorwiegend Männerstrafe. Als Grund wird gerne angegeben, daß man die Frauen den entehrenden Blicken unter den Rock nicht aussetzen wollte[5]. Aber solche allgemeinen Aussagen sind für diese frühere Zeit immer gefährlich: im Kampf gegen das landschädliche Gesindel war man nicht so genau. Es sind durchaus Hinrichtungen durch den Strick auch von Frauen überliefert. So hat Rembrandt zwei Darstellungen einer Frau am Galgen gezeichnet. Aber noch mehr: Wick berichtet sogar vom Erhängen einer hochschwangeren Frau, die – am Galgen hängend – noch Zwillingen das Leben schenkte. Da- 434
bei überliefert der Sachsenspiegel die alte Rechtsregel, daß schwangere Frauen nicht »höher als zu Haut und zu Haar« gestraft werden dürften! Ebenso vorsichtig muß man bezüglich des alten Aberglaubens sein. Oft wurden bestimmte Regeln ohne jedes Sinnverständnis angewendet, weshalb sie schließlich auch leicht verfallen konnten. So

war der Gehängte, wie bereits berichtet wurde,
132 anfangs sicherlich nackt; später ist davon nichts
mehr zu finden, oft durfte der Missetäter in seinen
eigenen Kleidern, aus Gnade auch im Festtagsge-
440 wand, sterben.

Über den Standort des Galgens – nur im Hand-
haftverfahren, im Verfahren der Feme, nach krie-
gerischen Auseinandersetzungen oder im Ver-
laufe einer »Verbrecherjagd« hing man die Misse-
täter einfach an den nächsten Baum – wurde schon
berichtet. Er stand nicht nur aus Aberglauben
oder zur Abschreckung so weit sichtbar auf dem
»Galgenberg«, sondern man war auch stolz auf
ihn: war er doch Zeichen für das Recht, die »Hals-
gerichtsbarkeit« auszuüben. Man erbaute deshalb
gewaltige Galgen, die mehrere Stockwerke und
446 Plattformen hatten – wie z.B. in Lübeck[6] oder
Berlin – und deren Querbalken auf starken Säulen
ruhten, weshalb bis zu zwanzig Menschen gleich-
zeitig aufgehängt werden konnten. Je höher einer
dann hing, desto schwerer war seine Missetat ge-
wesen. Manche Städte hatten mehrere Galgen, ei-
nen für »Erzgauner«, den anderen niedrigeren
und einfacheren für die kleinen Missetäter.

Für die Inszenierung einer Hinrichtung begnügte
man sich nicht immer mit dem schon vorhandenen
Galgen. Bei aufsehenerregenden Prozessen er-
richtete man besondere Galgen, die z.B. – wie
etwa für die Hinrichtung eines betrügerischen Al-
444 chemisten – mit Goldblättchen überzogen wurden
(was als Zeichen einer spiegelnden Strafe zu sehen
ist) oder an die man den Verurteilten, wie etwa
445 den »Jud Süß« Oppenheimer[7], in einem eisernen
Käfig aufhing und aussetzte.

Der Galgenformen waren viele[8]. Man muß wohl
auch den Baumast dazuzählen, der sicherlich zu-
erst für das Hängen verwendet wurde. Eine ältere
435, 494 Form stellte der Gabelgalgen dar, bei dem der
Querbalken auf zwei Astgabeln, die in den Boden
eingegraben wurden, gelegt war. Bei den anderen
einfachen Formen ist strittig, welche früher anzu-
437 setzen ist. Häufig wird der T-förmige Galgen ge-
nannt, dessen Gestalt an das Kreuz erinnert, aber
188, 436 auch der Kniegalgen (auch Schnabelgalgen,
Schnapp-, Schnellgalgen, Galgen »mit einem
Arm«, halber Galgen bezeichnet), weil er unmit-
telbar aus dem Baumast hervorgegangen sei.
Letzterer wurde noch später vorwiegend bei Ju-
den verwendet, die man obendrein oft an den Fü-
121, 122 ßen und zusammen mit Hunden aufhängte, oder
dann eingesetzt, wenn man den Gehängten zu-
sätzlich verbrennen wollte. Die verbreitetste spä-
tere Form war – auch wegen der Haltbarkeit – der
178, 180, 434, 438 »zweistempelige«, »zweibeinige«, »zweischläfri-
ge« Galgen, anfangs aus Eichenholz bestehend,
dann aus gemauerten Säulen, auf die man Holz-
balken oder Metallstangen legte. Viele sind heute
– oft unerkannt – noch mit ihren Steinsäulen er-
491 halten, wie z.B. in Wörth am Main. Sehr häufig
findet man auch Reste des dreibeinigen, »drei-
schläfrigen«, »dreistempeligen« Galgens, oft mit
einem Steinfundament versehen, obwohl diese 113, 439, 492, 493
Galgenform recht aufwendig war. Noch gewalti-
gere Galgenbauten konnten sich nur große und
reiche Städte leisten, so wurde über die echten
»Galgenhäuser« in Lübeck oder Berlin bereits be- 440, 441
richtet. Der Nürnberger Galgen trug einen äuße-
ren verlängerten Balken, der daher wie ein Knie-
galgen aussah, an den vorwiegend Juden aufge-
hängt wurden. Diese Konstruktion kam auch bei
kleineren Galgen vor.

Gehängt wurde mit einem ursprünglich besonders
zurechtgemachten Strick, auch mit einem Seil,
häufig mit einer Kette. Der Leichnam sollte ja am 441
Galgen hängend allmählich verfaulen, was eine
besondere Haltbarkeit des dabei verwendeten
Werkzeugs voraussetzte. Außerdem konnte man
mit dem Gebrauch der Kette das – bedeutungs-
volle – Reißen des Strickes vermeiden. Allerdings
dauerte es dann sehr lange, bis der Gehängte
starb, da sich die Kette nicht zuzog. Am schnell-
sten tödlich wirkte die Weidenrute, die manchmal
für Felddiebe verwendet wurde.

Die Hinrichtung selbst konnte in verschiedener
Weise durchgeführt werden. Man warf entweder
das Seil über den Querbalken, legte die Schlinge
um den Hals des Verurteilten und zog ihn dann
hoch; oder man ließ ihn eine Leiter hinaufsteigen,
stieß ihn dann hinab oder zog die Leiter weg; auch
kletterte der Scharfrichter bzw. sein Knecht die
Leiter empor und zog den Verurteilten hinauf,
was freilich große Kraft erforderte. Gelegentlich
verwendete man eine Doppelleiter, auf die sowohl
der Henker als auch der Hinzurichtende zu klet-
tern hatten und von der letzterer dann hinabge-
stoßen wurde. Berichte über »schlechtes« Richten
sind nicht allzu häufig, obwohl der Tod oft erst
nach längerer Zeit durch Ersticken eintrat. Trotz-
dem gab es vereinzelt Versuche einer rationelle- 443
ren Methode.

Das Hängen konnte durch bestimmte Begleit-
maßnahmen, z.B. Aufhängen an den Füßen, er- 121
schwert, auch mit anderen Todesstrafen, z.B. mit
Verbrennen, wobei dann ein Scheiterhaufen unter 128
dem Galgen errichtet und angezündet wurde,
kombiniert werden.

Ein besonderer Galgen wurde für Strafen ver-
wendet, die nicht zum Tode führen sollten. So
wurden mancherorts Straßendirnen oder Wild-
und Krebsdiebe im Wiederholungsfall an ihren
auf den Rücken gebundenen Handgelenken auf
dem sogenannten »Wippgalgen« – meist ein sehr 442
hoher, schlanker Kniegalgen – hochgezogen und
dann fallengelassen, was zu einem schmerzhaften
Sturz und zu Verletzungen führen mußte. Man
konnte den Fall auch kurz vor dem Boden stop-
pen, was ein Auskugeln der Arme bewirkte, und
das Ganze beliebig oft wiederholen[9].

Enthaupten

Die »ehrliche« Todesstrafe war die Enthauptung,

435 △ 439 ▽

436 △ 440 ▽ 437 △ 441 ▽ 438 △ 442 ▽

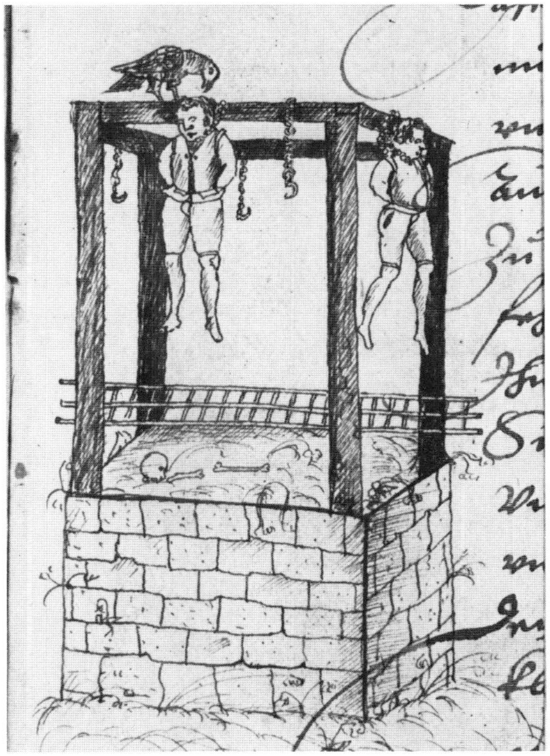

435–442 Verschiedene Galgenformen:
435 Gabelgalgen. Ausschnitt aus der Christ-Herre-Chronik, 14. Jh.
Wien, Österreichische Nationalbibliothek
436 Kniegalgen. Ausschnitt aus einem Flugblatt über die Hinrichtung eines jüdischen Diebes 1642 in Wien.
Nürnberg, Germanisches Nationalmuseum
437 T-förmiger Galgen. Zeichnung in der Nachrichtensammlung des J. J. Wick (1560–1587).
Zürich, Zentralbibliothek
438 Zweistempeliger Galgen. Ausschnitt aus einer Miniatur in der Prosafassung der Reimchronik des Rudolf von Ems, 1422.
Augsburg, Staats- und Stadtbibliothek
439 Dreistempeliger Galgen. Federzeichnung im Urfehdebuch der Stadt Nördlingen, 16. Jh.
Nördlingen, Stadtarchiv
440 Vierstempeliger Galgen. Zeichnung in der Nachrichtensammlung des J. J. Wick (1560–1587).
Zürich, Zentralbibliothek
441 Vierstempeliger Galgen. Zeichnung im Nürnberger Malefizurteilsbuch vom 22. 11. 1586 (Amts- und Standbuch Nr. 223).
Nürnberg, Staatsarchiv
442 Wippgalgen. Ausschnitt aus einer Radierung in: »Curicke, Der Stadt Dantzig historische Beschreibung«, 1687.

443 △

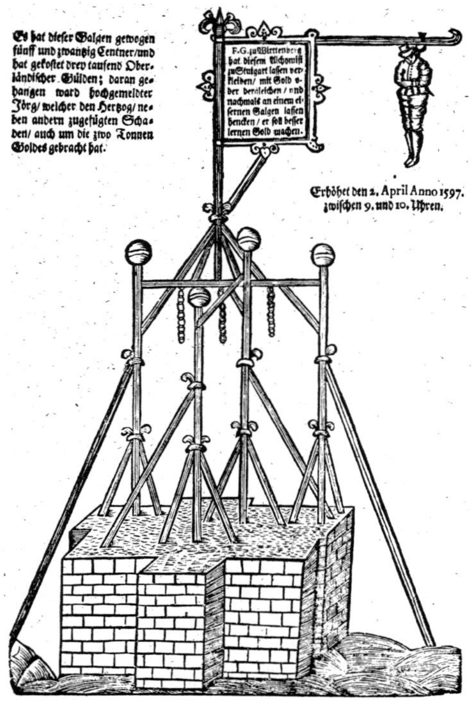

444 △

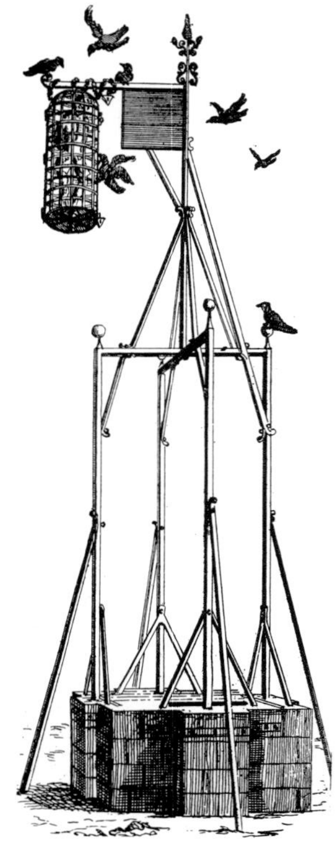

446 ▽

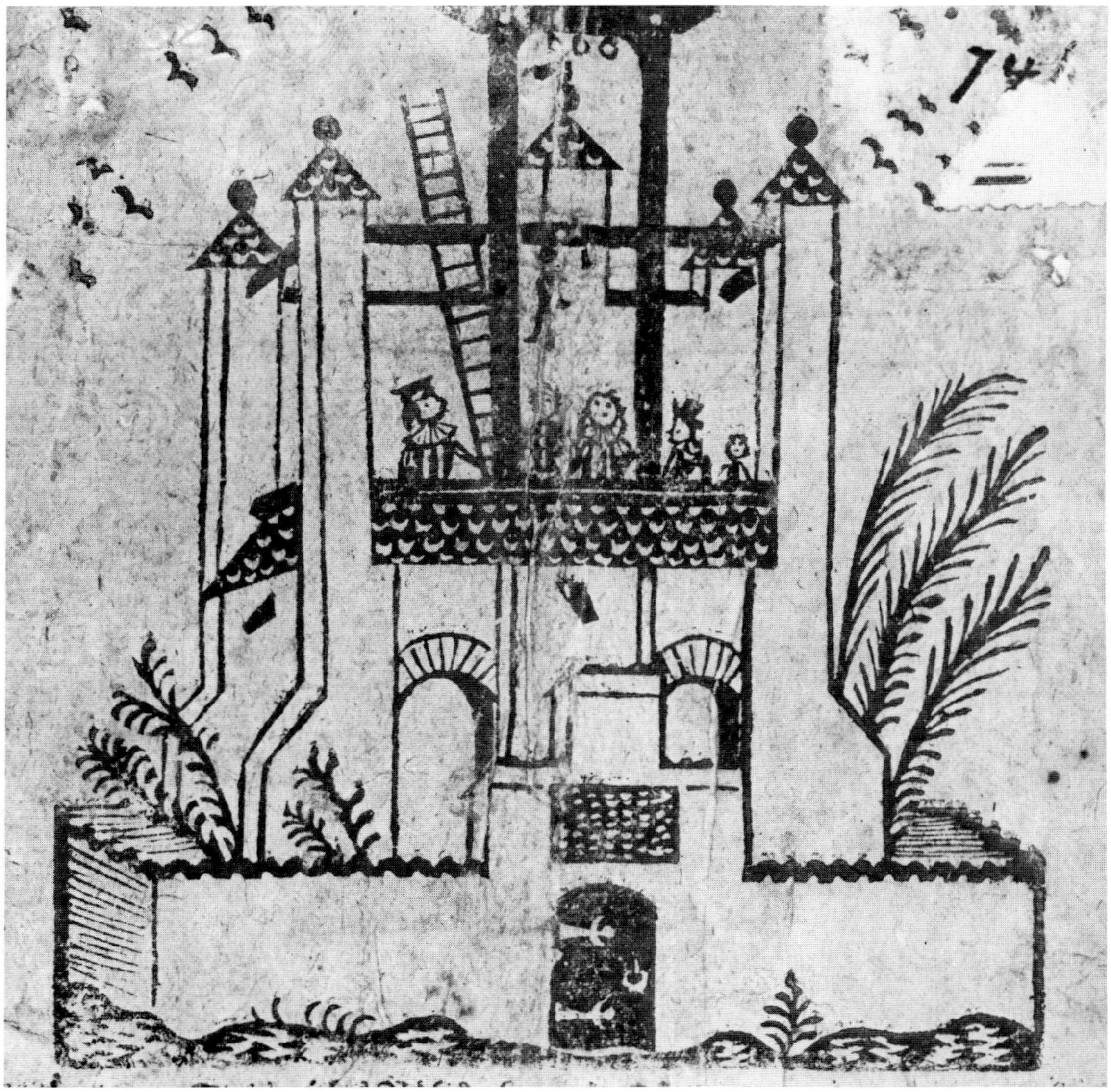

443 Hinrichtung des Johannes Vetter 1777 im Zuchthaus Buchloe mit Hilfe einer Hängemaschine. Zeitgenössischer Kupferstich.
Nürnberg, Germanisches Nationalmuseum

444 Der besondere Galgen für den betrügerischen Goldmacher Jörg Hanower 1597, der – als Ausdruck der spiegelnden Strafe – mit Goldplättchen überzogen war. Zeitgenössischer Holzschnitt.
Nürnberg, Germanisches Nationalmuseum

445 Der besondere Galgen (mit eisernem Gestell und einem Käfig) für Jud Süß Oppenheimer 1738. Zeitgenössisches Flugblatt.
Nürnberg, Germanisches Nationalmuseum

◁ *446 Hinrichtung am Galgen von Lübeck. Aus einer Handschrift des 18. Jhs.*
Lübeck, Museum für Kunst und Kulturgeschichte

Gegenüberliegende Seite:
447 Enthaupten durch das Fallbeil. Holzschnitt über das Martyrium des hl. Matthias in den »Martern der Apostel« von Lucas Cranach d. Ä. Um 1512.

448 Enthaupten durch das Schwert unter Verwendung eines eigenen Enthauptungsstuhls. Kolorierte Zeichnung in Wolf Neubauers handschriftlicher Chronik von Nürnberg, 17. Jh.
Nürnberg, Stadtarchiv

449 Enthaupten durch eine Köpfmaschine in Paris. Konstruktionszeichnung des 18. Jhs.
Nürnberg, Germanisches Nationalmuseum

450 Enthaupten durch Barte (Beil) und Schlegel. Ausschnitt aus einem gotischen Flügelaltar, 1510.
Milbertshofen bei München, Pfarrkirche St. Georg

447 △ 448 ▽

449 ▽ 450 ▷

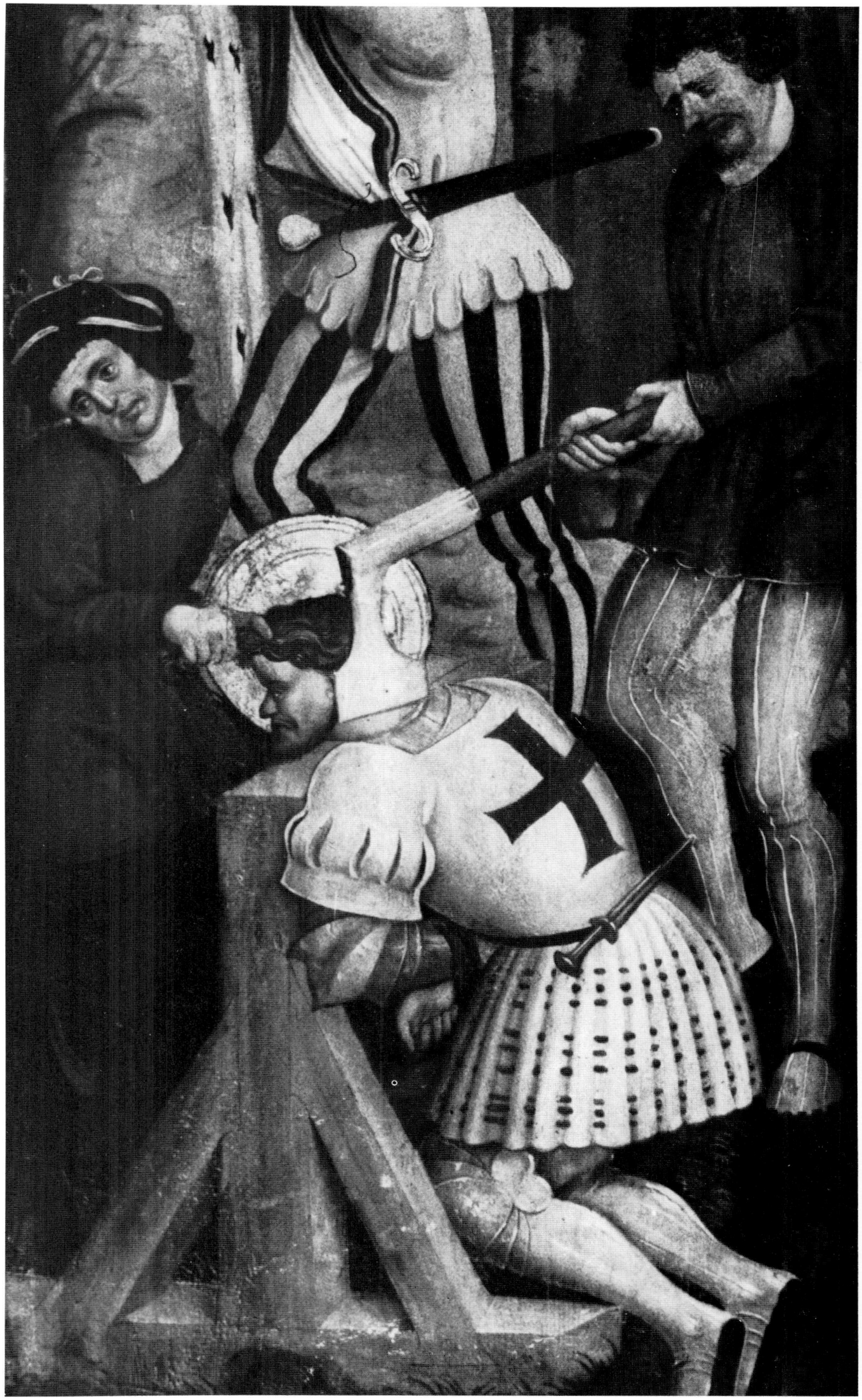

die Strafe für Totschlag und Raub vor allem und –
im Wege der Gnade – grundsätzlich für jede an-
dere Missetat. Sie war die schwierigste Aufgabe
104, und daher die erregendste Tätigkeit des Scharf-
105, 192, richters. Er mußte das schwere Richtschwert
196, 228, beidhändig führen und, um Schwung zu bekom-
230, 233, men, mit einer zusätzlichen Körperdrehung den
453 Delinquenten von hinten treffen, so genau, daß er,
wie eine alte Formel umschreibt, »ihm soll ab-
hauen sein Haupt und aus ihm in einem Schlag
zwei Stücke machen, daß zwischen Haupt und
Leib mag passieren frei ein Wagenrad«[10]. Der
Verurteilte kniete meist vor ihm, oft mit gefalteten
Händen, manchmal mit einer Binde um die Au-
gen, eine Haltung, die heute wohl nicht mehr
nachvollziehbar erscheint. Sie war auch damals
nicht allen möglich, vor allem nicht, wenn die De-
linquenten durch die Folter geschwächt waren.
Deshalb benötigte man manchmal einen eigenen
184 »Vorführer«, meist einen Knecht des Scharfrich-
ters, der den Kopf des Verurteilten bei den Haa-
ren hoch- und festhielt, was aber bei einem Fehl-
schlag durchaus ein gefährliches Geschäft sein
konnte. Auch band man den Hinzurichtenden auf
97, einen eigenen Richtstuhl, der meist wie ein Bau-
448 ernsessel aussah, nur eine auffallend niedere
Lehne mit herzförmigem Ausschnitt hatte. Es gibt
daneben Berichte über Enthauptungen im Stehen,
die teils als Bravourstücke des Scharfrichters ge-
dacht waren und gelobt wurden, teils auch deshalb
erfolgten, um den Verurteilten überraschend zu
töten[11]. Sehr selten war das Enthaupten eines an
den Füßen aufgehängten Missetäters.
Dieses »Richten mit blutiger Hand« geschah also
durch das Richtschwert. In früheren Zeiten, als es
noch keinen berufsmäßigen Scharfrichter gab[12],
enthauptete meist der siegreiche Kläger selbst mit
450 Barte (Beil) und Schlegel. Der Verurteilte mußte
seinen Hals auf einen Block legen, das Beil wurde
darübergehalten und mit einem Schlegel ein
Schlag ausgeführt. Später verwendete man auch
die »Diele« (»Dille«, »Planke«), ein brettartiges
447 Instrument, das sogar als Fallbrett ausgebaut
wurde und damit als Vorstufe der Guillotine ange-
498 sprochen werden kann. Richtblock und Beil ka-
men auch später noch zur Anwendung, ja es gab
449 vereinzelt sogar Versuche, eigene »Köpfmaschi-
nen« zu konstruieren.
Hinrichtungsort war manchmal der Galgenplatz,
70, sehr häufig wurde eine eigene »Enthauptungs-
71, 74, statt«, z.B. ein Schafott oder ein »Rabenstein«,
231 errichtet. Man enthauptete auch am Tatort, fast
immer aber im Freien. Nur ausnahmsweise wurde
diese Art der Hinrichtung in einem geschlossenen
400 Raum durchgeführt, aus Gnade manchmal auch
auf Samt oder auf einem Teppich.

92, 95,

142, 179, *Rädern*

189, 190, 197 Die wohl qualvollste Todesstrafe war das Rädern,
das »Radebrechen«, das in zwei Schritten an
Mördern und Räubern, meistens Männern, voll-
streckt wurde.
Zunächst wurden dem nackten Verurteilten die
Knochen zerschlagen. Dazu legte man ihn auf den 452,
Rücken und befestigte ihn mit ausgestreckten 453
Gliedmaßen am Boden; dann brachen ihm der
Scharfrichter oder sein Knecht mit wuchtigen
Schlägen mittels eines Wagenrades, für das 499
manchmal eine bestimmte Anzahl von Speichen
vorgeschrieben war (was freilich nicht immer ein-
gehalten wurde), die Knochen. Es war üblich, als
Gegenpol unter die Gelenke Hölzer mit scharfen
Kanten, die sogenannten Krammen, Krippen oder 499
Brecheln, zu legen. Später gab es auch eigene Vor- 455
richtungen, in die der Hinzurichtende eingespannt
werden konnte. Um die Wucht zu erhöhen, erhielt
das Rad meist an einer Stelle eine eiserne Kante.
Sinn der Schläge war nur das qualvolle Zerschla-
gen der Knochen, nicht die Herbeiführung des
Todes. Daher begann man auch von unten her zu
stoßen, wofür ein genauer Rhythmus und auch die
Anzahl der Schläge im einzelnen vorgeschrieben
waren. Es wurde bereits als Gnade betrachtet,
wenn der Vollstrecker als letzten Akt auf den Hals
oder die Herzgegend des Verurteilten zielte und
ihn so tötete. Als besonderer Gnadenakt konnte
angeordnet werden, daß der erste Stoß oben ange-
setzt werden sollte, um so sofort den Tod herbei-
zuführen. Im Regelfall aber war davon auszuge-
hen, daß der am Boden Festgespannte die Schläge
überlebte. Er sollte erst auf dem Rad sterben.
Mancherorts wurde dieser erste Akt des Räderns
variiert. So band man z.B. den Verurteilten auf
ein Kreuz und zerschlug ihm dann die Knochen,
manchmal befestigte man ihn sogleich auf dem
Rad und schlug mit Beil oder Schlegel zu. 451
Nunmehr folgte der zweite Akt. Der geschundene
Körper wurde auf ein oft anderes, vielleicht schon
für ähnliche Zwecke gebrauchtes Rad gelegt und
regelrecht mit den gebrochenen Gliedern in die
Speichen eingeflochten, zumindest daran festge- 496
bunden. Anschließend wurde das Rad auf einen
Stock oder Pfahl gesteckt und aufgestellt. Der 454
Verurteilte war dann – ähnlich dem Gehenkten –
dem Wind und den Tieren ausgesetzt, und es dau-
erte oft Tage, bis er endlich sterben konnte. Wie- 182
derum konnte gnadenhalber der Tod beschleunigt
werden: Der Scharfrichter durfte etwa den aufs
Rad Geflochtenen enthaupten oder erdrosseln, 114
manchmal errichtete man sogar einen kleinen
Galgen auf dem Rad, was freilich auch eine Straf- 456
verschärfung darstellen konnte, wenn z.B. der
Hingerichtete zusätzlich Dieb gewesen war. Unter
dem Rad zündete man auch einen Scheiterhaufen 126
an oder warf das Rad mit dem Verurteilten selbst
in das Feuer.
Hinrichtungsort war meist der Galgenplatz. Dort
wurde das Rad aufgerichtet und ergänzte so das
schaurige Bild der Hochgerichtsstätte. Das Rä-
dern galt wie auch das Hängen als schimpfliche
Strafe, auch hierbei durfte der Leichnam des Hin-

451 Rädern durch Zerschlagen der Knochen des auf ein Rad gebundenen Verurteilten mit einem Schlegel. Radierung in: »Les Misères et les malheurs de la guerre« von Jacques Callot, Paris 1633.

452 Rädern in der »klassischen« Form. Holzschnitt in der Schweizer Chronik des Johann Stumpf (Ausgabe Augsburg 1586).

*453 Rädern eines Räubers 1373. Zeichnung in der Spiezer Chronik des Diebold Schilling d. Ä., 15. Jh.
Bern, Burgerbibliothek*

*454 Der auf das Rad gebundene, noch lebende Mörder Dückeli wird auf eine Stange gesetzt und aufgerichtet. Miniatur in der Luzerner Chronik des Diebold Schilling d. J., 1513.
Luzern, Bürgerbibliothek*

*455 Rädern des Matthias Klostermeyer, genannt »Bayrischer Hiasl«, 1771, unter Verwendung einer besonderen Vorrichtung zum Einspannen des Leibes. Ausschnitt aus einem zeitgenössischen Flugblatt.
Nürnberg, Germanisches Nationalmuseum*

*456 Errichtung eines Galgens auf dem aufgestellten Rad als Straferschwerung für den 1605 hingerichteten Mörder Friedrich Kersten. Ausschnitt aus einem zeitgenössischen Flugblatt.
Nürnberg, Germanisches Nationalmuseum*

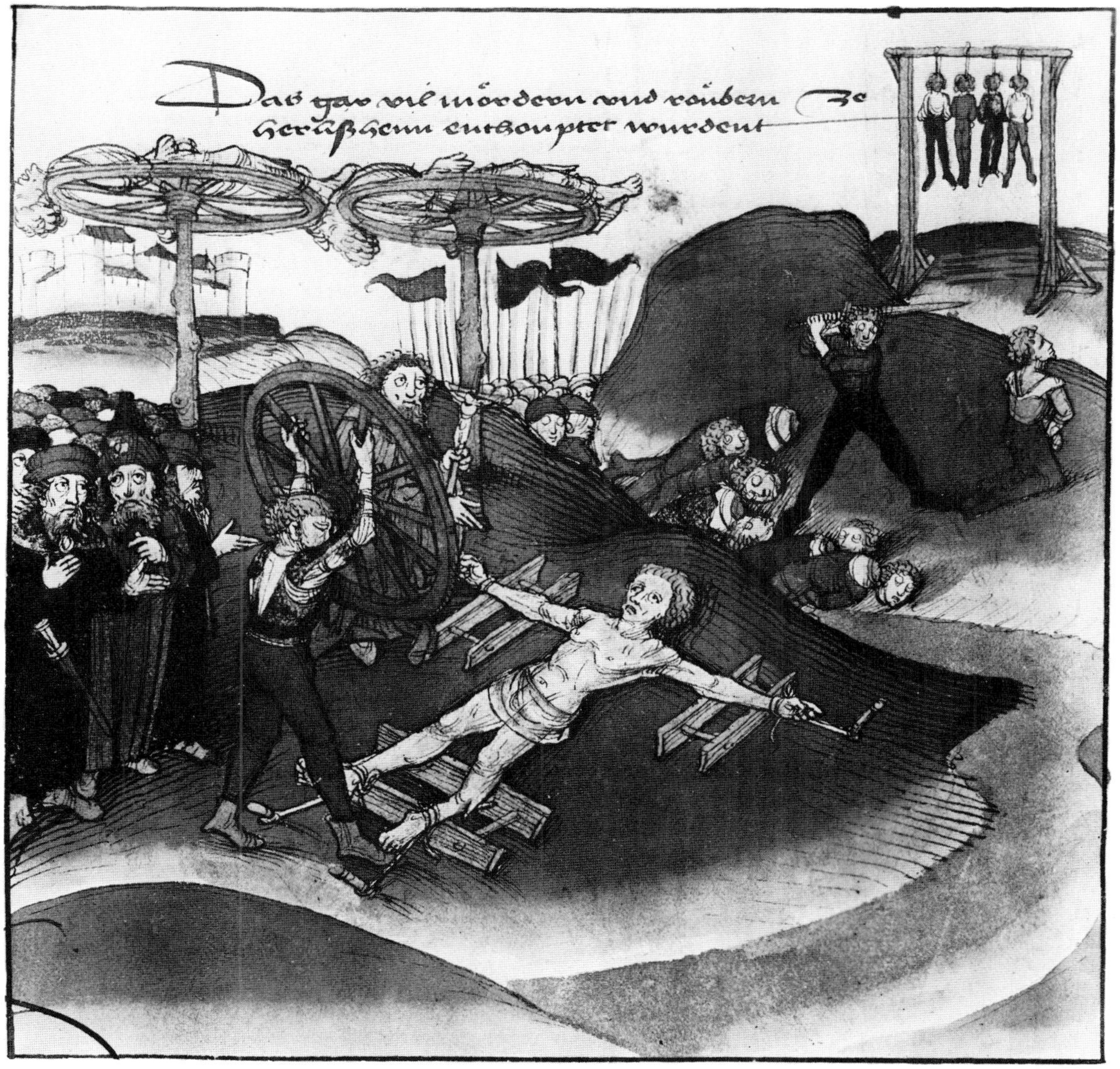

453 △ 454 ▽

455 △ 456 ▽

gerichteten nicht abgenommen und begraben werden.

Es ist fast unvorstellbar, aber glaubwürdige Quellen berichten davon, daß manche sogar diese Qualen überlebt haben. Sie fielen z.B. vom Rad und durften dann, weil dies als Eingreifen Gottes interpretiert wurde, gepflegt werden, vielleicht nahmen sie Angehörige oder Freunde auch heimlich vom Rad. Zudem gab es Bücher über die beste Behandlung solcher Schwerverletzten, was auch darauf hindeutet, daß diese Fälle nicht allzu selten
20–22 waren[13]. Einige Votivbilder geheilter Geräderter zeigen den Erfolg einer solchen Behandlung. An der Roheit jener Hinrichtungsart kann dies freilich nichts ändern.

Verbrennen

Im Zusammenhang mit den Hexen ist die Hinrichtungsart der Verbrennung bekannt geworden. In
94, 186, 193 der Tat war »das Setzen auf der Rost« die hauptsächliche Todesstrafe für Zauberei, Ketzerei, schwere Unzucht, Sodomie und – als spiegelnde Strafe – für Brandstiftung und Mordbrand, und zwar für Männer und Frauen.

Das Verbrennen war eine Strafe, deren Sinn nicht nur in der Herbeiführung des Todes lag. Es sollte der Leichnam zu Asche verbrannt und damit jede Erinnerung ausgemerzt werden. Sicherlich spielten dabei abergläubische Vorstellungen vom reinigenden Wesen des Feuers eine bedeutende Rolle[14]. Deshalb wurde das Verbrennen auch als Bestrafung des bereits Toten vollstreckt, machte sie doch jede Beerdigung unmöglich, zumal die Asche in den Wind gestreut oder in den Fluß geworfen wurde.

Erst dieses Zerstreuen der Asche bedeutete die Beendigung jener Hinrichtungsart.

Wegen solcher Zielsetzung war es aber ebenso durchaus vereinbar, den Tod schon vorher auf andere Weise als durch das Verbrennen herbeizuführen; dies wurde gnadenhalber gelegentlich zugebilligt, manchmal mit Selbstverständlichkeit ausgeführt. Meist wurde der Verurteilte vom
463 Scharfrichter oder seinem Gehilfen erdrosselt, wobei aus Abschreckungsgründen oft heimlich vorgegangen wurde, damit das Publikum nichts davon merken sollte. Manchmal hing man dem Verurteilten auch ein Säckchen mit Pulver um den Hals oder in der Herzgegend um den Leib, um durch die Explosion den Tod (zumindest durch Ersticken) herbeizuführen[15].

Die Hinrichtung durch das Feuer vollzog sich in verschiedener Form. Der Verurteilte wurde stehend oder sitzend mit Stricken oder Ketten an einen hölzernen oder steinernen Pfahl, um den der
457 Scheiterhaufen aufgebaut war, gebunden oder auch geschmiedet; oder man legte ihn gebunden, vielleicht nach vorheriger qualvoller Behandlung,
458 auf den brennenden Scheiterhaufen bzw. auf einen glühenden Rost. Zuweilen wurde der Hinzurichtende in eine Grube gesteckt, in der man dann 462
das Feuer anzündete, oder er wurde auf eine Leiter gebunden und mit dieser ins Feuer gestoßen. 459
Man errichtete auch auf dem Scheiterhaufen eine kleine Hütte oder schichtete das Holz bereits in 460, 461
dieser Form auf und zündete es dann an, wodurch der Tod meistens durch Ersticken eintrat, sofern man nicht überhaupt die Hütte zu unbemerktem Erdrosseln ausnützte. Oft ist jedoch bei derartigen Berichten fraglich, wie weit darin bloße Phantasie ausgelebt wurde, wie z.B. in jenem, wonach 1718 in der Nähe von Köln eine »Hexenkönigin« auf ein hohles Eisenpferd, worin ein Feuer gebrannt habe, geschmiedet und drei Stunden lang zu Tode geröstet worden sei[16].

Dagegen ist sicher, daß das Verbrennen oft zum Tod durch Ersticken geführt hat und auch – als Gnadenakt – führen sollte. Mancherorts entstand daraus eine besondere Vollstreckungsart, das sogenannte Schmäuchen, das z.B. in Hamburg bei Brandstiftern Anwendung fand. Der Verurteilte wurde dabei an einen Pfahl gebunden, über seinen Kopf wurde eine Tonne gestülpt und befestigt; dann zündete man zu seinen Füßen nasses Stroh an. Der aufsteigende Rauch sammelte sich in der Tonne und führte nach drei bis vier Stunden zum Erstickungstod.

Hinrichtungsort war sowohl der Galgenplatz oder ein anderer Ort außerhalb der Stadtmauer als auch der Marktplatz oder sonst ein belebter Platz in der Stadt. Vor allem die Scheiterhaufen der Hexen loderten überall. Verwendung fanden dabei in der Regel Scheiterhaufen aus Holz, das man zurechtschnitt und sachgemäß trocknete, manchmal auch Weidenruten und Strohballen, die sogar zu den erwähnten Hütten zusammengestellt werden konnten. Angezündet wurde meist mit einer Fackel. Um das Feuer lebendig zu halten, bediente man sich eines Blasebalgs oder goß oder 193
spritzte brennbare Flüssigkeit in die Flammen.

Ertränken

Ähnlich dem Feuer wurde und wird dem Wasser 183, 191
eine besondere reinigende Kraft zugesprochen[17]. Jedenfalls wird ein tieferer Grund darin gesehen, daß das Ertränken vorwiegend Frauenstrafe für Kindsmörderinnen, Abtreiberinnen und Diebinnen war, obwohl auch männliche Gotteslästerer, Notzüchter, Diebe und Bigamisten auf diese Art hingerichtet wurden.

Für diese Strafe war der Hinrichtungsort vorgegeben, denn man benötigte ein Gewässer. So warf man den Verurteilten meist mit zusammengebundenen Armen und Beinen von der Brücke oder
von einem Boot in den Fluß, in einen See oder 464 466
Teich. Wurde er lebend an das Ufer gespült, nahm man in der Regel von einer Wiederholung Abstand und begnügte sich mit der Ausweisung. In manchen Orten war das Ertränken geradezu als »Zufallsstrafe« gedacht. Man konnte freilich auch

457 △

458 ▽

459 △

460 △

461 △

462 ▽

463 ▽

457–462 Die Todesstrafe des Verbrennens wurde in verschiedenen Formen vollstreckt:

457 Der Verurteilte wurde auf den brennenden Scheiterhaufen gesetzt. Ausschnitt aus einem Flugblatt (1530) in der Nachrichtensammlung des J. J. Wick (1560–1587). Zürich, Zentralbibliothek

458 Der Verurteilte wurde unter die brennenden Holzscheite gelegt. Ausschnitt aus einer Miniatur in der fränkischen Chronik des Lorentz Friess von Mergentheim, Würzburg 1546. Würzburg, Stadtarchiv

459 Der Verurteilte wurde auf eine Leiter (oder auf Bretter) gebunden und in den brennenden Scheiterhaufen gestoßen. Ausschnitt aus einem Kupferstich in der »Schaubühne der Martyrer« von Johann Luyken, Leyden 1700.

460 Der Verurteilte wurde in einer aus Holzscheiten (oder aus Strohbündel) zusammengestellten »Hütte« verbrannt. Kupferstich in der »Schaubühne der Martyrer« von Johann Luyken, Leyden 1700.

461 Der Verurteilte wurde in und mit einer Holzhütte verbrannt. Ausschnitt aus einem Holzschnitt über die letzte Verbrennung in Deutschland im Jahre 1786.

462 Der Verurteilte wurde in eine Grube, mit brennenden Holzscheiten gefüllt, geworfen. Holzschnitt von Michael Wohlgemut in Hartmann Schedels Weltchronik, Nürnberg 1493.

463 Die Kindesmörderin Rosina Graez wird 1730 gnadenhalber auf dem Scheiterhaufen an einem Pfahl erwürgt. Ausschnitt aus einem zeitgenössischen Flugblatt. Nürnberg, Germanisches Nationalmuseum

183 den Verurteilten so lange unter Wasser tauchen oder mit dem Boot nachziehen, bis er ertrunken war. War das Wasser nicht tief genug, dann drückte der Scharfrichter oder sein Knecht mit ei- 191, 465 ner Stange oder Gabel den Verurteilten vom Ufer aus unter die Wasseroberfläche. Häufig steckte man den Verurteilten, manchmal mit verschiedenen lebenden Tieren zusammen[18], in einen Sack und warf ihn, der keine Bewegungsfreiheit mehr hatte, dann ins Wasser. In den Niederlanden wurde er in ein Faß gesteckt, das man von der Strömung des Flusses davontragen ließ[19].

Lebendigbegraben, Einmauern, Pfählen, Spießen

Auch der «Mutter Erde« kam – wie schon diese Bezeichnung zeigt – im Aberglauben reinigende Kraft zu[20]. Das Lebendigbegraben war vorwiegend Frauenstrafe für Mord, Kindsmord, schweren Diebstahl, daneben wurden männliche Notzüchter, Blutschänder und Sodomiten auf gleiche Weise hingerichtet. Dabei hob man in der Regel eine Grube aus, legte den Verurteilten hinein und 142, 469, 471 schüttete die Erde über ihn. Manchmal steckte man ihm eine Luftröhre in den Mund, deren Sinn noch nicht geklärt ist[21]. Manche sehen darin eine Strafverschärfung, aber auch ein Zeichen für Barmherzigkeit, vielleicht sollte damit eine »Zufallsstrafe« angedeutet sein, was ein späteres Ausgraben bedeuten würde, wenn der Eingegrabene nach gewisser Zeit noch am Leben war, einige nehmen ein »Seelenloch« an, um der Seele des Sterbenden den Weg aus der Erdgrube zu ermöglichen. Eindeutig geklärt ist dagegen der Sinn der Dornen[22], in die der Missetäter oft gehüllt wurde. Damit sollte das Wiedergängertum verhindert werden. Dem gleichen Zweck diente auch das
142 Einschlagen eines Pfahls durch das Herz. Darüber wurde bereits gesprochen.

Eine Spätform des Lebendigbegrabens stellte das Einmauern dar, eine Strafe, die vor allem für Angehörige der höheren Kreise oder für Geistliche als Gnadenstrafe üblich war. Sie wurde nicht durch den Scharfrichter vollzogen und ersparte damit die schimpfliche Erniedrigung, sondern der
470 Verurteilte wurde im eigenen Haus, im »Spital« oder im Haus eines Verwandten in einem kleinen Raum eingemauert und anfangs sicherlich so dem Hungertod preisgegeben. Freilich wird berichtet, daß man bald eine kleine Öffnung freiließ und täglich Brot und Wasser hineinreichte, wodurch diese Strafe eher als Freiheitsstrafe anzusehen war. Sie konnte sogar nur für bestimmte Zeit verhängt werden; manchmal ließ man den Eingemauerten wieder heraus, verwies ihn der Stadt oder schickte ihn auf die Galeeren.

Die Strafverschärfung des Lebendigbegrabens,
142, 198 das Pfählen, kam auch als selbständige Todesstrafe vor. Man legte den männlichen oder weiblichen, meist wegen Hochverrates, Totschlags, Inzests, Notzucht, Kindsmordes Verurteilten gebunden auf den Rücken und schlug mit einem Schlegel oder Hammer einen Pfahl durch den Leib, im Gnadenweg durch das Herz. Ausführende Organe waren der Scharfrichter oder sein Knecht. Es wird aber berichtet, daß die genotzüchtigte Frau bei der Hinrichtung des Täters die ersten drei Schläge tun durfte, vielleicht auch sollte.

Manche Ouellen sprechen auch vom »Spießen« und meinen damit vielfach die eben geschilderte Todesstrafe[23]. Daneben muß aber eine völlig andere Hinrichtungsform eines eigentlichen »Spie- 95
ßens« erwähnt werden, die von den Türken übernommen und einige Male in Wien vollzogen wur- 468
de. Ein zugespitzter Pfahl wurde von unten her so durch den Leib geschlagen, daß keine lebenswichtigen Organe verletzt wurden, worauf man den so Gespießten an dem Pfahl aufrichten und aufstellen konnte. Der Tod trat dann erst Stunden später ein.

Sieden

Die Strafe für Falschmünzer war manchmal das Sieden, gedacht als spiegelnde Strafe, da der Täter durch Sieden die Münzen verschlechtert hatte. Jedoch wurde diese Strafe des »Richtens mit dem Kessel an dem Leibe« nur selten vollstreckt; sie ist freilich als Marter verschiedener Heiliger be- 497
kannt. Dabei stellte man den Verurteilten an einen Pfahl gebunden, so daß er aufrecht stehen mußte, in einen Kessel mit heißem Öl, das dann zum Sieden gebracht wurde. Als Strafverschärfung kühlte man ihn zwischendurch mehrmals mit kaltem Wasser ab, bis er endlich sterben konnte. Diese barbarische Strafe wurde an anderen Orten 195, 467
auch mit Wein, selbst mit Wasser vollzogen. Dabei wurde manchmal der Verurteilte mit Stricken, die unter den Achseln befestigt waren, in die heiße Flüssigkeit hinabgelassen und immer wieder hochgezogen, bis das Fleisch bei lebendigem Leibe von den Knochen gesotten war. Der auf diese Weise Getötete wurde in der Regel unter dem Galgen begraben.

Andere Todesstrafen

Eine weitere Todesstrafe war das Reißen mit Zangen, das auch als allgemeine Strafverschär- 187
fung vorgenommen wurde. Der Mörder des eigenen Herrn wurde z. B. auf diese Weise zu Tode gezwickt. Auch von den drei Anführern der Wiedertäufer im westfälischen Münster wird diese Hinrichtungsart berichtet; ihre Leichen wurden dann in drei eiserne Käfige gesteckt und am Turm der 495
Lamberti-Kirche öffentlich ausgestellt.

Barbarische Roheit kennzeichnete drei weitere Strafen, die wegen ihrer Ähnlichkeit mit einer Schlächterei zusammengestellt werden können. Vorwiegend Verräter, sowohl des Landes als auch der privaten Freunde, wurden gevierteilt, zerstük- 181, 185

464 △

465 △ 466 ▽

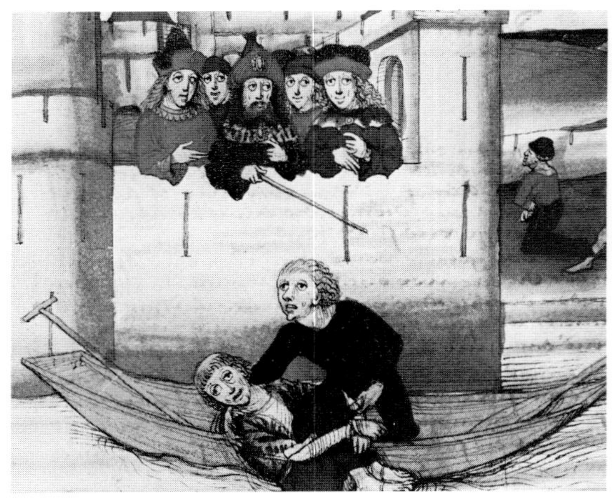

467 △ 468 ▽ 469 △ 470 △ 471 ▽

Gegenüberliegende Seite:
464 Ertränken. Holzschnitt in der Schweizer Chronik des Johann Stumpf (Ausgabe Augsburg 1586).

465 Ertränken eines Knaben. Miniatur in der Luzerner Chronik des Diebold Schilling d. J., 1513.
Luzern, Bürgerbibliothek

466 Ertränken eines Münzfälschers. Miniatur in der Spiezer Chronik des Diebold Schilling d. Ä., 15. Jh.
Bern, Burgerbibliothek

467 Sieden zweier Mörder. Miniatur in der Spiezer Chronik des Diebold Schilling d. Ä., 15. Jh.
Bern, Burgerbibliothek

468 Spießen eines Bäckergesellen wegen mehrerer Morde 1504 in Wien. Zeitgenössisches Flugblatt in der Nachrichtensammlung des J. J. Wick (1560–1587).
Zürich, Zentralbibliothek

469 Lebendigbegraben. Holzschnitt in: »Antoine Verard, L'arbre des batailles«, Paris 1493.

470 Einmauern einer Betrügerin. Ausschnitt aus einem zeitgenössischen Flugblatt in der Nachrichtensammlung des J. J. Wick (1560–1587).
Zürich, Zentralbibliothek

471 Lebendigbegraben. Kupferstich in der »Schaubühne der Martyrer« von Johann Luyken, Leyden 1700.

kelt und/oder ausgedärmt; über die abergläubischen Hintergründe wurde bereits berichtet. Im Zusammenhang mit den französischen Königsat-
194 tentätern ist das Zerreißen durch Pferde bekanntgeworden, eine Strafe, die auch an anderen Orten und zu früheren Zeiten manchmal bei schweren politischen Missetaten vollzogen wurde. In zahlreichen Heiligenlegenden wird vom »Riemen-
130 schneiden« aus der Haut berichtet, das meist nicht als selbständige Todesstrafe verhängt, aber zur Strafverschärfung auf dem Wege zur Richtstatt vollzogen wurde.

Die Verstümmelungsstrafen

Einen weiten Anwendungsbereich hatten die Verstümmelungsstrafen, die ursprünglich vielfach durch Geld ablösbar waren und erst im Laufe der Landfrieden unablösbar peinliche Strafen (auch für Freie) wurden.

Als härteste Verstümmelungsstrafe galt die Blendung beider Augen[24]. Sie war ursprünglich auch Diebesstrafe, in den Landfrieden häufig angedrohte Strafe für Brandstifter, Falschmünzer und Körperverletzer. Manchmal wurde sie im Wege der Gnade an Stelle der Todesstrafe, vor allem bei politischen Delikten, verhängt. Die am häufigsten angewandte Verstümmelungsstrafe war das Abschlagen der Hand. Betroffen war vor allem der Meineidige, dessen Schwurhand man auf einem
473 Block, der mitten am Marktplatz oder sonst an einem öffentlichen Ort aufgestellt wurde, mit einem Beil oder einem Messer, oft dem Tatwerkzeug, abhackte. Eine abgeschwächte Form war das Abhauen bloß der Finger oder Fingerglieder. Seltener verstümmelte man den Täter an seinen Füßen,
475 nur in Heiligenlegenden wird oft auch diese Quälerei berichtet. Dagegen war die Zunge oft von Verstümmelung betroffen. Dem Gotteslästerer, dem Verleumder, dem Verräter, auch dem Meineidigen wurde – in leichten Fällen – die Zunge geschlitzt oder mit einem Nagel durchbohrt, sonst
472 einfach abgeschnitten oder nach manchen Vorschriften bei gespaltenem Genick von hinten herausgezogen. Das Ohrenabschneiden war häufige Diebstahlsstrafe, im Regelfall wurde es nur geschlitzt (die Bezeichnung »Schlitzohr« betraf den so gekennzeichneten Dieb).
129 Fast nie war die Nase von der Verstümmelung betroffen. Auch die Kastration sah die Carolina nicht mehr als Strafe vor, nachdem sie früher für Münzfälscher und Sittlichkeitstäter angedroht war und häufig als Verschärfung der Todesstrafe, u. U. erst an der Leiche des Hingerichteten, vollzogen wurde[25].

Die Strafen an Haut und Haar

Die Landfrieden dehnten die aus dem Unfreienstrafrecht altbekannte Prügelstrafe, die Strafe an der Haut, auch auf Freie aus. Sie war vor allem beliebtes Zuchtmittel gegenüber den landschädlichen Leuten, wobei in erster Linie die Städte auf sie zurückgriffen. Dabei wurde die Prügelstrafe in zwei Formen, verbunden auch mit verschiedenen Rechtsfolgen, vollzogen. Die »Stockschillinge« waren bloße Schläge auf das Gesäß, wobei ein Schilling dreißig Schläge ausmachte. Vollzogen wurde die Strafe durch einen Gerichtsbeamten, den »Stockmeister«; sie war daher nicht entehrend, meist auch nicht öffentlich, und wurde verhängt wegen leichter Ungehorsamkeiten. Hingegen war der »Staupenschlag«, das »Stäupen« bzw. das »mit ruten Streichen«[26], die öffentliche, entehrende, weil durch den Scharfrichter oder einen seiner Knechte vollzogene Züchtigung mit Ruten oder Stöcken. Dabei wurde der Verurteilte auf
eine Bank gebunden oder an den Pranger, eine 106, 476
Staupsäule oder einen Strafpfahl gestellt und in der Regel mit 40 Schlägen – welche Zahl dem Alten Testament entnommen war – auf den nackten Rücken bestraft. Oft wurde diese Strafe im Gehen
vollzogen, d.h. der der Stadt Verwiesene regel- 203, 209, 477
recht hinausgeprügelt.

In älterer Zeit war das Stäupen häufig mit Haarverlust (Dekalvation) verbunden. Dies bedeutete ursprünglich wohl Skalpierung[27], später völliges Abscheren der Haare, weshalb auch die Bilderhandschriften des Sachsenspiegels den diese
Strafe vollstreckenden Knecht mit Staupbesen 474
und Schere in der Hand darstellen. Vielleicht wurde die geschorene Haut anschließend mit einem Mittel behandelt, das das Nachwachsen der Haare verhindern sollte.

Die Prügelstrafe war, wie auch die meisten Verstümmelungsstrafen, darüber hinaus in der Regel
mit der Brandmarkung verbunden, über die be- 204, 205
reits berichtet wurde. Auch sie kann, freilich nur im übertragenen Sinne, als Strafe an Haut und Haar aufgefaßt werden.

Die Vermögensstrafen

Eine nur untergeordnete Rolle spielte früher die Vermögensstrafe. Die Bußzahlungen, etwa das »Wergeld«, im Rahmen der Sühneverträge hatten noch keine eigentliche Strafbedeutung, sie waren – soferne sie nicht überhaupt eher ideellen Wert-
ausgleich herstellen sollten – eine Sühneleistung 327
an den Verletzten. Erst die Bußen, die an das Ge-
richt zu zahlen waren, auch als Ablöse für die 208
peinlichen Strafen, waren echte Geldstrafen[28]. Wichtiger war die Strafe des Vermögensverfalls[29], die mit der Verfestung und Ächtung verbunden war, auch häufig bei Verurteilungen wegen schwerer Missetaten, etwa Hexerei, ausgesprochen wurde.

Die Freiheitsstrafen

Eine strafweise Einschränkung der Freiheit ist mit jeder Strafe verbunden. Im eigentlichen Sinne

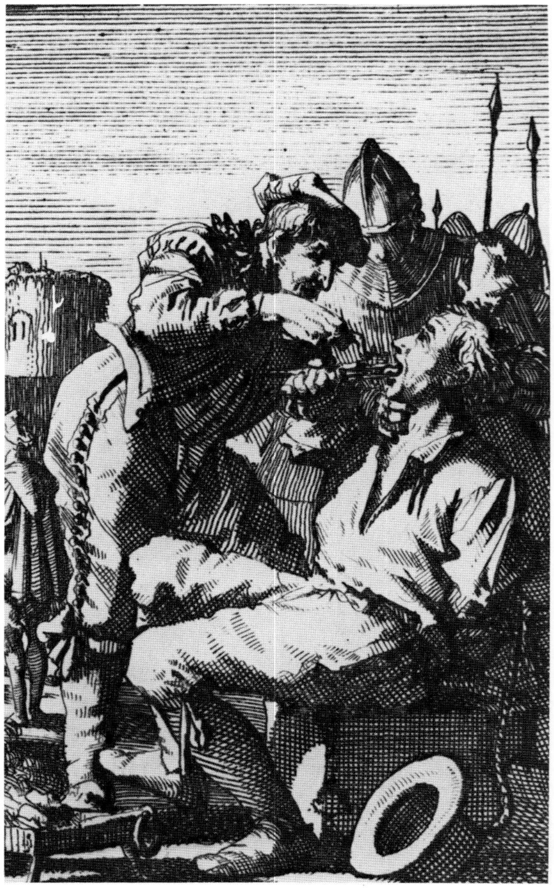

472 Zungenausreißen. Ausschnitt aus einem Kupferstich in der »Schaubühne der Martyrer« von Johann Luyken, Leyden 1700.

Gegenüberliegende Seite:

473 Handabschlagen. Ausschnitt aus einem Kupferstich in der »Schaubühne der Martyrer« von Johann Luyken, Leyden 1700.

474 Bestrafung des während des Tages stehlenden Diebes »zu Haut und Haar«, d. h. mit Prügeln und Haarverlust. Textillustration in der Dresdener Bilderhandschrift des Sachsenspiegels, 14. Jh.

475 Abhacken von Hand und Fuß. Miniatur in der Prosafassung der Reimchronik des Rudolf von Ems, 1422. Augsburg, Staats- und Stadtbibliothek

476 Prügelstrafe an dem an der Staupsäule festgebundenen Missetäter. Zeichnung in der Nachrichtensammlung des J. J. Wick (1560–1587). Zürich, Zentralbibliothek

477 Hinausprügeln der Missetäter aus der Stadt. Zeichnung in der Nachrichtensammlung des J. J. Wick (1560–1587). Zürich, Zentralbibliothek

473 △

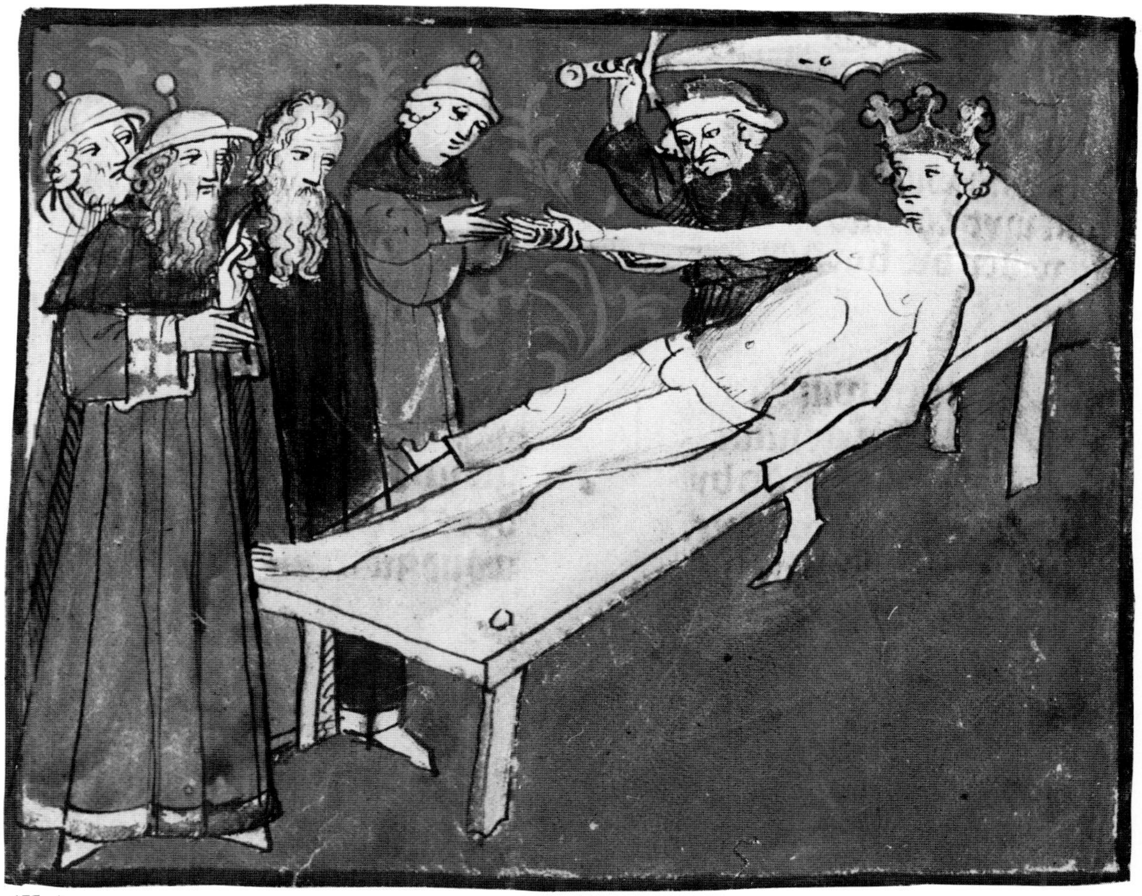

475 △

474 ▽

476 ▽

477 ▽

können als »Freiheitsstrafen« solche Sanktionen genannt werden, die als »Übel« die Bewegungsfreiheit in räumlicher Beziehung beeinträchtigen wollen.

Die schwerste Form stellte die Verbannung, das Exil, dar, bei politischen Missetaten, oft im Wege der Gnade anstatt einer Todesstrafe, lebenslang verhängt. In abgeschwächter Form wurde sie häufig für eine bestimmte Zeit als »Stadtverweisung«[30] ausgesprochen. Der Verurteilte durfte erst nach einer gewissen Zeit, oft auch abhängig von der Zustimmung des Rates oder – bei Totschlag – der Freunde des Erschlagenen, zurückkehren. In vielen Fällen war die Stadtverweisung
203 mit Prügeln verbunden.

Als Spielarten der Verbannung sind zwei Strafen anzusehen, die von der kirchlichen Gerichtsbarkeit übernommen wurden und zusätzlich eine starke Sühnefunktion hatten: die Wallfahrten[31] (oft für Totschlag, Fluchen, Friedensbrüche, Beleidigung der Obrigkeit) und die Leistung des Militärdienstes (vor allem gegen die Türken), die bei religiösen Missetaten manchmal befohlen wurde.

Das genaue Gegenteil der Verbannung war die Eingrenzung oder Verstrickung, durch welche Strafe dem Verurteilten der Aufenthalt an einem bestimmten Ort und innerhalb bestimmter örtlicher Grenzen auferlegt wurde. Eine mildere Form stellte der Hausarrest dar.

Ab dem 16. Jahrhundert wurden Strafen, die die Bewegungsfreiheit beeinträchtigten, mit Arbeits-
479 leistungen für das Gemeinwohl, dem »opus publicum«, verbunden[32], z. B. Straßenkehren, Bau der Stadtmauer. Die dazu Verurteilten erhielten meist eine besondere Kleidung und wurden in eigenen Häusern zusammengezogen. Bei der Arbeit in den Straßen mußten sie einen Fußring mit einer Eisenkugel tragen, manchmal auch einen Holzring mit einer Glocke, die bei jeder Bewegung ertönte, weshalb man diese Strafe auch »Verurteilung zum Schellenwerk« nannte. Auch die Galeerenstrafe,
478 die Verurteilung »ad triremes«[33], war eine Verbindung von Freiheits- und Arbeitsstrafe. Große deutsche, auch österreichische und Schweizer Städte schickten ab dem 16. Jahrhundert Bettler, auch Ketzer und im Gnadenweg überhaupt alle Arten von Missetätern nach Frankreich und Italien, wo sie als Ruderer für die Galeeren eingesetzt wurden. Dabei waren sie Lebensbedingungen unterworfen, die diese Strafe sehr wohl als Leibesstrafe, durchaus auch als Todesstrafe charakterisieren.

In ähnlicher Weise war die Freiheitsstrafe des Gefängnisses mit Arbeits- und Leibesstrafe verbunden. Dabei muß bedacht werden, daß die eigentliche Freiheitsstrafe in diesem (heutigen) Sinne erst um 1600 »erfunden« wurde[34]. Zwar gab es Kerker schon früher, wie wir aus den bereits erwähn-
480 ten Heiligenlegenden wissen, die häufig von Gefangenenbefreiungen durch die Heiligen berichten. In der Regel waren dies aber private Gefangenschaften, vor allem wegen Zahlungsunfähigkeit des Schuldners. Doch ist auch davon auszugehen, daß Missetäter zumindest in einer Art Untersuchungshaft gehalten wurden, die bei dem Zustand der damaligen Rechtspflege durchaus so lange dauern konnte, daß man von echter Kerkerstrafe sprechen darf. Die Kirche kannte überhaupt das Einsperren, z. B. im Kloster, aber auch in eigenen Türmen und Verliesen, als Kirchenstrafe[35]: Blutschänder und Schadenszauberer konnten sogar lebenslang eingeschlossen werden. – Mit Aufkommen der peinlichen Strafen wurde der Kerker als Ort der Untersuchungshaft in verstärktem Maße weiter verwendet. Vor allem die Städte errichteten viele dieser Gefängnisse, z. B. Verliese im Rathaus, im Haus des Scharfrichters oder in ei-
genen Kerkertürmen. Der Zustand dieses »Zwin- 482
gers«, »Loches«, »Löchleins«, »Gehorsams« oder der »Kolkammer« war in der Regel so »peinlich«, daß die Einsperrung als Leibesstrafe bezeichnet werden muß[36]. Dies zeigt bereits für das 12. Jahr-
hundert eine Darstellung des Kerkers, in dem 481
Heinrich VI. den Grafen Rogerius Andrie gefangenhielt. Jener Kerker hatte nur eine Öffnung an der Decke, durch die ein Knecht gerade dem an den Füßen gefesselten Grafen Brot und Wasser herunterreicht.

Die Zimmersche Chronik des 16. Jahrhunderts berichtet, daß die Gefängnisse durch Jahre hindurch nicht gesäubert wurden, weshalb der Unrat knöcheltief am Boden lag, und daß die Gefangenen durch Ratten und Fledermäuse belästigt wurden[37]. Zudem waren sie oft angekettet oder für gewisse Zeit mit Händen und Füßen in den
»Block« oder in Eisen eingespannt. 63, 483, 485, 500–504

Dieser Block[38] konnte auch als selbständiger Haftort dienen. Man stellte ihn z. B. im Freien auf, und der in ihm eingespannte Missetäter wurde Stunden, ja selbst Tage hindurch den Witterungseinflüssen und dem Spott des Volkes ausgesetzt. Es wird berichtet, daß in manchen Dörfern der Gläubiger seinen Schuldner auf diese Weise behandeln durfte, auch mit der möglichen Folge, daß dem Betroffenen – der außerhalb des Dorfes in den Block gesetzt wurde – die Gliedmaßen erfroren, weshalb man durchaus von einer Leibesstrafe sprechen kann. Andererseits konnte man ihn auch als Mittel des Vollzugs einer Ehrenstrafe verwenden. Dazu stellte man den Block mitten in der Stadt, z. B. am Marktplatz, auf und setzte den in
diesen »Prangerstock« oder einfach »Stock« Ein- 486, 487
gespannten dem Spott der Vorbeigehenden aus. Oft saß dieser den ganzen Tag an diesem öffentlichen Platz, bekam Essen und Trinken und konnte sich mit seinen Zuschauern unterhalten. Erschwerend wirkte noch die auffallende Bemalung dieses Stockes. Manchmal überdachte man ihn und
baute ihn zu einem eigenen Raum oder Gebäude 484
aus, wodurch die Ähnlichkeit zum Kerker selbst hergestellt war, weshalb auch echte Gefängnisse häufig als »Stock« bezeichnet wurden.

478 Zur Galeerenstrafe Verurteilte werden 1614 auf die Schiffe gebracht. Kupferstich in der »Schaubühne der Martyrer« von Johann Luyken, Leyden 1700.

479 Arbeitsstrafe. Ausschnitt aus einem Kupferstich mit Szenen aus dem Rechtsleben von D. Chodowiecki, 18. Jh. Nürnberg, Germanisches Nationalmuseum

480 ▽ 481 ▷

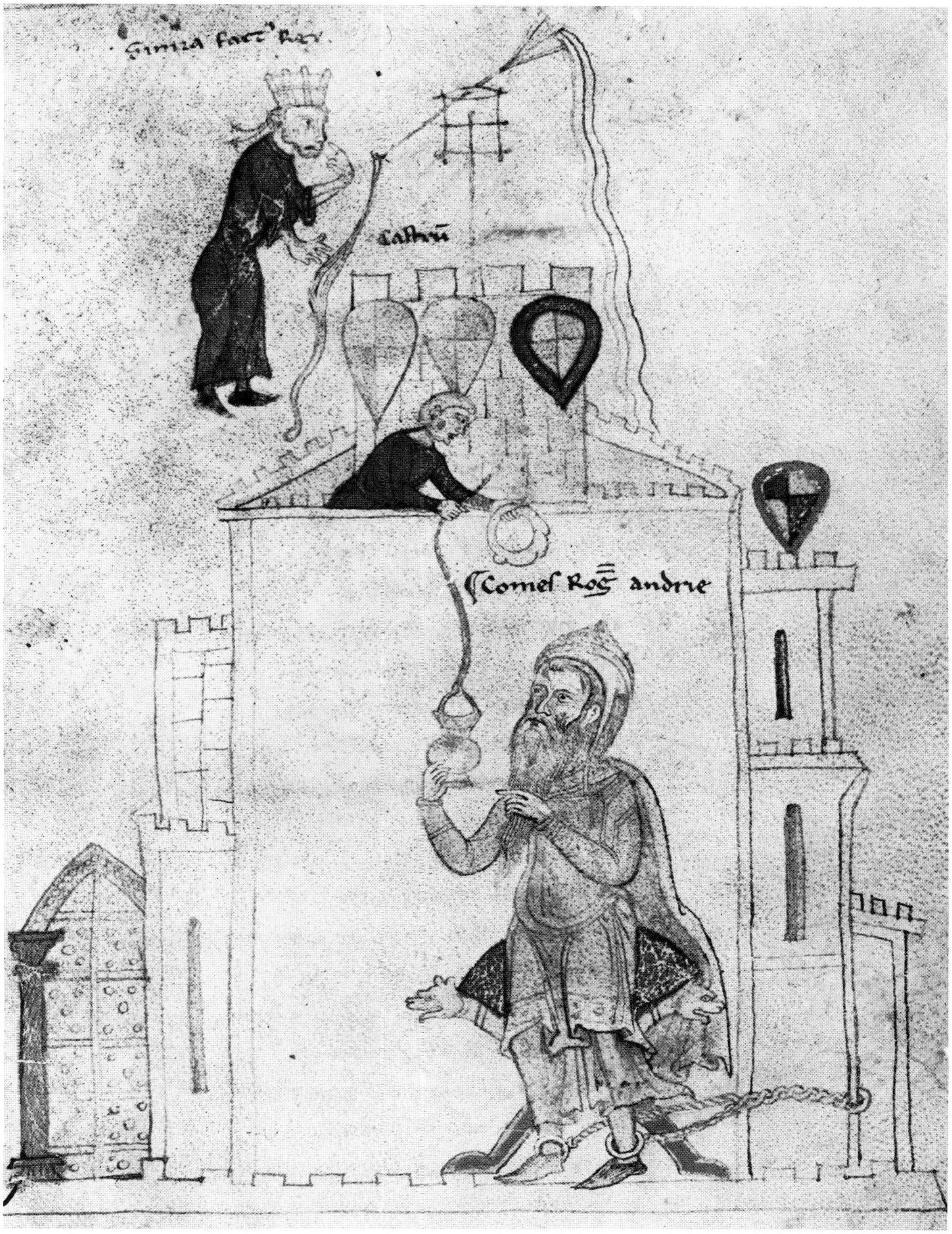

480 Ein Heiliger im Kerker. Miniatur im Stuttgarter Passionale. Um 1120.
Stuttgart, Württembergische Landesbibliothek

481 Der Graf Rogerius Andrie, in seinem Kerker angekettet, erhält durch die an der Decke angebrachte (einzige) Öffnung Brot und Wasser gereicht. Zeichnung im Codex Ebulo (Cod. 120, f. 104), 1196.
Bern, Burgerbibliothek ▷

Die Errichtung eigentlicher Haftanstalten als der Orte des Vollzugs der Freiheitsstrafe im modernen Sinne begann erst ab 1600 unter dem Einfluß des Calvinismus und der Hochwertung der Arbeit und der religiösen Erziehung durch und zu Zucht und Ordnung in Amsterdam, wo für junge Diebe, Arbeitsscheue und Bettler Zuchthäuser, in denen Holz geraspelt wurde, und für Frauen Spinnhäuser erbaut wurden[39]. Das Vorbild dieser Arbeitshäuser wirkte befruchtend auch auf Deutschland. Zugleich wurde mit ihnen der Gedanke der (Re-) Sozialisierung des Missetäters geboren und mit seiner Verwirklichung zwar noch in roher brutaler Form, aber immerhin tatkräftig begonnen.

Die Ehrenstrafen

Jede Strafe war immer auch Beeinträchtigung des sozialen Ansehens und damit der Ehre, die durch lange Zeit nicht den inneren Persönlichkeitswert des Menschen betraf, sondern die äußere Stellung und die Wertschätzung im Urteil der anderen. Noch mehr: Das Maß der Ehre hatte unmittelbare Rechtswirkungen, denn der Ehrlose war ein in seinen Rechten beeinträchtigter Mensch. Er konnte nicht Richter, Urteiler, Eideshelfer, Zeuge sein, ihm wurde sogar die Fähigkeit zum Reinigungseid versagt, er durfte kein Gewerbe betreiben. In dieser Weise ehr- und rechtlos wurden der Ächter, der zum Tode oder zu einer Leibesstrafe verurteilte Täter, auch wenn er diese Strafe durch Geldzahlung ablösen konnte, jeder wegen einer unehrlichen Missetat, so wegen Diebstahl, Raub, Meineid Verurteilte und jeder Treubrüchige[40]. Anzumerken ist, daß eine Rechtlosigkeit – ohne die weitergehende Ehrlosigkeit – auch mit der Ausübung bestimmter Berufe verbunden war, die auf die Nachkommen weiterwirkte. Über diese Qualifizierung z.B. des Scharfrichters wurde bereits berichtet, sie traf ebenso die Lohnkämpfer, Gaukler, Bader, Schäfer, auch die »unecht« – z.B. unehelich – Geborenen[41].

Von Ehrenstrafen im eigentlichen Sinne spricht man bei Strafen, die im wesentlichen auf die Beeinträchtigung der Ehre durch Bloßstellen, Verspotten, Beschimpfen abzielen. Freilich waren sie immer mehr als bloße Ehrenstrafen. Ihr Vollzug beschränkte auch die Freiheit und das körperliche Wohlbefinden, führte sogar häufig zu Verletzungen. Schon aus diesem Grunde waren sie keine Spielereien oder Formen von Humor, sie waren durchaus schwere Strafen. Dazu muß die Bedeutung der Ehre in früheren Zeiten berücksichtigt werden[42]. Der einzelne ging stets in seiner sozialen Stellung auf, er war noch nicht eine Individualität, die die jeweiligen sozialen Rollen *spielen* konnte – er *war* immer diese Rolle. Wurde sein soziales Ansehen verändert, beeinträchtigt, herabgesetzt, dann bedeutete dies seine eigene Veränderung, er wurde auch ein anderer. Die Ehrenstrafen brachten dem Betroffenen eine neue Identität. Die geachtete Hausfrau war z.B. plötzlich zur verachteten Dirne geworden, deren ehebrecherisches Verhalten alle wußten und mißbilligten. Sie mußte diese Qualifizierung annehmen und war für ihr Leben gezeichnet; nur die Auswanderung blieb als möglicher neuer Anfang.

Denn die Ehrenstrafe wurde im Grunde nicht von dem Scharfrichter oder dem Stadtknecht usw. vollzogen, sondern von der Öffentlichkeit selbst. In der Verspottung durch das Volk lag die eigentliche Strafe, die deshalb »infam« machte. Die Ehrenstrafen waren niemals »rechtliche« Strafen im modernen Sinn, sondern soziale Sanktionen[43], damit echte Akte der Volksjustiz, die gemeinschaftsbildend und -stärkend, auch durch ihren Unterhaltungswert, wirkten. Und waren niemals eigentliche »spiegelnde Strafen«. Auch wenn der Betroffene verschiedene Gegenstände zu tragen hatte, sollte dies nicht seine Missetat zum Ausdruck bringen, sondern nur den Spott der anderen hervorrufen. Die Gegenstände waren deshalb meistens überzeichnet, verzerrt, enthielten Anspielungen, waren selbst bereits verspottend und demütigend.

Diese Eigenart der Ehrenstrafen läßt auf ihren Ursprung schließen. Sie konnten als solche nur in einer Gemeinschaft entstehen, die Interesse daran hatte, einen anderen zu demütigen, zu erniedrigen, oder daran, daß der andere sich selbst erniedrigte. Eine solche Gemeinschaft war die Kirchengemeinde: Der Sünder mußte sich in der öffentlichen Kirchenbuße demütigen, seinen Hochmut, der zur Sünde geführt hatte, selbst brechen, sich als der Sünder, der er war, bekanntgeben und sich von den anderen entsprechend schlecht behandeln lassen. Gleiches Interesse hatten die Dörfer, die keine Strafgewalt über Leib und Leben erhielten und somit nur diese soziale Sanktion der Erniedrigung verhängen konnten. Jedenfalls sind die Ehrenstrafen nicht, wie oft behauptet wird, germanische Strafen, sondern sie sind wohl in den Kirchenbußen »erfunden« worden und von da in den Städten und vor allem in den Dörfern[44] heimisch geworden.

Der Phantasie waren bei Ausgestaltung dieser Strafen keine Grenzen gesetzt. Je häufiger sie angewendet wurden, desto schwächer wurde ihre Wirkung, desto »sensationeller« mußten sie werden, desto mehr überwog das Unterhaltungs- und Spielmoment auf Kosten des Betroffenen. Einige dieser »Inszenierungen« solcher Ehrenstrafen sollen vorgestellt werden[45].

Eine Einbuße an der Ehre im Sinne des sozialen Ansehens konnte in der Art und Weise, wie sich jemand in der Öffentlichkeit zeigen und behandeln lassen mußte, liegen. Ein Ehemann, der sich von seiner Frau beherrschen, vielleicht sogar schlagen ließ, war nicht mehr würdig, Mann und Hausherr zu sein. Man trug ihm das Dach des Hauses ab[46] oder ließ ihn einen Esel, auf den sich seine Frau, die den Schwanz des Tieres halten

482 Kerker des 16. Jhs. Flugblatt in der Nachrichtensammlung des J. J. Wick (1560–1587). Zürich, Zentralbibliothek

484 △

483 *Gefesselter Mann im Block. Holzschnitt aus der Geschichte des Ritters Galmy, 16. Jh.*
Nürnberg, Germanisches Nationalmuseum

484 *Ein Heiliger im Stock. Initiale D im Münchner Graduale (Clm. 23 042, fol. 58 a), 1494–1496.*
München, Bayerische Staatsbibliotek

485 ▽

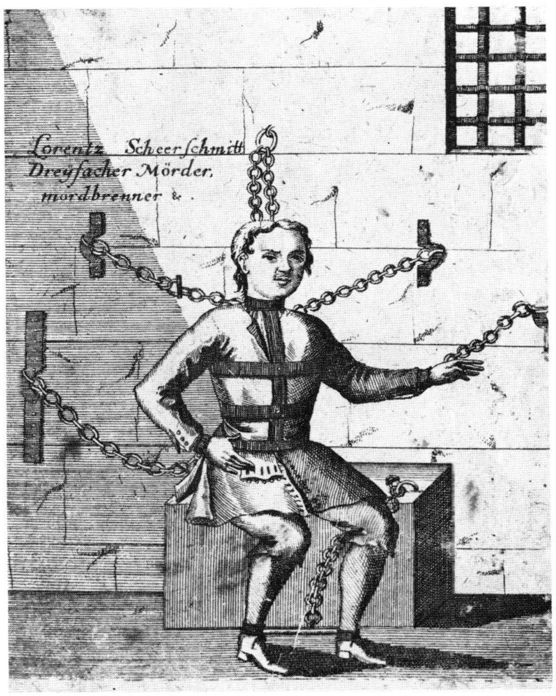

486 ▽

485 *Der dreifache Mörder und Mordbrenner Lorenz Scheerschmitt gefesselt im Kerker. Holzschnitt des 18. Jhs.*
Nürnberg, Germanisches Nationalmuseum

486 *Mann im Block. Ausschnitt aus dem Holzschnitt »Die Planeten: Saturn(kinder)« von Hans Sebald Beham (1500–1550).*

mußte, verkehrt zu setzen hatte, durch den ganzen Ort führen[47]. Der unsittliche Mensch mußte einen öffentlichen Tanz mit dem Scharfrichter oder einer Prostituierten durchführen und damit zeigen, welcher soziale Rang ihm eigentlich zukam[48]. Genauso wie derjenige, der sich öffentlich auf den Mund schlagen mußte, zu zeigen hatte, wie ernst er sich und seine Aussprüche selbst nahm[49]. Die Eheleute, die sich fortwährend zankten, wurden
519 zusammengebündelt und öffentlich in eine Wiege gelegt, waren sie doch nicht als Erwachsene zu akzeptieren[50]. Ein der Stadt verwiesener Täter mußte manchmal öffentlich zum Ausdruck bringen, daß er nicht mehr würdig war, unter den anderen zu wohnen. Man setzte ihn verkehrt auf einen Esel, schor ihm die Haare, zerschnitt seine Kleider und/oder prügelte ihn einfach hinaus. Auch der zänkische Zecher mußte einen Eselsritt auf sich nehmen. Der Falschspieler hatte eine
525 Kette mit Würfeln und anderen Gegenständen herumzutragen, der Sünder öffentlich vor der Kirchentüre mit einem überdimensionalen hölzernen
528 Rosenkranz zu stehen.

Zur sozialen Stellung gehörte stets auch die Kleidung, wie die vielen Kleiderordnungen mit ihren Strafbestimmungen gegen Luxus und unangemessene Kleider zeigen. Das »Schandkleid«, das »Schandlaken«, gab damit die Wertschätzung und die (Selbst-)Einordnung innerhalb der Gemeinschaft an. Ehebrecherinnen wurden manchmal vom Scharfrichter mit einem auffälligen Dirnen-
108 kleid angezogen und so öffentlich vorgestellt[51]; Betrüger hatten bis an ihr Lebensende einen gelben Fleck am Kleid zu tragen, »gefallene« Mädchen mußten – als Verhöhnung des Jungfernkran-
529 zes – einen Strohkranz tragen. Einem Kleid vergleichbar war auch die »Schandtonne«, der
516, 517 »Schandmantel« oder »spanische Mantel«. Der Obstdieb, der Beleidiger des Bürgermeisters und der Quartalssäufer mußten ein kegelförmiges Gebilde aus Holz von großem Gewicht umhängen und für eine gewisse Zeit damit am Marktplatz stehen oder umhergehen[52]. Häufig waren Bilder auf das Holz gemalt, die mit ihren Anspielungen auf den Missetäter seine Blamage erhöhten.

Verspottende Wirkung wurde auch erzielt, wenn die dem Laster der Trunkenheit oder Völlerei verfallene Frau zwei mit Ketten verbundene, flaschenförmige Holzklötze, die »Schandflaschen«, um das Rathaus tragen mußte; oder wenn zänki-
521 sche Frauen einen schweren Stein – der wie ein
523 Kopf (auch mit ausgestreckter Zunge) oder wie
522, 520 ein Hund oder eine Kröte oder sonst in auffälliger Weise geformt war – als »Lasterstein«, »Lästerstein«, »Krötenstein«, »Schandstein«, »Bagstein« (von »bagen« = »zanken«) herumtragen mußten[53]. Solche Frauen, auch weibliche Diebe und Sittlichkeitstäterinnen, wurden häufig auch mit
526, 531 der »Geige«, »Schandgeige«, »Schandfidel«[54], bestraft. In ein hölzernes oder eisernes Instrument in annähernder Form einer Geige wurden der Hals und die Hände eingespannt, oft – in der
»Doppelgeige« – zusammen mit der Streitpartnerin; und in dieser Stellung wurden die beiden 530
Frauen oder die Täterin alleine öffentlich ausgestellt oder herumgeführt. Die Form der Geige wird manchmal auf den Ursprung einer echten Geige zurückgeführt, deren Töne als Reinigung von Schuld gedacht gewesen seien[55]. Doch darf man diese Ehrenstrafen nicht überinterpretieren. Ihr Sinn war der Spott und die Demütigung des Betroffenen, wozu alle Mittel recht waren – auch die Form eines Musikinstrumentes wie der Geige
oder der »Schandflöte«, der »Schandtrompete«, 532
die zeigen sollten, wie wohltönend das Gezänk des Betroffenen empfunden worden war. Ähnliche
Bedeutung hatte der hölzerne »Halskragen«. Be- 527
kannt sind auch die »Schandmasken«, die – in 524, 533–535
vielfältigen Formen, von der einfachen bis zur phantasievoll geschmückten und ausgestalteten Maske – die z.B. wegen Ehebruchs, Beleidigung oder Zanksucht Verurteilten aufsetzen und in der Öffentlichkeit tragen mußten. In dieser verspottenden Verhüllung des Gesichts wurden sie manchmal auch an den Pranger gestellt[56].

Überhaupt war häufiger Ort des Vollzugs der Ehrenstrafe der Pranger[57] (von »prangen« = »drükken«), auch »Käx«, »Kaak« (von »kaaken« = »gaffen«), »Schreiat« (weil auch der Ort des Beschreiens des Missetäters vor dem öffentlichen Rechtstag) genannt, weshalb häufig der Schandstein an ihm befestigt war. Über seine einfachste
Form als Säulenpranger und über seine Funktion 152–156
für die Herstellung der Öffentlichkeit wurde be- 63, 106–108
reits berichtet. Für die Wirkung der Ehrenstrafen war sein aufwendigerer Ausbau sehr brauchbar. Man stellte den Pfahl/die Säule zumindest auf ein
Podest (»Auftrittspranger«) und erhöhte dadurch 511, 512
den Standort des Verurteilten, der so weithin gesehen werden konnte. Oder man errichtete einen
echten »Bühnenpranger« an der Wand des Rat- 509, 510
hauses oder als selbständiges Gerüst, oft in kunst-
voller Ausfertigung wie in Ober-Marsberg oder in 515
Schwäbisch Hall. Auf diese Weise konnte man ei- 507
nen doppelten Pranger erhalten, indem man, wie
in Breslau, die Bühne auf eine einfache Säule setz- 506
te, wobei der untere Teil auch als Staupsäule verwendet werden konnte. In Lübeck kannte man so-
gar eine »Schandbude«: auf dem Dach der But- 505
terbude am Markt wurden Marktfrevler, Preistreiber und zanksüchtige Frauen öffentlich ausgestellt. Abwandlungen des Prangers waren das
Trillhäuschen, die Trülle, der Triller[58], in denen 514
Garten-, Feld- und Marktdiebe vom Volk so lange
gedreht wurden, bis sie schwindlig wurden und 489
sich erbrachen, auch das »Narrenhäusel«[59], das in ähnlicher Form wie die Trülle aufgestellt oder unter der Rathaustreppe angebracht wurde und für die Ausstellung der Trunkenbolde gedacht war,
ebenso die »Prechel«[60], die wie eine standfeste 490
Schandgeige funktionierte. Selten war der »Korbpranger«, in dem der Verurteilte wie in einem Kä-

487 Pranger und Stock, in dem der Ritter Hermann von Sachsenheim eingeschlossen ist. Holzschnitt in »Die Mörin«, Worms 1538.

488 Die Bäckerwippe in Linz/Donau. Detail einer Stadtansicht. Kupferstich von Martin Engelbrecht, 1730. Linz, Stadtmuseum Nordico

489 Die Trülle (der Triller, das Trillhäuschen) in Bern. Radierung »Pilori à Berne« von Le Barbier, 18. Jh.

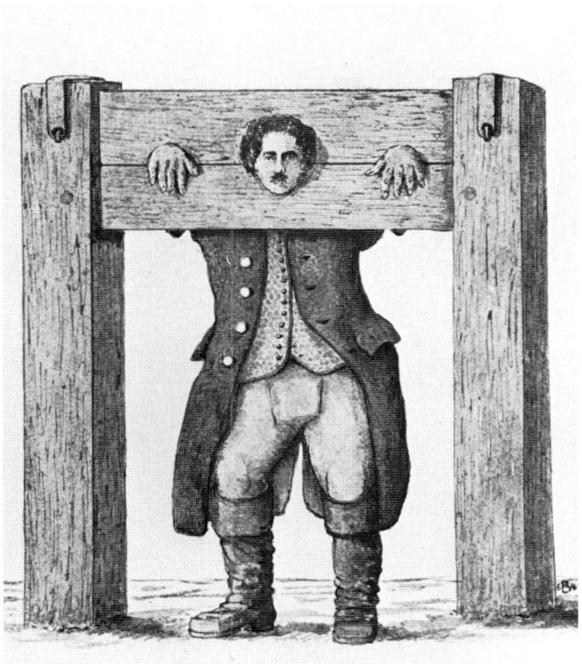

◁ 490 Die Prechel. Aquarell von G. Brcchmann. Um 1950.
Linz, Oberösterreichisches Landesmuseum

fig ausgestellt werden konnte, so im Korbpranger
513 am Rathaus in Oschatz in Sachsen. Oft wurde der
508 Verurteilte einfach in ein Halseisen, das an einem
Baum[61], an einer Säule, am Wirtshaus oder Rathaus, auch an der Kirche befestigt war, geschlossen und so einige Zeit ausgestellt. Vieles spricht dafür, daß zwischen diesem Halseisen und dem eigentlichen Pranger unterschieden wurde[62]. Ersteres war Werkzeug des Vollzugs einer milderen Strafe, eher Zuchtmittel, und machte nicht so ehrlos wie die Prangerstrafe.
433, 488 Schließlich ist noch die »Wippe« oder »Schupfe«
zu nennen[63], die als Strafe des Bäckers, der zu kleine Brote gebacken hatte – hier als »Bäckerschupfen« – bekannt ist, aber auch andere Missetäter treffen konnte. Der Betroffene wurde mit Hilfe einer besonderen Vorrichtung in eine Pfütze oder in einen Fluß fallengelassen, auch mittels eines Schnellgalgens ins Wasser getaucht oder geschnellt oder in einem besonderen Stuhl oder Korb in die Höhe gehalten, bis er selbst herabsprang oder das Seil, das den Stuhl/den Korb hielt, durchschnitt. Durchaus häufig wurde der Verurteilte dabei verletzt, wodurch wiederum deutlich wird, wie fließend die Grenzen der Ehrenstrafen zu den übrigen Strafen waren.

Die Kirchenstrafen

Nur erwähnt werden sollen die Strafen, die die Kirche im Rahmen ihrer Gerichtsbarkeit nicht nur wegen Sünden, sondern auch wegen Missetaten – freilich »sub ratione peccati« – verhängte[64]. Wegen der Einheit des religiösen Weltbildes hatten die Kirchenstrafen stets bereits als solche Bedeutung im Alltagsleben der Menschen, darüber hinaus wurden sie, als die weltlichen Behörden immer mehr die ehemaligen Kompetenzen der Sendgerichte an sich zogen, von diesen übernommen und als weltliche Strafen ausgesprochen. Zu nennen sind, neben den bereits erwähnten Strafen der Ex-
kommunikation, der Kerkerhaft (Klosterhaft), 222, 223
der öffentlichen Kirchenbuße (als des Vorbildes für die Sühneleistung der Totschlagssühneverträge und viele Ehrenstrafen) und der Wallfahrt, Geldbuße, Kerzenbuße, d.h. Zahlung in Wachs, aber auch Prügel, sogar – anfangs nur gegen Unfreie, dann gegen jedermann – die Verhängung von Leibesstrafen.

Andere Strafen

Aufzuführen sind hier schließlich auch noch andere Strafen, die teilweise bereits in anderem Zusammenhang zumindest erwähnt wurden. Man denke an die Fülle der Sanktionen der Volksjustiz (von Prügeln bis zur Katzenmusik) oder an die Acht, die nicht nur prozessuales Druckmittel gegen den Rechtsverweigerer war, sondern auch als echte Strafe für schwere Landfriedensbrüche und politische Delikte verhängt wurde. Darüber hinaus brachten die Vielgestaltigkeit des Mittelalters, die Rechtszersplitterung, auch die unterschiedlichen geistigen Einflüsse und die Phantasie der Menschen immer wieder für Einzelfälle besondere Strafen. Hentig schildert z.B. einige Fälle von Teeren und Federn[65], auch Steinigung[66] und Kreuzigung[67] werden vereinzelt berichtet.
Ein hier nicht zu schreibendes Kapitel für sich würden die Strafen füllen, die von Heeresgerichten über Soldaten ausgesprochen wurden[68]. We-
nigstens genannt seien: Reiten auf einem Holzesel 518
als Ehrenstrafe, Stock- und Peitschenschläge, Spannen in den Stock, Aufziehen und Fallenlassen mittels des Wippgalgens, Spießrutenlaufen als Leibesstrafe und die Todesstrafen des Hängens (vornehmlich an Baumästen) und des Erschießens.

Gegenüberliegende Seite:
491 Der zweischläfrige gemauerte Galgen von Wörth am Main. 1753/54 errichtet.

492 Der dreischläfrige gemauerte Galgen von Messern/Österreich, 17. Jh.

493 Der dreischläfrige gemauerte Galgen von Kanth bei Breslau

494 Gabelgalgen mit Gehängtem im Armesünderhemd. Relief im gotischen Flügelaltar der Jakobs-Legende in Tiffen, 1515.
Klagenfurt, Landesmuseum

491 △ 492 ▽

493 ▽ 494 ▷

496 △ 497 ▽

◁ *495 Die Eisenkäfige an der St. Lamberti-Kirche in Münster/Westfalen, in denen 1536 die Leichen der zu Tode gezwickten Anführer der Täufer ausgestellt wurden.*

496 Der Geräderte an der Stiftskirche zu Tübingen

497 Der hl. Johannes der Evangelist im Ölkessel. Relief im gotischen Flügelaltar. Um 1515.
Friesach, Dominikaner-Kirche

498 ▽ 499 ▷

498 Richtblock und Beil, 19. Jh.
Rothenburg o. d. T., Mittelalterliches Kriminalmuseum

499 Richtrad mit Eisenschneide und – zur Unterlage unter den Körper des zu Rädernden – die »Marterklötzeln«; Richtschwert. 17. Jh.
Graz, Landesmuseum Joanneum ▷

500 △

503 △

504 ▽

501 △

502 ▽

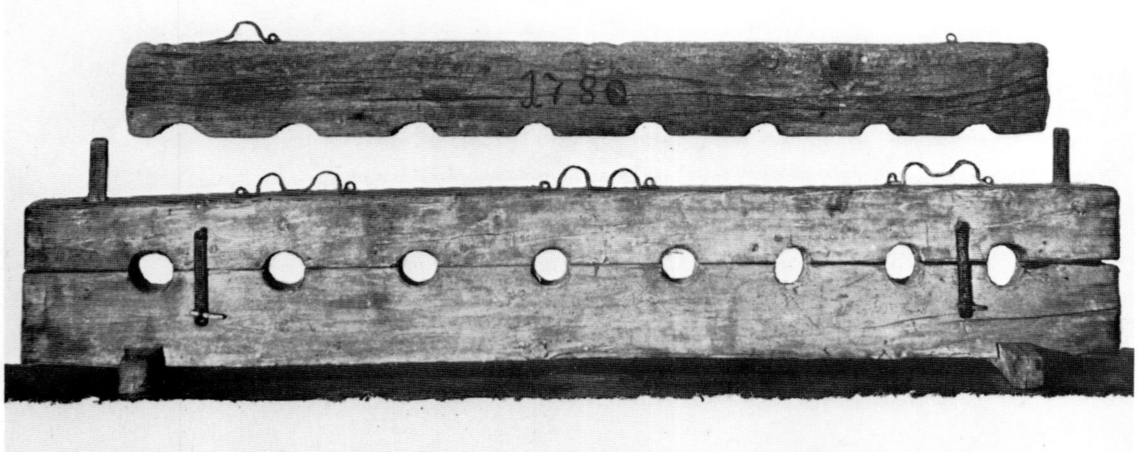

500 Bemalter Block, 17. Jh.
Wien, Niederösterreichisches Landesmuseum (Rechtsaltertümersammlung)

501 Drei-Mann-Block mit den Öffnungen für die Beine und mit den Handeisen.
Nürnberg, Germanisches Nationalmuseum

502 Oberteil eines Vier-Mann-Stockes, darunter ein Vier-Mann-Block.
Wien, Niederösterreichisches Landesmuseum

503 Drei Gefangene im Block, die Befreiung durch den hl. Leonhard erwartend. Ausschnitt aus einem Holzrelief im Flügelaltar der Pfarrkirche von Schleißheim bei Wels/Österreich, 16. Jh.

504 Betender Mann im Fußblock. Bemalte hölzerne Votivfigur, 16. Jh.
Graz, Landesmuseum Joanneum

505 △ 506 ▽

505 Die »Butterbude« (Schandbude) am Marktplatz von Lübeck: Auf dem Dach des als Butterhaus verwendeten Gebäudes wurden Marktfrevler, Preistreiber und zanksüchtige Frauen zur Schau gestellt. Nach 1945 abgebrochen.

506 Staupsäule und Bühnenpranger in Breslau. 1492 errichtet.

507 Der Bühnenpranger von Schwäbisch Hall. 1507 errichtet. ▷

508 *Halseisen am Rathaus von Königsbach bei Pforzheim in Baden*

509 *Bühnenpranger und Halseisen am alten Ochsenfurter Rathaus*

510 *Bühnenpranger und Halseisen am Rathaus von Birkenau im Odenwald*

511 *Der Pranger von Heidenreichstein/Österreich mit der »Bierglocke« und einem »Prangerhansl» auf der Säulenspitze. 1688 errichtet*

512 *Der Pranger von Dettelbach mit einem Halseisen unter der steinernen Narrenkappe. 1674 errichtet.*

513 *Der Korbpranger (das »Narrenhäuschen«) am Rathaus von Oschatz bei Dresden für Feld- und Gartendiebe. 1523 errichtet.*

514 Das »Narrenhaus« in Rothenburg o. d. T., 18. Jh. Rothenburg o. d. T., Mittelalterliches Kriminalmuseum

515 Der Bühnenpranger (Kak) vor dem alten Rathaus von Ober-Marsberg bei Arnsberg ▷

516 △

517 △

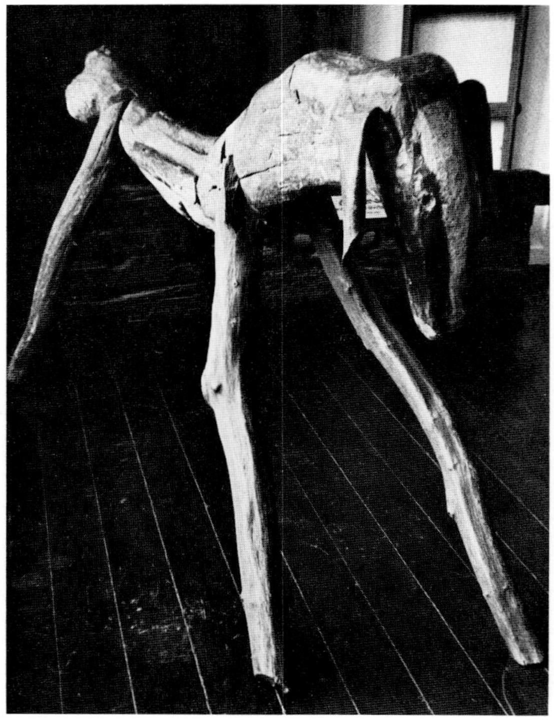

518 △

519 ▽

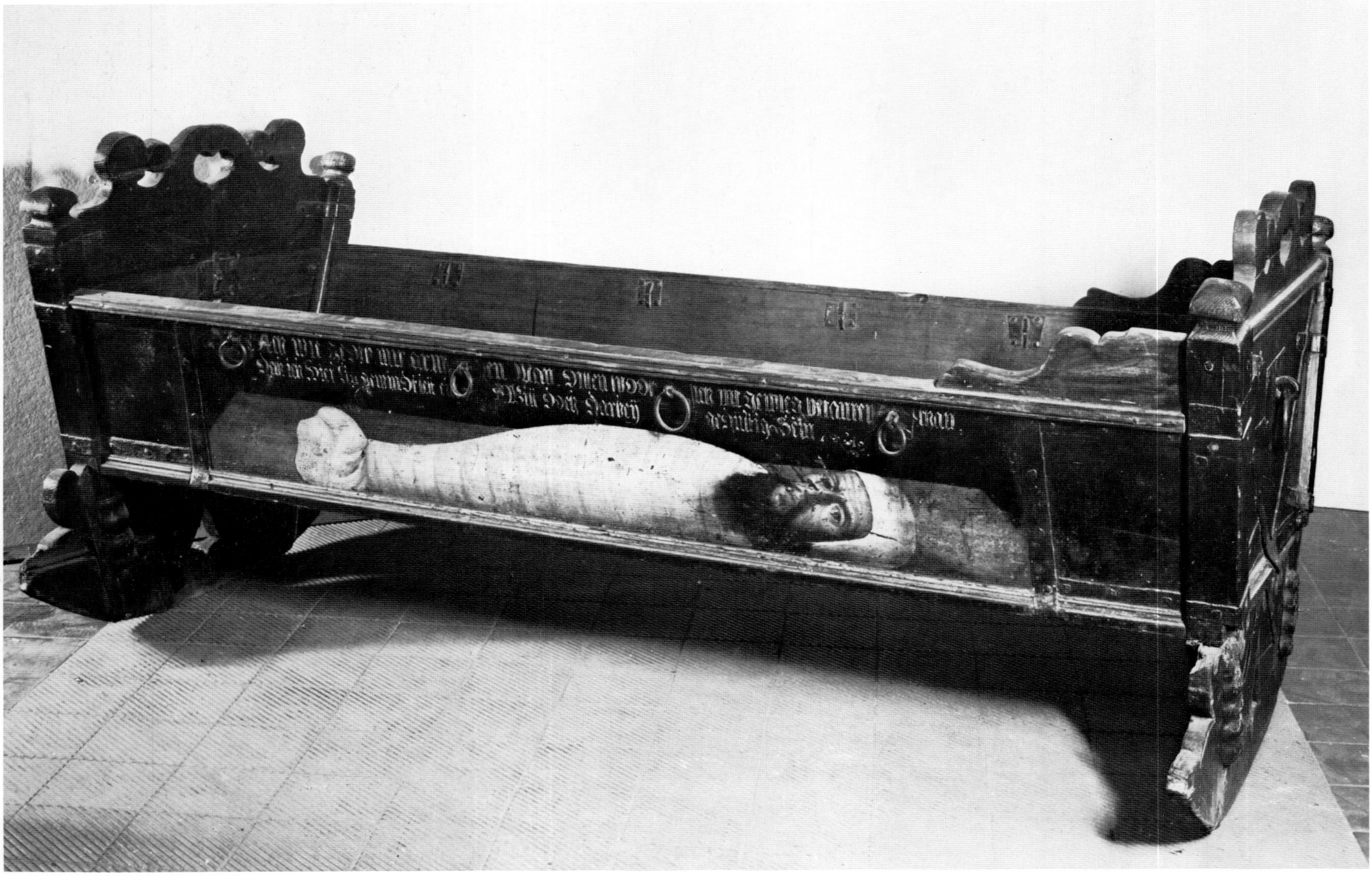

520 △

522 △

521 ▽

523 ▽

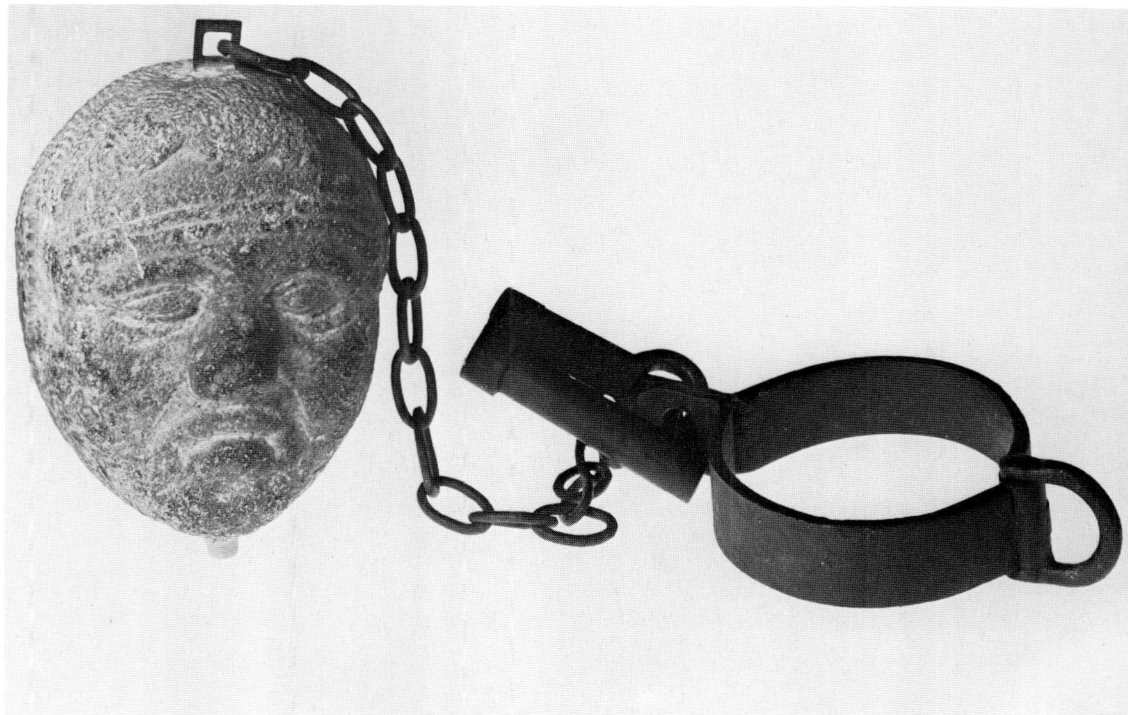

Gegenüberliegende Seite:
516 Schandmantel mit Maske
Nürnberg, Germanisches Nationalmuseum

517 Schandmantel mit Spottbildern und Schandstein
Ravensburg, Städtisches Museum

518 Der Schandesel aus Rosdorf
Göttingen, Städtisches Museum

519 Wiege für zankende Ehepartner aus Marchtrenk/Österreich, 1702.
Linz, Oberösterreichisches Landesmuseum

520 Schandstein von Neustadt/Orla in Form einer Kröte (daher »Krötenstein«)

521 Eisenkugel mit Kette
Wels/Österreich, Stadtmuseum

522 Schandstein in Form eines Hundes
Nürnberg, Germanisches Nationalmuseum

523 Schandstein in Form eines Frauenkopfes
Salzburg, Museum Carolino Augusteum

524 △ 525 ▽ 526 △ 527 ▽

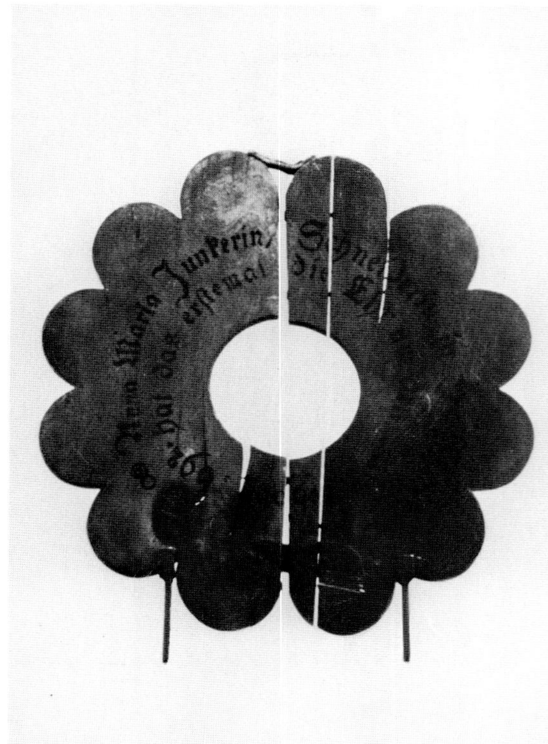

524 Schandmasken
München, Stadtmuseum

525 Schandkette für Falschspieler, 18. Jh.
Rothenburg o. d. T., Mittelalterliches Kriminalmuseum

526 Hölzerne Halsgeige mit Eisenaufsatz (zur Aufnahme eines »Strohwisches«)
Freistadt/Österreich, Heimathaus

527 Hölzerner Schandkragen für Frauen wegen Verstoßes gegen die Kleiderordnung, 17. Jh.
Rothenburg o. d. T., Mittelalterliches Kriminalmuseum

Gegenüberliegende Seite:
528 Hölzerner Rosenkranz, wahrscheinlich Kirchenstrafe für Unsittlichkeit, 17./18. Jh.
Linz, Oberösterreichisches Landesmuseum

529 Strohkranz für gefallene Mädchen
Nürnberg, Germanisches Nationalmuseum

528 △ 529 ▽ 530 △ 531 ▽ 532 ▽

530 Eiserne Doppelhalsgeige
Salzburg, Museum Carolino Augusteum

531 Schandgeige aus Fichtenholz mit Eisenschellen, 16. Jh.
Linz, Oberösterreichisches Landesmuseum

532 Eiserne Schandflöte für schlechte Musikanten
Schloß Pürnstein b. Neufelden/Österreich, Museum

533 Eiserne Schandmaske
Nürnberg, Germanisches Nationalmuseum

534 Holzgeschnitzte Schandmaske für ehebrecherische Frauen, 18. Jh.
Mannheim, Schloßmuseum

535 Hölzerne Schandmaske für Männer, 17./18. Jh.
Rothenburg o. d. T., Mittelalterliches Kriminalmuseum

Ausblick

Läßt man das Gesagte, auch durch Abbildungen Illustrierte, Revue passieren, so bleibt bei all den geschilderten Grausamkeiten, Irrationalitäten – zusammengefaßt: dem uns größtenteils nicht mehr Nachvollziehbaren – die Frage nach dem Sinn dieses Buches, oder allgemeiner: nach dem Sinn historischer Betrachtung überhaupt. Was können wir mit Teufels- und Heiligengeschichten, bluttriefenden Hinrichtungsszenen und unmenschlichen Verfahrensformen, wie z.B. der Folter, anfangen? Eigentlich sind sie uns so fremd, daß jedes praktische Aneignen unmöglich ist. So gibt es für uns z.B. keine Hexen mehr, die mit dem Teufel geschlechtlich verkehren. Wie könnten wir dann noch welche verbrennen oder zu Geständnissen foltern?

Wozu also sind solche Ausführungen heute zu gebrauchen?

Eines sollte jedoch klar werden und nachdenklich stimmen: Grund dieser Unbrauchbarkeit ist allein unser Streben nach Brauchbarkeit, nach Material, das wir in durchaus handfester Weise verwenden können, um unsere Lebensaufgabe zu bewältigen. Sind wir doch fortwährend auf der Suche nach Erkenntnissen allgemeiner Art, nach Theorien, die sich mit rationaler Sicherheit zur Anwendung bringen lassen. Was in dieser Weise nicht zu verwenden ist, zählt daher nicht viel, ist irrational, erscheint sogar sinnlos. Denn Sinn hat offensichtlich nur das, was als Mittel zu einem Zweck und dafür brauchbar eingesetzt werden kann.

Diese (Selbst-)Erkenntnis eröffnet mit einem Male einen neuen und andersartigen Zugang zur Vergangenheit. Wir sehen uns mit einer anderen Einstellung der damals lebenden Menschen, mit einer anderen Welt konfrontiert, in der Sinn nicht in dieser Mittel-Zweck-Relation und damit relativ gedacht und gelebt wurde, sondern an einem Absoluten, einem Maß, ausgerichtet war. Diese Menschen anerkannten Lebensinhalte, die in sich selbst, sozusagen als »Selbstzweck«, sinnvoll waren und um ihrer eigenen Sinnerfülltheit willen angestrebt und verwirklicht wurden. Wir können nicht in diese Welt zurück, uns erscheint das damalige Leben als ein anderes Welt-Bild, in dem Gott das Maß aller Dinge war. Doch zwingt uns die Konfrontation mit dieser Geschichte auch zur Erkenntnis, daß sich das Problem des Maßes, des Selbstzwecks, des in sich vermittelten und gegründeten Sinnes auch für uns stellt, daß wir nicht aus dieser Dimension entlassen sind. Auch wir benötigen das Maß, und zwar in einer derartigen Notwendigkeit, daß wir es immer schon mit Selbstverständlichkeit leben, daß es uns auf den ersten Blick gar nicht bewußt ist.

Die Frage nach der Brauchbarkeit, d.h. Anwendbarkeit der Geschichtsbetrachtung muß sich vor diesem Hintergrund selbst verantworten und hinterfragen lassen. Sollte unser Maß die Mittel-Zweck-Relation sein, eine technische Rationalität, die abstrakte Theorien anwenden will ohne Rücksicht auf den Inhalt des Zweckes, der damit erreicht werden kann? Ist unser Maß somit die Maß-losigkeit, unser Sinn die sinnentleerte Zweckmäßigkeit selbst? Sind wir von den Erfolgen dieser rationalen technischen Praxis so beeindruckt, daß wir nicht mehr nach dem Sollen und Dürfen der Anwendung und damit nach den Grenzen der Rationalität fragen?

Dies ist freilich Rhetorik. Denn die Ausführungen zeigen bereits, daß gefragt wird; und sind so die Antwort selbst. Die Notwendigkeit des Maßes als der Grenzen der Rationalität und als des »Selbstzweckes« sind – auch wenn man die moderne Diskussion z.B. um die Umweltbelastung bedenkt – allgemein bewußt geworden. Der Inhalt dieses Maßes aber muß noch bestimmt, zumindest in das allgemeine, auch politische Bewußtsein gehoben werden, und zwar auch, bzw. gerade dann, wenn auf diese Weise Selbstverständliches formuliert wird.

Für diese Aufgabenstellung kann die Geschichtsbetrachtung Sinn gewinnen: nicht als Theorie, die angewendet werden und eine sichere Lösung bieten kann, sondern als Material für diese inhaltliche Bestimmung. Denn sie zeigt uns eine Welt, für die das Maß ein verrechtlichter, die Ordnung garantierender und vergeltender Gott war; und macht bis in die kleinste Einzelheit den Unterschied zu unserer eigenen Welt deutlich und sogar anschaulich. Die Inhalte des alten Weltbildes zeigen sich uns dabei nicht nur als göttliche, sie entlarven sich zugleich als un-menschliche. Sie zerschellen auf diese Weise an dem Maß, das unsere Welt bestimmt, an der Menschlichkeit. Deshalb können wir nicht mehr zurück, können z.B. nicht mehr Hexen foltern und verbrennen. Das bedeutet nicht, daß nicht auch heute die Folter eingesetzt würde und Hinrichtungen in vielleicht noch brutalerer Form vollzogen würden. Aber wir wissen heute, daß wir damit Mitmenschen quälen und töten. Uns ist das gute Gewissen zur Folter und zur Todesstrafe genommen, da es nicht mehr gegen den Teufel als den Widersacher Gottes und für die heilige Ordnung der Welt geht. Vor dem Maß unserer Welt demaskiert sich dieses Handeln als nackte Gewalt und Terror, damit als Unrecht von Menschen gegenüber Menschen, so sehr es sich auch als Recht ausgeben mag.

Auch die früheren Hexenprozesse sind für unseren praktischen Nachvollzug solche Unrechtsakte, wir versuchen die ihnen zugrundeliegenden menschlichen Gewaltstrukturen mit den Methoden der modernen Wissenschaften aufzudecken, damit wir Mittel erarbeiten können zu verhindern, daß solches Unrecht heute erneut Wirklichkeit wird. Begriffen haben wir damit aber die damaligen Verfahren und ihren Hintergrund nicht. Denn wir dürfen nicht übersehen, daß sich der Grund, sie als menschliches Unrecht zu erkennen, gerade ihnen selbst verdankt. Denn sie brachten – wie dargestellt wurde – auch anschaulich zum Bewußtsein, daß das Böse des Missetäters nicht auf einen außermenschlichen Teufel zurückgeführt werden kann, sondern eine Möglichkeit des Menschen selbst, also menschlich, ist. Unsere Welt kennt deshalb den Teufel nicht mehr, sondern nur mehr teuflische, unmenschliche Menschen. Diese Erkenntnis mußte aber – um die Wirklichkeit unserer Welt zu werden – bis zur Neige durchlebt und erfahren werden. Gerade der ekstatischen Durchführung der Hexenprozesse und ihren vielen Opfern verdanken wir unsere heutige menschliche Welt. Wir sollten deshalb in der Tat dankbar sein; was nicht bedeutet, daß die Opfer deshalb keine Opfer mehr gewesen sind. Sondern unser Dank gerade an die Opfer sollte darin bestehen, daß wir aus diesen vergangenen Prozessen soviel lernen, daß sie nicht mehr unsere Zukunft werden können, weil wir begriffen haben, daß sie teuflisch und damit für uns unmenschlich waren.

Mit anderen Worten ausgedrückt, bedeutet dieses Verständnis der Hexenprozesse, oder allgemeiner der gesamten Vergangenheit, den Gedanken einer Entwicklung, genauer der Herausbildung unserer Welt und des Bewußtwerdens des Menschen, der Menschlichkeit, als ihres Maßes. Gerade für das Strafrecht hat dies wesentliche Konsequenzen. Denn die Betrachtung der Geschichte in diesem Sinne kann aufzeigen, wie es allmählich erst bewußt wurde, daß auch der Missetäter Mensch ist und gerade auch in seiner Tat bleibt, was unsere Verfassung mit der Unverlierbarkeit der Menschenwürde allgemeinverbindlich zum Ausdruck bringt. Von daher erweisen sich Folter und Inquisitionsverfahren als Unrecht: Nicht etwa weil auf diese Weise nicht die Wahrheit herausgebracht werden kann, sondern weil sie den Verdächtigen zu einem bloßen Objekt des Verfahrens machen. Wir anerkennen heute, daß auch der Täter seine Subjektqualität behält, weshalb ihm ein »faires Verfahren« vor den Augen der Öffentlichkeit zu machen ist. Dazu gehört auch die in der Menschenrechtskonvention vorgesehene Unschuldsvermutung. Solange nicht ein unabhängiger Richter in unparteilicher Anwendung des Gesetzes eine Schuld festgestellt hat, ist der Angeklagte als unschuldig anzuerkennen und daher als Subjekt in einem Verfahren, das die Wahrheit nicht um jeden Preis herausbringen will. Aber noch mehr: Der Täter darf überhaupt nicht abgeschrieben werden, er bleibt einer von uns, die wir gleichfalls stets in der Gefahr stehen, selbst straffällig zu werden, weil auch wir nicht die Garantie des richtigen Lebens haben. Er muß eine Chance erhalten, wieder oder neu in unsere Gesellschaft aufgenommen zu werden. Todesstrafe und lebenslange Freiheitsstrafe erweisen sich von diesem Maß her als nicht mehr vertretbare Formen von Sanktionen, auch Leibesstrafen haben ihre Zeit gehabt und sind zu Recht abgeschafft worden. Die heute noch wesentliche Form, die Freiheitsstrafe, soll versuchen, den Verurteilten für die Aufgabe eines zukünftigen rechtskonfliktfreien Lebens vorzubereiten und reif zu machen. Ihre Schwierigkeiten, vielleicht sogar ihr Selbstwiderspruch – in Unfreiheit freizumachen –, werden freilich immer mehr bewußt, sie wird immer weiter zurückgedrängt. Die Geldstrafe ist heute die am meisten verhängte Strafe. Daneben treten neue Formen von Sanktionen auf, deren Neuheit noch gar nicht bewußt ist, z. B. die bedingte Erlassung des Vollzugs der Freiheitsstrafe mit der Möglichkeit zu Weisungen und Auflagen, die bedingte Entlassung aus dem Vollzug der Freiheitsstrafe, die bloße Schuldfeststellung bei Jugendlichen. Sie machen deutlich, daß die strafrechtliche Sanktion auch der Verzicht auf Strafe im herkömmlichen Sinne sein kann.

Vielleicht stehen wir damit heute am Ende des eigentlichen Strafrechts überhaupt und vor Beginn eines neuen Rechts, das mit noch zu erfindenden Sanktionen und Maßnahmen den Täter mit der Gesellschaft in Verbindung und Vermittlung, mit dem Ziel der Einheit, bringen will. Dieses Ende war vielleicht auch der Grund dafür, daß ein solches Buch als eine Geschichte des Strafrechts geschrieben werden konnte. Die Zukunft wird es zeigen.

Eine Fragestellung soll den Abschluß bilden. Das frühere Weltbild wurde als das »religiöse« bezeichnet, demgegenüber sich unsere, am Maß der Menschlichkeit ausgerichtete Welt als »säkularisiert« erweisen muß. Doch ist zu fragen, ob wir durch diese anzustrebende Vermenschlichung des Strafrechts nicht jenem Geiste näher sind, der vor fast 2000 Jahren am Kreuz sich dokumentiert hat. Wir sollten es hoffen!

Dank

Die Fertigstellung dieses Buches war nur mit der Unterstützung vieler Menschen möglich, denen ich aufrichtig Dank sagen will.
So schulde ich Dank all den hier nicht namentlich aufzuzählenden Mitarbeitern der Archive, Bibliotheken, Institute und Museen, die mir Einsicht in ihre »Schätze« gewährten, mir mit Rat und Tat zur Seite standen, mir Bilder schickten usw. Besonders danken möchte ich den Herren Dr. Werner Galler vom Niederösterreichischen Landesmuseum, Wien, Dr. Gerhard Jaritz vom Institut für mittelalterliche Realienkunde Österreichs, Krems a. D., Prof. Adolf Laufs vom Institut für geschichtliche Rechtswissenschaft der Universität Heidelberg (Fehr-Archiv), Dr. Josef Reitinger vom Oberösterreichischen Landesmuseum, Linz a. D., Dr. Joachim Rückert vom Leopold-Wenger-Institut für Rechtsgeschichte der Universität München (Amira- und Frölich-Archiv), Dr. A. Schönherr von der Zentralbibliothek Zürich, Prof. Claudieter Schott von der Forschungsstelle für Rechtsgeschichte der Universität Zürich und Frau Dr. Gertrud Smola vom Grazer Landesmuseum Joanneum. Persönlich darf ich Dank sagen Sten Gagnér für seine vielfältige ideelle Unterstützung und die Vermittlung zu den Archiven seines Münchener Instituts für Rechtsgeschichte, Christoph Hinckeldey vom Mittelalterlichen Kriminalmuseum in Rothenburg o. d. T. für vielfache Hilfe und Dr. Gislind Ritz und Dr. Edgar Harvolk vom Institut für Volkskunde in München dafür, daß sie mich so freundlich aufnahmen und mir bei der Literaturbeschaffung in überwältigender Weise behilflich waren.
Dank gebührt dem Verlag: Frau Dr. Margarete Baur-Heinhold und Herrn Helmuth Baur für Anregung und Zuspruch, Frau Heide Hohendahl für die engagierte und erfrischende Zusammenarbeit bei der näheren Gestaltung des Bildteils und Herrn Günther Mehling für seine Lektorentätigkeit.
Auch meinen Mitarbeitern an der Universität Bielefeld darf ich danken: Catrin Hirte und Ulrich Piel für die vielen Handgriffe bei der Literaturzusammenstellung; Dr. Gabriele Grosbüsch für ihre Hilfe bei der Registererstellung; Burghard Lehmann für die Korrekturarbeiten, die Erstellung des Registers und für die zahlreichen sonstigen, weit über etwaige Dienstverpflichtungen als Assistent hinausgehenden Arbeiten an diesem Buch. Meiner Sekretärin Marianne Kluge danke ich für die Erledigung des Briefverkehrs und aller sonstiger Schreibarbeiten, vor allem auch für die Reinschrift des Manuskripts. Nicht vergessen möchte ich die Damen und Herren in der Bibliothek und der Fernleihe, die mit gleichbleibender Freundlichkeit auch unmögliche Bücherwünsche erfüllten.
Schließlich will ich noch die Menschen erwähnen, denen ich das Werden des geistigen Hintergrundes dieses Buches verdanke: meine Eltern und meine Freunde, meinen philosophischen Lehrer Erich Heintel; vor allem und zutiefst meine Frau Maria, der dieses Buch – das materiell doch auch das ihrige ist! – aus ganzem Herzen gewidmet ist.

Wolfgang Schild

Photonachweis

Zu danken haben wir all den Archiven, Bibliotheken, Instituten und Museen, die uns freundlicherweise die Erlaubnis zum Abdruck der Bilder ihrer Objekte erteilt haben.
Aus den Bilderhandschriften des Sachsenspiegels wurden folgende Abbildungen entnommen:
Dresdener 4, 27, 30, 125, 140, 174, 190, 208, 222, 223, 239, 256, 257, 258, 269, 330, 474
Heidelberger 12, 62, 88, 91, 124, 136, 138, 200, 201, 260, 266, 267, 268, 274, 327, 329, 331, 333, 334, 335, 336, 341, 386
Wolfenbütteler 19, 56, 57
Das Mittelalterliche Kriminalmuseum in Rothenburg o.d.T. stellte uns freundlicherweise elf Vierfarbsätze aus seinem Katalog »Strafjustiz in alter Zeit«, Rothenburg o.d.T. 1980, zur Verfügung.

Aachen; Münchow, Ann 10, 41
Altötting, Fotostudio Strauss 22
Augsburg, Staats- und Stadtbibliothek 67, 438, 475
Bamberg; Lehmann, Traute 53
Bamberg, Staatsarchiv 288
Bamberg, Stadtarchiv 371
Beerfelden; Specht, Karl 113
Berlin; Anders, Jörg P. 33, 37, 114, 220, 247, 272, 279, 284, 394, 411, 425
Berlin, Staatliche Bildstelle 146
Berlin, Ullstein Bilderdienst 29, 120, 262
Bern, Burgerbibliothek 119, 278
Bonn-Bad Godesberg; Zuppke, E. 365
Braunschweig, Herzog-Anton-Ulrich-Museum 107, 321
Breslau, Stadtbibliothek 106
Brüssel, Institut Royal du Patrimoine Artistique 52, 417
Chur, Rätisches Museum 322
Darmstadt, Hessisches Landesmuseum 251, 252, 253
Dettelbach, Stadtarchiv 512
Dresden, Staatliche Kunstsammlung 103, 385
Engen, Foto Wöhrstein 38
Erlangen, Stadtarchiv 149
Flensburg, Gerd Remmer 111
Frankfurt a.M.; Edelmann, Ursula 100, 243, 408, 414, 415, 423, 429
Frankfurt a.M., Städelsches Kunstinstitut 199, 409
Fribourg/CH; Archives de Jongh 390
Fribourg/CH; Auerswald, Harro 18, 104, 176, 177, 183, 230, 233, 264, 340, 343, 349, 365, 454
Göttingen, Wollscheid 518
Graz, Foto Fürböck 35, 145, 207, 499, 504
Graz, Landesmuseum Joanneum 204, 319, 324, 383
Hamburg/München; Remmer, Jochen (Kunstbildarchiv Aline Lenz, Hamburg) 307
Hannover, Foto Holmer 296
Hannover, Landesgalerie 224, 292, 418, 426, 248
Hannover, Niedersächsische Landesbibliothek 3
Heidelberg, Fehr-Archiv (Universität Heidelberg, Institut für geschichtliche Rechtswissenschaft) 5, 16, 25, 26, 28, 96, 137, 182, 189, 198, 225, 234, 270, 271, 276, 277, 301, 453, 466, 470, 481, 487
Helsinki, Nationalmuseum 350
Innsbruck, Tiroler Landesmuseum Ferdinandeum 151, 275
Innsbruck, Tiroler Volkskunstmuseum 47, 205
Karlsruhe, Staatliche Kunsthalle 248
Kassel, Landesbibliothek 213, 215
Kirchlindach/CH; Howald, Gerhard 55, 206, 467
Koblenz, Landeshauptarchiv 129, 261
Köln, Rheinisches Bildarchiv 291
Krems, Institut für mittelalterliche Realienkunde Österreichs 32, 43, 51, 89, 90, 99, 101, 102, 232, 283, 290, 294, 298, 403, 421, 492
Linz, Oberösterreichisches Landesmuseum 397
Linz; Reitinger, Dr. Josef 144, 323, 363, 381, 384, 488, 490, 503, 519, 521, 526, 528, 531, 532
Lübeck, Museum für Kunst- und Kulturgeschichte 446
Lüneburg; Repro M. Baum 1
Lüneburg; Scheibe, J. H. 36
Luzern, Faksimile Verlag 404
Maastricht, Openbare Werken 34
Madrid, Prado 109, 139
Marburg, Bildarchiv Foto Marburg 127, 392, 480
München, Bayerisches Nationalmuseum 98, 382
München, Bayerische Staatsbibliothek 2, 9, 122, 210, 211, 218, 219, 282, 285, 345, 346, 347, 348, 355, 356, 357
München, Bayerische Staatsgemäldesammlung 46, 131, 293, 299, 405, 406, 413
München, Bayerische Verwaltung der staatlichen Schlösser, Gärten und Seen 54, 81
München; Baur-Heinhold, Margarethe 157, 370, 372
München, Deutscher Kunstverlag 45
München, Frölich-Archiv (Universität München, Leopold-Wenger-Institut für Rechtsgeschichte) 72, 81, 153, 155, 156, 158, 159, 161, 162, 168, 169, 170, 171, 442, 493, 505, 506, 508, 510, 513, 515, 520, 534
München, Staatliche Graphische Sammlung 238, 486
München; Weinfurtner, Ludwig 450
München, Zentralinstitut für Kunstgeschichte 179, 180
Münster/Westf., Landesamt für Denkmalspflege 495
Nördlingen, Foto-Finck 71, 128, 191, 192, 193, 209, 229, 439
Nürnberg, Germanisches Nationalmuseum 66, 85, 92 105, 116, 118, 123, 181, 237, 244, 245, 297, 378, 410, 416, 422, 436, 443, 444, 445, 449, 455, 456, 463, 465, 479, 483, 485, 501, 516, 522, 529, 533, 535
Nürnberg, Hauptarchiv für Hochbauwesen 315
Nürnberg, Foto Richard Krauss 108
Nürnberg, Staatsarchiv 231, 395, 441
Nürnberg, Stadtarchiv 132
Ochsenfurt, Foto Knittel 509
Ottobeuren, Foto Braun 49
Paris, Louvre 54, 246, 254, 448
Piding; Wieser, Max 375
Prag, Nationalgalerie 412
Ravensburg; Weiss, Thomas A. 517
Reichenau; Keller, Th. 58
Regensburg, Städtisches Fremdenverkehrsamt 373
Rom, Biblioteca Apostolica Vaticana 40
Rothenburg o.d.T.; Gerth, Heinz 60, 312
Rothenburg o.d.T., Mittelalterliches Kriminalmuseum 30, 31, 63, 112, 141, 143, 173, 175, 178, 221, 255, 287, 325, 326, 376, 377, 380, 401, 402, 433, 498, 514, 525, 527, 535
Salzburg, Museum Carolino Augusteum 48, 50, 374, 523, 530
Schwäbisch Hall; Mehl, H. 110
Sonthofen, Foto Lala Aufsberg 44, 351, 424, 427, 430, 431, 494, 497
St. Gallen, Historisches Museum 300
Stockholm, Antikvarisk Topografiska Arkivet 295
Straubing, Photo Stern 147, 148
Stuttgart; Schmidt-Glassner, Helga 152, 160, 163, 302, 303, 304, 305, 306, 308, 309, 310, 311, 313, 314, 316, 317, 318, 320, 507, 524
Stuttgart, Hauptstaatsarchiv 328, 332
Trebur; Azzola, Friedrich K. 366, 367, 368, 369
Tübingen, Kleinfeldt 496
Tübingen, Universitätsbibliothek 212, 217, 286
Ulm, Archiv Münsterbauamt 391
Ulm, Stadtarchiv 39
Ulm, Stadtmuseum 150
Überlingen, Foto Lauterwasser 133
Volkach, Konrad 93, 135, 288, 358, 359, 360, 361
Wels; von der Howe, Alfons 419
Wien; Galler, Dr. Werner 154, 164, 165, 166, 167, 500, 511
Wien, Niederösterreichisches Landesmuseum 502
Wien, Kunsthistorisches Museum 42, 420
Wien, Österreichische Nationalbibliothek 226, 249, 250, 435
Worpswede; Klimek, Prof. Lothar 289
Wörth am Main, Stadtarchiv 491
Würzburg; Althaus, August 400, 458
Würzburg, Gundermann 407
Zürich, Zentralbibliothek 17, 61, 73, 94, 95, 97, 126, 130, 134, 142, 184, 185, 186, 188, 194, 195, 196, 197, 203, 227, 273, 362, 432, 434, 437, 440, 457, 468, 476, 477, 482

Anmerkungen

Die Zitate – mit Autor, Jahr des Erscheinens der Arbeit und Seite – beziehen sich auf die Literaturangaben zu dem betreffenden Kapitel und auf die Angaben »Allgemeine Literatur«.

Das religiöse Weltbild

[1] Auf die Probleme einer Geschichtsphilosophie als des gegenwärtigen Begreifens der Vergangenheit kann hier nicht eingegangen werden, da es dabei um die fundamental-philosophischen Begriffe der »Wirklichkeit« und der »Handlung« (»Praxis«) geht. Es muß auf mein Buch »Missetäter und Strafen im Wandel des Weltbildes« verwiesen werden.
[2] Vgl. dazu Heubach 1927.
[3] Vgl. Carlen 1956, S. 10ff.; Hardung 1934; Wildhaber 1947, S. 102ff.
[4] Vgl. Frommhold 1925; Lederle 1937; Krönig 1938, S. 198ff.; Simon 1948; Spiekerkötter 1939; Troescher 1939, S. 139ff.
[5] Dazu His 1937, S. 237ff.; Troescher 1939, S. 198 (Nr. 106).
[6] Dazu Baltl 1957, S. 82f. (Nr. 137); Troescher 1939, S. 172 (Nr. 36/37).
[7] Dazu Troescher 1939, S. 188.
[8] Dazu Gmelin 1969, S. 95ff.
[9] Vgl. Benz 1975; Beumann 1968, S. 1ff.; Bögl 1932; Brunner 1956, S. 279ff.; Dempf 1973; Dürig 1958, S. 174ff.; Eichmann 1928; 1942; Fleckenstein 1964, S. 57ff.; Hattenhauer 1969, S. 1ff.; Hiltbrunner 1968, S. 1ff.; Hoffmann 1968; Kampers 1925, S. 495ff.; Kempf 1956, S. 225ff.; Kern 1915, S. 1ff.; 1973; Koch 1972; Opfermann 1953; Ruppert 1976; Schramm 1928; 1954–1956; Schramm/Mütherich 1962.
[10] Dazu Ruppert 1976; Schramm/Mütherich 1962, S. 157 (Bild 111).
[11] Vgl. Hoffmann 1964, S. 78ff.; Levison 1952, S. 14ff.; Knabe 1936.
[12] Vgl. Classen 1964; Hellmann 1961; Hoffmann 1963, S. 71ff.; Schramm 1954–1956 III, S. 583ff.
[13] Dazu Schramm/Mütherich 1962, S. 154 (Bild 103); Hoffmann 1968, S. 14ff.
[14] Vgl. Deer 1955, S. 48ff.; Hoffmann 1965, S. 559ff.; Hoffmann 1968, S. 62ff.; Schramm/Mütherich 1962, S. 156 (Bild 106).
[15] Vgl. Hoffmann 1968, S. 70ff.; Schramm/Mütherich 1962, S. S. 160 (Bild 141).
[16] Vgl. Achter 1951; 1955; Angermeier 1966; Engels 1978, S. 71ff.; Fried 1969, S. 283ff.; Gernhuber 1952; 1961; Hoffmann 1964; Justus 1975; Töpfer 1957; Winterfeld 1927, S. 8ff.
[17] Dazu Marschall 1968.
[18] Vgl. Hentig 1963, S. 344ff.
[19] Vgl. Fehr 1950, S. 50ff.; Hattenhauer 1976; Heinerth 1939.
[20] Dazu Mackensen 1923; Fehr 1938, S. 591ff.
[21] Vgl. Anger 1967, S. 12ff.; Ewers 1951; Fehr 1960, S. 85ff.; Koch 1943, S. 117ff.
[22] Dazu Graus 1961, S. 61ff.
[23] Vgl. Harvolk 1979, S. 23f.; Leisching 1928, S. 41ff.; Mang 1920, S. 261ff.; Kriss 1957, S. 15ff.
[24] Dazu Graus 1961, S. 61ff.
[25] Vgl. Kretzenbacher 1970.
[26] Vgl. Halm 1925, S. 1ff.
[27] Vgl. Beitl 1973; Brauneck 1978; Harvolk 1979; Kriss-Rettenbeck 1958.
[28] Dazu Erler 1941/43, S. 44ff.; Fehr 1926, S. 231ff.; Glitsch 1913; Leitmaier 1953; Nottarp 1956; Schwerin 1932/33.
[29] Vgl. Erler 1941/43, S. 44ff.; Fehr 1938, S. 5ff. – Allgemein zum Zweikampf vgl. Fehr 1908; Kraft 1940, S. 1ff.; Poratz 1942, S. 257ff.
[30] Vgl. Minkowski 1934, S. 26ff.; 1938, S. 197ff.
[31] Vgl. dazu Walter 1977, S. 108.
[32] Vgl. dazu Leitmaier 1953, S. 10ff.; Walter 1977, S. 104.
[33] Vgl. Fehr 1926, S. 231ff.; 1949, S. 581ff.; Nagl 1966.
[34] Vgl. Soldan/Heppe/Bauer 1976 I, S. 380ff.

Recht und Volksleben

[1] Vgl. Künßberg 1952.
[2] Vgl. Reincke 1968, S. 188ff. (mit Verbesserungen von Amira 1919, S. 318).
[3] Vgl. Breibeck 1980; Kaltenstadtler 1971; Zipperer 1938. – Zum allgemeinen Problem der Volksjustiz vgl. Buss 1906, S. 162ff.; Cromberg 1970; Hoffmann-Krayer 1905, S. 61, 161ff.; König 1938, S. 191ff.; Kramer 1956, S. 121ff.; Mang 1933, S. 424ff.; Wolfram 1976, S. 721ff.
[4] Dazu Rettenbeck 1953.
[5] Vgl. Hellwig 1909, S. 330ff.; Philipps 1849; Wolfram 1976, S. 721ff.
[6] Dazu Lippert 1939; Wohlhaupter 1936.
[7] Abgebildet in: Fraenger 1923.
[8] Vgl. Fischer 1970, S. 321ff.
[9] Vgl. Hentig 1948, S. 121ff.
[10] Vgl. die im Literaturverzeichnis aufgenommenen Arbeiten von Frölich, Helfer, Hentig, Zimmermann (mit jeweils weiteren Nachweisen).
[11] Dazu Hentig 1938, S. 373ff.
[12] Vgl. Hentig 1946, S. 324ff.; Maschke 1977, S. 265ff.
[13] Vgl. Dollacker 1937, S. 13ff.; Kraft 1939, S. 28ff.
[14] Vgl. dazu Hünnerkopf 1932, S. 34ff.; Mummenhoff 1931; Schulz 1932.
[15] Vgl. Borchling 1908; Fehr 1946; Knapp 1902, S. 1ff.; Thormann 1907.
[16] Vgl. Borchling 1908; Carlen 1963, S. 1ff.; Fehr 1936; Grimm 1963. Vgl. auch die im Literaturverzeichnis angeführten Arbeiten über das Recht in der Dichtung oder im Volkslied.
[17] Dazu vgl. Pradel 1904, S. 1ff.
[18] Vgl. Hartkort 1956.
[19] Dazu Pappenheim 1908, S. 334ff.; Stratmann 1978.
[20] Hier sind vor allem die Schweizer Chroniken zu nennen (vgl. dazu Muschg/Gessler 1941), wobei die Arbeiten der beiden Diebold Schilling (d. Ä., d. J.) am bedeutendsten sind. Vgl. diesbezüglich das Literaturverzeichnis »zu den wichtigsten Bildquellen«.
[21] Auf den philosophischen Hintergrund dieses Begriffs, der bei Hegel, aber auch z. B. in der »Historischen Rechtsschule« Savignys eine zentrale Bedeutung einnimmt, kann hier nicht eingegangen werden.
[22] Vgl. dazu Anger 1947; Bartels 1913; Fehr 1935, S. 219ff.; 1955; Friedrich 1920, S. 16ff.; Ludwig 1935; Mailly 1937, S. 1ff.; Wulffen 1910, S. 340ff.
[23] Vgl. dazu Clemen 1916, S. 161ff.; Höfer 1924, S. 90ff.; Künßberg 1952; Meier 1928, S. 229ff.
[24] Dazu Kocher 1978, S. 131ff.
[25] Vgl. Bader 1949, S. 31ff.; 1976, S. 1ff.; Baltl 1952, S. 65ff.; Frölich 1936, S. 84ff.; 1938, S. 49ff.; 1950, S. 182ff.; Künßberg 1936; 1965; Merzbacher 1960; Schempf 1967, S. 200ff.; Wohlhaupter 1940–1943.
[26] Vgl. Bader 1942–49, S. 89ff.; Fehr 1927, S. 1ff.; Schmelzeisen 1974, S. 118ff.; Thieme 1950, S. 266ff.

Recht und Aberglauben

[1] Vgl. dazu Bühler 1972, S. 43ff.; Copper 1977; Erler 1938–40, S. 303ff.; Jacoby 1974; Jünemann 1976; Koschorreck 1952; Müller 1937; Unruh 1957, S. 1ff.
[2] Dazu vgl. Schemmel 1973, 167ff.
[3] Dazu Berkenhoff 1937.
[4] Vgl. Kramer 1940.
[5] Dazu Fischer E. 1957.
[6] Vgl. Brückner 1966; 1963, S. 111ff.; Schell 1916, S. 156ff.
[7] Dazu Fischer P. 1936; Frölich 1952, S. 41ff.; Hain 1958, S. 54ff.; His 1929; Nehlsen 1952, S. 17ff.; Tütken 1964, S. 165ff.; Wölpert 1953.
[8] Dazu Scherer 1909; Wallen 1958.
[9] Vgl. die Schilderung dieses »Prozesses« bei Wölpert 1953.
[10] Dazu vgl. Dieck 1965.
[11] Vgl. Hentig 1954, S. 282ff.
[12] Dazu Heim 1941; Hentig 1958; Mackensen 1924, S. 318ff.
[13] Vgl. Haendcke 1910; Hauser 1975, S. 199.
[14] Vgl. Hentig 1952, S. 443ff.; 1954, S. 48.
[15] Vgl. Kühn 1969.
[16] Dazu Frommhold 1915, S. 458ff.
[17] Vgl. Graf 1937, S. 44ff.; Kafka 1959, S. 72ff. – Vgl. auch allgemein Goeßler 1938, S. 15ff.
[18] Vgl. Erler 1954; Goeßler 1938, S. 65ff.; Mailly 1923; Monc 1865, S. 288ff.; Neumüllers-Klauser 1966, S. 177ff.; Schmidt 1950, S. 80ff.; Stutz 1901.
[19] Vgl. Ranke 1951; Siebs 1959, S. 246ff.
[20] Vgl. Hellmich 1931, S. 196ff.; Hentig 1936, S. 403ff.; 1937, S. 124; Kirchner 1955; Meier 1930, S. 29ff.; 1950; Röder 1949.
[21] Vgl. Gudenberg 1936, S. 252ff.; Wilhelm 1906, S. 128ff.
[22] Vgl. Baltl 1965, S. 1ff.
[23] Vgl. Kurzacz 1969.
[24] Diese These wurde vor allem von Herbert Meyer vertreten (vgl. die Arbeiten im Literaturverzeichnis).
[25] Vgl. z. B. Siebs 1959, S. 246ff.
[26] Vgl. Gathen 1960.
[27] Dazu Eichler/Laufner 1958.
[28] Vgl. Spindler 1938.
[29] Vgl. Christ 1913, S. 36ff.; Cichy 1974, S. 2ff.; Horn 1937, S. 29ff.; Mössinger 1963/1, S. 1ff.; Müller 1913, S. 19ff.; Schröder 1896, S. 347ff.; Stief 1936/37, S. 289ff.; Wieser 1958, S. 55ff.; Woeller 1959/60, S. 399ff.
[30] Vgl. Burchard 1893; Weinhold 1901, S. 1ff.
[31] Dazu Hagen 1851/53, S. 33ff.; Rehfeldt 1956, S. 45ff.; Siegel 1866.
[32] Vgl. Deus 1970, S. 18ff.; Erler 1938–40, S. 168ff.; Fischer H. 1958, S. 9ff.; Gaulhofer 1930; Sartori 1921, S. 2ff.; L. Schmidt 1970, S. 85ff.; 1972, S. 680ff.; Stäubli-Bächtold 1926, S. 47ff.; Tikkanen 1922.
[33] Vgl. Merzbacher 1974/75, S. 839ff.

Das Problem der Grausamkeit

[1] Zur anderen Gefühlsstruktur vgl. Boehm 1942, S. 379ff.; Duerr 1978; Elias 1978; Rennefahrt 1949, S. 17ff.; Rosenthal 1971.
[2] Vgl. Boehm 1942, S. 379.
[3] Elias 1978 I, S. 267f.
[4] Vgl. Frauenstädt 1886, S. 26.
[5] Vgl. bezüglich Kinder: Aries 1978; de Mause 1977; bezüglich Fremder: Rennefahrt 1949, S. 17ff.; Thieme 1958, S. 208ff.; bezüglich Juden: Liebe 1903.
[6] Elias 1978 I, S. 281f.
[7] Huizinga 1975, S. 25.
[8] Vgl. Elias 1978 I, S. 282.
[9] Vgl. Fromm 1922, S. 31; Röhrich 1955, S. 209ff.
[10] Foucault 1977, S. 15.
[11] Siebert 1931.

[12] Vgl. dazu das nächste Kapitel bei Anmerkung 4.
[13] Vgl. Salmen 1977, S. 78.
[14] Dazu Habicht 1919, S. 46 ff.; Reuschel 1906.
[15] Vgl. Kramer 1961, S. 266ff.
[16] Vgl. Kempen 1952, S. 1 ff.; Schlichting 1935, S. 171; Zeeden 1968, S. 181.
[17] Dazu Bücking 1968, S. 171 ff.; Friedell 1974, S. 143 ff. (»Weltbordell«).
[18] So z.B. Hoffmann 1935.
[19] Schumacher 1937.
[20] Vgl. Aries 1976; Döring-Hirsch 1927, S. 10; Elias 1979, S. 4 ff.; Schlichting 1935, S. 152 f.
[21] Elias 1978 I,II.
[22] Vgl. Huizinga 1975, S. 10, 342; Rittner 1975, S. 109; Siebert 1931, S. 15 ff.
[23] Rittner 1975, S. 104; 1976, S. 20. – Vgl. auch Lippe 1974.
[24] Vgl. Flemming 1960; Friedell 1974, S. 235; Loidl 1938; Schaller 1943.
[25] Flemming 1960.
[26] Vgl. Boehm 1942, S. 307 ff.
[27] Elias 1978 I, S. 269.
[28] Vgl. Hertz 1862, S. 77ff.
[29] So Steinbüchel 1968, S. 125; Zeeden 1968, S. 281.
[30] Döring-Hirsch 1927, S. 11.
[31] Dazu Helfer 1964, S. 339 ff.
[32] Vgl. Radbruch 1950, S. 165.
[33] Vgl. Hampe 1927, S. 15 f.
[34] Weber 1949, S. 49.
[35] Siebert 1931, S. 110 f.

Die Missetäter

[1] Vgl. Radbruch 1950, S. 70 ff.
[2] Vgl. Oehler 1950; Schröter 1936; Weber 1949, S. 44 ff.; Würtenberger 1933.
[3] Vgl. Ebel 1958, S. 59 ff.; Fendler 1974, S. 81 ff.; Leitich 1968; Lieberich 1969, S. 307 ff.; Radbruch/Gwinner 1951, S. 108 ff.
[4] Dazu Baur 1975; Ellermeyer 1977, S. 203 ff.; Hampel 1962.
[5] Otte 1951, S. 27.
[6] Kuttner 1935. – Vgl. zum Problem auch Bader 1964, S. 61 ff.; Benöhr 1975, S. 190 ff.; Kollmann 1913, S. 605 ff.; Mangakis 1971, S. 283 ff.; Oppermann 1904.
[7] Dazu Gwinner 1948, S. 164 ff.; Hampe 1902; Heiler 1927; Ritter 1930; Rotering 1905, S. 223 ff.; 572 ff.; Winterfeld 1940, S. 69 ff.; Würtenberger 1976, S. 9 ff.
[8] Vgl. Danckert 1963.
[9] Vgl. Haas 1964, S. 185 ff.; Radbruch/Gwinner 1951, S. 29 ff.
[10] Grundmann 1942, S. 419 ff. – Vgl. auch Franke 1974; Liebe 1899; Schmitthenner 1934.
[11] Kraus 1950. Dazu auch Bader 1967, S. 195 ff.
[12] Vgl. Liebe 1972; Radbruch/Gwinner 1951, S. 220 ff.
[13] Vgl. Radbruch/Gwinner 1951, S. 165 ff. – Vgl. auch Arnold 1965; Block 1936; Höck 1976, S. 77 ff.
[14] Dazu Radbruch/Gwinner 1951, S. 68 ff.
[15] Vgl. Erler 1965, S. 115 ff.
[16] Vgl. Zeeden 1968, S. 108 ff.
[17] Dazu Menzler 1967.
[18] Vgl. Gwinner 1934; Truffer 1960; Wintterlin 1895.
[19] So Rittner 1975, S. 105.
[20] Vgl. Gudian 1976, S. 282 f.; Sievers 1976, S. 195 ff.
[21] So Boehm 1942, S. 329. Vgl. auch Croissant 1953.
[22] Vgl. Friedell 1974, S. 131.
[23] Vgl. Fuchs 1909; Hauber 1916; Lippmann 1895.
[24] Radbruch 1950, S. 13 ff.
[25] Radbruch 1950, S. 19.
[26] Hauber 1916, S. 123 ff.
[27] Vgl. Hauber 1916, S. 229.
[28] Vgl. Hartlaub 1937, S. 98 ff.
[29] Vgl. z.B. Blume 1970; Grundmann 1957, S. 27 ff.; Stahleder 1974, S. 728 ff.; Steinen 1958, S. 203 ff.; und die Arbeiten von Nitschke.
[30] Vgl. Preuß 1906; Rauh 1973; Schaller 1972, S. 924 ff.; Steigleder 1938.
[31] Vgl. Nitschke 1956, S. 115 ff.; Rauh 1973; Schaller 1972, S. 924.
[32] Vgl. Doskocil 1958; Poschmann 1940; Roskoff 1869 I, S. 237, II, S. 99 f.
[33] Vgl. dazu Amira 1922, S. 283 (Nr. 390).
[34] So Nitschke 1956, S. 147.
[35] Vgl. Steinbüchel 1968, S. 209; Wackernagel 1929, S. 27 FN 21.
[36] Schnürer 1930 II, S. 217.
[37] Vgl. dazu Fehr 1926, S. 231 ff.; 1930, S. 193 ff.
[38] So Radbruch 1950, S. 84.
[39] Vgl. Roskoff 1869 I, S. 284; II, S. 206 ff. (608 ff.); Stockmeier 1979, S. 33 ff. – Zum Teufel allgemein vgl. Beck 1950; Diestel 1921; Erich 1931; Merkel 1940; Rudwin 1915; Stapff 1956; Vollmer 1941, S. 1 ff.; Zimmermann 1977.
[40] Zum Problemkreis »Hexe« vgl. – jeweils mit weiteren Literaturhinweisen – die Sammelbände von Becker 1977; Hansen 1900; Hauschild 1979; Honegger 1978; Soldan/Heppe/Bauer 1976.
[41] Vgl. Leeuw 1970, S. 267 ff.
[42] Dazu Weiser-Aal 1930/31, S. 1827 ff.
[43] Vgl. Hälsig 1910; Vordemfelde 1923.
[44] Vgl. Lauffer 1938, S. 114 ff.; Weiser-Aal 1928, S. 64 ff.; 1930/31, S. 1838.
[45] Dazu Brunner 1904; Förg 1932; Koch 1962; Köhler 1901; Theloe 1913.
[46] Grundmann 1927, S. 91 ff.
[47] Dazu grundlegend Lea 1905–13. Vgl. auch die Arbeiten in Anmerkung 45.
[48] Dazu Paulus 1908, S. 72 ff.
[49] Vgl. Leutenbauer 1972.
[50] Auf die methodische Problematik dieser wissenschaftlichen Theorien kann hier nicht eingegangen werden, es muß auf mein Buch »Missetäter und Strafen im Wandel des Weltbildes« verwiesen werden.
[51] Z.B. Kuret 1972, S. 334 ff.; Leibbrand 1967, S. 819 ff.; Peuckert 1960, S. 101 ff.; Wolfram 1932, S. 137 ff.
[52] Z.B. Fürstauer 1970, S. 122 ff.; Masters 1968.
[53] Vgl. Byloff 1927, S. 401 ff.; Lea 1913 III, S. 486; Nagl 1974/75.
[54] Hörger 1975, S. 945 ff.
[55] Z.B. Freud 1973, S. 283 ff.; Haisch 1965, S. 234; Jones 1912.
[56] Z.B. Strobl 1977, S. 14 ff.; Woeller 1963, S. 884.
[57] Vgl. z.B. Croissant 1953; Droß 1978, S. 298 ff.
[58] Z.B. Ehrenreich/English 1976; Michelet 1974.
[59] Z.B. Lehmann 1978, S. 51.
[60] Tramer 1944/45, S. 140 ff., 180 ff.
[61] Z.B. Haisch 1976, S. 327 ff.
[62] Z.B. Hentig 1934, S. 368 ff.; Schuhmann 1967, S. 41 ff.; Snell 1891.
[63] Z.B. Haisch 1965, S. 232 ff.; Hoffmann 1935; Kurth 1968, S. 39 ff.
[64] Woeller 1963, S. 881 ff.
[65] Vgl. Becker 1977; Honegger 1978.
[66] Duerr 1978, S. 74 ff. – Vgl. auch Erich 1931; Michel 1911; Rosenkranz 1973.
[67] Berger 1971, S. 37 f.; Fürstauer 1970, S. 38.
[68] Vgl. dazu z.B. Duhr 1900; Geilen 1963; Kneubühler 1977; Rapp 1891; Schneider 1951.
[69] Vgl. Ziegeler 1973.
[70] Vgl. Schormann 1977.
[71] Vgl. Grimm 1959, S. 1733 ff.; Ivo 1961, S. 30 ff.
[72] Vgl. Baeyer-Katte 1965, S. 220 ff.; Gehring 1938, S. 15 ff.; Haalck/Trotz 1964, S. 227 ff.; Leutenbauer 1972; Schormann 1977, S. 44; Schrittenloher 1963, S. 315 ff.
[73] So Lehmann 1978, S. 51.
[74] Grundmann 1965, S. 519 ff.
[75] Ivo 1961, S. 43 ff., 61 ff.
[76] Zu Dürer vgl. Hartlaub 1940, S. 167 ff.; zu Baldung Grien vgl. Hartlaub 1961.
[77] Vgl. Trevor-Roper 1970, S. 95 ff.
[78] Vgl. Merzbacher 1970, S. 185 ff.

Das Gericht

[1] Vgl. Reincke/Bolland 1968, S. 174 ff.
[2] Dazu Lenel 1913, S. 440 ff.
[3] Dazu z.B. Herrmann 1970.
[4] Vgl. dazu Bender 1979; Dahm 1955; Fried 1974; Schubart-Fikentscher 1947, S. 86 ff.; Trusen 1962.
[5] Zum Problem vgl. Kroeschell 1972, S. 498 ff.; Klingenberg 1969, S. 157 ff.; Köbler 1971; Krause 1958, S. 206 ff.; Sprandel 1962, S. 117 ff.; Schmelzeisen 1974, S. 73 ff.; Trusen 1972, S. 189 ff.
[6] Vgl. Diestelkamp 1977, S. 281 ff.; Feigl 1977, S. 425 ff.; Firsching 1946.
[7] Vgl. Ebel 1953.
[8] Dazu grundlegend Hirsch 1958.
[9] Vgl. Frieling 1968.
[10] Vgl. Ebel 1971, S. 34 ff.; Hohl 1944; Stein 1891.
[11] Vgl. Francke 1937; Meininghaus 1925; Pagel 1935; Veit 1955.
[12] Dazu Amira 1927.
[13]Vgl. dazu Heinen 1934, S. 120 ff.; Heinemann 1973, S. 210 ff.; Jünemann 1973, S. 47 ff.; Sedlmeyer 1948; Seigel 1960; Torggler 1937; Willmann 1917, S. 1 ff.; Wittram 1966.
[14] Ebel 1953, S. 297 ff.
[15] Vgl. dazu Carlen 1957, S. 257 ff.; Eisenhardt 1966; Hagender 1967; Happe 1923; Hashagen 1916, S. 205 ff; Kirn 1926, S. 162 ff.; Merzbacher 1959/60, S. 369 ff.; Müller-Volbehr 1973; Nusselt 1951; Pischek 1907; Reichenmüller 1960; Schauwecker 1963, S. 421 ff.; Schmidt 1954; Straub 1957.
[16] Vgl. Frohn 1913; Koeniger 1907; Kohl 1950; Struck 1971, S. 104 ff.
[17] Vgl. Gudian 1976, S. 278.
[18] Vgl. grundlegend Braun 1943.
[19] Bader 1962, S. 356 f.
[20] Vgl. Heikaus 1970.
[21] Dazu Braun 1943, S. 93 ff.; Francke 1938; Lorenz 1939/40; Meyer 1871, S. 24 ff., 265 ff.
[22] Zum Rathaus vgl. Geiges 1936, S. 28 ff.; Grisebach 1907; Gruber 1943; Haas 1914; Stiehl 1905.
[23] Vgl. Haas 1914, S. 4 ff.; Mummenhoff 1918, S. 957 ff., 969 ff.
[24] Dazu allgemein Beyerle 1938, S. 788 ff.; Firsching 1946; Hadwich 1952; Puetzfeld 1936; Rehfehdt 1953, S. 288 ff.; Schwineköper 1938.
[25] Vgl. Zips 1968, S. 507 ff.
[26] Vgl. dazu Baltl 1963, S. 195 ff.; Huhn 1955, S. 1 ff.; Hungerland 1926, S. 9 ff.
[27] So Nitschke 1966, S. 68.
[28] Vgl. dazu Amira 1909; Carlen 1969; Kocher 1971; Lauffer 1939, S. 66 ff.; Rintelen 1910, S. 631 ff.; Ritz 1937, S. 29 ff.; Sigl 1930, S. 131 ff.
[29] Vgl. z.B. Fischer H. 1969, S. 169 ff.; Meyer H. 1938, S. 42 ff.
[30] Dazu Kühn 1969, S. 68 ff.
[31] Dazu Rathe 1927, S. 187 ff.
[32] Z.B. Huhn 1955, S. 1 ff.; Wacha 1977, S. 232 ff.
[33] Z.B. Kocher 1977, S. 63.
[34] Z.B. Fehr 1923, S. 41.
[35] Vgl. Heinz-Mohr 1971, S. 140 f.; Wacha 1977, S. 232 ff.
[36] Dazu Puntschart 1905, S. 127 ff.
[37] Forstner 1977, S. 266 ff.
[38] Dazu Radbruch 1950, S. 22.
[39] Vgl. Hauber 1916, S. 126 ff.

Das Verfahren

[1] Zur Entwicklung allgemein vgl. Beyerle 1915; Frauenstädt 1881; Planitz 1922.
[2] Dazu vgl. z.B. Fehr 1912; Jastrow 1878; Thieme 1962, S. 351 ff.
[3] Vgl. Bindschedler 1906; Gehlen 1962; Gwinner 1936, S. 29 ff.; Hellinger 1917, S. 109; Siebold 1930; Schmelzeisen 1978, S. 295 ff.
[4] Vgl. Bärnreuther 1968; Reck 1970.
[5] Vgl. Carlen 1972, S. 246 ff.; Lausser 1977, S. 75 ff.; Maes 1955, S. 99 ff.; Pfeiffer 1919, S. 59 ff.; Pfleger 1933, S. 127 ff.; Plaetink 1967, S. 12 ff.; Schmitz 1910; Schue 1951; Wohlhaupter 1934, S. 217 ff.
[6] Vgl. Baur-Heinhold 1954, S. 53 ff.; Brockpähler 1963; Deubler/Künstler/Ost 1976; Dünninger/Schemmel 1970; Fleischmann 1975; Frauenfelder 1973, S. 70 ff.; Frölich 1950, S. 59 ff.; Müller/Baumann 1979; Müller/Quietsch 1977; Paul 1975; Schmeissner 1977; Wiedenmann 1978; ferner: grundlegend die Schriftenreihe »Das Kleindenkmal« und die Zeitschrift »Das Steinkreuz«.
[7] Dazu Jörg 1948.
[8] So Fraenstädt 1886, S. 20. – Vgl. auch Jänichen 1960, S. 128 ff.; Kohn 1971, S. 21 ff.; Kraus 1962, S. 35 ff.; Luppe 1896; Rieder 1891–94; Saal 1975, S. 244 ff.; Siegl 1907, S. 89 ff.; Sonnen 1938, S. 1 ff.
[9] Dazu Hupp 1930.
[10] Dazu grundlegend Beyerle 1915, S. 504 ff.
[11] Vgl. allgemein Ruth 1922, S. 278 f.
[12] Grundlegend Hirsch 1958, S. 107 ff.
[13] Vgl. Ruth 1922.
[14] Dazu Holstein 1914, S. 57 ff.; Ruth 1922, S. 177 ff.
[15] Dazu Aqvist 1968, S. 247 ff.; Cram 1955, S. 19 ff., 127; Poetsch 1911; Ruf 1955, S. 1 ff.; Siuts 1959, S. 47 ff.
[16] Vgl. Eichmann 1909.
[17] Dazu Künßberg 1938, S. 525 ff.
[18] Dazu Fiesel 1920, S. 1 ff.; Wiederkehr 1976.
[19] Dazu Hirsch 1958, S. 90 ff.; Knapp 1910; 1917, S. 258 ff.; 1924, S. 379 ff., 515 ff.; Mayer E. 1916.
[20] Vgl. Ruth 1922, S. 194 ff.; Schnelbögl 1932; Wunderlich 1958, S. 157.
[21] Ruth 1922, S. 209 ff.
[22] Dazu allgemein Kaufmann 1961, S. 250 ff.; Kleinheyer 1971; Mayer E. 1916; Meckbach 1976; Flade 1902; Schmidt E. 1941, S. 97 ff.; 1963, S. 32 ff.; 1973, S. 857 ff.; Schmidt R. 1915; Seifarth 1932; Vogt 1951, S. 234 ff.
[23] Vgl. Holbeck 1967; Keller 1933.
[24] Vgl. Dickel 1974/75, S. 195 ff.; Kaufmann 1961, S. 182 ff.
[25] So Schmidt E. 1941, S. 97 ff.; 1963, S. 32 ff.; 1973, S. 857, ff.; Vogt 1951, S. 234 ff.
[26] Vgl. Plöchl 1962 II, S. 359 ff.
[27] Dazu allgemein vgl. Deichert 1912, S. 111 ff.; Dransfeld 1913; Erlach 1948; Holzhauer 1976, S. 107 ff.; Langbein 1976; Liebl 1951; Rühle 1933; Ruthven 1978; Schünke 1952.
[28] So Lieberwirth 1957, S. 891 ff.
[29] Vgl. Boehm 1942, S. 381.
[30] Vgl. Helbing/Bauer 1926.
[31] Vgl. Boehm 1942, S. 378 f.
[32] Vgl. Ebel 1938, S. 157 ff.; Merzbacher 1970, S. 161.
[33] Vgl. Schnelbögl 1932, S. 538 ff.
[34] Zur Carolina allgemein vgl. Schmidt E. 1933, S. 1 ff.; Schmidt G. 1966, S. 239 ff.; Weber 1960, S. 288 ff.
[35] Vgl. Radbruch 1967, S. 15 ff. Dazu auch Kleinheyer 1971.
[36] Dazu Schoetensack 1904.
[37] Dazu Riedner 1913/14, S. 124 ff.
[38] Vgl. Henschel 1972.
[39] Dazu Liebermann 1920, S. 382 ff.; Moeller 1900, S. 27 ff.; Neugebauer 1937, S. 305 ff.
[40] Vgl. Beyerle 1910; Bolte 1917, S. 235 ff.; Hattenhauer 1966, S. 183 ff.; Lissner 1934.
[41] Dazu Schue 1918, S. 143 ff.
[42] Vgl. Oppelt 1976, S. 85 ff.
[43] Vgl. Schmidt E. 1973, S. 857 ff.
[44] So Leiser 1971, S. 98.

Der Scharfrichter

[1] Angstmann 1928.
[2] Schuhmann 1964.
[3] Dazu Eckert 1897.
[4] Vgl. Oppelt 1976, S. 125 ff.
[5] Dazu Vgl. Danckert 1963, S. 23 ff.; Elsener 1947, S. 66 ff.; Gernhuber 1957, S. 119 ff.; Messerich 1913; Oppelt 1976.
[6] Vgl. Hentig 1948, S. 121 ff.
[7] Vgl. Klein 1930, S. 166 ff.
[8] So Gernhuber 1957, S. 119 ff.; Oppelt 1976, S. 342 ff.; Wilbertz 1976, S. 155 FN 4.
[9] Vgl. Oppelt 1976, S. 548 ff.
[10] Vgl. Duthaler 1977, S. 12 f.
[11] Vgl. Frölich 1938, S. 154 f.
[12] Vgl. dazu Dau 1963, S. 338 ff.; Heinemann 1900, S. 1 ff.; Helfer 1964/65, S. 352 ff.; Mattias 1947.
[13] Vgl. Oppelt 1976, S. 744 f.
[14] Dazu Hentig 1958, S. 199 ff.; Oppelt 1976, S. 369 ff.
[15] Vgl. Oppelt 1976, S. 49 ff.
[16] Radbruch 1950, S. 141 ff.
[17] Dazu Boehm 1942, S. 305 ff., 383 ff.
[18] Vgl. Helfer 1964/65, S. 96 ff.; Hentig 1956, S. 32 ff.
[19] So Boehm 1942, S. 385 ff.
[20] Vgl. z.B. John 1910; Keller 1913.
[21] Vgl. Helfer 1964/65, S. 352 ff. und die in Anmerkung 12 genannten Arbeiten.
[22] So Gernhuber 1957, S. 119 ff.
[23] Vgl. Oppelt 1976, S. 62 ff.
[24] Vgl. Oppelt 1976, S. 68 ff.
[25] Dazu Wilbertz 1976, S. 154 ff.
[26] Vgl. Oppelt 1976, S. 236 f.
[27] Vgl. Helfer 1964/65, S. 334 ff.; Oppelt 1976, S. 259 ff.
[28] Helfer 1964/65, S. 349 ff.; vgl. a. Schultz 1892, S. 32.
[29] Vgl. Helfer 1964/65, S. 350.
[30] Dazu Wilbertz 1976, S. 154 ff.
[31] Vgl. Hentig 1956, S. 32 ff.
[32] Vgl. z.B. die Angaben in Schuhmann 1964.
[33] Vgl. Radbruch 1950, S. 112, 148 ff.
[34] Reylaender 1911.

Die Strafen

[1] Vgl. vor allem die Literaturhinweise zum vorhergehenden Kapitel, ferner grundlegend His 1964.
[2] Vgl. z.B. Bader 1964, S. 73.
[3] Hörger 1975, S. 960.
[4] Vgl. Siebert 1931, S. 205.
[5] So Stiassny 1903, S. 56.
[6] Vgl. dazu Brandt 1962, S. 47 ff.
[7] Dazu Elwenspoek 1926.
[8] Siehe die Zusammenstellung bei Funk 1940.
[9] Vgl. Wrede 1898, S. 395.
[10] Bei Osenbrüggen 1868, S. 289.
[11] So Hampe 1927, S. 31.
[12] Dazu Keller 1921, S. 47 ff.
[13] Vgl. auch die Abbildungen 20 bis 22.
[14] Dazu Bachelard 1959; Freudenthal 1931.
[15] Vgl. Stiasny 1962, S. 150.
[16] So Glenzdorf/Treichel 1970, S. 60.
[17] Dazu Ninck 1967; Sturm 1962, S. 158 ff.; Stoffer 1966.
[18] Vgl. Bukowska Gorgoni 1979, S. 145 ff.; Schubart-Fikentscher 1947, S. 138 f.; Wild 1934, S. 92 ff.; Zinck 1933, S. 61 ff.
[19] Goldschmidt 1925/27, S. 423 ff.
[20] Vgl. Mayer 1936, S. 20 ff.
[21] Vgl. Feucht 1967; Hentig 1954, S. 320 ff.; Sturm 1962, S. 166 ff.
[22] Dazu Carlen 1969, S. 34 ff.
[23] Vgl. Stiassny 1903.
[24] Dazu Schaab 1955, S. 37 ff.
[25] Vgl. Browe 1936, S. 63 ff.; Franz 1939, S. 16 ff.
[26] Dazu Breithaupt 1938.
[27] Vgl. Nehlsen 1972, S. 225.
[28] Vgl. Neumaier 1947, S. 3 ff.; Rüping 1973, S. 672 ff.
[29] Dazu Neumaier 1947, S. 17 ff.
[30] Dazu Müller 1935; Ruf 1955, S. 71 ff.
[31] Vgl. die Anmerkung 5 des Kapitels »Das Verfahren«.
[32] Dazu Ebeling 1935, S. 3 ff.; Hampe 1927, S. 84.
[33] Dazu Bohne 1922–25 II, 298 ff.; Carlen 1976, S. 557; Frauenstädt 1896, S. 518 ff.; 1897, S. 735 ff.; Harke 1950, S. 184; Maasburg 1885; Rusche/Kirchheimer 1974, S. 77 ff.; Schmidt E. 1947, S. 188 f.; Seggelke 1928, S. 141 ff.
[34] So Hippel 1898, S. 419 ff., 608 ff.; Radbruch 1950, S. 116 ff.; Schmidt E. 1947, S. 171 ff.; Weber H. 1961, S. 39 ff.
[35] Vgl. Knoke 1895.
[36] Vgl. Knapp 1907; Schmidt E. 1947, S. 34 ff.
[37] Dazu Bonnekamp 1940, S. 33.
[38] Vgl. Baltl 1957, S. 39; Fischer H. 1969, S. 174; Preu 1949, S. 54 ff.
[39] Vgl. Adams 1912; Ahner 1923; Doleisch-Dolsperg 1928; Ebeling 1935; Haberland 1931; Kaul 1932; Neumaier 1947; Rosenfeld 1906, S. 1 ff.; 1910, S. 806 ff.; Schmidt E. 1915; Seggelke 1928; Wagener 1929; Weber H. 1941, S. 427 ff.; 1961, S. 39 ff.
[40] Vgl. His 1964 I, S. 579 ff.
[41] Dazu Danckert 1963.
[42] Vgl. Reiner 1956.
[43] Vgl. grundlegend Lutz 1954.
[44] Vgl. Kramer 1967, S. 243 f.; Künßberg 1925, S. 103.
[45] Vgl. Baier 1935, S. 56 ff.; Dieterich 1902, S. 87 ff.; Fuchs 1928; Gröber 1934, S. 370 ff.; Hauer 1915, S. 256 ff.; Löning 1944, S. 335 ff.
[46] Z.B. Dieterich 1902, S. 90 ff.
[47] Vgl. Dieterich 1902, S. 98 ff.; Mailly 1927, S. 1 ff.
[48] Vgl. Panzer 1938, S. 64.
[49] Dazu Sack 1841, S. 17 ff.
[50] Dazu Fehr 1955, S. 155 f.
[51] Vgl. Löning 1944, S. 335 ff.; Moser 1976, S. 140 ff.
[52] Vgl. Goldschmidt 1925/27, S. 447 ff.; Kramer 1961, S. 149.
[53] Dazu Künßberg 1925, S. 102 ff. (gegen Künßberg 1907); Merzbacher 1952, S. 306 ff.; Pfleger 1929, S. 109 ff.; Steininger 1969, S. 218 ff.; 1970, S. 388 ff.; Stricker 1939, S. 88 ff.; Wilhelm 1908, S. 132 ff.
[54] Dazu Hauer 1915, S. 245 ff.; Kramer 1961, S. 143 ff.; Rubi 1975, S. 83 ff.; Spitzenberger 1957, S. 75 ff.; Steininger 1973, S. 95 ff.; 1974, S. 5 ff.
[55] So Fischer H. 1970, S. 324 f.
[56] Z.B. Gröber 1934, S. 370 ff.
[57] Vgl. Bader/Bader-Weiß 1935; Brachmann 1965, S. 430 ff.; Carlen 1956, S. 396 ff.; Hauer 1927, S. 130 ff., 142 ff.; Hefele 1935, S. 56 ff.; Hentig 1935/36, S. 342 ff.; Horna 1965; Maisel 1976, S. 340 ff.; Nößlböck 1923, S. 35 ff.; Preu 1949; Rubi 1975, S. 83 ff.; Wielandt 1934, S. 253 ff.
[58] Vgl. Kramer 1967, S. 310; Rubi 1975, S. 84.
[59] Dazu Kramer 1957, S. 95.
[60] Vgl. Hauer 1915, S. 245 ff.; Steininger 1972, S. 323 ff.; 1973, S. 7 ff.; Walter 1961, S. 227 ff.
[61] Vgl. Helfer 1965, S. 56 ff.
[62] Dazu grundlegend Preu 1949.
[63] Vgl. Danckert 1963, S. 149; Fischer 1963, S. 249 ff.; Kratochwill 1966, S. 250 ff.; Lamprecht 1902/03, S. 55 ff.; Vogeler 1886/87, S. 27 ff.
[64] Vgl. z.B. Knoke 1895; Kober 1875, S. 3 ff., 355 ff.; 1881, S. 3 ff.
[65] Hentig 1946, S. 444 ff.
[66] Vgl. Hirzel 1967.
[67] Vgl. Hauer 1912, S. 38 ff.; Schubart-Fikentscher 1947, S. 142 f.; Steininger 1971, S. 137 ff.
[68] Dazu Franke 1974.

Literaturverzeichnis

Die Literaturangaben sind nach den einzelnen Kapiteln geordnet. Zusätzlich sind aufgenommen: Angaben zur »Allgemeinen Literatur«, »Literatur zu den wichtigsten Bildquellen« dieses Buches und »Allgemeine Arbeiten über bestimmte Gebiete«. Dabei werden folgende Abkürzungen verwendet:

AfK	Archiv für Kulturgeschichte
Anm	Anmerkung
Arch	Archiv
ARSP	Archiv für Rechts- und Sozialphilosophie
ARW	Archiv für Religionswissenschaft
Bl	Blätter
DA	Deutsches Archiv für die Erforschung des Mittelalters
Diss	Dissertation
FN	Fußnote
FG	Festgabe
FS	Festschrift
GA	Goltdammers Archiv für Strafrecht
GedS	Gedächtnisschrift
Ges	Gesellschaft
Gesch	Geschichte
GV	Geschichtsverein
GWU	Geschichte in Wissenschaft und Unterricht
HJb	Historisches Jahrbuch
Hrsg	Herausgeber
HWB	Handwörterbuch
HZ	Historische Zeitschrift
Jb	Jahrbuch
JuS	Juristische Schulung
KG	Kirchengeschichte
LF	Landesforschung
LG	Landesgeschichte
LK	Landeskunde
MIÖG	Mitteilungen des Instituts für österreichische Geschichtsforschung
Mitt	Mitteilungen
MSchrKrim	Monatsschrift für Kriminologie
Nachr	Nachrichten
NF	Neue Folge
RG	Rechtsgeschichte
RW	Rechtswissenschaft
SAVk	Schweizer Archiv für Volkskunde
SB	Sitzungsberichte
SchwZStr	Schweizer Zeitschrift für Strafrecht
SJZ	Schweizer Juristenzeitung
V	Verein
VJS	Vierteljahr(e)sschrift
VK	Volkskunde
Z	Zeitschrift
ZRG-GA/Kan.A	Zeitschrift für Rechtsgeschichte – Germanistische Abteilung/ Kanonistische Abteilung
ZStW	Zeitschrift für die gesamte Strafrechtswissenschaft

Allgemeine Literatur

Amira K. v., Die germanischen Todesstrafen. München 1922

Amira K. v./Schwerin Cl. v., Rechtsarchäologie. Berlin 1943

Andreas W., Deutschland vor der Reformation. Berlin 1972[7]

Aubin H./Zorn W., Handbuch der deutschen Wirtschafts- und Sozialgeschichte. Stuttgart 1971

Baltl H., Rechtsarchäologie des Landes Steiermark. Graz/Köln 1957

Boehm E., Der Schöppenstuhl zu Leipzig und der sächsische Inquisitionsprozeß im Barockzeitalter. ZStW 59–61, 1940–42, 371 u. 620; 155; 300

Bosl K., Mensch und Gesellschaft in der Geschichte Europas. München 1972

–, Die Gesellschaft in der Geschichte des Mittelalters. Göttingen 1973

Brandi K., Deutsche Geschichte im Zeitalter der Reformation und Gegenreformation. München 1969

Brunner O., Neue Wege der Verfassungs- und Sozialgeschichte. Göttingen 1968

Bühler J., Die Kultur des Mittelalters. Leipzig 1931

Cipolla C. M. (Hrsg), Europäische Wirtschaftsgeschichte I–IV. Stuttgart/New York 1978

Döhring E., Geschichte der deutschen Rechtspflege seit 1500. Berlin 1953

Dopsch A., Verfassungs- und Wirtschaftsgeschichte des Mittelalters. Wien 1928

Droege G., Deutsche Wirtschafts- und Sozialgeschichte. Frankfurt a. M. 1979[3]

Ebel W., Geschichte der Gesetzgebung in Deutschland. Göttingen 1958

Eicken E. v., Geschichte und System der mittelalterlichen Weltanschauung. Stuttgart 1887

Engelsing R., Sozial- und Wirtschaftsgeschichte Deutschlands. Göttingen 1973

Fehr H., Das Recht im Bilde. Erlenbach/Zürich 1923

Friedell E., Kulturgeschichte der Neuzeit. München 1974

Frölich K., Arbeiten zur rechtlichen Volkskunde I–V. Tübingen/Gießen 1938–1946

–, Rechtsdenkmäler des deutschen Dorfes. Gießen 1947

Funk W., Deutsche Rechtsdenkmäler mit besonderer Berücksichtigung Frankens. Erlangen 1938

–, Alte deutsche Rechtsmale. Bremen/Berlin 1940

Gagnér St., Studien zur Ideengeschichte der Gesetzgebung. Stockholm 1960

Graus F., Lebendige Vergangenheit. Köln/Wien 1975

Grimm J., Deutsche Rechtsaltertümer I, II. Darmstadt 1974

Günther L., Die Idee der Wiedervergeltung im Strafrecht I, II. Erlangen 1889–91

Haase C. (Hrsg), Die Stadt des Mittelalters I–III. Darmstadt 1973–78

Hauser A., Sozialgeschichte der Kunst und Literatur. München 1975

Heinemann F., Der Richter und die Rechtsgelehrten. Düsseldorf/Köln 1976

Hentig H. v., Die Strafe I. Berlin/Göttingen/Heidelberg 1954

–, Studien zur Kriminalgeschichte. Bern 1962

Hirsch H., Die hohe Gerichtsbarkeit im deutschen Mittelalter. Graz/Köln 1958

His R., Das Strafrecht des deutschen Mittelalters. I, II. Aalen 1964

–, Geschichte des deutschen Strafrechts bis zur Karolina. Darmstadt 1967

Höfel O., Rechtsaltertümer Rheinhessens. Diss. Gießen 1940

Huizinga J., Herbst des Mittelalters. Stuttgart 1975

Kisch G., Recht und Gerechtigkeit in der Medaillenkunst. Heidelberg 1955

Kocher G., Spätmittelalterliches städtisches Rechtsleben. In: Das Leben in der Stadt des Spätmittelalters. Wien 1977, 51

Kroeschell K., Deutsche Rechtsgeschichte I, II. Reinbek bei Hamburg 1972/73

Künßberg E. v. (Hrsg), Deutsche Bauernweistümer. Jena 1926

–, Rechtliche Volkskunde. Halle/Saale 1936

–, Rechtsgeschichte und Volkskunde. Köln/Graz 1965

Liermann H., Richter-Schreiber-Advokaten. München 1957

Lortz J., Geschichte der Kirche in ideengeschichtlicher Betrachtung. Münster 1950[15]

Lütge F., Deutsche Sozial- und Wirtschaftsgeschichte. Berlin 1966[3]

Maass M. P., Halsgericht. Darmstadt 1976

Nitschke A., Naturerkenntnis und politisches Handeln im Mittelalter. Stuttgart 1967

Osenbrüggen E., Studien zur deutschen und schweizerischen Rechtsgeschichte. Schaffhausen 1868

Pawlas K. R., Die Foltergewölbe und Hochgerichte der Vorzeit. Burgpreppach 1860/1963

Pirenne H., Sozial- und Wirtschaftsgeschichte Europas im Mittelalter. München 1971

Radbruch G., Elegantiae iuris criminalis. Basel 1950[2]

Radbruch G./Gwinner H., Geschichte des Verbrechens. Stuttgart 1951

Rosenfeld H.-F./Rosenfeld H., Deutsche Kultur im Spätmittelalter. Wiesbaden 1978

Schmidt E., Geschichte der deutschen Strafrechtspflege. Göttingen 1965[3]

Schoenen P., Die Kunst im Dienste des Rechts. In: J. Wolffram/A. Klein (Hrsg), Recht und Rechtspflege in den Rheinlanden. Köln 1969, 439

Sprandel R., Mentalitäten und Systeme. Stuttgart 1972

–, Verfassung und Gesellschaft im Mittelalter. Paderborn 1975

Stobbe O., Geschichte der deutschen Rechtsquellen I, II. Leipzig 1860–64

Treue W., Illustrierte Kulturgeschichte des Alltags. München 1952

Wiegand J., Deutsche Geistesgeschichte. Frankfurt a. M. 1932

Wohlhaupter E., Die Rechtsfibel. Bamberg 1956

Zeeden E. W., Deutsche Kultur in der frühen Neuzeit. Frankfurt a. M. 1968

Zorn W., Einführung in die Wirtschafts- und Sozialgeschichte. München 1974[2]

Literatur zu den wichtigsten Bildquellen

Amira K., Die Dresdner Bilderhandschrift des Sachsenspiegels, I, II. Leipzig 1902

–, Die Handgebärden in den Bilderhandschriften des Sachsenspiegels. München 1905

–, Die Neubauersche Chronik. SB d. Königl. Bayer. Akademie der Wissenschaften. Phil.-Hist. Kl. München 1918

–, Besprechung von: Die Bilderhandschrift des hamburgischen Stadtrechts von 1497. ZRG-GA 40, 1919, 308

Bader K. S., Die Zimmerische Chronik als Quelle rechtlicher Volkskunde. Freiburg i. Br. 1942

Baumann C. G., Über die Entstehung der ältesten Schweizer Bilderchroniken (1468–1485). Bern 1971

Bergner H., Handbuch der Bürgerlichen Kunstaltertümer in Deutschland I, II. Leipzig 1906

Bloesch H./u. a., Tschachtlan – Berner Chronik 1470. Zürich 1933 (Faksimile)

Boeckler A., Das Stuttgarter Passionale. Augsburg 1923

Bonnekamp C. G., Die Zimmerische Chronik als Quelle zur Geschichte des Strafrechts, der Strafgerichtsbarkeit und des Strafverfahrens in Schwaben im Ausgang des Mittelalters. Diss. Bonn 1940

Bossert H. Th./Storck W. F., Das mittelalterliche Hausbuch. Leipzig 1912

Bruck R., Die Malereien in den Handschriften des Königsreichs Sachsen. Dresden 1906
Buchner E., Das Neueste von gestern. Kulturgeschichtlich interessante Dokumente aus alten deutschen Zeitungen. I. Band: Das 16. und 17. Jahrhundert. München 1911
Diedrichs E., Deutsches Leben der Vergangenheit in Bildern. I, II. Jena 1908
Doering O., Deutschlands mittelalterliche Kunstdenkmäler als Geschichtsquelle. Leipzig 1910
Durrer R./Hilber P., Diebold-Schilling – Luzerner Bilderchronik 1513. Genf 1932 (Faksimile)
Egert G., Das Halsgericht tagt in Volkach. Frankenland NF 10, 1958, 76
Escher K., Die Bilderhandschrift der Weltchronik des Rudolf von Ems in der Zentralbibliothek Zürich. Zürich 1935
Essenwein H., Mittelalterliches Hausbuch. Frankfurt a. M. 1887
Evers H. G., Tod, Macht und Raum als Bereiche der Architektur. München 1939
Fehr H., Massenkunst im 16. Jahrhundert. Berlin 1924
Frenken G., Wunder und Taten der Heiligen. München 1964
Gessler E. A., Die Schweizer Bilderchroniken des 15. und 16. Jahrhunderts. Zürich 1941
Herre P., Deutsche Kultur des Mittelalters in Bild und Wort. Leipzig 1912
Heubach D., Der Belial. Straßburg 1927
Heyen F.-F., Die Bilderchronik von Kaiser Heinrich VII. und Kurfürst Balduin von Luxemburg 1308–1313. Boppard a. R. 1965 (Faksimile)
Hirth G. (Hrsg), Kulturgeschichtliches Bilderbuch aus drei Jahrhunderten I–IV. Leipzig/München 1882–1886
Hirth G./Muther R., Meisterholzschnitte aus vier Jahrhunderten. München/Leipzig 1893
Historische Kommission für die Provinz Westfalen (Hrsg), Das Soester Nequambuch. Leipzig 1924
Kautzsch R., Einleitende Erörterungen zu einer Geschichte der deutschen Handschriftenillustration im späteren Mittelalter. Straßburg 1894
–, Die Holzschnitte zum Ritter vom Turm (Basel 1493). Straßburg 1903
Keyser E., Das Bild als Geschichtsquelle. Hamburg 1935
Kisch G., Sachsenspiegel-Bibliographie. ZRG-GA 90, 1973, 73
Kocher G., Passionsdarstellungen und rechtliche Volkskunde. In: L. Carlen (Hrsg), Forschungen zur Rechtsarchäologie und Rechtlichen Volkskunde I. Zürich 1978, 132
Köhn G./Wilkes W., Die Miniaturen des Soester Nequambuches von 1315. Darmstadt 1976[2]
Kohler J./Scheel W. (Hrsg), Die Carolina und ihre Vorgängerinnen. Halle a. S. 1902
Koschorreck W., Die Heidelberger Bilderhandschrift des Sachsenspiegels. Kommentar. Frankfurt a. M. 1970
–, Der Sachsenspiegel. Frankfurt a. M. 1976
Kunze H., Geschichte der Buchillustration in Deutschland. Das 15. Jahrhundert. Leipzig 1975
Leemann/Van Elck P., Der Buchschmuck der Stumpfschen Chronik. Bern 1935
Leitschuh F. F., Die Bambergische Halsgerichtsordnung. Repertorium für Kunstwissenschaft 9, 1886, 59, 169, 361
Lützeler H., Die frühe deutsche Buchmalerei. Z. f. Deutsche Geistesgeschichte 3, 1940/41, 99
Luyken J., Schaubühne der Martyrer. Leyden 1700
Müller H., Der Geschichtsschreiber Johann Stumpf. Zürich 1945
Muschg/Gessler, Die Schweizer Bilderchroniken des 15. und 16. Jahrhunderts. Zürich 1941
Musper H. Th., Der Holzschnitt in fünf Jahrhunderten. Stuttgart 1964
Muther R., Die deutsche Bücherillustration der Gothik und Frührenaissance (1460–1530), I, II. München/Leipzig 1884
Nitschke A., Kunst und Verhalten. Stuttgart-Bad Cannstatt 1975
Otte H., Handbuch der kirchlichen Kunst-Archäologie des deutschen Mittelalters I, II. Leipzig 1883–85
Pfister K., Der Ritter vom Turm. München 1922
Reincke H./Bolland J., Die Bilderhandschrift des Hamburger Stadtrechts von 1497. Hamburg 1968
Riedner O., Das Blutgerichtsverfahren zu Volkach a. M. um 1500. Das Bayerland 25, 1913/14, 124
Rücker, E., Die Schedelsche Weltchronik. München 1973
Schilling D., Spiezer Bilderchronik. Genf 1939 (Faksimile)
–, Berner Chronik. I–IV. Bern 1943 (Faksimile)
Schultz A., Der Weisskunig. Jb. d. kunsthist. Sammlungen des allerhöchsten Kaiserhauses 6, 1888
–, Deutsches Leben im XIV. und XV. Jahrhundert. Frag/Wien/Leipzig 1892
Schwartz H., Der Niederschlag des Soester Rechts in der Soester Kunst. Deutsches Recht 8, 1938, 282
Senn M. L., Johann Jakob Wick (1522–1588) und seine Sammlungen von Nachrichten zur Zeitgeschichte. Diss. Zürich 1973
–, (Hrsg), Die Wickiana. Johann Jakob Wicks Nachrichtensammlungen aus dem 16. Jahrhundert. Zürich 1975
Varennes H./Troimaux E., Le Musée Criminel. Paris o. J.
Wolfskron A. v., Die Bilder der Hedwigslegende. Leipzig 1846
Zemp J., Die schweizerischen Bilderchroniken. Diss. Zürich 1897

Allgemeine Arbeiten über bestimmte Gebiete

Asboeck A., Von Malefizgericht und Malefikanten im Rentamtbezirk Burghausen. Burghauser Geschichtsblätter 19, 1929, 1
Auernhammer H., Die Gerichtsbarkeit der Stadt Ingolstadt im Mittelalter. Diss. München 1953
Baldl H., Eine Feldbacher Malefizrechts-Ordnung. Bl. f. Heimatkunde 27, 1953, 91
Bartels P., Deutsches Rechtsleben in der Vergangenheit mit besonderer Berücksichtigung Niederdeutschlands. Hamburg 1924
Beckmann H., Das Strafrecht der Eschweger Statuten des 14. Jahrhunderts. Diss. Marburg 1924
Beling D., Das Strafrecht des Schwabenspiegels. Diss. Tübingen 1941
Bepler H., Die Strafrechtsentwicklung im Gericht Büdingen bis zur Mitte des 17. Jahrhunderts. Diss. Marburg 1937
Berner S., Das Zentgericht Reichardsrod. Diss. Würzburg 1961
Berold H., Das peinliche Recht im Oberland des Fürstentums Bayreuth, insbesondere im 17. und 18. Jahrhundert. Diss. Erlangen 1950
Bicanski V., Spätmittelalterliches Bußstrafrecht in Babenhausen (1355–1486). Diss. Köln 1973
Bohlmann H., Gerichtswesen und Gerichtsverfahren im Veste Recklinghausen seit der Mitte des 16. Jahrhunderts bis zum Ende der kurkölnischen Herrschaft 1802. Diss. Münster 1931
Boockmann A., Geistliche und weltliche Gerichtsbarkeit im mittelalterlichen Bistum Schleswig. Neumünster 1967
Brahmst C., Das hamburgische Strafrecht im 17. Jahrhundert. Hamburg 1958
Brauerreiss E., Rechtsgeschichtliches zum Königshof Riedfeld. Diss. Erlangen 1951
Braun K., Die Grundlagen der Strafrechtspflege in der Stadt Augsburg während der Geltungsdauer des »großen Strafrechts«. Diss. München 1953
Bruch H., Die Strafrechtspflege in der Stadt Trier im 16., 17. und 18. Jahrhundert. Diss. Freiburg i. Br. 1934
Brunner R., Das älteste Fürther Gerichtsbuch als Quelle für Rechtsgang und Rechtsprechung an diesem Gericht in den Jahren 1439 bis 1447. Diss. Erlangen 1948
Buff, Verbrechen und Verbrecher zu Augsburg in der zweiten Hälfte des 14. Jahrhunderts. Z. d. hist. V. f. Schwaben u. Neuburg 4, 1878, 160
Caspar C. J., Darstellung des strafrechtlichen Inhaltes des Schwabenspiegels und des Augsburger Stadtrechts. Diss. Berlin 1892
Christ C., Mittelalterliche Kriminaljustiz mit besonderer Rücksicht auf Heidelberg und den Odenwald. Heidelberg 1900
Christl G., Die Malefizprozeßordnung des Codex Maximilianeus von 1616. Diss. Regensburg 1975
Csendes P., Wiener Strafgerichtsbarkeit im 17. Jahrhundert. Jb. d. V. f. Gesch. d. Stadt Wien 26, 1970, 103
Deichert H., Zur Geschichte der peinlichen Rechtspflege im alten Hannover. Hannoversche Geschichtsblätter 15, 1912, 97
Diepolder G., Das Landgericht Aibach. Diss. München 1950
Dümig E., Die Ratsprotokolle der Stadt Würzburg im 17. Jahrhundert (1600–1700) als Rechtsquelle. Diss. Würzburg 1974
Englert H., Das Emmendinger Stadtrecht von 1590. Diss. Freiburg i. Br. 1973
Espig H., Das Bauerngericht von Nürnberg. Diss. Erlangen 1937
Felber A., Unzucht und Kindsmord in der Rechtsprechung der freien Reichsstadt Nördlingen vom 15. bis 19. Jahrhundert. Diss. Bonn 1961
Fischer G., Die freie Reichsstadt Reutlingen – Die Verfassung ab 1500 und das Strafrecht. Diss. Tübingen 1959
Freilinger H., Die Landgerichte Vohburg, Mainburg und Neustadt a. D. Diss. München 1956
Fresacher W., Die Blutgerichtsbarkeit des Stiftes St. Paul u. d. Stadt St. Andrä in Kärnten. Carinthia I, 1965, 169
Friese V., Das Strafrecht des Sachsenspiegels. Aalen 1970
Glitsch H., Zum Strafrecht des Zürcher Richtebriefs. ZRG-GA 38, 1917, 203
Gmür E., Rechtsgeschichte der Landschaft Gaster. Diss. Bern 1905
Graner F., Zur Geschichte der Kriminalrechtspflege in Württemberg. Württ. VJS. f. LG NF 37, 1931, 16
Grembowietz H. J., Das Bauerngericht der freien Reichsstadt Rothenburg ob der Tauber. Diss. Würzburg 1974
Groos W., Die hohe Gerichtsbarkeit im Landkreis Augsburg vor 1800. Jahresbericht d. Heimatvereins f. d. Landkreis Augsburg 1976, 222
Hach Th., Über ehemalige Folter- und Strafwerkzeuge im Museum und ihre ehemalige Anwendung in Lübeck. Lübeck 1905
Harke W., Das Strafrecht des Münchener Blutbannbuches unter Berücksichtigung der anschließenden Malefizprotokolle. Diss. München 1950
Harster Th., Das Strafrecht der freien Reichsstadt Speier in Theorie und Praxis. Breslau 1900
Hausmann R., Das Hofgericht von Elberfeld. Diss. Köln 1939
Hawelka E., Die Halsgerichtsbarkeit der Stadt Braunau. Mitt. d. V. f. Gesch. d. Deutschen in Böhmen 32, 1894, 48
Heilmaier L., Die Strafgerichtsbarkeit in der ehemaligen Herrschaft Burgrain. Bayerland 21, 1910, 199
Hellinger K., Strafrechtspflege der ehemaligen Reichsstadt Gengenbach. Mitt. d. hist. V. f. Mittelbaden 1910/11, 129
Hennings E., Das Hamburgische Strafrecht im 15. und 16. Jahrhundert und seine Verwirklichung. Hamburg 1940
Herzog K.-P., Das Strafsystem der Stadt Rothenburg ob der Tauber im Spätmittelalter. Diss. Würzburg 1971
Hesse D., Der Strafvollzug der freien Reichsstadt Schweinfurt. Diss. Würzburg 1975
Hochholzer A., Die Hochgerichtsbarkeit in den ehemaligen Pfleg- und Landgerichten des Rottals. Heimat an Rott und Inn 1968, 44
Hofmann H., Das Strafrecht der Reichsstadt Ravensburg bis zur Carolina. Diss. Marburg 1926

Holdener F., Das Strafverfahren im alten Lande Schwyz bis zum Jahre 1798. Diss. Bern 1926
Hoppe J. A. A., Das Strafensystem des Dithmarsischen Rechts im Mittelalter. Diss. Erlangen 1933
Hüsch H. G., Das Strafrecht in Neuss zwischen 1074 und 1794. Diss. Köln 1956
Jessen J., Das Strafrecht im ältesten Schleswiger Stadtrecht. Diss. Kiel 1957/58
John R. E., Das Strafrecht in Norddeutschland zur Zeit der Rechtsbücher. Leipzig 1858
Juchler H., Das Strafverfahren im Lande Appenzell bis zur Landesteilung im Jahre 1597. Diss. Bern 1905
Kames J. K., Die weltliche Gerichtsbarkeit in der Stadt Hildesheim während des Mittelalters. Diss. Münster 1910
Klamt R., Die Strafrechtspflege des Breslauer Rates während des Mittelalters, namentlich über excessus. Diss. Breslau 1941
Knapp H., Das alte Nürnberger Kriminalrecht. Berlin 1896
–, Die Zenten des Hochstifts Würzburg. I, II. Berlin 1907
–, Das Rechtsbuch Ruprechts von Freising (1328) in seiner Bedeutung als strafrechtliche Quelle des Mittelalters. GA 61, 1914, 219
–, Alt-Regensburger Gerichtsverfassung, Strafverfahren und Strafrecht bis zur Carolina. Berlin 1914
–, Alt-Memminger Strafrecht. GA 63, 1917, 46, 312
–, Das Rechtsbuch Ruprechts von Freising. GA 64, 1917, 475
–, Strafrechtsgeschichte und vergleichende Rechtswissenschaft. Schuld und Sühne im alten bairischen Recht. GA 66, 1919, 221, 389
Korsch H.-P., Das materielle Strafrecht der Stadt Köln. Köln 1958
Kottmann J., Das Strafrecht von Bremgarten 1258–1798. Diss. Freiburg i. Br. 1924
Kraemer R., Das Niedergericht Detwang vom Ende des Mittelalters bis zu seinem Untergang (1400–1705). Diss. Würzburg 1973
Krahner L., Die Verfassung und das Recht der Stadt Gera in ihrer geschichtlichen Entwicklung bis zum 17. Jahrhundert. Neustadt a. d. Orla, 1966, 51
Kühn W., Die Entwicklung, insbesondere die Anfänge des Jenaer Stadtgerichts und das Strafrecht des 14. und 15. Jahrhunderts. Diss. Jena 1937
Kühne K., Das Kriminalverfahren und der Strafvollzug in der Stadt Konstanz im 18. Jahrhundert. Sigmaringen 1979
Kunz E., Die peinliche Halsgerichtsordnung Kaiser Karls V. und das Nördlinger Stadtrecht in der ersten Hälfte des 16. Jahrhunderts (mit Berücksichtigung der Bambergensis und der Spiegel). Diss. Erlangen 1949
Leiber G., Das Landgericht der Baar. Allensbach/Bodensee 1964
Leidl G., Rechtsgeschichte der Stadt Burghausen a. d. Salzach bis zum Ausgang des Mittelalters. Diss. München 1959
Leiser W., Strafgerichtsbarkeit in Süddeutschland. Köln/Wien 1971
Lichtner O., Das Hofer Stadtrecht im 14. Jahrhundert (1319 bis 1436) und seine Rechtsbeziehungen. Diss. München 1952
Lindemann W., Das Soester Strafrecht bis zum Beginn des 16. Jahrhunderts. Diss. Münster 1933
Lindgen E., Die Breslauer Strafrechtspflege unter der Carolina und der Gemeinen Strafrechtswissenschaft bis zum Inkrafttreten der Josephina von 1708. Beiträge zur Geschichte der Stadt Breslau 8, 1939
Maier K., Das Strafrecht der Reichsstadt Esslingen im Spätmittelalter und zu Beginn der Neuzeit. Diss. Tübingen 1960
Mehrle P. D., Die Strafrechtspflege in der Herrschaft Kisslegg von den Anfängen bis zum Jahre 1633. Diss. Freiburg/Br. 1961
Meinecke W., Das Strafrecht der Stadt Danzig bis zur Carolina. Diss. Marburg 1932
Meinhardt K.-E., Das peinliche Strafrecht der freien Reichsstadt Frankfurt a. M. im Spiegel der Strafpraxis des 16. und 17. Jahrhunderts. Diss. Frankfurt/Main 1957
Merzbacher F., Das »Alte Halsgerichtsbuch« des Hochstifts Eichstätt. ZRG-GA 73, 1956, 375
–, Die Würzburger Halsgerichtsordnungen. In: Studien zur Strafrechtswissenschaft. FS-U. Stock. Würzburg 1966, 27
Metzger K., Die Verbrechen und ihre Straffolgen im Basler Recht des späten Mittelalters I. Basel 1931
Meye A., Das Strafrecht der Stadt Danzig von der Carolina bis zur Vereinigung Danzigs mit der preußischen Monarchie (1532–1793). Diss. Freiburg/Br. 1935
Möller H., Studien zur Rechtsgeschichte der »Schauenburgischen Lande« in Holstein. Diss. Kiel 1939
Morys M., Das Stadtrecht von Heidingsfeld. Diss. Würzburg 1958
Moser-Nef C., Die freie Reichsstadt und Republik Sankt Gallen V, VI. Zürich 1951
Müller E., Das Strafrecht der früheren freien Reichsstadt Überlingen. Leipzig 1911
Müller M., Die alte Malstadt Mellrichstadt. Mellrichstadt 1873
Muschweck G. M., Alt-Nürnbergs Blutbann. Das Bayerland 37, 1926, 78
Neuner E. G., Der Liber malorum hominum im Münchner Stadtarchiv. Diss. München 1953
Nickles H., Herrschaft, Gericht und Genossenschaft in der ehemaligen Zent zur Eich. Diss. München 1970
Niese B., Der strafrechtliche Inhalt des ältesten Urteilbuches des holsteinischen Vierstädtegerichts und der Asmus Bremerschen Kieler Chronik. Diss. Kiel 1933
Nöldeke, Die Criminalrechtspflege in Celle, insbesondere im 16. und 17. Jahrhundert. Celle 1895
Nordhoff-Behne H., Gerichtsbarkeit und Strafrechtspflege in der Reichsstadt Schwäbisch Hall seit dem 15. Jahrhundert. Schwäbisch Hall 1971
Ochs J., Die Rechtsordnung der Stadt Durlach im Spätmittelalter. Diss. Heidelberg 1948
Palm V., Das Hochgericht im Kreis Kreuznach. In: FS zur Eröffnung des Justizgebäudes in Bad Kreuznach. Bad Kreuznach 1956, 58
Prinz G., Studien zu einer Rechtsgeschichte der Stadt Kiel. Diss. Kiel 1964
Rau F., Beiträge zum Kriminalrecht der Freien Reichsstadt Frankfurt a. M. im Mittelalter bis 1532. Diss. Freiburg i. Br. 1916
Rauscher F., Das Stadtrecht von Rodach am Ende des Mittelalters und in den ersten Jahrhunderten der Neuzeit. Diss. Erlangen 1947
Reckmann H., Das Strafrecht der Geldernschen Land- und Stadtrechte in dem Oberquartier von Roermond. Geldern 1929
Reismann B., Das Strafrecht der Stadt Groningen im Mittelalter. Diss. Münster 1928
Reuter R., Verbrechen und Strafen nach altem lübischen Recht. Hansische Geschichtsblätter 61, 1936
Rickenbacher F., Das Strafrecht des alten Landes Schwyz. Diss. Leipzig 1902
Roth F., Strafen und Strafverfahren in der Reichsstadt Augsburg um die Wende vom Mittelalter zur Neuzeit (ca. 1400–1530). Bayerland 11, 1900, 237, 247, 260
Ruoff F., Die Radolfzeller Halsgerichtsordnung von 1506. Karlsruhe 1912
Schaefgen H., Die Strafrechtspflege im Niedererzstift des Kurfürstentums Trier. Diss. Mainz 1957
Scherpf A., Das Rechtsbuch der Stadt Landsberg am Lech. Diss. Erlangen 1950
Schindler G., Verbrechen und Strafen im Rechte der Stadt Freiburg im Breisgau (1520–1806). Z. f. d. Gesch. d. Oberrheins NF 51, 1937, 594
Schmid W. M., Altertümer des bürgerlichen und Strafrechts, insbesondere Folter Strafwerkzeuge des Bayerischen Nationalmuseums. München 1908
Schmidt E., Die Maximilianischen Halsgerichtsordnungen für Tirol (1499) und Radolfzell (1506) als Zeugnisse mittelalterlicher Strafrechtspflege. Schloß Bleckede 1949
–, Strafrecht und Strafprozeßrecht im Berliner Stadtrecht aus dem Ende des 14. Jahrhunderts. ZStW 84, 1972, 287
Schmülling G., Das Strafrecht der Stadt Köln bis zum 16. Jahrhundert. Diss. Münster 1937
Schöffel K., Gerichtsbarkeit und Rechtsprechung im 15. Jahrhundert in Bayreuth. Diss. Erlangen 1948
Schoeneseiffen M., Die kurkölnische Strafjustiz im 18. Jahrhundert. Bonn 1938
Schönmetzler A., Das Stadtrecht von Weißenburg in Bayern. Diss. Erlangen 1948
Schormann G., Strafrechtspflege in Braunschweig-Wolfenbüttel 1569–1633. Braunschweigisches Jb 55, 1974, 90
Schreyer E. Th., Recht und Verfassung der Stadt Schrobenhausen. Diss. München 1953
Schulenburg F., Das mittelalterliche Strafrecht der Stadt Riga. Diss. Marburg 1933
Schuler J., Bedeutung und Tragweite der strafrechtlichen Bestimmungen in den ältesten schweizerischen Bundesbriefen 1291–1332. Diss. Zürich 1947
Segall J., Geschichte und Strafrecht der Reichspolizeiordnungen von 1530, 1548 und 1577. Breslau 1914
Siegl K., Über Todesstrafen nach Alt-Egerer Kriminalrecht. Richterzeitung (Eger) 1931, 108
Stadler J. K., Beiträge zur Rechtsgeschichte der Stadt Salzburg im Mittelalter. Hirschenhausen 1934
Stahm G., Das Strafrecht der Stadt Dortmund bis zur Mitte des XVI. Jahrhunderts. Heidelberg 1910
Stokar D., Verbrechen und Strafe in Schaffhausen vom Mittelalter bis in die Neuzeit. SchwStr 5, 1892, 309
Stupp H. W., Die rechtsgeschichtliche Entwicklung der Stadt Neuwied. Diss. Bonn 1959
Stutz E., Das Strafrecht von Stadt und Amt Zug (1352–1798). Diss. Zürich 1917
Thomas R., Das Gerichtswesen im Reichsritterschaftsterritorium Stetten und seine staatsrechtlichen Voraussetzungen vom Ausgang des Mittelalters bis zum Rheinbund. Diss. München 1949
Tscharner H.-F., Die Todesstrafe im alten Staate Bern. Diss. Bern 1936
Ullmann J.-G., Das Strafrecht der Städte Mark Meißen, der Oberlausitz, des Pleissner-, Oster- und Vogtlandes während des Mittelalters. Leipzig 1928
Unger F., Im Zeichen der Grausamkeit. Skizzen zur Geschichte der Leibes- und Lebensstrafen im alten Wien. München/Wien 1903
Weiss F., (Hrsg), Das Braunauer Blutbuch. Trautenau 1927
Wessel G., Das Strafrecht in der Herrschaft Brenken zwischen 1537 und 1802. Diss. Köln 1957
Wettstein E., Die Geschichte der Todesstrafe im Kanton Zürich. Diss. Zürich 1958
Wieser M., Schloß Staufeneck. Beiträge zur Geschichte des ehemaligen salzburgischen hochfürstlichen Pfleg- und Landgerichts. Staufeneck 1978
Wolf H., Die Entwicklung des Gerichtswesens, insbesondere der Strafgerichtsbarkeit im Gebiet des ehemaligen Fürstentums Reuß älterer Linie, unter besonderer Berücksichtigung der Stadt Greiz, von der Mitte des 13, Jahrhunderts bis 1879. Diss. Jena 1952
Wosnik R., Beiträge zur Hamburgischen Kriminalgeschichte unter besonderer Berücksichtigung des Kriminalmuseums I–III. Hamburg 1926/27
Wüstendörfer M. Th., Das baierische Strafrecht des 13. und 14. Jahrhunderts. Diss. München 1942/43
Wunderlich P., Das Recht der Reichsstadt Isny vom Beginn der Zunftherrschaft bis zur Reformation. Diss. Tübingen 1958
Zech R., Das Stadtrecht von Kaufbeuren. Diss. Würzburg 1948

Das religiöse Weltbild

Achter V., Geburt der Strafe. Frankfurt a. M. 1951
–, Über den Ursprung der Gottesfrieden. Krefeld 1955
Andiel A., Die Säkularisierung des christlichen Weltbildes in den Theorien der Averroisten und Liedern der Vaganten. Diss. Würzburg 1953
Angermeier H., Königtum und Landfriede im deutschen Spätmittelalter. München 1966
Anger S., Die Bahrprobe in Sage und Rechtsbrauch. Die Heimat 74, 1967, 12
Apel Th., Stadt und Kirche im mittelalterlichen Marburg. ZRG-Kan. A 12, 1922, 222
Auer L., Der Reichskriegsdienst des Klerus unter den sächsischen Kaisern. Diss. Wien 1968
Baltl H., Steirische Eidtafeln. Z. d. hist. V. f. Steiermark 47, 1956, 11
Baltl H., Rechtsarchäologie des Landes Steiermark. Graz/Köln 1957
Beinlich J., Die Persönlichkeit Erzbischof Adalberts von Bremen in der Darstellung seines Biographen auf Grund der Zeitanschauungen. Diss. Greifswald 1918
Beitl K., Votivbilder. Salzburg 1973
Benz K. J., Untersuchungen zur politischen Bedeutung der Kirchweihe unter Teilnahme der deutschen Herrscher im hohen Mittelalter. Kallmünz 1975
Bernheim E., Mittelalterliche Zeitanschauungen in ihrem Einfluß auf Politik und Geschichtsschreibung. Aalen 1964
Beumann H., Die sakrale Legitimierung des Herrschers im Denken der ottonischen Zeit. ZRG-GA 66, 1948, 1
–, Zur Entwicklung transpersonaler Staatsvorstellungen. In: Das Königtum – Seine geistigen und rechtlichen Grundlagen. Lindau/Konstanz 1956, 185
Blumenberg H., Säkularisierung und Selbstbehauptung. Frankfurt a. M. 1974
Bode H., Das Leben eines Kölner Bürgers im 16. Jahrhundert. Diss. Köln 1956
Bögl O., Die Auffassung von Königtum und Staat im Zeitalter der sächsischen Könige und Kaiser. Erlangen 1932
Borst A., Lebensformen im Mittelalter. Frankfurt a. M./Berlin 1973
Brauneck M., Religiöse Volkskunst. Köln 1978
Brosthaus U., Bürgerleben im 16. Jahrhundert. Köln/Wien 1972
Browe D., Die Abendmahlsprobe im Mittelalter. HJb 48, 1928, 193
Brunner O., Vom Gottesgnadentum zum monarchischen Prinzip. In: Das Königtum – Seine geistigen und rechtlichen Grundlagen. Lindau/Konstanz 1956, 279
Bücking J., Kultur und Gesellschaft in Tirol um 1600. Lübeck/Hamburg 1968
Büttner H., Aus den Anfängen des abendländischen Staatsgedankens. In: Das Königtum – Seine geistigen und rechtlichen Grundlagen. Lindau/Konstanz 1956, 155
Buschmann E., Ministerium Dei – Idoneitas. Um ihre Deutung aus den mittelalterlichen Fürstenspiegeln. HJb 82, 1963, 70
Carlen L., Die Vorladung vor Gottes Gericht nach Walliser Quellen. SAVk 52, 1956, 10
–, Stadt und Kirche im Mittelalter. Z. f. schweiz. KG 60, 1966, 331
–, Rechtliches in Bildern und Zeichen religiösen Volksglaubens. SAVk 63, 1967, 70
Classen P., Die Krone als Inbegriff des Römisch-Deutschen Reiches im 12. Jahrhundert. FS – P. E. Schramm I. Wiesbaden 1964, 90
Congar Y., Zwei Faktoren der Sakralisierung des gesellschaftlichen Lebens im europäischen Mittelalter. Concilium 5, 1969, 520
Deer J., Das Kaiserbild im Kreuz. In: Schweizer Beiträge zur Allgemeinen Geschichte 13, 1955, 48
Dempf A., Sacrum Imperium. Darmstadt 1973
Dieffenbacher J., Deutsches Leben im 12. und 13. Jahrhundert. Berlin/Leipzig 1914
Dürig W., Der theologische Ausgangspunkt der mittelalterlichen liturgischen Auffassung vom Herrscher als Vicarius Dei. HJb 77, 1958, 174
Ebel W., Der Bürgereid als Geltungsgrund und Gestaltungsprinzip des deutschen mittelalterlichen Stadtrechts. Weimar 1958
–, Über die rechtsschöpferische Leistung des mittelalterlichen deutschen Bürgertums. In: Vorträge und Forschungen XI. Stuttgart 1966, 241
Eder K., Deutsche Geisteswende zwischen Mittelalter und Neuzeit. Salzburg/Leipzig 1937
Ehbrecht W., Zu Ordnung und Selbstverständnis städtischer Gesellschaft im späten Mittelalter. Bl. f. deutsche LG 110, 1974, 83
Eichmann E., Königs- und Bischofsweihe. München 1928
–, Die Kaiserkrönung im Abendland. I, II. Würzburg 1942
Engels O., Vorstufen der Staatswerdung im Hochmittelalter. HJb 97/98, 1978, 71
Ennen E., Die europäische Stadt des Mittelalters. Göttingen 1975
Erdmann C., Forschungen zur politischen Ideenwelt des Frühmittelalters. Berlin/Ost 1951
Erler A., Der Ursprung der Gottesurteile. Paideuma 2, 1941/43, 44
Ewers H., Die Bahrprobe. Diss. Bonn 1951
Fehr H., Der Zweikampf. Berlin 1908
–, Gottesurteil und Folter. FS – G. Stammler. Berlin/Leipzig 1926, 231
–, Folter und Strafe im alten Bern. Z. d. Bernischen Juristenvereins 5, Bd. 66, 1930, 193
–, Zur Lehre vom Folterprozeß. ZRG-GA 53, 1933, 317
–, Die gerechte Vergeltung im Diesseits und Jenseits. FS – A. Dopsch. Baden/Leipzig 1938, 591
–, Kraft und Recht. FS – J. Hedemann. Jena 1938, 3
–, Zur Erklärung von Folter und Hexenprozeß. Z. f. schweiz. Gesch. 24, 1949, 581
–, Tod und Teufel im alten Recht. ZRG-GA 67, 1950, 50
–, Das Bahrrecht, insbesondere in der Schweiz. Deutsches Jb f. VK 6, 1960, 85
Fleckenstein J., Rex canonicus. FS – P. E. Schramm I. Wiesbaden 1964, 57
Fresacher W., Eine Bahrprobe in Kärnten. Carinthia I, 1936, 117
Fried P., Zur »staatsbildenden« Funktion der Landfrieden im frühen bayerischen Territorialstaat. FS – M. Spindler. München 1969, 283
Frölich K., Kirche und städtisches Verfassungsleben im Mittelalter. ZRG-Kan.A 22, 1933, 188
Frommhold G., Die Idee der Gerechtigkeit in der bildenden Kunst. Greifswald 1925
Funk Ph., Überwelt und Welt im Mittelalter. HJb 51, 1931, 30
–, Der Einzelne, die Kirche und der Staat im Mittelalter. Hochland 31, 1933/34, 97
Gabler A., Altfränkisches Dorf- und Pfarrhausleben 1559–1601. Nürnberg 1952
Gernhuber J., Staat- und Landfrieden im deutschen Reich des Mittelalters. Recueils de la Societé Jean Bodin 15, 1961, 27
–, Die Landfriedensbewegung in Deutschland bis zum Mainzer Reichslandfrieden von 1235. Bonn 1952
Glitsch H., Gottesurteile. Leipzig 1913
Gmelin H. G., Das Weltgerichtsbild in der Gerichtslaube des Lüneburger Rathauses. Lüneburger Bl. 19, 1969, 95
Graus F., Die Gewalt bei den Anfängen des Feudalismus und die »Gefangenenbefreiungen« der merowingischen Hagiographie. Jb. f. Wirtschaftsgeschichte Teil 1, 1961, 61
Grenzmer E., Mittelalterliches Rechtsdenken. Hamburg 1961
Grundmann H., Geschichtsschreibung im Mittelalter. Göttingen 1978[3]
Halm Ph. M., Die Mirakelbilder zu Altötting. Bayerischer Heimatschutz 21, 1925, 1
Hardung S., Die Vorladung vor Gottes Gericht. Bühl-Baden 1934
Harmening D., Vorbemerkungen zu einer Geschichte der Volksfrömmigkeit im Zeitalter der Gotik. Z. f. VK 63, 1967, 161
Harvolk E., Votivtafeln. München 1979
Hattenhauer H., Rex et sacerdos. ZRG-Kan.A 55, 1969, 1
–, Das Recht der Heiligen. Berlin 1976
Heinerth H. Ch., Die Heiligen und das Recht. Freiburg i. Br. 1939
Hellmann M. (Hrsg), Corona regni. Darmstadt 1961
Hentig H. v., Sinnvoller Zufall, eine alte Rechtsanschauung. ZRG-GA 80, 1963, 344
Heubach D., Der Belial. Straßburg 1927
Heyn F., Der Petrusglaube Gregors VII. Diss. Greifswald 1921
Hiltbrunner O., Die Heiligkeit des Kaisers. Frühmittelalterliche Studien 1968, 1
Hirzel R., Der Eid. Aalen 1902
His R., Das Weseler Gerichtsbild des Derick Baegert. Westfalen 22, 1937, 237
Hörger H., Dorfreligion und bäuerliche Mentalité im Wandel ihrer ideologischen Grundlagen. Z. f. bayer. LG 38, 1975, 244
Hoffmann H., Die Krone im hochmittelalterlichen Staatsdenken. Festschrift für H. Keller, Darmstadt 1963, 71
–, Gottesfriede und Treuga Dei. Stuttgart 1964
–, Die beiden Schwerter im Hochmittelalter. DA 20, 1964, 78
Hoffmann K., Die Entstehung des »Kaiserbildes im Kreuz«. Congrès International d'Archéologie Chrétienne. Akten. Trier 1965, 559
–, Taufsymbolik im mittelalterlichen Herrscherbild. Düsseldorf 1968
Hofmann H.-H., Die Entstehung des modernen souveränen Staates. Köln/Berlin 1967
Huizinga J., Herbst des Mittelalters. Stuttgart 1975
Justus W., Die frühe Entwicklung des säkularen Friedensbegriffs in der mittelalterlichen Chronik. Köln/Wien 1975
Kämpf H. (Hrsg), Canossa als Wende. Darmstadt 1969
Kampers F., Rex et sacerdos. HJb 45, 1925, 495
Kempf F., Das mittelalterliche Kaisertum. In: Das Königtum – Seine geistigen und rechtlichen Grundlagen. Lindau/Konstanz 1956, 225
–, Das Problem der Christianitas im 12. und 13. Jahrhundert. HJb 79, 1960, 104
Kern F., Der Rex et Sacerdos in bildlicher Darstellung. In: Forschungen und Versuche zur Geschichte des Mittelalters und der Neuzeit. FS-D. Schäfer. Jena 1915, 1
–, Gottesgnadentum und Widerstandsrecht im früheren Mittelalter. Darmstadt 1973
–, Recht und Verfassung im Mittelalter. Darmstadt 1976
Kisch G., Sachsenspiegel and Bible. Indiana 1941
Knabe L., Die gelasianische Zweigewaltentheorie bis zum Ende des Investiturstreites. Berlin 1936
Koch G., Auf dem Wege zum Sacrum Imperium. Wien/Köln/Graz 1972
Koch H., Bahrproben 1589 in Thüringen. MSchKrim 34, 1943, 117
Kölmel W., Regimen Christianum. Berlin 1970
Kolb H., Himmlisches und irdisches Gericht in karolingischer Theologie und althochdeutscher Dichtung. Frühmittelalterliche Studien 1971, 284
Konrad R., Das himmlische und das irdische Jerusalem im mittelalterlichen Denken. In: Speculum historiale. FS – J. Spörl. Freiburg/München 1965, 523
Kost O.-H., Die sächsische Königstheologie im Investiturstreit. Diss. Göttingen 1954
Kraft W., Der gerichtliche Zweikampf unter besonderer Berücksichtigung des Kampf- und Kolbengerichts in Fürth. Fürther Heimatblätter 4, 1940, 1

Kretzenbacher L., Rechtslegenden abendländischer Volksüberlieferung. Graz 1970
Kriss R., Das Eisenopfer in Brauchtum und Geschichte. In: Volksglaube Europas I. München 1957, 15
Kriss-Rettenbeck L., Das Votivbild. München 1958
Krönig E., Die sog. »Gerechtigkeitsbilder« der altniederländischen Malerei. In: Das Recht in der Kunst. Berlin 1938, 198
Künßberg E. Frhr. v., Schwurgebärde und Schwurfingerdeutung. Freiburg i. Br. 1941
Ladner G., Theologie und Politik vor dem Investiturstreit. Darmstadt 1968
Lammers W. (Hrsg), Geschichtsdenken und Geschichtsbild im Mittelalter. Darmstadt 1965
Lederle U., Gerechtigkeitsdarstellungen in deutschen und niederländischen Rathäusern. Diss. Heidelberg 1937
Leisching J., Die große Leonhardi-Gestalt im Salzburger Museum. In: Beiträge zur Volks- und Völkerkunde. FS – M. Andree-Eysn. München 1928, 41
Leitmaier Ch., Die Kirche und die Gottesurteile. Wien 1953
Levison W., Die mittelalterliche Lehre von den beiden Schwertern. DA 9, 1952, 14
Liermann H., Das kanonische Recht als Grundlage europäischen Rechtsdenkens. Z. f. evang. Kirchenrecht 6, 1957/58, 37
–, Die Gottheit im Recht. München 1969
Mackensen L., Der singende Knochen. Helsinki 1923
Mager W., Zur Entstehung des modernen Staatsbegriffs. Abhandlungen der Akademie der Wissenschaften und der Literatur Mainz. Geistes- und Sozialwiss. Kl. 1968
Mang H., St. Lienhard mit der Eisenkette. Der Schlern 1, 1920, 261
Marschall D., De laqueo rupto. Die mißlungene Hinrichtung durch den Strang. Bonn 1968
Martin A. V., Mittelalterliche Welt- und Lebensanschauung im Spiegel der Schriften Coluccio Salutatis. München/Berlin 1913
Maurer H., Die Ratskapelle. FS – H. Heimpel II. Göttingen 1972, 225
Merzbacher F., Wandlungen des Kirchenbegriffs im Spätmittelalter. ZRG-Kan.A 70, 1953, 274
Minkowski H., Über Zweikämpfe zwischen Mann und Weib. Leibesübungen und körperliche Erziehung 53, 1934, 26
–, Germanischer Zweikampf zwischen Mann und Frau. Schwabenland 5, 1938, 197
Mitteis H., Der Staat des hohen Mittelalters. Weimar 1968[8]
Mohrmann R.-E., Volksleben in Wilster im 16. und 17. Jahrhundert. Kiel 1977
Näf W., Frühformen des »Modernen Staates« im Spätmittelalter. HZ 171, 1951, 225
Nagl H., Der Zauberer-Jacklprozeß oder Hexenprozesse im Erzstift Salzburg 1675–1690. Diss. Innsbruck 1966
Nitschke A., Die Wirksamkeit Gottes in der Welt Gregors VII. Studi Gregoriani 5, 1956, 115
Nottarp H., Gottesurteil-Studien. München 1956
Opfermann B., Die liturgischen Herrscherakklamationen im Sacrum imperium des Mittelalters. Weimar 1953
Peyer H. C., Stadt und Stadtpatron im mittelalterlichen Italien. Diss. Zürich 1955
Potratz H. A., Zweikampf und Schicksalsfindung. Germanien 14, 1942, 257
Prinz F., Klerus und Krieg im frühen Mittelalter. Stuttgart 1971
Reuschel K., Die deutschen Weltgerichtspiele des Mittelalters und der Reformationszeit. Leipzig 1906
Rücklin G., Religiöses Volksleben des ausgehenden Mittelalters in den Reichsstätten Hall und Heilbronn. Berlin 1933
Ruppert K., Das Herrscherbild der ottonischen Zeit. 112. Bericht d. Hist. V. f. d. Pflege d. Gesch. d. ehem. Fürstbistums Bamberg 1976, 9
Schacht, Der leibhafte Teufel in Herford. 46. Jahresbericht d. Hist. V. f. d. Grafsch. Ravensburg zu Bielefeld 1932, 123
Schairer I., Das religiöse Volksleben am Ausgang des Mittelalters. Nach Augsburger Quellen. Leipzig/Berlin 1914
Schieder Th., Wandlungen des Staates in der Neuzeit. HZ 216, 1973, 18
Schlichting M. E., Religiöse und gesellschaftliche Anschauungen in den Hansestädten des späten Mittelalters. Diss. Berlin 1935
Schmidt G., Religion, Mythos, Liturgie und Herrschaft im frühen Mittelalter. Z. f. bayer. LG 34, 1971, 15
Schmidt H., Die deutschen Städtechroniken als Spiegel des bürgerlichen Selbstverständnisses im Spätmittelalter. Göttingen 1958
Schnith K., Recht und Friede. Zum Königsgedanken um Umkreis Heinrichs II. HJb 81, 1962, 22
Schnitzler E., Das geistige und religiöse Leben Rostocks am Ausgang des Mittelalters. Berlin 1940
Schnürer G., Kirche und Kultur im Mittelalter I–III. Paderborn 1929–1936
–, Katholische Kirche in der Barockzeit. Paderborn 1937
Schramm P. E., Die deutschen Kaiser und Könige in Bildern ihrer Zeit I, II. Berlin 1928
–, Herrschaftszeichen und Staatssymbolik I–III. Stuttgart 1954–1956
–, »Mitherrschaft im Himmel«. Ein Topos des Herrscherkults in christlicher Einkleidung. In: Polychronion. FS – F. Dölger. Heidelberg 1966, 480
Schramm, P. E./Mütherich F., Denkmale der deutschen Könige und Kaiser. München 1962
Schwerin C v., Rituale für Gottesurteile. SB d. Heidelberger Akademie der Wissenschaften. Phil.-Hist.-Kl. 1932/33
Seidlmayer M., Das Mittelalter. Göttingen 1967
Siebert F., Der Mensch um Dreizehnhundert im Spiegel deutscher Quellen. Vaduz 1931
Simon K., Abendländische Gerechtigkeitsbilder. Frankfurt a. M. 1948
Soldan W. G./Heppe H./Bauer M., Geschichte der Hexenprozesse I, II. Darmstadt 1976
Sommer Ch., Deutsche Frömmigkeit im dreizehnten Jahrhundert. Schleswig 1901
Southern R. W., Kirche und Gesellschaft im Abendland des Mittelalters. Berlin/New York 1976
Spiekerkötter G., Die Darstellung des Weltgerichtes von 1500 bis 1800 in Deutschland. Diss. Berlin 1939
Spörl J., Grundformen hochmittelalterlicher Geschichtsanschauung. München 1935
Stahleder H., Das Weltbild Bertholds von Regensburg. Z. f. bayer. LG 37, 1974, 728
Steinen W. v. d., Menschendasein und Menschendeutung im früheren Mittelalter. HJb 77, 1958, 214
Studtmann J., Die Pönformel der mittelalterlichen Urkunden. Arch. f. Urkundenforschung 12, 1932, 251
Tellenbach G., Libertas. Stuttgart 1936
Töpfer B., Volk und Kirche zur Zeit der beginnenden Gottesfriedensbewegung in Frankreich. Berlin/Ost 1957
Troescher G., Weltgerichtsbilder in Rathäusern und Gerichtsstätten. Wallraf-Richartz-Jb 11, 1939, 139
Ullmann W., Die Machtstellung des Papsttums im Mittelalter. Graz/Wien/Köln 1960
Veit L. A./Lenhart L., Kirche und Volksfrömmigkeit im Zeitalter des Barock. Freiburg i. Br. 1956
Vollmer H., Über Engel und Teufel im deutschen Volksglauben des Mittelalters. Hamburg 1941
Waas A., Der Mensch im deutschen Mittelalter. Graz/Köln 1964
Wackernagel J., Die geistigen Grundlagen des mittelalterlichen Rechts. Tübingen 1929
Walter Ch., Prozeß und Wahrheitsfindung in der Legenda Aurea. Diss. Kiel 1977
Wildhaber R., Die Sage vom Westerkind. Schweizer VK 37, 1947, 102
Winterfeld L. v., Gottesfrieden und deutsche Stadtverfassung. Hansische Geschichtsblätter 52, 1927, 8

Recht und Volksleben

Adlmaier, Der Oberländer Habererbund. München 1926
Amira K. v., Besprechung von: Die Bilderhandschrift des hamburgischen Stadtrechts von 1497. ZRG-GA 40, 1919, 308
Anger S., Das Recht in den Sagen, Legenden und Märchen Schleswig-Holsteins. Diss. Kiel 1947
Bader K.-S., »Mehr Geistesgeschichte«. Gedanken und Versuche. HJb 62–69, 1942–49, 89
–, Über das Verhältnis von Rechtsgeschichte und Volkskunde. In: Angebinde. John Meier zum 85. Geburtstag. Lahr 1949, 31
–, Gesunkenes Rechtsgut. In Kunst und Recht. FS – H. Fehr. Karlsruhe 1948, 9
–, Das mittelalterliche Dorf als Friedens- und Rechtsbereich. Weimar 1957
–, Dorfgenossenschaft und Dorfgemeinde. Köln/Graz 1962
–, Rechtliche Volkskunde in der Sicht des Juristen und Rechtshistorikers. In: Das Recht der kleinen Leute. FS – K. S. Kramer. Berlin 1976, 1
Baltl, H., Rechtliche Volkskunde und Rechtsarchäologie als wissenschaftliche Begriffe und Aufgaben. SAVk 48, 1952, 65
Bartels A., Rechtsaltertümer in der angelsächsischen Dichtung. Diss. Kiel 1913
Bechert R., Das Recht im Volksmund. Das bayerische Inn-Oberland 20, 1935, 1; 21, 1936, 77
Becker E. W., Das Recht im »Parzival«. Diss. Bonn 1956
Beyerle F., Der »arme Heinrich«. Hartmanns von Au als Zeugnis mittelalterlichen Ständerechts. In: Kunst und Recht. FS – H. Fehr. Karlsruhe 1948, 28
Bindschedler M., Die Strafe in der mittelalterlichen Dichtung. In: E. R. Frey (Hrsg), Schuld – Verantwortung – Strafe. Zürich 1964, 1
Böhm G., Bildhaftigkeit des alten deutschen Rechtslebens. Schwabenland 5, 1938, 211
Borchling C., Poesie und Humor im friesischen Recht. Aurich 1908
Breibeck O. E., Nacha treibt's zua. Das Haberfeldtreiben. München 1979
Bühler Th., Rechtssprachliche Bedeutungsbreite als Spiegel der Rechtswirklichkeit. In: L. Carlen (Hrsg), Forschungen zur Rechtsarchäologie und Rechtlichen Volkskunde II. Zürich 1979, 81
Buss E., Volksjustiz der Nachtbuben im Kanton Bern. SAVk 10, 1906, 162
Carlen L., Der »Goldfaden der Poesie« im Recht. Schweizer Rundschau 62, 1963, 1
Clemen C., Der Ursprung einiger Kinderspiele. Z. d. V. f. rhein. u. westf. VK 13, 1916, 161
Combridge R. N., Das Recht im »Tristan« Gottfrieds von Straßburg. Berlin 1964[2]
Cromberg H. E., Die Knabenschaftsstatuten der Schweiz. Diss. Basel 1970
Dörrer A., Alte Mahlgemeinschaften im Lichte ihrer Zeit (313–1803). ZRG-GA 70, 1953, 267
Dollacker A., Viertelsgalgen und Martersäulen. Das Steinkreuz 1/2, 1937, 13
Elsener F., »Keine Regel ohne Ausnahme«. Gedanken zur Geschichte der deutschen Rechtssprichwörter. FS-45. Deutscher Juristentag. Karlsruhe 1969, 23
Fehr H., Das Recht im deutschen Volksliede. Volk und Rasse 1926, 200
–, Mehr Geistesgeschichte in der Rechtsgeschichte. Deutsche VJS f. Literaturwissenschaften und Geistesgeschichte 5, 1927, 1
–, Das Recht in der Dichtung. Bern 1931
–, Das Recht im Iwein. FS – E. Mayer. Weimar 1932, 93
–, Die Dichtung im Recht. Bern 1936
–, Die Plastik des Rechts. FS – R. Deinhardt. Berlin 1940, 51
–, Das Recht im Bündner Märchen. Z. f. Schweiz. Recht NF 54, 1935, 219

–, Der Humor im Recht. Bern 1946
–, Sagenforschung und Rechtsgeschichte. FG – R. Feller. Bern 1948, 71
–, Volk und Recht, Volkskunde und Rechtsgeschichte. Schweizer VK 41, 1951, 2
–, Die Dichtung des Mittelalters als Quelle des Rechts. FS – K. Haff. Innsbruck 1950, 63
–, Die Gottesurteile in der deutschen Dichtung. FS – G. Kisch. Stuttgart 1955, 271
–, Das Recht in den Sagen der Schweiz. Frauenfeld 1955
–, Altes Strafrecht im Glauben des Volkes. Deutsches Jb. f. VK 1, 1959, 147
Fehrle E., Burschenschaften. Oberdeutsche Z. f. VK 15, 1941, 53
Fischer H., Musikinstrumente in der alten Strafrechtspflege. Antaios 22, 1970, 321
Fraenger W., Der Bauern-Bruegel und das deutsche Sprichwort. München/Leipzig 1923
Friedrichs K., Das Recht in den Kinder- und Hausmärchen. Mitt. d. Schles. Ges. f. VK 22, 1920, 16
Frölich K., Die rechtliche Volkskunde als Lehrfach und Forschungsgebiet unter besonderer Berücksichtigung der hessischen Verhältnisse. Volk und Heimat 1936, 84
–, Begriff und Aufgabenkreis der rechtlichen Volkskunde. In: Volkskundliche Ernte. FS – H. Hepding. Gießen 1938, 49
–, Arbeiten zur rechtlichen Volkskunde I–V. Tübingen/Gießen 1938–46
–, Rechtsdenkmäler des deutschen Dorfs. Gießen 1947
–, Die rechtliche Volkskunde als Aufgabenbereich der deutschen Universitäten. Hess. Bl. f. VK 41, 1950, 182
Fromm Th., Die Gewalttat im ältesten deutschen Volkslied. Diss. Frankfurt/M. 1922
Funk E., Der Galgenberg in Böblingen. Eine Richtstätte des Mittelalters. Schöenbuch und Gäu Nr. 11 + 12, 1969, 47
–, Deutsche Rechtsdenkmäler mit besonderer Berücksichtigung Frankens. Erlangen 1938
Grimm J., Von der Poesie im Recht. Darmstadt 1963
Grund H., Hessische Rechtsdenkmäler. Volk und Scholle 1935, 266
–, Hessische Rechtsdenkmäler. Z. d. Landschaftsbundes Volkstum und Heimat 13, 1935, 266
–, Hessische Rechtsdenkmäler. Volk und Scholle 13, 1935, 327
Hävernick W., Volkskunde und Strafrecht. Beiträge zur deutschen Volks- und Altertumskunde 13, 1969, 79
Harkort F., Die Schein- und Schattenbußen im Erzählgut. Diss. Kiel 1956
Hauck K., Rituelle Speisegemeinschaft im 10. und 11. Jahrhundert. Studium generale 1950, 611
Heeger F., Rechtsaltertümer in fränkischen Volksliedern. Frankenland NF 11, 1959, 200
Heilig O., Deutsche Rechtsaltertümer im Odenwälder Volkslied. Volk und Scholle 13, 1935, 377
Heiske W., Rechtsbrauch und Rechtsempfinden im Volkslied. Deutsches Jb. f. VK 2, 1956, 73
Helfer Ch., Positionsmerkmale des Galgenplatzes am unteren Mittelrhein. Rhein. Jb. f. VK 13/14, 1962/63, 39
–, Formen und Funktionen des Galgenplatzes am unteren Mittelrhein. Bonner Geschichtsblätter 18, 1964, 16
–, Denkmäler des Vollzugs von Ehrenstrafen am unteren Mittelrhein. Rhein. Jb. f. VK 15/16, 1965, 56
–, Stätten des Vollzugs von Freiheitsstrafen am unteren Mittelrhein. Rhein. Jb. f. VK 17/18, 1967, 132
–, Wanderungen des Galgenplatzes am unteren Mittelrhein. FS – H. v. Hentig. Hamburg 1967, 21
Hellwig A., Sensenmusiken und andere Katzenkonzerte. Arch. f. Kriminalanthropologie 36, 1909, 130
Hentig H. v., Vom »nordwärts gerichteten« Galgen. MSchKrim 23, 1932, 106
–, Fischmarkt und Strafstätte. SchwZStr 52, 1938, 373
–, Der Rabenstein. SchwZStr 54, 1940, 168
–, Die Brücke im Strafrecht und Strafverfahren. SchwZStr 60, 1946, 324
–, Gerichtliche Klänge und Geräusche. SchwZStr 63, 1948, 121
–, Das Fehlurteil im Bild der Sagen und der Märchen. ZRG-GA 80, 1963, 115
Höfel O., Rechtsaltertümer Rheinhessens. Diss. Gießen 1940
Höfer L., Leibesstrafen im Wiener Kinderspiel. Wiener Z. f. VK 29, 1924, 90
Hölscher L., Öffentlichkeit und Geheimnis. Stuttgart 1979
Hoffmann-Krayer E., Knabenschaften und Volksjustiz in der Schweiz. SAVk 8, 1905, 61, 161
Horn T., Die Richtstätte als Galgenkogel bei der Ortschaft Sand. Carinthia I, 1967, 638
Hürnerkopf R., Der Jungfernkuß. FG – O. Meisinger. Bühl/Baden 1932, 34
Huizinga J., Homo Ludens. Reinbek bei Hamburg 1956
Kalkenstadtler W., Das Haberfeldtreiben. München 1971
Kanka K., Die mittelalterlichen Volksepen als Rechtsquellen. In: Das Recht in der Kunst. Berlin 1938, 78
Klapper J., Die soziale Stellung des Spielmanns im 13. und 14. Jahrhundert. Jb. f. VK 40, 1930, 111
Klein H., Der Galgenbühel bei Innsbruck und seine Geschichte. Tiroler Heimatblätter 10, 1932, 254
Knapp H., Humor im Würzburger Recht. ZStW 22, 1902, 1
Koch E., Rheinhessische Rechtsaltertümer. Würzburg 1939
Koch J., Die Strafrechtsbelehrung des Volkes von der Rezeption bis zur Aufklärung. Diss. Bonn 1939
Kocher G., Passionsdarstellungen und Rechtliche Volkskunde. In: L. Carlen (Hrsg), Forschungen zur Rechtsarchäologie und Rechtlichen Volkskunde I. Zürich 1978, 131
König M., Bäuerliche Burschenschaften. Niederdeutsche Z. f. VK 16, 1938, 191
Kraft W., Deutsches Rechtsleben im Spiegel mittelalterlicher fränkischer Bauernweistümer. Bl. f. Schulpraxis u. Erziehungswissenschaft 48, 1937, 44
–, Viertelsgalgen. Das Steinkreuz 1/2, 1939, 28
Kramer K. S., Würzburger Volk des 16. Jahrhunderts vor Gericht. Bayer. Jb. f. VK 1955, 141
–, Bauern und Bürger im nachmittelalterlichen Unterfranken. Würzburg 1957
–, Das Herausfordern aus dem Haus. Bayer. Jb. f. VK 1956, 121
Kroeschell K., Rechtsaufzeichnung und Rechtswirklichkeit: Das Beispiel des Sachsenspiegels. In: P. Classen (Hrsg), Recht und Schrift im Mittelalter. Vorträge und Forschungen XXIII. Sigmaringen 1977, 349
Künßberg E. Frh. v., Rechtsgeschichte und Volkskunde. Jb. f. hist. VK 1, 1925, 48
–, Volkskunde und Rechtsgeschichte. Jb. f. hist. VK 1, 1925, 314
–, Rechtliche Volkskunde. Oberdeutsche Z. f. VK 7, 1933, 60
–, Rechtsverse. Neue Heidelberger Jahrbücher 1933, 89
–, Gereimtes Recht. Volksspiegel 1934, 1
–, Volkskunde und Recht. In: A. Spamer (Hrsg), Die deutsche Volkskunde I. Leipzig/Berlin 1934, 552
–, Rechtliche Volkskunde. Halle/Saale 1936
–, Rechtsbrauch und Kinderspiel. Heidelberg 1952²
–, Vergleichende Rechtsarchäologie. In: Kunst und Recht. FS – H. Fehr. Karlsruhe 1948, 137
–, Rechtsgeschichte und Volkskunde. Köln/Graz 1965
Liebl H., Altertümer österreichischer Strafrechtspflege unter besonderer Berücksichtigung Niederösterreichs vom 16. bis 19. Jahrhundert. Wien 1951
Lippert E., Glockenläuten als Rechtsbrauch. Freiburg i. Br. 1939
Lorenzen-Schmidt K.-J., Beleidigungen in Schleswig-Holsteinischen Städten im 16. Jahrhundert, soziale Norm und soziale Kontrolle in Städtegesellschaften. Kieler Bl. zur VK 10, 1978, 5
Ludwig O., Richter und Gericht in deutschen Märchen. Bühl/Baden 1935
Lutz E., Trinken und Zutrinken in der Rechtsgeschichte. FS – F. Elsener. Tübingen 1973, 56
Machheit N. R., Das Mahl im Recht – ein Versuch. FS – F. Elsener. Tübingen 1973, 68
Mailly A., Deutsche Rechtsalterümer in Sage und Brauchtum. Wien/Leipzig 1933
–, Oberösterreichische Rechtssagen. Heimatgau 18, 1937, 1
Maisel W., Gegenstand und Systematik der Rechtsarchäologie. In: L. Carlen (Hrsg), Forschungen zur Rechtsarchäologie und Rechtlichen Volkskunde I. Zürich 1978, 4
–, Abgrenzung der Rechtlichen Volkskunde von der Rechtsarchäologie. In: L. Carlen (Hrsg), Forschungen zur Rechtsarchäologie und Rechtlichen Volkskunde II. Zürich 1979, 93
Mang H., Heimische Formen des Volksgerichtes. Der Schlern 14, 1933, 424
Maschke E., Die Brücke im Mittelalter. HZ 224, 1977, 265
Meier J., Alter Rechtsbrauch im Bremischen Kinderspiel. FS zur 400-Jahrfeier des Alten Gymnasiums von Bremen 1528–1928. Bremen 1928, 229
Merzbacher F., Rechtswissenschaft und Volkskunde. Jahres- und Tagungsbericht d. Görres-Ges. 1960, 13
Mittler E., Das Recht in Heinrich Wittenwilers »Ring«. Freiburg i. Br. 1967
Möller W., Richtstätten und Hinrichtungen in der Stadt Weimar. Weimar o. J.
Morsak L., Trinkgefäße im Rechtsgebrauch. In: L. Carlen (Hrsg), Forschungen zur Rechtsarchäologie und Rechtlichen Volkskunde II. Zürich 1979, 57
Müller J., Schalwaari – Scharewari. Z. d. V. f. rhein. u. westf. VK 2, 1905, 156
Müller W., Mittelalterliche Richtstätten. Vom Rhein 10, 1911, 41, 50
Mummenhoff E., Gesammelte Aufsätze und Vorträge I. Nürnberg 1931
Panzer M., Tanz und Recht. Frankfurt a. M. 1938
Pappenheim M., Scheinbuße und Selbsturteil im Lüneburger Stadtrecht. ZRG-GA 29, 1908, 334
Pensel F., Rechtsgeschichtliches und Rechtssprachliches im epischen Werk Hartmanns von Aue und im »Tristan« Gottfrieds von Straßburg. Diss. Berlin/Ost 1961
Philipps G., Über den Ursprung der Katzenmusiken. Freiburg i. Br. 1849
Pradel F., Der Schatten im Volksglauben. Mitt. d. Schles. Ges. f. VK 6, 1904, 1
Puth H., »Am Galgenberg«. Vom Sterben der »Galgenvögel« und anderer »Armer Sünder« in aller Welt. In: FS zur Eröffnung des Justizgebäudes in Bad Kreuznach. Bad Kreuznach 1956, 17
Rauers F., Hänselbuch. Essen 1936
Reincke H./Bolland J., Die Bilderhandschrift des Hamburger Stadtrechts von 1947. Hamburg 1968
Renger W., Hinrichtungen als Volksfeste. Süddeutsche Monatshefte 10/2, 1913, 8
Rennefahrt H., Bedeutung der Volkskunde für das schweizerische Rechtsleben. Schweizer VK 41, 1951, 7
Rettenbeck L., »Feige« – Wort, Gebärde, Amulett. Diss. München 1953
Röder J., Rechts- und volkskundliche Denkmäler aus dem Neuwieder Becken, Rhein. Vierteljahresbl. 13, 1948, 160
Röhrich L., Märchen und Wirklichkeit. Wiesbaden 1964²
Salmen W., Der fahrende Musiker im europäischen Mittelalter. Kassel 1960
–, Musikleben im 16. Jahrhundert. Leipzig 1976
Schempf H., Zur Einführung: Rechtliche Volkskunde. JuS 1967, 200
Schmelzeisen G. K., Über die Ideen in der Rechtsgeschichte. HJb 94, 1974, 118
Schmidt H./Selk P., Beiträge zur rechtlichen Volkskunde Schleswig-Holsteins. Nordelbingen 38, 1969, 151; 39, 1970, 176
Schubert E., Erspielte Ordnung. Beobachtungen zur bäuerlichen Rechtswelt des späteren Mittelalters. Jb. f. frank. LF 38, 1978, 51

Schultheiss W., Altnürnberger Rechtspflege und ihre Stätten. Mitt. d. V. f. Gesch. d. Stadt Nürnberg. 1974, 188
Schulz F. T., Die Nürnberger Eiserne Jungfrau. Nürnberg 1932
Selk P., Beiträge zur rechtlichen Volkskunde Schleswig-Holsteins. Nordelbingen 38, 1969, 151
–, Beiträge zur rechtlichen Volkskunde Schleswig-Holsteins. Nordelbingen 39, 1970, 176
Scharfe M., »Soziale Kontrolle« im Dorf des vorindustriellen Zeitalters. Württ. Jb. f. VK 1961/64, 78
Steininger H., Rechtsaltertümer in Niederösterreich. Wien 1970
–, Beiträge zur Rechtsarchäologie in Niederösterreich. In: L. Carlen (Hrsg), Forschungen zur Rechtsarchäologie und Rechtlichen Volkskunde II. Zürich 1979, 5
Steller W., Volkskunde und Rechtskunde. Z. f. VK 42, 1932, 117
Stratmann R., Die Scheinbußen im mittelalterlichen Recht. Frankfurt a. M. 1978
Strothmann F. W., Die Gerichtsverhandlung als literarisches Motiv in der deutschen Literatur des ausgehenden Mittelalters. Darmstadt 1969
Stutz U., Rechtshistorisches in und zu dem »Ackermann aus Böhmen«. ZRG-GA 41, 1929, 388
Thieme H., Ideengeschichte und Rechtsgeschichte. FS – J. v. Gierke. Berlin 1950, 266
Thormann B., Über den Humor in den deutschen Weistümern. Diss. Münster 1907
Vincke J., Volkstum und Recht aus kirchenrechtlicher und volkskundlicher Sicht. Düsseldorf 1937
Volckmann E., Rechtsaltertümer in Straßennamen. Würzburg 1920
Wacke A., Eine Nachlese zum Volksbrauch des Prellens. Österr. Z. f. VK NF 33, 1979, 151
Waihel M., Altmünchener Richtstätten und anderes hier Einschlägige. Das Bayerland 25, 32, 1913/14, 634
Weizsäcker W., Rechtssprichwörter als Ausdrucksformen des Rechts. Z. f. vgl. RW 58, 1956, 9
–, Das Spielelement im deutschen Recht. Ostdeutsche Wissenschaft 8, 1961, 469
Wiessner H., Sachinhalt und wirtschaftliche Bedeutung der Weistümer im deutschen Kulturgebiet. Baden/Brünn 1934
Wohlhaupter E., Altes Recht in Volkssage und Volksbrauch unter besonderer Berücksichtigung unserer schwäbischen Heimat. Das schwäbische Museum 9, 1933, 41
–, Die Glocke im Recht. Schwäbischer Heimatbote 1–4, 1936
–, Beiträge zur rechtlichen Volkskunde Schleswig-Holsteins. Nordelbingen 16, 1940; 17/18, 1941/42, 51
–, Volkstum und Recht in Schleswig-Holstein. Kieler Bl. 1943, 67
Wolfram R., Burschenbrauchtum. Rügegericht und Katzenmusiken in Südtirol. FS – O. Höfler. Wien 1976, 721
Wulfen E., Das Kriminelle im deutschen Volksmärchen. Arch. f. Kriminalanthropologie 38, 1910, 340
Zimmermann H.-J., Gerichts- und Hinrichtungsstätten in hochstiftisch-würzburgischen Amts- und Landstätten. Diss. Würzburg 1976
Zipperer F. M., Das Habererfeldtreiben. Seine Geschichte und seine Deutung. Weimar 1938

Recht und Aberglauben

Achelis Th., Das Schlagen des Kreises bei Hinrichtungen. Die Heimat 1929, 131
Bach A., Westerwälder Werwölfe und Wolfssegen. Z. d. V. f. rhein. u. westf. VK 20/21, 1923/24, 25
Baltl H., Der vierköpfige Stein. FS – K. S. Bader. Zürich 1965, 1
Bargheer E., Eingeweide. Lebens- und Seelenkräfte des Leibesinneren im deutschen Glauben und Brauch. Berlin/Leipzig 1931
Berkenhoff H. A., Tierstrafe, Tierbannung und rechtsrituelle Tiertötung im Mittelalter. Diss. Bonn 1937
Bertogg H., Die Maikäfer zu Hohentrins. Schweizer VK 33, 1943, 72
Brandt A. v., Ältere Lübecker Gerichtsstätten. Schleswig-Holstein. Anzeiger 3, 1961, 47
Braun E., Die Entwicklung der Gerichtsstätten in Deutschland. Diss. Erlangen 1943
Braun R., Zur Deutung der Steinmasken an fränkischen Kirchen. Jb. f. fränk. LF 34/35, 1974/75, 279
Brückner W., Das Bildnis in rechtlichen Zwangsmitteln. FS – H. Keller. Darmstadt 1963, 111
–, Bildnis und Brauch. Studien zur Bildfunktion der Effigies. Berlin 1966
Bruiningk H., Der Werwolf in Livland. Mitt. aus d. livländ. Gesch. 22, 1924, 163
Bühler Th., Wargus – friedlos – Wolf. FS – R. Wildhaber. Basel 1972, 43
Bülck H., Rosengarten und Rosenberg. Die Heimat 60, 1953, 98
Burchard K., Die Hegung der deutschen Gerichte im Mittelalter. Leipzig 1893
Carlen L., Dornen im Recht. In: Rechtsgeschichte und Volkskunde. FS – J. Bielander. Brig 1968, 33
Christ K., Die Linde als Gerichtsbaum und der Landberg an der Bergstraße. Vom Rhein 12, 1913, 36
Christmann E., Alte Dingstätten im Gau Saarpfalz. Germanen-Erbe 1939, 37
–, Von Hochgericht und Jahrgeding im Gau Westmark. Oberdeutsche Z. f. VK 14, 1940, 37
–, Von Wolfsgalgen und Wolfsbalgträgern. Oberdeutsche Z. f. VK 17, 1943, 69
–, Menhire und Hinkelsteine in der Pfalz. Speyer 1947
–, Von »Staffelsteinen« auf fränkischen Dingstätten. Pfälzer Heimat 3, 1952, 97
Cichy B., Die Lindenanlage von Neuenstadt am Kocher, Kreis Heilbronn. Denkmalspflege in Baden-Württemberg 3, 1974, 2
Copper B., The Werewolf in Legend, Fact & Art. New York, London 1977
Deus W.-H., Richter mit gekreuzten Beinen. Soester Z 82, 1970, 18
Dieck A., Die europäsichen Moorleichenfunde. Neumünster 1965
Dieselhorst J., Die Bestrafung der Selbstmörder im Territorium der Reichsstadt Nürnberg. Mitt. d. V. f. Gesch. d. Stadt Nürnberg 44, 1953, 58
Dietz J., Alte Gerichtsstätten im Bonner Land und ihr Fortleben in der Volksüberlieferung. Rhein. Jb. f. VK 1, 1950, 212
Dyroff A., Die Bonner Marktsäule und ihre Verwandten. Bonner Jb 133, 1928, 153
Eichler H./Laufner R., Hauptmarkt und Marktkreuz von Trier. Trier 1958
Erler A., Der Hochsitz in der deutschen Rechtsgeschichte. Paideuma 1, 1938–1940, 168
–, Friedlosigkeit und Werwolfglaube. Paideuma 1, 1938–1940, 303
–, Das Straßburger Münster im Rechtsleben des Mittelalters. Frankfurt a. M. 1954
Felix J./Näbe M., Die Beziehungen von Steindenkmälern und erratischen Blöcken zum Kultus, zu Sagen und Volksbräuchen. SB d. Naturforschenden Ges. zu Leipzig 42, 1915, 1
Feucht D., Grube und Pfahl. Tübingen 1967
Fischer E., Die Hauszerstörung als strafrechtliche Maßnahme im deutschen Mittelalter. Stuttgart 1957
Fischer H., Die offene Kreuzhaltung im Rechtsritual. FS – A. Steinwenter. Graz/Köln 1958, 9
Fischer P., Strafen und sichernde Maßnahmen gegen Tote im germanischen und deutschen Recht. Diss. Bonn 1936
Freudenthal H., Das Feuer im deutschen Glauben und Brauch. Berlin/Leipzig 1931
Frölich K., Germanisches Totenrecht und Totenbrauchtum im Spiegel neuerer Forschung. Hess. Bl. f. VK 43, 1952, 41
Frommhold G., Zur Klage mit dem toten Mann und mit der toten Hand. ZRG-GA 36, 1915, 458
Gathen A. D., Rolande als Rechtssymbole. Berlin 1960
Gaulhofer K., Die Fußhaltung – Ein Beitrag zur Stilgeschichte der menschlichen Bewegung. Kassel 1930
Geiger P., Die Behandlung der Selbstmörder im deutschen Brauch. SAVk 26, 1926, 145
Goerlitz Th., Der Ursprung und die Bedeutung der Rolandsbilder. Weimar 1934
Goeßler P., Totenglaube und Totenkult in alter Zeit. Württemberg 1932, 74
–, Grabhügel und Dingplatz. FG – K. Bohnenberger. Tübingen 1938, 15
–, Germanisch-Christliches an Kirchen und Friedhöfen Südwestdeutschlands. ARW 35, 1938, 65
Graf H., Der mittelalterliche Dorfkirchhof als Ort der Wehr und des Gerichts. Abhandlungen zur Saarpfälzischen Landes- und Volksforschung 1, 1937, 44
Gron F., Über den Ursprung der Bestrafung in effigie. Tijdschrift voor Rechtgeschiedenis 13, 1934, 320
Gudenberg W., Richtplatz und alter Gerichtsstein. Germanien 1936, 252
Haendcke B., Der unbekleidete Mensch in der christlichen Kunst seit neunzehn Jahrhunderten. Straßburg 1910
Hagen E., Die Fürsprecher des Mittelalters bei den Bayreuthischen Hof-, Stadt- und Landgerichten. Arch. f. Gesch. u. Altertumskunde von Oberfranken 5, 1851/53, 33
Hain M., Arme Seelen und helfende Tote. Rhein. Jb. f. VK 9, 1958, 54
Heim We., Die Stalbühle – alte Dingstätten unserer Heimat. 21. Veröffentlichung d. Histor. V. Heilbronn 1954, 113
Heim Wi., Das Henkersmahl. Diss. Erlangen 1941
Hellmich M., Steinerne Zeugen mittelalterlichen Rechtes. Mitt. d. Schles. Ges. f. VK 31/32, 1931, 196
–, Schädelnagelung. Altschlesien 6, 1936, 377
Hentig H. v., Der Blaue Stein zu Bonn. SchwZStr 50, 1936, 403; 51, 1937, 125
–, Richten auf Stroh. SchwZStr 67, 1952, 443; 69, 1954, 48
–, Vom Ursprung der Henkersmahlzeit. Tübingen 1958
–, Zur Soziologie des Richtschwerts. SchwZStr 74, 1959, 16
His R., Der Totenglaube in der Geschichte des germanischen Strafrechts. Münster 1929
Horn A., Die Linde zu Hohenaltheim und ihre Bedeutung. Histor. V. f. Nördlingen u. Umgebung 19. 1936, 29
Jacoby M., Wargus, vargr, »Verbrecher«, »Wolf«. Uppsala 1974
Jünemann J., Der Wolf. Göttingen 1976
Kafka K., Pranger auf Kirchhöfen. Deutsche Gaue 51, 1959, 72
Karras F.-H., Die rechtliche Behandlung der Selbstmörder in der Zentverfassung des Hochstifts Würzburg (1454 bis 1806). Diss. Würzburg 1971
Kirchner H., Die Menhire in Mitteleuropa und der Menhirgedanke. Wiesbaden 1955
Kolb F., Das alte Bahrrecht in Tirol. Tiroler Heimat 13/14, 1949/50, 7
Koschorreck W., Der Wolf. Diss. Jena 1952
Kramer K. S., Die Dingbeseelung in der germanischen Überlieferung. München 1940
Kühn U., Inschriften und Verzierungen auf Richtschwertern; ihre Deutung aus der Person des Scharfrichters. Diss. Erlangen/Nürnberg 1969
Kurzacz A., Die Bedeutung der Ritterfiguren auf niederösterreichischen Prangersäulen. Diss. Wien 1969
Mackensen L., Henkersmahl und Johannisminne. ZRG-GA 44, 1924, 318
Mailly A., Allerlei Merkwürdigkeiten vom Wiener Stephansdom. Wien 1923
Mannhardt W., Wald- und Feldkulte. Berlin 1904[2]
Medding W., Mittelalterliche Gerichtsstätten und Rechtsdenkmäler in Waldeck, Hess. Heimat 3, H. 5, 1939, 10

Meier J., Der blaue Stein zu Köln. Jb. f. VK 40, 1930, 29
–, Der Galgenstein von Wegenstetten. Schweizer VK 34, 1944, 69
–, Ahnengrab und Rechtsstein. Berlin 1950
Meisen K., Der böse Blick und anderer Schadenzauber in Glaube und Brauch der alten Völker und in frühchristlicher Zeit. Rhein. Jb. f. VK 1, 1950, 144
–, Der böse Blick, das böse Wort und der Schadenzauber durch Berührung im Mittelalter und in der neueren Zeit. Rhein. Jb. f. VK 3, 1952, 169
Menghin O., Alte Gerichtssteine bei Brunneck. Der Schlern 6, 1925, 108
Merzbacher F., Der Hut im Recht. Jb. f. fränk. LF 34/35, 1974/75, 839
Meyer H., Heerfahne und Rolandsbild. Nachrichten von d. Ges. der Wissenschaften zu Göttingen. Philol.-Hist. Kl., 1930, 460
–, Freiheitsroland und Gottesfrieden. Hansische Geschichtsblätter 56, 1931, 5
–, Menschengestaltige Ahnenpfähle aus germanischer und indogermanischer Frühzeit. ZRG-GA 58, 1938, 42
Mössinger F., Die Dorflinde als »Lebensbaum«. Volk und Scholle 16, 1938, 2
–, Die Dorflinde als Weltbaum. Germanien 1938, 388
–, Gerichtslinden. Die Starkenburg 40, 1963, 1
Monc, Gerichtsplätze an Kirchen. Z. f. d. Gesch. d. Oberrheins 6, 1865, 288
Morper J. J., Die aufgesteckten Köpfe. Stifter – Jb 6, 1959, 117
Müller K., Die Werwolfsage. Karlsruhe 1937
Müller W., Rechtsgeschichtliches über die Linde und Effe in Rheinhessen. Vom Rhein 12, 1913, 19
Nehlsen R., Der Wiedergänger. Die Heimat 59, 1952, 17
Neumüllers-Klauser R., Der Bamberger Dom als Stätte mittelalterlicher Rechtspflege. 102. Bericht d. Hist. V. f. d. Pflege d. Gesch. d. ehem. Fürstentums Bamberg 1966, 177
Ninck M., Die Bedeutung des Wassers im Kult und Leben der Alten. Darmstadt 1967
Puntschart P., Der Hund Surregat des Wolfes im altgermanischen Strafrecht. MiÖG 26, 1905, 127
Rank O., Die Nacktheit in Sage und Dichtung. Imago 2, 1913, 267, 409
Ranke K., Totenbrauchtum in alter und neuer Zeit. Heimat 48, 1939, 331; 49, 1939, 12
–, Rosengarten, Recht und Totenkult. Hamburg 1951
Rehfeldt B., Recht und Ritus. In: Das deutsche Privatrecht in der Mitte des 20. Jahrhunderts (FS-Lehmann), Berlin 1956, 45
Reinecke H., Der Hamburger Roland. Nordelbingen 25, 1957, 55
Röder J., Pfahl und Menhir. Neuwied 1949
Ruoff W. H., Die Hauptgrube. ZRG-GA 86, 1969, 198
Samson-Campbell M., Deutschlands Rolande in Geschichte und Bild. Aachen 1938
Sartori P., Hexen und Werwölfe in der Umgebung von Dortmund. Z. d. V. f. rhein. u. westf. VK 2, 1905, 82
–, Sitzen und Aufstehen. Z. d. V. f. rhein. u. westf. VK 18, 1921, 2
Schell O., Handschrift an den Galgen geschlagen. Z. d. V. f. rhein. u. westf. VK 13, 1916, 156
–, Zwei alte Gerichtsstätten in den Rheinlanden. Z. d. V. f. VK 11, 1901, 47, 296
Schemmel B., Der »Werwolf« von Ansbach (1685). Ereignisse und Meinungen. Jb. f. fränk. LF 33, 1973, 167
Scherer H., Die Klage gegen den toten Mann. Heidelberg 1909
Schmidt L., Der Richter über dem Riesentor von St. Stephan. Jb. d. V. f. Gesch. d. Stadt Wien. 8, 1950, 80
–, Bank und Stuhl und Thron. Antaios 12, 1970, 85
–, Amtsstühle und Würdesitze in ihrer alten Verbreitung und Geltung. FS – M. Zender. Bonn 1972, 680
Schröder E., Die Gerichtslinde von Basdorf in der Herrschaft Itter. Z. d. V. f. VK 6, 1896, 347
Schwineköper B., Zur Deutung der Magdeburger Reitersäule. FS – P. E. Schramm I. Wiesbaden 1964, 117
Siebs B. E., Stal-Roland-Rosengarten. Zur magischen Bedeutung der Gerichtsstätten. ZRG-GA 76, 1959, 246
Siegel H., Die Gefahr vor Gericht und im Rechtsgang. Wien 1866
Siuts H., Bann und Acht und ihre Grundlagen im Totenglauben. Berlin 1959
Spindler H., Der Brunnen im Recht. Diss. Heidelberg 1938
Stäubli-Bächthold H., Beine kreuzen oder verschränken. SAVk 26, 1926, 47
Stewart C. T., Die Entstehung des Werwolfglaubens. Z. d. V. f. VK 19, 1909, 30
Stief W., Auf den Spuren vorchristlich-germanischer Kult- und Malstätten im mittleren Deutschland. Odal 4, 1936, 977
–, Die Linde, unser deutscher Lebensbaum. Odal 5, 1936/37, 289
Stoffer H., Die Magie des Wassers. Meisenheim am Glan 1966
Streck H. L., Das Blut im Glauben und Aberglauben der Menschheit. München 1900
Stutz U., Das Münster in Freiburg i. Br. – im Lichte rechtsgeschichtlicher Betrachtung. Tübingen/Leipzig 1901
Thiersch B., Die Vemlinde bei Dortmund. In: Programm des Gymnasiums zu Dortmund. Dortmund 1849
Thoma H., Ein Gottesgericht an Tieren. ZRG-GA 70, 1953, 325
Tikkanen J. J., Die Beinstellung in der Kunstgeschichte. Acta Societatis Scientiarum Fennicae 42, 1912, 1
Türken H., Totengericht und Totenrecht in Geismarer Quellen. Göttinger Jb 1964, 165
Unruh G. Ch. v., Wargus. Friedlosigkeit und magisch-kultische Vorstellungen bei den Germanen. ZRG-GA 74, 1957, 1
Völker K. (Hrsg), Von Werwölfen und anderen Tiermenschen. München 1977
Wallen P.-E., Die Klage gegen den Toten im nordgermanischen Recht. Stockholm 1958
Wehrhan K., Ein Detmolder Tierprozeß von 1644 und die Bedeutung des Tierprozesses überhaupt. Z. d. V. f. rhein. u. westf. VK 1, 1904, 65
–, Zum Tierprozeß. Z. d. V. f. rhein. u. westf. VK 5, 1908, 146
Weinhold K., Über die Bedeutung des Haselstrauchs im altgermanischen Kultus und Zauberwesen. Z. d. V. f. VK 11, 1901, 1
Wieser G., Fränkische Gerichtslinden im Kreis Künzelsau. Schwäbische Heimat 9, 1958, 55
Wilhelm F., Ruhsteine – Dorfsteine – Gerichtssteine. Z. f. österr. VK 12, 1906, 128
Woeller W., Der Baum im deutschen Brauchtum. Wiss. Z. Humboldt-Univ. Berlin 1959/60, 399
Wölpert H., Die Toten in der Rechtsordnung und dem Brauchtum Schwabens vornehmlich im Mittelalter. Diss. Tübingen 1953
Zahn N., Die Wüstung im mittelalterlichen Recht unter besonderer Berücksichtigung von Italien und Flandern. Diss. Basel 1956
Zani K. F., Der große Tierprozeß von Glurns vom Jahre 1520. Der Schlern 22, 1948, 203

Problem der Grausamkeit

Aries P., Studien zur Geschichte des Todes im Abendland. München/Wien 1976
–, Geschichte der Kindheit. München 1978
Benz R., Deutsches Barock. Stuttgart 1949
Bless-Grabher M., Das alte Wil im Spiegel seiner Sittenmandate. In: L. Carlen (Hrsg), Forschungen zur Rechtsarchäologie und Rechtlichen Volkskunde II. Zürich 1979, 163
Borst A., Findung und Spaltung der öffentlichen Persönlichkeit (6. bis 13. Jahrhundert). In: O. Marquard/K. Stierle (Hrsg), Identität. München 1979, 620
Braudel F., Die Geschichte der Zivilisation 15. bis 18. Jahrhundert. München 1967
Bücking J., Kultur und Gesellschaft in Tirol um 1600. Lübeck/Hamburg 1968
Döring-Hirsch E., Tod und Jenseits im Spätmittelalter. Berlin 1927
Duerr H. P., Traumzeit. Frankfurt a. M. 1978
Elias N., Über den Prozeß der Zivilisation I, II. Frankfurt a. M. 1978
–, Über die Einsamkeit der Sterbenden in unseren Tagen. Werk und Zeit 3, 1979, 4
Ernst W., Gott und Mensch am Vorabend der Reformation. Leipzig 1972
Flemming W., Deutsche Kultur im Zeitalter des Barocks. Konstanz 1960[2]
Foucault M., Überwachen und Strafen. Frankfurt a. M. 1977
Frauenstädt P., Die Totschlagsühne des deutschen Mittelalters. Berlin 1886
Friedrich C. J., Das Zeitalter des Barock. Stuttgart 1954
Fromm Th., Die Gewalttat im ältesten deutschen Volkslied. Diss. Frankfurt a. M. 1922
Geissler K., Die Juden in mittelalterlichen Texten Deutschlands. Z. f. bayer. LG 38, 1975, 163
Goetz W., Die Entwicklung des Wirklichkeitssinnes vom 12. zum 14. Jahrhundert. AfK 27, 1937, 33
Greive H., Die Juden. Darmstadt 1980
Habicht C. v., Die geistigen Grundlagen der Kunst des Mittelalters. AfK 14, 1919, 35
Hampe Th., Die Nürnberger Malefizbücher als Quellen der reichsstädtischen Sittengeschichte vom 14. bis zum 18. Jahrhundert. Bamberg 1927
Heider H., Die Rechtsgeschichte des deutschen Judentums bis zum Ausgang des Absolutismus und die Judenordnungen in den rheinischen Territorialstaaten. Diss. Bielefeld 1973
Helfer Ch., Henker-Studien. AfK 46, 1964, 334; 47, 1965, 96
Hertz W., Der Werwolf. Stuttgart 1862
Hoffmann H., Der Hexen- und Besessenenglaube des 15. und 16. Jahrhunderts im Spiegel des Psychiaters. Diss. Greifswald 1935
Kampmann W., Deutsche und Juden. Die Geschichte der Juden in Deutschland vom Mittelalter bis zum Beginn des Ersten Weltkrieges. Frankfurt a. Main 1979
Keil E. W., Deutsche Sitte und Sittlichkeit im 13. Jahrhundert nach den damaligen deutschen Predigern. Dresden 1931
Kempen W. v., Aus der Sittengeschichte Göttingens. Göttinger Jb 1952, 5
Kisch G., Rechts- und Sozialgeschichte der Juden in Halle 1686 bis 1730. Berlin 1970
Kramer K. S., Bauern und Bürger im nachmittelalterlichen Unterfranken. Würzburg 1957
–, Volksleben im Fürstentum Ansbach und seinen Nachbargebieten (1500–1800). Würzburg 1961
–, Volksleben im Hochstift Bamberg und im Fürstentum Coburg (1500–1800). Würzburg 1967
Lahnstein P., Das Leben im Barock. Stuttgart 1974
Liebe G., Das Judentum in der deutschen Vergangenheit. Leipzig 1903
Lippe R. z., Naturbeherrschung am Menschen. Frankfurt a. M. 1974
Loidl F., Menschen im Barock. Wien 1938
Martin G. M., Fest und Alltag. Stuttgart 1973
Maschek H., Vom Alltag des deutschen MA. München 1938
Mause de L., (Hrsg), Hört ihr die Kinder weinen. Eine psychogenetische Geschichte der Kindheit. Frankfurt a. M. 1977
Mertens V., Das Predigtbuch des Priesters Konrad. München 1971

Metzger W., Eine mittelalterliche Vision frühmittelalterlichen Existenzverständnisses. Wiener Jb. f. Philosophie 12, 1979, 153
Moser-Rath E. (Hrsg), Predigtmärlein der Barockzeit. Berlin 1964
Rennefahrt H., Grausamkeit und Mitleid im Rechtsleben des Mittelalters. Berner Z. f. Gesch. u. Heimatkunde 1949, 17
Reuschel K., Die deutschen Weltgerichtsspiele des Mittelalters und der Reformationszeit. Leipzig 1906
Rittner V., Norbert Elias: Das Konzept des Zivilisationsprozesses. In: D. Kamper (Hrsg), Abstraktion und Geschichte. München/Wien 1975, 83
–, Handlung, Lebenswelt und Subjektivierung. In: Zur Geschichte des Körpers. München/Wien 1976, 13
Röhrich L., Die Grausamkeit im deutschen Märchen. Rhein. Jb. f. VK 6, 1955, 176
Rosenthal B. G., Von der Armut der Psychologie – und wie ihr abzuhelfen wäre. Stuttgart 1971
Salmen W., Vom Musizieren in der spätmittelalterlichen Stadt. In: Das Leben in der Stadt des Spätmittelalters. Wien 1977, 77
Schlichting M. E., Religiöse und gesellschaftliche Anschauungen in den Hansestädten des späten Mittelalters. Diss. Berlin 1935
Schumacher J., Die seelischen Volkskrankheiten im deutschen Mittelalter und ihre Darstellungen in der bildenden Kunst. Berlin 1937
Siebert F., Der Mensch um Dreizehnhundert im Spiegel deutscher Quellen. Vaduz 1931
Steinbüchel Th., Christliches Mittelalter. Darmstadt 1968
Thieme H., Die Rechtsstellung der Fremden in Deutschland vom 11. bis zum 18. Jahrhundert. Recueils de la Societé Jean Bodin 10, 1958, 201
Weber H. v., Benedict Carpzov. Ein Bild der deutschen Rechtspflege im Barockzeitalter. FS – A. Rosenfeld. Berlin 1949, 29
–, Der Dekalog als Grundlage der Verbrechenssystematik. FS – W. Sauer. Berlin 1949, 44
Wehrmann M. H., Die Rechtsstellung der Rothenburger Judenschaft im Mittelalter (1180–1520). Diss. Würzburg 1976
Wolff L., Die Verschmelzung des Dargestellten mit der Gegenwartswirklichkeit in geistlichen Drama des deutschen Mittelalters. Deutsche VJS f. Literaturwissenschaft u. Geistesgeschichte 7, 1929, 267

Die Missetäter

Arnold E., Zur Geschichte des deutschen Gaunertums vom Ende des Dreißigjährigen Krieges bis zu dem der Napoleonischen Feldzüge. Arch. f. Kriminalanthropologie 54, 1913, 76
Arnold H., Die Zigeuner. Olten/Freiburg 1965
Asmus H., Rechtsprobleme des mittelalterlichen Fehwesens. Diss. Göttingen 1951
Bach A., Hexenprozesse in der Vogtei Ems. Bad Ems 1923
Bader G., Die Hexenprozesse in der Schweiz. Affoltern a. A. 1945
Bader K. S., Aufgaben, Methoden und Grenzen einer historischen Kriminologie. SchwZStr 71, 1956, 17
–, Schuld, Verantwortung, Sühne als rechtshistorisches Problem. In: E. R. Frey (Hrsg), Schuld, Verantwortung, Strafe. Zürich 1964, 61
–, Verbrechen, Strafe und Strafvollzug in der Landgrafschaft Heiligenberg nördlich des Bodensees. MSchrKrim 50, 1967, 195
Barnheim F., Erotik und Hexenwahn. Stuttgart-Bad Canstatt 1962
Baroja J. C., Die Hexen und ihre Welt. Stuttgart 1967
Baur V., Kleiderordnungen in Bayern vom 14. bis zum 19. Jahrhundert. Diss. München 1975
Bayer H., Zur Soziologie des mittelalterlichen Individualisierungsprozesses. AfK 58, 1976, 115
Bayer-Katte W., Die historischen Hexenprozesse: Der verbürokratisierte Massenwahn. In: W. Bitter (Hrsg), Massenwahn in Geschichte und Gegenwart. Stuttgart 1965, 220
Beck K., Zur Phänomenologie des Teufels. Diss. Bonn 1950
Becker G./Bovenschen S./Brackert H., Aus der Zeit der Verzweiflung. Frankfurt a. M. 1977
Beinhoff J., Der Hexenglaube in der Walpurgisnacht und die Blocksbergsage. Diss. Leipzig 1923
Benöhr H.-P., Erfolgshaftung nach dem Sachsenspiegel? ZRG-GA 92, 1975, 190
Berger M., Der neuentdeckte Churer Hexenprozeß vom Jahre 1652. Chur 1971
Bettenhäuser H., Neues aus alten Kriminalakten. Z. d. V. f. hess. Gesch. u. LK 84, 1974, 191
Biedermann H., Hexen. Graz 1974
Block M., Zigeuner. Leipzig 1936
Blume I., Das Menschenbild Gregors von Tours in den Historiarum Libri Decem. Diss. Erlangen/Nürnberg 1967
Braucek M., Das crimen magiae und sein Prozeß in Deutschland. Diss. Wien 1943
Breibeck O. E., Ertz-Maleficanten, Wilddiebe, Räuber, Mordbanditen. Regensburg 1977
Breiden H., Die Hexenprozesse der Grafschaft Blankenheim von 1589 bis 1643. Diss. Bonn 1954
Brück A. Ph., Hexenprozesse in Aschaffenburg und Damm in den Jahren 1603/04 und 1628/29. Aschaffenburger Jb 6, 1979, 241
Brunner G., Ketzer und Inquisition in der Mark Brandenburg im ausgehenden Mittelalter. Diss. Berlin 1904
Brunner O., Land und Herrschaft. Darmstadt 1970
Byloff F., Das Verbrechen der Zauberei (crimen magiae). Graz 1902
–, Der Teufelsbündner. Graz 1926
–, Die Blutgenossenschaft des Zaubererjackl. MSchrKrim 18, 1927, 401
–, Volkskundliches aus Strafprozessen der österreichischen Alpenländer. Z. f. vergl. RW 46, 1931, 186
Croissant W., Die Berücksichtigung geburts- und berufsständischer und soziologischer Unterschiede im deutschen Hexenprozeß. Diss. Mainz 1953
Dahl J., Nachtfrauen und Galsterweiber. München 1960
Danckert W., Unehrliche Leute. Bern/München 1963
Diederichsen J., Hexenprozesse in Angeln. Jb. d. Angler Heimatvereins 3, 1932, 27
Diestel E., Der Teufel als Sinnbild des Bösen. Berlin 1921
Diethelm C., Die Hexenprozesse im Kanton Obwalden. Sarnen 1925
Diwo J., Die Hexenprozesse in der Stadt Siegburg. Diss. Bonn 1948
Doskocil W., Der Bann in der Urkirche. München 1958
Dross A., Die erste Walpurgisnacht. Frankfurt a. M. 1978
Duerr H. P., Traumzeit. Frankfurt a. M. 1978
Duhr B., Die Stellung der Jesuiten in den deutschen Hexenprozessen. Köln 1900
Ehrenreich B./English D., Hexen, Hebammen und Krankenschwestern. München 1975
Ellermeyer J., Sozialgruppen, Selbstverständnis, Vermögen und städt. Verordnungen. Bl. f. dt. LG 113, 1977, 203
Elwenspoek C., Über die Quellen des im Landrecht für das Herzogtum Preußen von 1620 enthaltenen Strafrechts. Breslau 1908
Erbstösser M., Sozialreligiöse Strömungen im späten Mittelalter. Berlin/Ost 1970
Erich O. A., Die Darstellung des Teufels in der christlichen Kunst. Berlin 1931
Erler A., Brandmarken ins Antlitz. FS – K. S. Bader. Zürich/Köln/Graz 1965, 115
Eschenröder W., Hexenwahn und Hexenprozeß in Frankfurt am Main. Diss. Frankfurt a. M. 1932
Fehr H., Gottesurteil und Folter. FS – G. Stammler. Berlin/Leipzig 1926, 231
–, Folter und Strafe im alten Bern. Z. d. Bernischen Juristenvereins 5, Bd. 66, 1930, 193
–, Tod und Teufel im alten Recht. ZRG-GA 67, 1950, 50
Fendler R., Die älteste Polizeiordnung der Stadt Landau von 1480. Pfälzer Heimat 25, 1974, 81
Förg L., Die Ketzerverfolgung in Deutschland unter Gregor IX. Berlin 1932
Franke J., Die Gerichtsbarkeit in den Söldnerheeren vom 16. bis zur Mitte des 17. Jahrhunderts. Diss. Köln 1974
Freud S., Studienausgabe VII. Frankfurt a. M. 1973
Fuchs B. A., Die Ikonographie der sieben Planeten in der Kunst Italiens bis zum Ausgang des Mittelalters. Diss. München 1909
Fürstauer J. (Pseud.: Stanley J. F.), Grauen, Wollust, Folter, Koitus im Hexenkult. Hamburg 1970
Gebauer J. H., Schach dem Straßenraub. AfK 27, 1937, 287
Gehring P., Der Hexenprozeß und die Tübinger Juristenfakultät. Z. f. württ. LG 1, 1937, 157, 370; 2, 1938, 15
Geilen H. P., Die Auswirkungen der Cautio Criminalis von Friedrich von Spee auf den Hexenprozeß in Deutschland. Diss. Bonn 1963
Gérest C., Der Teufel in der theologischen Landschaft der Hexenjäger des 15. Jahrhunderts. Concilium 11, 1975, 173
Gosler S., Hexenwahn und Hexenprozesse in Kärnten von der Mitte des 15. Jahrhunderts bis zum ersten Drittel des 18. Jahrhunderts. Diss. Graz 1955
Grebner Ch., Hexenprozesse im Freigericht Alzenau (1601–1605). Aschaffenburger Jb 6, 1979, 137
Grimm H., Die deutschen »Teufelbücher« des 16. Jahrhunderts. Börsenblatt f. d. dt. Buchhandel 15, 1959, 1733
Grundmann H., Der Typus des Ketzers in mittelalterlicher Anschauung. Leipzig/Berlin 1927
–, Rotten und Brabanzonen. DA 5, 1942, 419
–, Freiheit als religiöses, politisches und personales Postulat. HZ 183, 1957, 23
–, Ketzerverhöre des Spätmittelalters als quellenkritisches Problem. DA 21, 1965, 519
–, Religiöse Bewegungen im Mittelalter. Darmstadt 1970
Gudian G., Geldstrafrecht und peinliches Strafrecht im späten Mittelalter. FS – A. Erler. Aalen 1976, 273
Gwinner H., Der Einfluß des Standes im gemeinen Strafrecht. Breslau/Neukirch 1934
–, Die Carolina und das Gaunertum. In: Beiträge zur Kultur- und Rechtsphilosophie. FS – G. Radbruch. Heidelberg 1948, 164
Haalck J., Rostocker Hexenprozesse des 16. Jahrhunderts. Rostocker Beiträge 1, 1966, 79
– /Trotz N., Die Hexenverfolgung in der Spruchpraxis der Rostocker Juristenfakultät. Wiss. Z. d. Rostocker Juristenfakultät. Ges.- u. sprachw. R. 13, 1964, 227
Haas A., Aspekte der Kreuzzüge in Geschichte und Geistesleben des mittelalterlichen Deutschlands. AfK 46, 1964, 185
Hälsig F., Der Zauberspruch bei den Germanen bis um die Mitte des 16. Jahrhunderts. Diss. Leipzig 1910
Haisch E. O., Psychiatrische Aspekte der Hexenprozesse. In: W. Bitter (Hrsg), Massenwahn in Geschichte und Gegenwart. Stuttgart 1965, 232
–, Das Hexenwesen, eine Drogen-Subkultur? Medizinische Welt 1976, 327
Hallbauer J., Hexen-Graphiken aus sechs Jahrhunderten. Groß-Gerau 1964
Hampe K., Der Kulturwandel um die Mitte des zwölften Jahrhunderts. AfK 21, 1931, 129
Hampe Th., Die fahrenden Leute in der deutschen Vergangenheit. Leipzig 1902
Hampel G., Beiträge zur Geschichte der Kleiderordnungen mit besonderer Berücksichtigung Österreichs. Wien 1962
Hansen J., Zauberwahn, Inquisition und Hexenprozeß im Mittelalter. München 1900
–, Quellen und Untersuchungen zur Geschichte des Hexenwahns und der Hexenverfolgung im Mittelalter. Hildesheim 1963

Hartlaub G. F., Signa Hermetis. Z. f. deutschen V. f. Kunstwissenschaft 4, 1937, 93, 144
–, Arcana artis. Z. f. Kunstgeschichte 6, 1937, 289
–, Albrecht Dürers »Aberglaube«. Z. d. deutschen V. f. Kunstwissenschaft 7, 1940, 167
–, Hans Baldung Grien – Hexenbilder. Stuttgart 1961
Hartmann W., Die Hexenprozesse in der Stadt Hildesheim. Hildesheim/Leipzig 1927
Hattenhauer H., Zur Autorität des Rechtes. ZRG-GA 83, 1966, 258
Hauber A., Planetenkinderbilder und Sternbilder. Straßburg 1916
Hauschild Th./Staschen H./Troschke R., Hexen – Katalog zur Ausstellung im Hamburgischen Museum für Völkerkunde. Hamburg 1979
Heberling R., Zauberei und Hexenprozesse in Schleswig-Holstein/Lauenburg. Z. d. Ges. f. schleswig-holst. Gesch 45, 1915, 116
Heiler C., Von Landstreichern, friedlosen Leuten und fahrendem Volk. Hanau 1927
Hentig H. v., Über das Indiz der Tränenlosigkeit im Hexenprozeß. SchwZStr 48, 1934, 368
Höck A., Recht auch für Zigeuner? In: Das Recht der kleinen Leute. FS – K. S. Kramer. Berlin 1976, 77
Hörger H., Wirtschaftlich-soziale und gesellschaftlich-ideologische Aspekte des Hexenwahns. Z. f. bayer. LG 38, 1975, 945
Hoffmann G., Beiträge zur Lehre von der durch Zauber verursachten Krankheit und ihrer Behandlung in der Medizin des Mittelalters. Diss. Berlin 1933
Hoffmann H., Der Hexen- und Besessenenglaube des 15. und 16. Jahrhunderts im Spiegel des Psychiaters. Diss. Greifswald 1935
Honegger C. (Hrsg), Hexen der Neuzeit. Frankfurt a. M. 1978
Hoppstädter K., Die Hexenverfolgungen im saarländischen Raum. Z. f. d. Gesch. d. Saargegend 9, 1959, 210
Hubschmid H., Der Hexenwahn und seine Wurzeln in der Sicht zweier Zeitgenossen. FG – H. v. Greyerz. Bern 1967, 339
Humborg L., Die Hexenprozesse in der Stadt Münster. Diss. Münster 1914
Ivo H., Die Schürung des Hexen- und Teufelswahns in der zeitgenössischen Berichterstattung des 16. und 17. Jahrhunderts. Diss. Wien 1961
Jahn U., Hexenwesen und Zauberei in Pommern. Wiesbaden 1970
Jaide W., Wesen und Herkunft des mittelalterlichen Hexenwahns im Lichte der Sagaforschung. Leipzig 1936
Joerres J. A., Die Verordnung Margarethas, gefürsteter Gräfin zu Arenberg, über die Verfolgung und Bestrafung der Zauberei, Hexen, Teufelsfänger, Wahrsager und Wiederherstellung eines religiösen Lebens in der Grafschaft Arenberg vom 30. Nov. 1593. Diss. Bonn 1950
Joesten J., Zur Geschichte der Hexen und Juden in Bonn. Bonn 1900
Jones E., Der Alptraum in seiner Beziehung zu gewissen Formen des mittelalterlichen Aberglaubens. Leipzig/Wien 1912
Kieckhefer R., European Witch Trials. London 1976
Klein H., Die älteren Hexenprozesse im Lande Salzburg. Mitt. d. Ges. f. Salzburger LK 97, 1957, 17
Kleinwegener G., Die Hexenprozesse von Lemgo. Diss. Bonn 1954
Kneubühler H.-P., Die Überwindung von Hexenwahn und Hexenprozeß. Diss. Zürich 1977
Koch G., Frauenfrage und Ketzertum im Mittelalter. Berlin/Ost 1962
Koch H., Hexenprozesse und Reste des Hexenglaubens in der Wetterau. Gießen 1935
Koch J., Die Strafrechtsbelehrung des Volkes von der Rezeption bis zur Aufklärung. Diss. Bonn 1939
Köhler W., Reformation und Ketzerprozeß. Tübingen/Leipzig 1901
Kollmann H., Die Schuldauffassung der Carolina. ZStW 34, 1913, 605
Konrad R., De ortu et tempore Antichristi. Kallmünz 1964
Krämer W., Kurtriersche Hexenprozesse im 16. und 17. Jahrhundert, vornehmlich an der unteren Mosel. München 1959
Kraus I., Die Kriminalität des Dreißigjährigen Krieges auf der Grundlage der Werke Grimmelshausens. Diss. Heidelberg 1950
Kretzenbacher L., Teufelsbünder und Faustgestalten im Abendlande. Klagenfurt 1968
Kunstmann H. H., Zauberwahn und Hexenprozeß in der Reichsstadt Nürnberg. Nürnberg 1970
Kuret N., Frauenbünde und maskierte Frauen. FS – R. Wildhaber. Basel 1972, 334
Kurth W., Das Phänomen des Hexenwahns als massenpsychologischer Ausdruck psychischer Epidemien. Bericht d. physikalisch-medizinischen Ges. z. Würzburg NF 76, 1968, 39
Kuttner St., Kanonistische Schuldlehre von Gratian bis auf die Dekretalen Gregors IX. Vatikan 1935
Lauffer O., Die Hexe als Zaunreiterin. In: Volkskundliche Ernte. FS – H. Hepding. Gießen 1938, 114
Lea H. Ch., Geschichte der Inquisition im Mittelalter I–III. Bonn 1905–13
Leeuw G. v. d., Phänomenologie der Religion. Tübingen 1970[3]
Lehe E. v., Ritterliche Fehden gegen Hamburg. In: Hamburger geschichtliche Beiträge. FS – H. Nirrnheim. Hamburg 1935, 135
Lehmann H., Hexenverfolgungen und Hexenprozesse im Alten Reich zwischen Reformation und Aufklärung. Jb. d. Instituts f. deutsche Gesch 7, 1978, 13
Leibbrand W. u. A., Vorläufige Revision des historischen Hexenbegriffes. In: Wahrheit und Verkündigung. FS – M. Schmaus I. München 1967, 819
Leitich K., Obrigkeitliche Maßnahmen zur Hebung der Sitten in den Ländern Unter und Ober der Enns während der frühen Neuzeit. Diss. Wien 1968
Lenz W., Hexenprozesse im Lande Hadeln. Männer von Morgenstern – Jb 37, 1956, 85
Leutenbauer S., Hexerei- und Zaubereidelikt in der Literatur von 1450 bis 1550. Berlin 1972
Liebe G., Soldat und Waffenhandwerk. Leipzig 1899
Liebelt K., Geschichte des Hexenprozesses in Hessen-Kassel. Z. d. V. f. hess. Gesch. u. LK 58, 1932, 1
Lieberich H., Die Anfänge der Polizeigesetzgebung des Hztums Baiern. FS – M. Spindler. München 1969, 307
Limmer R., Bildungszustände und Bildungsideen des 13. Jahrhunderts. München/Berlin 1928
Lippmann F., Die sieben Planeten. Internationale Chalkographische Gesellschaft Berlin 1895
Löwe H., Von der Persönlichkeit im Mittelalter GWU 2, 1951, 522
Mackensen L. (Hrsg), Geister, Hexen und Zauber in Texten des 17. und 18. Jahrhunderts. Dresden 1938
Maisch E., Die geistige Umwelt des Hexenwahns: Psychische Ansteckungen und Besessensein. CIBA-Zeitschrift 101, 1963
Mangakis G., Über die Erfolgs- und Schuldhaftung als Kategorien geschichtlicher Betrachtung. ZStW 83, 1971, 283
Masters R. E. L., Die teuflische Wollust. München 1968
Mayer A., Erdmutter und Hexe. München/Freising 1936
Mayer H., Zur historischen Kriminologie. FS – R. Lange. Berlin/New York 1976, 597
Menzler J., Die Bettelgesetzgebung des 17. und 18. Jahrhunderts im Gebiet des heutigen Landes Hessen. Diss. Marburg 1967
Merkel E., Der Teufel in den hessischen Hexenprozessen. Diss. Gießen 1940
Merzbacher F., Geschichte des Hexenprozesses im Hochstifte Würzburg. Mainfränk. Jb. f. Gesch. u Kunst 2, 1950, 176
–, Die Hexenprozesse im Hochstift Bamberg. ZRG-Kan.A 37, 1951, 376
–, Die Hexenprozesse in Franken. München 1970
–, Die Bedeutung von Freiheit und Unfreiheit im weltlichen und kirchlichen Recht des deutschen Mittelalters. HJb 90, 1970, 257
Michel W., Das Teuflische und Groteske in der Kunst. München 1911
Michelet J., Die Hexe. München 1974
Middendorf W., Beiträge zur historischen Kriminologie. Bielefeld 1972
Midelfort H. C. E., Witch Hunting in Southwestern Germany 1562–1684. Stanford/California 1972
Mummenhoff W., Zur Geschichte der Hexenverfolgungen in der Stadt Recklinghausen und ihrer Umgebung während des 16. Jahrhunderts. Vestische Z 34, 1927, 75
Nagl H., Der Zauberer-Jackl-Prozeß. Mitt. d. Ges. f. Salzburger LK 112/113, 1974, 385; 114, 1975, 79
Nitschke A., Die Wirksamkeit Gottes in der Welt Gregors VII. Studi Gregoriani 5, 1956, 115
–, Verhalten und Wahrnehmung. In: H. G. Gadamer/Vogel (Hrsg), Neue Anthropologie IV. Stuttgart 1973, 123
–, Der Ausgangspunkt menschlicher Aktivität. In: Zur Geschichte des Körpers. München/Wien 1976, 67
Oehler D., Wurzel, Wandel und Wert der strafrechtlichen Legalordnung. Berlin 1950
Oesterreich T. K., Die Besessenheit. Langensalza 1921
Oppermann W., Die Schuldlehre der Carolina. Diss. Leipzig 1904
Orth E., Die Fehden der Reichsstadt Frankfurt am Main im Spätmittelalter. Wiesbaden 1973
Osterkamp E., Darstellungsformen des Bösen. Sprachkunst 5, 1974, 177
Otte W., Das Crimen Laesae Majestatis im Kurfürstentum Sachsen zur Zeit Carpzovs. Diss. Bonn 1951
Paulus N., Die Rolle der Frau in der Geschichte des Hexenwahns. HJb 29, 1908, 72
–, Hexenwahn und Hexenprozeß vornehmlich im 16. Jahrhundert. Freiburg i. Br. 1910
Peuckert W.-E., Hexen und Weiberbünde. Kairos 2, 1960, 101
Pfligg G., Zauberei und sonstiger Aberglaube in dem »Landrecht/Des Herzogthumbs Preussen. Publiciert Anno 1620« und in seinen Bearbeitungen von 1685 und 1721. Borna/Leipzig 1935
Poschmann B., Paenitentia secunda. Bonn 1940
Preuss H., Die Vorstellungen vom Antichrist im späteren Mittelalter, bei Luther und in der konfessionellen Polemik. Leipzig 1906
Puth H., Von allerlei Untugenden der alten Kreuznacher. In: FS zur Eröffnung des Justizgebäudes in Bad Kreuznach 1956, 52
Rankl H., Gesellschaftlicher Ort und strafrichterliche Behandlung von »Rumor«, »Empörung«, »Aufruhr« und »Ketzerei« in Bayern. Z. f. bayer. LG 38, 1975, 524
Rapp L., Die Hexenprozesse und ihre Gegner in Tirol. Brixen 1891[2]
Rauh H. D., Das Bild des Antichristen im Mittelalter. Münster 1973
Reich F., Hexenprozesse in Danzig und in den westpreußischen Grenzgebieten. Diss. Kiel 1940
Riegler F., Hexenprozesse. Graz 1926
Ritter R., Die Behandlung schädlicher Leute in der Carolina. Breslau 1930
Rittner V., Norbert Elias: Das Konzept des Zivilisationsprozesses. In: D. Kamper (Hrsg), Abstraktion und Geschichte. München/Wien 1975, 83
Rosenkranz K., Ästhetik des Häßlichen. Darmstadt 1973
Roskoff G., Geschichte des Teufels I, II. Leipzig 1869
Rotering, Das Landstreichertum im früheren Mittelalter. MSchrKrim 1, 1905, 223
–, Das Landstreichertum seit den Kreuzzügen. MSchrKrim 1, 1905, 572

Rothert H., Das mittelalterliche Fehdewesen in Westfalen. Westfälische Forschungen 3, 1940, 145
Rudwin M. J., Der Teufel in den deutschen geistlichen Spielen des Mittelalters und der Reformationszeit. Göttingen 1915
Russell J. B., Witchcraft in the Middle Ages. Toronto 1972
Sartori P., Diebstahl als Zauber. SAVk 20, 1916, 380
Schacher J., Das Hexenwesen im Kanton Luzern nach den Prozessen von Luzern und Sursee 1400–1675. Luzern 1947
Schaller H., Die Welt des Barock. Leipzig 1943[3]
Schaller H. M., Endzeit-Erwartungen und Antichrist-Vorstellungen in der Politik des 13. Jahrhunderts. FS – H. Heimpel II. Göttingen 1972, 924
Schiess E., Das Gerichtswesen und die Hexenprozesse in Appenzell. Diss. Bern 1919
Schmelzeisen G. K., François Villon in verbrechengeschichtlicher Sicht. HJb 97/98, 1978, 498
Schmid M./Sprecher F., Zur Geschichte der Hexenverfolgungen in Graubünden. 48. Jahresbericht d. Historisch-Antiquarischen Ges. v. Graubünden 1918, 73
Schmitthenner P., Das freie Söldnertum im abendländischen Imperium des Mittelalters. München 1934
Schneider U. F., Das Werk »De praestigiis Daemonum« von Weyer und seine Auswirkungen auf die Bekämpfung des Hexenwahns. Diss. Bonn 1951
Schnürer G., Kirche und Kultur im Mittelalter I–III. Paderborn 1929–36
Schormann G., Hexenverfolgung in Schaumburg. Niedersächs. Jb. f. LG 45, 1973, 145
–, Hexenprozesse in Nordwestdeutschland. Hildesheim 1977
Schrittenloher J., Aus der Gutachter- und Urteilstätigkeit der Ingolstädter Juristenfakultät im Zeitalter der Hexenverfolgungen. Jb. f. fränk. LF 23, 1963, 315
Schröter H., Das System der Rechtsgüterordnung in der deutschen Strafrechtswissenschaft. Diss. Jena 1936
Schuhmann H., Krankhafte Färbungen der Gemütslagen in den schwäbischen Hexenprozessen. In: Kriminologische Wegzeichen. FS – H. v. Hentig. Hamburg 1967, 41
Schwarz R., Leib und Seele in der Geistesgeschichte des Mittelalters. Deutsche VJS f. Literaturwissenschaft u. Geistesgeschichte 16, 1938, 293
Schwarzwälder H., Die Formen des Zauber- und Hexenglaubens in Bremen und seiner weiteren Umgebung. Heimat und Volkstum 1958, 3
–, Die Geschichte des Zauber- und Hexenglaubens in Bremen. Bremisches Jb 46, 1959, 156
Sievers K. D., Prügelstrafe als Zeichen ständischer Ungleichheit. In: Das Recht der kleinen Leute. FS – K. S. Kramer. Berlin 1976, 195
Snell O., Hexenprozesse und Geistesstörung. München 1891
Soldan W. G./Heppe H./Bauer M., Geschichte der Hexenprozesse I, II. Darmstadt 1976
Spielmann K. H., Die Hexenprozesse in Kurhessen. Marburg 1932[2]
Stahleder H., Das Weltbild Bertholds von Regensburg. Z. f. bayer. LG 37, 1974, 728
Stapff H., Der »Meister Reuaus« und die Teufelsgestalt in der deutschen Dichtung des späten Mittelalters. Diss. München 1956
Stebel H.-J., Die Osnabrücker Hexenprozesse. Diss. Bonn 1968
Steigleder P., Das Spiel vom Antichrist. Würzburg 1938
Steinbüchel Th., Christliches Mittelalter. Darmstadt 1968
Steinegger A., Die Hexenverfolgungen im Kanton Schaffhausen. SAVk 33, 1934, 204
Steinen W. v. d., Menschendasein und Menschendeutung im früheren Mittelalter. HJb 77, 1958, 214
Stiasny H. H. Th., Die strafrechtliche Verfolgung der Täufer in der freien Reichsstadt Köln 1529–1618. Münster 1962
Stockmeier P., Teufels- und Dämonenglaube in der Geschichte der Kirche. In: R. Schnackenburg (Hrsg), Die Macht des Bösen und der Glaube der Kirche. Düsseldorf 1979, 33
Strobl I., Die Hexen. Emma 1977, H. 14
Tantsch W. K., Deutsche Teufels- und Hexennamen aus Urgichten des XV. bis XVIII. Jahrhunderts. Diss. Heidelberg 1956
Tewes U., Zum Fehdewesen zwischen Weser und Elbe. Lüneburger Bl 21/22, 1970/71, 121
Theloe H., Die Ketzerverfolgung im 11. und 12. Jahrhundert. Berlin/Leipzig 1913
Tramer M., Kinder im Hexenglauben und Hexenprozeß des Mittelalters. Z. f. Kinderpsychiatrie 11, 1944/45, 140, 180
Trevor-Roper H. R., Religion, Reformation und sozialer Umbruch. Darmstadt 1970
Truffer H., Der Einfluß des Standes im allgemeinen und zürcherischen Strafrecht von 1300 bis 1798. Winterthur 1960
Uhland F., Täufertum und Obrigkeit in Augsburg im 16. Jahrhundert. Freudenstadt 1972
Vollmer H., Über Engel und Teufel im deutschen Volksglauben des Mittelalters. Berichte d. deutschen Bibel-Archivs 11, 1941, 1
Vordemfelde H., Die germanische Religion in den deutschen Rechtsbüchern. Gießen 1923
Wackernagel J., Die geistigen Grundlagen des mittelalterlichen Rechts. Tübingen 1929
Weber G., Gottfrieds von Straßburg Tristan und die Krise des hochmittelalterlichen Weltbildes um 1200 I, II. Stuttgart 1953
Weber H. v., Der Dekalog als Grundlage der Verbrechenssystematik. FS – W. Sauer. Berlin 1949, 44
Weiser-Aal L., Zum Hexenritt auf dem Stabe. In: Beiträge zur Volks- und Völkerkunde. FS – M. Andree-Eysn. München 1928, 64
–, Hexe. In: HWB d. deutschen Aberglaubens III. Berlin/Leipzig 1930/31, 1827
Winterfeld L. v., »ruten und roven«. Beiträge zur Geschichte Dortmunds und der Grafschaft Mark 46, 1940, 69
Wintterlin F., Der Einfluß der Standesverhältnisse des Täters auf die Bestrafung. Diss. Stuttgart 1895
Wittmann A., Die Gestalt der Hexe in der deutschen Sage. Diss. Heidelberg 1933
Woeller W., Zur Geschichte des Hexenwahns und der Hexenprozesse in Deutschland. Wiss. Z. d. Humboldt-Univ. z. Berlin. Ges.- und sprachw. R. 12, 1963, 881
Wolfram R., Weiberbünde. Jb. f. VK 42, 1932, 137
Würtenberger Th., Das System der Rechtsgüterordnung in der deutschen Strafgesetzgebung seit 1532. Breslau/Neukirch 1933
–, Albrecht Dürer. Frankfurt a. M. 1971
–, Haupterscheinungsformen der Kriminalität in sozialhistorischer Betrachtung. In: Kriminalität. Berlin 1976, 9
Ziegeler W., Möglichkeiten der Kritik am Hexen- und Zauberwesen im ausgehenden Mittelalter. Köln/Wien 1973
Zimmermann A. (Hrsg), Die Mächte des Guten und Bösen. Berlin/New York 1977
Zoepfl F., Hexenwahn und Hexenverfolgung in Dillingen. Z. f. bayer. LG 27, 1964, 235

Das Gericht

Amira K. v., Der Stab in der germanischen Rechtssymbolik. München 1909
–, Das Femegerichtsbild des Soester Stadtarchivs. Leipzig 1927
Bader K. S., Dorfgenossenschaft und Dorfgemeinde. Köln/Graz 1962
Baltl H., Zur geistlichen Gerichtsbarkeit in der Diözese Sitten im Mittelalter. Z. f. schweiz. KG 51, 1957, 257
–, Zur romanischen Löwensymbolik. Z. d. hist. V. f. Steiermark 46, 1963, 195
Bender P., Die Rezeption des römischen Rechts im Urteil der deutschen Rechtswissenschaft. Frankfurt a. M. 1979
Berliner R., Das Urteil des Pilatus. Die christliche Kunst 30, 1933/34, 128
Beyerle F., Sinnbild und Bildgewalt im älteren deutschen Recht. ZRG-GA 58, 1938, 788
Brandt A. v., Ältere Lübecker Gerichtsstätten. Schleswig-Holst. Anzeigen 1962, 47
Braun E., Die Entwicklung der Gerichtsstätten in Deutschland. Diss. Erlangen 1943
Carlen L., Gerichts- und Amtsstäbe aus Graubünden. Bündner Monatsblatt 7, 1969
–, Stab und Stabhalter in der Schweiz. FS – N. Grass I. Innsbruck 1974, 29 ff.
–, Rechtsstäbe im Wallis. In: L. Carlen (Hrsg), Forschungen zur Rechtsarchäologie und Rechtlichen Volkskunde I. Zürich 1978, 36
Clavadetscher O. P., Die geistlichen Richter des Bistums Chur. Basel 1964
Conrad H., Die Gestalt und soziale Stellung des Richters im Wandel der Zeit. Bad Homburg 1960
Dahm G., Zur Rezeption des römisch-italienischen Rechts. Darmstadt 1955
Diestelkamp B., Reichsweistümer als normative Quellen? In: P. Classen (Hrg), Recht und Schrift im Mittelalter. Vorträge und Forschungen XXIII. Sigmaringen 1977, 281
Dietz J., Alte Gerichtsstätten im Bonner Land und ihr Fortleben in der Volksüberlieferung. Rhein. Jb. f. VK 1, 1950, 212
Ebel W., Die Willkür. Göttingen 1953
–, Die lübische Rechtsfindung. Ged – F. Rörig. Lübeck 1953, 297
–, Ein Jahrtausend Gerichtswesen im Lande Göttingen. Göttinger Jb 1953, 10
–, Der Karzer und die Strafgerichtsbarkeit der Universität. Georgia Augusta 1971, 34
Eisenhardt U., Die weltliche Gerichtsbarkeit der Offizialate in Köln, Bonn und Werl im 18. Jahrhundert. Köln/Opladen 1966
Fehr H., Volksrecht und Juristenrecht. Volksspiegel 1, 1934, 67
Feigl H., Von der mündlichen Rechtsweisung zur Aufzeichnung: Die Entstehung der Weistümer und verwandter Quellen. In: P. Classen (Hrsg), Recht und Schrift im Mittelalter. Vorträge und Forschungen XXIII. Sigmaringen 1977, 425
Firsching K., Symbol und Symbolik in den deutschen Weistümern. Diss. München 1946
Fischer H., Das Recht fällt vom Himmel. Antaios 9, 1967, 306
–, Funktionstypen des europäischen Rechtspfahls. FS – H. Lentze, Innsbruck/München 1969, 169
Forstner D., Die Welt der christlichen Symbole. Innsbruck/Wien/München 1977
Franck H., Die Ulmer Städtischen Richter bis 1530. Diss. Tübingen 1948
Francke G., Das Oberlausitzer Femgericht. Diss. Leipzig 1937
Franke H., Die ostgermanische Gerichtslaube – ein Rassemerkmal im Lebensstrom Europas. Breslau 1938
Fried J., Die Entstehung des Juristenstandes im 12. Jahrhundert. Köln/Wien 1974
Frieling H.-J., Grundherrschaftliches Strafrecht im 11. Jahrhundert. Diss. München 1968
Frohn L., Das Sendgericht zu Aachen bis zur Mitte des 17. Jahrhunderts. Diss. Münster 1913
Geiges F., Das älteste Freiburger Rathaus und seine Gerichtslaube. Schau-ins-Land 63, 1936, 28
Goldhardt O., Die Gerichtsbarkeit in den Dörfern des mittelalterlichen Hennegaues. Leipzig 1909
Grisebach A., Das deutsche Rathaus der Renaissance. Berlin 1907
Gruber K., Das deutsche Rathaus. München 1943

Gudian G., Geldstrafrecht und peinliches Strafrecht im späten Mittelalter. FS – A. Erler. Aalen 1976, 273
–, Die Begründung in Schöffensprüchen des 14. und 15. Jahrhunderts. Darmstadt 1960
Haas A., Die Gebäude für kommunale Zwecke in den mittelalterlichen Städten Deutschlands. Diss. Freiburg/Br. 1914
Hadwich R., Die rechtssymbolische Bedeutung von Hut und Krone. Diss. Mainz 1952
Hageneder O., Die geistliche Gerichtsbarkeit in Ober- und Niederösterreich. Graz/Wien/Köln 1967
Hagleitner H., Halls ältestes Gerichtsgebäude. Tiroler Heimatblätter 12, 1934, 8
Happe E., Studien zur Geschichte des Kampfes um geistliches Recht und Gericht in Hessen. Diss. Marburg 1923
Hashagen J., Zur Charakteristik der geistlichen Gerichtsbarkeit vornehmlich im späteren Mittelalter. ZRG-Kan.A 6, 1916, 205
Hauber A., Planetenkinderbilder und Sternbilder. Straßburg 1916
Heikaus H., Hofgerichte und Hofrecht in den ehemals bergischen Ämtern Angermund, Mettmann und Solingen. Wuppertal 1970
Heinemann, R., Zur Geschichte des Stadtgerichts Wolfenbüttel. Braunschweig. Jb 54, 1973, 210
Heinen H., Die Gerichte des Kölner Rates im 14. und 15. Jahrhundert. Jb. d. Kölnischen GV 16, 1934, 120
Heinz-Mohr G., Lexikon der Symbole. Düsseldorf/Köln 1971
Helling W., Untersuchungen zur Entwicklung der mittelalterlichen bremischen Stadt- und Gerichtsverfassung. Diss. Kiel 1959
Hermann E., Über die Entwicklung des altdeutschen Schöffengerichts. Breslau 1970
Hohl K.-E., Die akademische Gerichtsbarkeit in Württemberg. Die Geschichte einer 400jährigen Entwicklung 1477–1879. Diss. Tübingen 1944
Huhn V., Löwe und Hund als Symbole des Rechts. Mainfränk. Jb. f. Gesch. u. Kunst 7, 1955, 1
Hungerland H., Der Löwenpudel am Domhofe zu Osnabrück. Heimatblätter der Roten Erde 5, 1926, 9
Jünemann J., Das Stadtgericht zu Dransfeld im Spiegel altdeutscher Zweiteilung von Schultheiß und Rat. Göttinger Jb 1973, 47
Karg-Gasterstädt E., Althochdeutsch Thing – Neu-hochdeutsch Ding. Berlin/Ost 1958
Kirn P., Der mittelalterliche Staat und das geistliche Gericht. ZRG-Kan.A 15, 1926, 162
Klinkenberg H. M., Die Theorie der Veränderbarkeit des Rechtes im frühen und hohen Mittelalter. In: P. Wilpert (Hrsg), Lex et Sacramentum im MA. Berlin 1969, 157
Kocher G., Richter und Stabübergabe im Verfahren der Weistümer. Graz 1971
Köbler G., Richten – Richter – Gericht. ZRG-GA 87, 1970, 57
–, Das Recht im frühen Mittelalter. Köln/Wien 1971
Koeniger A. M., Die Sendgerichte in Deutschland. München 1907
Kohl W., Das Laiensendgericht in der mittelalterlichen Stadt Speyer. Diss. Mainz 1950
Krause H., Dauer und Vergänglichkeit im mittelalterlichen Recht. ZRG-GA 75, 1958, 206
–, Mittelalterliche Anschauungen vom Gericht im Lichte der Formel: iustitiam facere et recipare, Recht geben und nehmen. München 1972
Kroeschell K., Die Zentgerichte in Hessen und die fränkische Centene. ZRG-GA 73, 1956, 300
–, Zur Entstehung der sächsischen Gogerichte. FS – Hugelmann I. Aalen 1959, 295
–, Recht und Rechtsbegriff im 12. Jahrhundert. In: Vorträge und Forschungen XII. Sigmaringen 1968, 309
–, »Rechtsfindung«. Die mittelalterlichen Grundlagen einer modernen Vorstellung. In: FS – H. Heimpel. Göttingen 1972, 498
Krug H., Untersuchungen zum Amt des »Centenarius« – Schultheiß. Diss. Wien 1968
Kühn U., Inschriften und Verzierungen auf Richtschwerten; ihre Deutung aus der Person des Scharfrichters. Diss. Erlangen/Nürnberg 1969
Kuhn H., Zur Geschichte der Volksgerichte in Holstein. Mannheim 1926
Landwehr G., Gogericht und Rügegericht. ZRG-GA 83, 1966, 127
Lauffer O., Dolchstreitkolben oder Gerichtshand, Waffe oder Amtszeichen? In: Ehrengabe des Museums für Hamburgische Geschichte zur Feier seines 100jährigen Bestehens. Hamburg 1939, 66
–, Farbensymbolik im deutschen Volksbrauch. Hamburg 1948
Lenel P., Scheidung von Richter und Urteilern in der deutschen Gerichtsverfassung seit der Rezeption des fremden Rechts. ZRG-GA 34, 1913, 440
Lorenz A. F., Rathauslauben in Mecklenburg. Deutsche Kunst- und Denkmalspflege 82, 1939/40
Mayer E., Bedeutung des Stabs. MIÖG 33, 1912, 607
Meininghaus A., Der alte Freistuhl zu Dortmund. Dortmund 1925
Merzbacher F., Das geschichtliche Bild des kirchlichen Richters. Arch. f. katholisches Kirchenrecht 129, 1959/60, 369
Meyer B., Die Berliner Gerichtslaube. Z. f. bildende Kunst 6, 1871, 241 und 265
Meyer H., Menschengestaltige Ahnenpfähle aus germanischer und indogermanischer Frühzeit. ZRG-GA 58, 1938, 42
Müller-Volbehr J., Die geistlichen Gerichte in den Braunschweig-Wolfenbüttelschen Landen. Göttingen 1973
Mummenhoff W., Rathaussaal und Ratsstube in Nürnberg. Deutsche Bauzeitung 47, 1918, 957 und 969
Neuburg C., Zunftgerichtsbarkeit und Zunftverfassung in der Zeit vom 13. bis 14. Jahrhundert. Stuttgart 1880
Nink K.-H., Die Helfer des Richters nach dem pfälzischen Landrecht von 1700. In: FS zur Eröffnung des Justizgebäudes in Bad Kreuznach. Bad Kreuznach 1956, 44
Nitschke A., Tiere und Heilige. FS – K. v. Raumer. Münster 1966, 62
Nusselt E., Die Gerichtsbarkeit des Klosters St Egid zu Nürnberg. Diss. Erlangen 1951
Pagel K., Die Feme des deutschen Mittelalters. Leipzig 1935
Pischek, A., Die Vogtgerichtsbarkeit süddeutscher Klöster in ihrer sachlichen Abgrenzung des früheren Mittelalters. Stuttgart 1907
Puetzfeld C., Deutsche Rechtssymbolik. Berlin 1936
Puntschart P., Der Hund – Surregat des Wolfes im altgermanischen Strafrecht. MIÖG 26, 1905, 127
Rathe K., Der Richter auf dem Fabeltier. FS – J. Schlosser. Zürich/Leipzig/Wien 1927, 187
Rehfeldt B., Begriff und Wesen der Rechtssymbolik. Studium Generale 6, 1953, 288
Reichenmiller M., Studien zur Grundherrschaft, Gerichts- und Landesherrschaft des ehemaligen Reichsstifts und Zistersiensernonnenklosters Rottenmünster. Diss. Tübingen 1960
Rintelen M., Der Gerichtsstab in den österreichischen Weistümern. FS – H. Brunner. Weimar 1910, 631
Ritz J. M., Stock und Stab. Jb. d. Bayer. LV f. Heimatschutz 1937, 29
Sauer H., Die ravensbergischen Gogerichte und ihre Reform im 16. Jahrhundert. Diss. Münster 1909
Schauwecker H., Zur Ausübung der geistlichen Gerichtsbarkeit im Bistum Freising des 11. Jahrhunderts. ZRG-Kan.A 49, 1963, 421
Schmeken E., Die sächsische Gogerichtsbarkeit im Raum zwischen Rhein und Weser. Diss. Münster 1961
Schmelzeisen G. K., Rechtsfindung im Mittelalter? ZRG-GA 91, 1974, 73
Schmidt G., Die Handhabung der Strafgewalt gegen Angehörige des deutschen Ritterordens. Kitzingen/Main 1954
Schubart-Fikentscher G., Römisches Recht im Brünner Schöffenbuch. ZRG-GA 65, 1947, 86
Schwineköper B., Der Handschuh im Recht, Ämterwesen, Brauch und Volksglauben. Berlin 1938
Sedlmeyer H., Der Stadtoberrichter von München in der Endperiode der städtischen Gerichtsbarkeit. Diss. München 1948
Seigel R., Gericht und Rat in Tübingen. Von den Anfängen bis zur Einführung der Gemeindeverfassung 1818–1822. Stuttgart 1960
Sigl J., Etwas über die rechtsgeschichtliche Bedeutung des Stabes. Beiträge zur Landes- und Volkskunde des Mühlviertels 14, 1930, 131
Smend R., Das Reichskammergericht. Geschichte und Verfassung. Aalen 1965
Sprandel R., Über das Problem neuen Rechts im früheren Mittelalter. ZRG-Kan.A 48, 1962, 117
Stein F., Die akademische Gerichtsbarkeit in Deutschland. Leipzig 1891
Steinhäuser A., Das Rottweiler Hofgericht im Bilde. Rottweil 1940
Stiehl O., Das deutsche Rathaus im Mittelalter. Leipzig 1905
Straub H., Die geistliche Gerichtsbarkeit des Domdekans im alten Bistum Bamberg von den Anfängen bis zum Ende des 16. Jahrhunderts. München 1957
Struck W.-H., Die Sendgerichtsbarkeit am Ausgang des Mittelalters nach den Registern des Archipresbyterats Wetzlar. Nassauische Annalen 82, 1971, 104
Torggler K., Stadtrecht und Stadtgericht in Klagenfurt. Klagenfurt 1937
Trusen W., Anfänge des gelehrten Rechts in Deutschland. Wiesbaden 1962
–, Forum internum und gelehrtes Recht im Spätmittelalter. ZRG-Kan.A 57, 1971, 83
–, Gutes altes Recht und consuetudo – Rechtsquellen im Mittelalter. FS – Küchenhoff I. Berlin 1972, 189
Veit L., Nürnberg und die Feme. Nürnberg 1955
Wacha G., Tiere und Tierhaltung in der Stadt. In: Das Leben in der Stadt des Spätmittelalters. Wien 1977, 229
Wackernagel H. G., Ein ländliches Schultheissengericht von 1550. Schweizer VK 41, 1951, 12
Willmann J., Die Strafgerichtsverfassung der Stadt Freiburg im Breisgau bis zur Einführung des neuen Stadtrechts (1520). Z. d. Ges. f. Beförderung d. Geschichts-, Altertums- und Volkskunde von Freiburg 33, 1917, 1
Wittram G., Die Gerichtsverfassung der Stadt Göttingen vom 13. bis zum Ende des 17. Jahrhunderts. Göttingen 1966
Zimmermann K., Der Vogt in Alt-Württemberg. Diss. Tübingen 1935
Zips M., Zur Löwensymbolik. FS – O. Höfler. Wien 1968, 507

Das Verfahren

Aqvist G., Frieden und Eidschwur. Stockholm 1968
Asmus W., Das Urfehdewesen in Freiburg i. Br. von 1275 bis 1520. Diss. Freiburg i. Br. 1923
Bader K. S., Das Schiedsverfahren in Schwaben vom 12. bis zum ausgehenden 16. Jahrhundert. Diss. Tübingen 1929
Bärnreuther L., Asylrecht und Freiungen im fränkischen Raum. Diss. Würzburg 1968
Bartl H., Sonderfrieden und Friedegebot in Ingelheim (1400–1450). Diss. Frankfurt a. M. 1971
Baur-Heinhold M., Bildstöcke in Bayern. Rhein. Jb. f. VK 5, 1954, 53
Beyerle F., Das Entwicklungsproblem im germanischen Rechtsgang. Heidelberg 1915
Beyerle K., Von der Gnade im Deutschen Recht. Göttingen 1910
Biechtler H., Die geschichtliche Entwicklung des Eröffnungsverfahrens im Strafprozeß. Diss. Marburg 1947

Bindschedler R. G., Kirchliches Asylrecht und Freistätten in der Schweiz. Stuttgart 1906
Bohm E., Bemerkungen zur Gerichtsimmunität der Zisterzienserklöster in der Mark Brandenburg und angrenzenden Gebieten. Jb. f. d. Gesch. Mittel- und Ostdeutschlands 27, 1978, 28
Bolte J., Begnadigung zum Stricktragen oder zur Heirat. Z. d. V. f. VK 27, 1917, 235
Breibeck O. E., Bayerns Polizei im Wandel der Zeit. München 1971
Brockpähler W., Steinkreuze in Westfalen. Münster 1963
Büll R., Das große Buch vom Wachs. München 1977
Byloff F., Volkskundliches aus Strafprozessen der österreichischen Alpenländer. Berlin/Leipzig 1929
–, Der »ordinary Hexenstuhl«. Bl. f. Heimatkunde Graz 1937, 57
Carlen L., Straf- und Sühnewallfahrten nach Einsiedeln. Der Geschichtsfreund 125, 1972, 246
Carsten E., Die Geschichte der Staatsanwaltschaft in Deutschland bis zur Gegenwart. Breslau 1932
Christl G., Die Malefizprozeßordnung des Codex Maximilianeus von 1616. Diss. Regensburg 1975
Cram K.-G., Iudicium belli. Münster/Köln 1955
Crössmann K., Sühneverträge der Stadt Frankfurt am Main mit ihren Fehdegegnern. Diss. Frankfurt a. M. 1964
Deichert H., Zur Geschichte der peinlichen Rechtspflege im alten Hannover. Hannoversche Geschichtsblätter 15, 1912, 97
Deubler H./Künstler R./Ost G., Steinerne Flurdenkmale in Ostthüringen. Gera 1976
Dickel G., Zur Geschichte des strafrechtlichen Rügeverfahrens in der Pfalz. Jb. z. Gesch. v. Stadt u. Landkreis Kaiserslautern 12/13, 1974/75, 195
Dransfeld C., Die Folterkammer in Regensburg. Regensburg 1913
Dreisbach H., Der Einfluß der Carolina auf die Rechtsprechung norddeutscher Oberhöfe. Diss. Marburg 1969
Dünninger J./Schemmel B., Bildstöcke und Martern in Franken, Würzburg 1970
Dyroff A., Geschichtliches zur Philosophie des Zeugenbeweises. ARSP 29, 1935/36, 337
Ebbers J., Das Offizialverfahren im sächsischen und thüringischen Recht bis zum Ausgange des Mittelalters. Diss. Münster 1921
Ebel W., Die Rostocker Urfehden. Rostock 1938
–, Recht und Form. Tübingen 1975
Eichmann E., Acht und Bann im Reichsrecht des Mittelalters. Paderborn 1909
Elsener F., Die Exkommunikation als prozessuales Vollstreckungsmittel. Tübinger FS – E. Kern. Tübingen 1968, 69
Erlach H. v., Der Folterprozeß im alten Staate Bern. Bern 1948
Erler A., »Aequitas« in Sprüchen des Ingelheimer Oberhofes. FS – G. Kisch. Stuttgart 1955, 53
Fehr H., Die Rechtsstellung der Frau und der Kinder in den Weistümern. Jena 1912
Fiesel L., Zum früh- und hochmittelalterlichen Geleitsrecht. ZRG-GA 41, 1920, 1
Flade P., Das römische Inquisitionsverfahren in Deutschland bis zu den Hexenprozessen. Leipzig 1902
Fleischmann W., Steinerne Zeugen der Vergangenheit im Kreis Bad Langensalza. Weimar 1975
Follak K. P., Die Bedeutung der »Landshuter Landesordnung« von 1474 für die Niederbayerische Gerichtsorganisation. München 1977
Frauenfelder R., Der Merishauser Sühnevertrag von 1445. Schaffhauser Beiträge z. Gesch. 50, 1973, 70
Frauenstädt P., Blutrache und Totschlagsühne im deutschen Mittelalter. Leipzig 1881
–, Die Totschlagsühne des deutschen Mittelalters. Berlin 1886
Friedberg E., Aus Deutschen Bussbüchern. Ein Eintrag zur deutschen Culturgeschichte. Halle 1868
Frölich K., Das Rätsel der Steinkreuze. Nachrichten d. Gießener Hochschulgesellschaft 19, 1950, 59
Gaisser E., Minne und Recht in den Schöffensprüchen des Mittelalters. Diss. Tübingen 1955
Gehlen A., Asyle. FS – H. Bürger-Prinz. Stuttgart 1962, 19
Gwinner H., Freistätten im Mittelalter, insbesondere die Freiung im adeligen Reichsstift Lindau i. Br. Schriften d. V. f. Gesch. d. Bodensees u. seiner Umgebung. 63, 1936, 29
Harburger K., Das privilegium fori im deutschen Recht. Diss. Berlin 1915
Hattenhauer H., »Minne und recht« als Ordnungsprinzipien des mittelalterlichen Rechts. ZRG-GA 80, 1963, 325
–, Die Begnadigung im Spiegel der Legende. ZStW 78, 1966, 183
Helbing F./Bauer M., Die Tortur. Berlin 1926
Helfer Ch., Der Foltertrog. MSchrKrim 52, 1969, 110
Hellinger K., Zur Geschichte des Asyl- und Begnadigungsrechts. GA 63, 1917, 109
–, Aus den Gengenbach-Urfehdebüchern. GA 64, 1917, 351
Henschel J. F., Die Strafverteidigung im Inquisitionsprozeß des 18. und im Anklageprozeß des 19. Jahrhunderts. Diss. Freiburg i. Br. 1972
Hilger H., Begriff und Verfahren des summarischen Kriminalprozesses im späten 18. und frühen 19. Jahrhundert. Diss. Bonn 1963
His R., Gelobter und gebotener Friede im deutschen Mittelalter. ZRG-GA 33, 1912, 139
Hochholzer A., Die Malefizprozeßordnung des Landgerichts Reichenberg-Pfarrkirchen. Heimat an Rott und Inn 1967, 31
Holbeck W., Freiheitsrechte in Köln von 1396–1513. Diss. Köln 1967
Holstein G., Verfestung und Friedloslegung. GA 61, 1914, 57
Holzbauer H., Rechtsgeschichte der Folter. In: Folter. Baden-Baden 1976, 107
Horna R., Zur Geschichte des Mühlenstrafrechts. FS – G. Kisch. Stuttgart 1955, 87
Hupp O., Scheltbriefe und Schandbilder. München/Regensburg 1930
Jänichen H., Schwäbische Totschlagsühnen im 15. und 16. Jahrhundert. Z. f. Württ. LG 19, 1960, 128
Jastrow I., Zur strafrechtlichen Stellung der Sklaven bei Deutschen und Angelsachsen. Breslau 1878
Jörg P., Der Heidingsfelder Sühnebildstock. Würzburg 1948
Kaufmann E., Wo kein Kläger, da kein Richter. JuS 1961, 182
–, Inquisitionsprozeß und Öffentlichkeitsprinzip. JuS 1961, 250
Keller R., Freiheitsgarantien für Person und Eigentum im Mittelalter. Heidelberg 1933
Kelterborn H./Wellschmied K., Der peinliche Prozeß in Göttingen im 15. Jahrhundert. Göttinger Jb 1952, 64
Keutgen H., Private und öffentliche Sühne im Strafrecht. Diss. Köln 1936
Kleinheyer G., Zur Rechtsgestalt von Akkusationsprozeß und peinlicher Frage im frühen 17. Jahrhundert. Opladen 1971
–, Die Regensburger peinliche Gerichtsordnung. FS – H. Krause. Köln/Wien 1975, 110
Knapp H., Das Übersiebnen der schädlichen Leute in Süddeutschland. Berlin 1910
–, Zum Übersiebnen der schädlichen Leute. GA 63, 1917, 258
–, Der Beweis im Strafverfahren des Schwabenspiegels und des Augsburger Stadtrechts. GA 67, 1919, 25
–, Das Übersiebnen der schädlichen Leute. ZStW 44, 1924, 379, 515
Knolle U., Studien zum Ursprung und zur Geschichte des Reichsfiskalats im 15. Jahrhundert. Diss. Freiburg i. Br. 1965
Köber H., Die alten Steinkreuze und Sühnesteine Thüringens. Erfurt 1960
Köbler G., Klage, klagen, Kläger. ZRG-GA 92, 1975, 15
Kohler J., Darstellung des bürgerlichen Rechts, des Prozesses und des Strafrechts. In: Kohler J./Koehne C., Wormser Recht und Wormser Reformation. Halle 1915, 189
–, Über Totschlagsühne in deutschen Rechten. GA 65, 1918, 101
Kohn K., Nürnberger Totschlagsühnen. Das Steinkreuz 27, 1971, H. 2, 21
Kraus J. A., Totschlag-Sühne im 15. Jahrhundert. Hohenzollerische Heimat 1962, 35
Künßberg E. Frh. v., Vogelfrei. ZRG-GA 58, 1938, 525
Kuphal E., Friedelosigkeit auf dem Lande und in der Stadt Köln im 15. Jahrhundert. Jb. d. Köln. GV 31/32, 1957, 125
Langbein J. H., Torture and the Law of Proof. Chicago 1976
Laufs A., Über die Form im Rechtsgang. FS – E. Wahl. Heidelberg 1973, 3
Lausser H., Die Wallfahrten des Landkreises Dillingen. Z. f. bayer. LG 40, 1977, 75
Leiser W., Strafgerichtsbarkeit in Süddeutschland. Köln/Wien 1971
–, Beiträge zur Rezeption des gelehrten Prozesses in Franken. FS – H. Thieme. Köln/Wien 1977, 96
Liebermann F., Zum Stabbrechen des Richters. ZRG-GA 41, 1920, 382
Lieberwirth R., Die Aufnahme der Folter in das mittelalterlich-deutsche Strafrecht. Wiss. Z. d. Martin-Luther-Uni Halle-Wittenberg. Ges.- u. sprachw. R. 1957, 891
Liebl H., Zur Aufhebung der Folter in Österreich. Jb. f. LK v. Niederösterreich NF 29, 1944/48, 273
–, Die Folterkammer im Schloß Pöggstall. Wien 1951
Lissner P. H., Historische Entwicklung der Begnadigung und ihrer Grenzen. Diss. Berlin 1934
Machilek F., Ein Eichstätter Inquisitionsverfahren aus dem Jahre 1460. Jb. f. fränk. LF 34/35, 1974/75, 417
Maes L. Th., Mittelalterliche Strafwallfahrten nach Santiago de Compostella und Unsere Liebe Frau von Finisterra. FS – G. Kisch. Stuttgart 1955, 99
Markgraf B., Das Güteverfahren in den Weistümern der Moselgegend. Diss. Trier 1908
Markov J., Das landrechtliche Gerichtsverfahren in Böhmen und Mähren bis zum 17. Jh. ZRG-GA 83, 1966, 144
Martin A., Der Dessauer Foltertrog und die Stellung der Juristen und Ärzte zu seinem Gebrauch. Klinisch-therap. Wochenschrift 20, 1913, 255
Mayer E., Geschworenengericht und Inquisitionsprozeß im Ursprung dargelegt. München/Leipzig 1916
Meckbach F., Inquisitionsrichter und Staatsanwalt – ein Vergleich. Diss. Augsburg 1976
Merzbacher F., Die Hexenprozesse in Franken. München 1970
Meyer G. J., Wegkreuze und Bildstöcke im Trierer Land. Rhein. Jb. f. VK 8, 1957, 327
Meyer H., Gerüft, Handhaftverfahren und Anefang. ZRG-GA 37, 1916, 382
Moeller E. v., Die Rechtssitte des Stabbrechens. ZRG-GA 21, 1900, 27
Möller Th., Sühne- und Erinnerungsmale in Schleswig-Holstein. Nordelbingen 17/18, 1942, 89
Mogk E., Der Ursprung der mittelalterlichen Sühnekreuze. Leipzig 1929
Morsak L., Aus dem Rechtsleben bayerischer Wallfahrten. In L. Carlen (Hrsg), Forschungen zur Rechtsarchäologie und Rechtlicher Volkskunde I. Zürich 1978, 107
Most I., Schiedsgericht, Rechtlicheres Rechtgebot, Ordentliches Gericht, Kammergericht. In: Aus Reichstagen des 15. und 16. Jahrhunderts. Göttingen 1958, 116
Müller G./Quietzsch H., Steinkreuze und Kreuzsteine in Sachsen. Berlin 1977
Müller K. O., Zur Geschichte des peinlichen Prozesses in Schwaben im späteren Mittelalter. Tübinger Studien f. Schwäb. u. Deutsche RG 2, 1910, 22

Müller W./Baumann G. E. H., Kreuzsteine und Steinkreuze in Niedersachsen. Dossenheim/Hildesheim 1979
Nägele K. H., Gerichtsverfassung und Rechtsgang in der Reichsstadt Heilbronn. Diss. Tübingen 1940/43
Neugebauer H., Vom Stabbrechen. Tiroler Heimatblätter 15, 1937, 305
Oellrich L., Der Strafprozeß in Nürnberg während der letzten drei Jahrhunderte der Selbständigkeit der freien Reichsstadt. Diss. Erlangen 1948
Oppelt W., Über die »Unehrlichkeit« des Scharfrichters. Diss. Würzburg 1976
Paul A., Steinkreuze und Kreuzsteine in Österreich. Horn 1975
Pfeiffer A., Sühnewallfahrten nach dem Speyerer Strafrecht. Pfälz. Museum 36, 1919, 59
Pfleger L., Sühnewallfahrten und öffentliche Kirchenbusse im Elsass im späten Mittelalter und in der Neuzeit. Arch. f. elsäss. KG 8, 1933, 127
Plaetink V., Sühnewallfahrten im weltlichen Rechtsbrauch. Das Steinkreuz 1, 1967, 12
Planitz H., Handhaft und Blutrache und andere Formen des mittelalterlichen Rechtsganges in anschaulichen Darstellungen. Leipzig 1922
Plöchl W. M., Geschichte des Kirchenrechts. I–V. München 1960–1970
Poetsch J., Die Reichsacht im Mittelalter und besonders in der neueren Zeit. Breslau 1911
Radbruch G. (Hrsg), Die peinliche Gerichtsordnung Karls V. von 1532 (Carolina). Stuttgart 1967
Reck R., Das Totschläger-Asyl der Reichsstadt Reutlingen 1495–1804. Diss. Tübingen 1970
Reiling G. A., Mord-, Sühne und Unfallkreuze im Stadt- und alten Landkreis Pforzheim. Pforzheimer Geschichtsblätter 1976, 31
Retzlaff H., Die Entwicklung des Rechtsgangs nach dem Freiburger Stadtrechtsbuch. Leipzig 1929
Rieder O., Totschlagssühnen im Hochstift Eichstätt. Sammelblatt d. Hist. V. Eichstätt 6–8, 1891–1894
Riedner O., Das Blutgerichtsverfahren zu Volkach a. M. um 1500. Das Bayerland 25, 1913/14, 124
Rudorff H., Zur Rechtsstellung der Gäste im mittelalterlichen städtischen Prozeß. Breslau 1907
Rühle S., Der Stockturm und die Peinkammer. Danzig 1933
Ruf F., Acht und Ortsverweis im alten Land- und Stadtgericht Nürnberg. Mitt. d. V. f. Gesch. d. Stadt Nürnberg 46, 1955, 1
Ruth R., Zeugen und Eideshelfer in den deutschen Rechtsquellen des Mittelalters. Breslau 1922
Ruthven M., Torture. London 1978
Saal W., Bräuche um das Sühnen von Totschlägen im Mittelalter. Sächs. Heimatblätter 21, 1975, 223, 244
Schmeissner R. H., Steinkreuze in der Oberpfalz. Regensburg 1977
Schmelzeisen G. K., Das Asyl in der germanisch-deutschen Rechtsgeschichte. GWU 29, 1978, 295
Schmidt E., Fiskalat und Strafprozeß. München/Berlin 1921
–, Die Carolina. ZRG-GA 53, 1933, 1
–, Inquisitionsprozeß und Rezeption. FS – Leipziger Juristenfakultät f. H. Siber I. Leipzig 1941, 97
–, Strafrechtspflege und Rezeption. ZStW 62, 1942–44, 232
–, Der Inquisitionsprozeß in ober- und niederbayerischen Rechtsquellen des 15. und 16. Jahrhunderts. FS – H. v. Weber. Bonn 1963, 32
–, Zur Entwicklung des Inquisitionsprozesses in Baiern. ZStW 85, 1973, 857
Schmidt G., Sinn und Bedeutung der Constitutio Criminalis Carolina als Ordnung des materiellen und prozessualen Rechts. ZRG-GA 83, 1966, 239
Schmidt R., Königsrecht, Kirchenrecht und Stadtrecht beim Aufbau des Inquisitionsprozesses. FG – Leipziger Juristenfakultät f. R. Sohm. München/Leipzig 1915
Schmitz J., Sühnewallfahrten im Mittelalter. Diss. Bonn 1910
Schnelbögl W., Die innere Entwicklung der bayerischen Landfrieden des 13. Jahrhunderts. Heidelberg 1932
Schoetensack A., Der Strafprozeß der Carolina. Diss. Leipzig 1904
Schue C., Die Aachenfahrt als gerichtliche Sühne und Buße. Aachen 1951
Schue K., Das Gnadebitten in Recht, Sage, Dichtung und Kunst. Z. d. Aachener GV 40, 1918, 143
Schünke W., Die Folter im deutschen Strafverfahren des 13. bis 16. Jahrhunderts. Diss. Münster 1952
Seifarth G., Der Untergang der Öffentlichkeit im deutschen Rechtsgang. Diss. Jena 1932
Siebold M., Das Asylrecht der römischen Kirche mit besonderer Berücksichtigung seiner Entwicklung auf germanischem Boden. Diss. Münster 1930
Siegl K., Eine Totschlagsühne aus dem Jahre 1509 im Egerer Stadtarchiv. Egerer Jb 37, 1907, 89
Sius H., Bann und Acht und ihre Grundlagen im Totenglauben. Berlin 1959
Sonnen W. J., Totschlagssühnen im Bereich des Herzogtums Berg. Ann. d. hist. V. f. d. Niederrhein 132, 1938, 1
Stutz U., Das Stadtrecht gegen die Formstrenge im Strafverfahren. ZRG-GA 38, 1917, 367
Thieme H., Die Rechtsstellung der Frau in Deutschland. Recueils de la Société Jean Bodin 12, 1962, 351
Tiefenbacher Th., Folterwerkzeuge als Votivgaben in Luggau. Carinthia I, 1954, 775
Tschepe A., Gerichtsverfassung und Prozeß des Stadtgerichts Butzbach im 15. Jahrhundert. Diss. Köln 1976
Utsch F., Peinliche Urfehde. Diss. Erlangen 1903
Vogel J. P., Der strafprozessuale Teil der Zwickauer Stadtrechtsreformation von 1539/1569 als Ausfluß des Rezeptionsgeistes. Diss. Heidelberg 1960
Vogt A., Die Anfänge des Inquisitionsprozesses in Frankfurt am Main. ZRG-GA 68, 1951, 234
Waider H., Fehlerquellen im Strafverfahren, dargestellt nach Spees »Cautio Criminalis« von 1631/32. FS – K. Peters. Tübingen 1974, 473
Weber H. v., Die peinliche Halsgerichtsordnung Kaiser Karls V. ZRG-GA 77, 1960, 288
Wiedenmann E., Sühnekreuze im Kreis Göppingen. Göppingen 1978
Wiederkehr G. R., Das freie Geleit und seine Erscheinungsformen in der Eidgenossenschaft des Spätmittelalters. Diss. Zürich 1976
Wilke C., Das Friedegebot. Heidelberg 1911
Willmann J., Die Hauptbeweismittel im Strafverfahren der Stadt Freiburg i. Br. von ihrer Gründung (1120) bis zur Einführung des neuen Stadtrechts (1520). GA 55, 1918, 484
Winner G., Der Vertrag über die Wiener Freihäuser vom Jahre 1552. Unsere Heimat 28, 1957, 180
Wirth R., Die Jurisdiktionsverträge in Süddeutschland während des Spätmittelalters. München 1965
Wohlhaupter E., Wallfahrt und Recht. In: Wallfahrt und Volkstum in Geschichte und Leben. Düsseldorf 1934, 217
–, Die Kerze im Recht. Weimar 1940
Wolff A., Gerichtsverfassung und Prozeß im Hochstift Augsburg in der Rezeptionszeit. Arch. f. d. Gesch. d. Hochstifts Augsburg 4, 1913, 129
Wunderlich P., Das Recht der Reichsstadt Isny vom Beginn der Zunftherrschaft bis zur Reformation. Diss. Tübingen 1958
Zwengel O., Das Strafverfahren in Deutschland von der Zeit der Carolina bis zum Beginn der Reformbewegung des 19. Jahrhunderts. Bad Homburg 1963

Der Scharfrichter

Angstmann F., Der Henker in der Volksmeinung. Bonn 1928
Becker A., Scharfrichter und Tierarzt. SAVk 33, 1934, 90
Benyovszky K., Galgen und Henker im alten Preßburg. Preßburg 1933
Danckert W., Unehrliche Leute. Bern/München 1963
Dau W., Scharfrichter und Henker als Medici und Chirurgi. Materia Medica Nordmerk 15, 1963, 338
Duthaler G., Fahnenbegleiterinnen. SAVk 73, 1977, 1
Eckert Ch., Der Fronbote im Mittelalter nach dem Sachenspiegel und den verwandten Rechtsquellen. Diss. Gießen 1897
Elsener F., Zur »Befreiung des Scharfrichters«. SAVk 44, 1947, 66
Frölich K., Mittelalterliche Bauwerke als Rechtsdenkmäler. Nachr. d. Gießener Hochschulgesellschaft 12, 1938, 126
Ganß H.-J., Der Scharfrichter. Diss. Köln 1950
Gernhuber J., Strafvollzug und Unehrlichkeit. ZRG-GA 74, 1957, 119
Glenzdorf J./Treichel F., Henker, Schinder und arme Sünder I, II. Bad Münster am Deister 1970
Goos J., Die Meldorfer Scharfrichterei. Dithmarsche Bl. f. Heimatpflege u. Heimatkultur 3, 1927, 157
Heim W., Das Henkersmahl. Diss. Erlangen 1941
Heinemann F., Die Henker und Scharfrichter als Volks- und Viehärzte seit Ausgang des Mittelalters. SAVk 4, 1900, 1
Helfer Ch., Henker-Studien. AfK 46, 1964, 334; 47, 1965, 96
Hentig H. v., Gerichtliche Klänge und Geräusche. SchwZStr 63, 1948, 121
–, Der gehängte Henker. SchwZStr 71, 1956, 32
–, Vom Ursprung der Henkersmahlzeit. Tübingen 1958
John A. (Hrsg), Die Schrift »Vom Aberglauben« von Karl Huss. Prag 1910
Keller A. (Hrsg), Maister Franntzn Schmidts Nachrichters inn Nürmberg all sein Richten. Leipzig 1913
–, Der Scharfrichter in der deutschen Kulturgeschichte. Bonn/Leipzig 1921
Klein E., Der Ritus des Tötens bei den nordischen Völkern. ARW 28, 1930, 166
Knobloch J., Der deutsche Scharfrichter und die Schelmensippe. Naumburg a. d. S. 1921
Krieger H.-B., Von Pflichten und Künsten der alten Scharfrichter im Lande Braunschweig. Braunschweig. Heimat 38, 1952, 54, 75; 39, 1953, 10, 49, 76
Kühn U., Inschriften und Verzierungen auf Richtschwertern; ihre Deutung aus der Person des Scharfrichters. Diss. Erlangen/Nürnberg 1969
Leiser W., Die Ordnung der Nachrichter zu Baden. Z. f. d. Gesch. d. Oberrheins 110, 1962, 12
Liedke V., Scharfrichter in Bayern. Bl. d. bayer. LV. f. Familienkunde 26, 1963, 316
Mattias H., Die Entwicklung des Medizinalwesens im Lande Lippe unter besonderer Berücksichtigung des Scharfrichterwesens und seiner Stellung in der Heilbehandlung. Diss. Münster 1947
Messerich R., Die levis notae macula der deutschen Scharfrichter. Diss. Greifswald 1913
Mortimer J. F., Henker. Genf 1976
Moser-Rath E., Galgenhumor wörtlich genommen. FS – R. Wildhaber. Basel 1972, 423
Neugebauer H., Vom Henker. Tiroler Heimatblätter 16, 1938, 167
Oppelt W., Über die »Unehrlichkeit« des Scharfrichters. Diss. Würzburg 1976
Petersen E., Schleswiger Scharfrichter. Die Heimat 58, 1951, 231
Prutz R., Der deutsche Scharfrichter. Deutsches Museum 7, 1857, 577
Reylaender C., Die Entwicklung des Charakteristischen und Sittenbildlichen in der niederländischen Malerei des XV. Jahrhunderts. Diss. Heidelberg 1911
Ruoff W. H., Von ehrlichen und unehrlichen Berufen, besonders vom Scharfrichter und Wasenmeister im alten Zürich. Zürcher Taschenbuch 1934, 15
–, Vom Scharfrichter und Wasenmeister im alten Zürich. SAVk 34, 1935, 1

Schön Th., Die Scharfrichter der Reichsstadt Reutlingen. Reutlinger Geschichtsblätter 11, 1901/02, 96
Schütte O., Der Scharfrichter in Braunschweig. In: Quellen und Forschungen zur Braunschweigischen Geschichte. FS – P. Zimmermann. Wolfenbüttel 1914, 204
Schuhmann H., Der Scharfrichter. Kempten/Allgäu 1964
Schultz A., Deutsches Leben im XIV. und XV. Jahrhundert. Prag/Wien 1892
Schulz C., Zur Geschichte der Scharfrichters von Königsberg i. Pr. Altpreußische Forschungen 6, 1929, 40
Sommer P., Scharfrichter von Bern. Bern 1969
Steinacker, Vom Galgen, Pranger und Nachrichter Braunschweigs im 18. Jahrhundert. Braunschweigische Heimat 24, 1933, 51
Steinegger A., Handwerker, Henker und Galgen im alten Schaffhausen. SAVk 44, 1947, 256
Straub K., Ein Galgenrichtfest. Volk und Heimat NF 13, 1937, 299
Treichel F., Die Appellativa unter den Bezeichnungen für den Scharfrichter und ihr genealogischer Wert. Familie und Volk 9, 1960, 133
Wechmar E., Die Nach- oder Scharfrichter, auch Abdecker, der freien Reichsstadt Mühlhausen i. Thür. Familie und Volk 10, 1961, 272, 538
Wieser M., Henker Wohlgemuth führt den Pinsel wie das Schwert. Charivari 1, 1978, 18
Wilbertz G., Standesehre und Handwerkskunst. Zur Berufsideologie des Scharfrichters. AfK 58, 1976, 154
Zoepfl F., Galgenrichtsfest. Deutsche Gaue 51, 1959, 16

Die Strafen

Adams F., Die geschichtliche Entwicklung der subsidiären Freiheitsstrafe, Breslau 1912
Ahner F. W., Die Entwicklung des Gefängniswesens im Lande Braunschweig. Diss. Göttingen 1923
Appenzeller G., Strafvollzug und Gefängniswesen im Kanton Solothurn vom 15. Jahrhundert bis zur Gegenwart. Solothurn 1957
Bachelard G., Psychoanalyse des Feuers. Stuttgart 1959
Bader K. S., Das Bild des Rechtsbrechers im Wandel politischen Geschehens. Bad Homburg 1964
Bader K. S./Bader-Weiss G., Der Pranger. Freiburg i. Br. 1935
Baier, Schandstrafen im Schwarzenbergischen und Fürstenbergischen im 18. Jahrhundert. Oberdeutsche Z. f. VK 9, 1935, 56
Blesken H., Ältere deutsche Gefängnisnamen. ZRG-GA 80, 1963, 357
Bohne G., Die Freiheitsstrafe in den italienischen Stadtrechten des 12. bis 16. Jahrhunderts. I, II. Leipzig 1922–25
Bonnekamp C. G., Die Zimmersche Chronik als Quelle zur Geschichte des Strafrechts. Diss. Bonn 1940
Brachmann G., Zur Frage der Pranger in Gmünd und Millstatt. Carinthia I, 1965, 430
Brandt A. v., Ältere Lübecker Gerichtsstätten. Schleswig-Holst. Anzeigen 1962, 47
Breithaupt W., Die Strafe des Staupenschlags und ihre Abschaffung im Gemeinen Recht. Diss. Jena 1938
Browe S. J. P., Zur Geschichte der Entmannung. Breslau 1936
Brunner H., Über die Strafe des Pfählens im älteren deutschen Rechte. ZRG-GA 26, 1905, 258
Bukowska Gorgoni C., Die Strafe des Säckens – Wahrheit und Legende. In: L. Carlen (Hrsg), Forschungen zur Rechtsarchäologie und Rechtlichen Volkskunde II. Zürich 1979, 145
Carlen L., Der Pranger in Wallis. ZRG-GA 73, 1956, 396
–, Dornen im Recht. In: Rechtsgeschichte und Volkskunde. FS – J. Bielander. Brig 1968, 33
–, Die Galeerenstrafe im Militärstrafrecht. ZRG-GA 92, 1975, 210
–, Die Galeerenstrafe in der Schweiz. ZStW 88, 1976, 557
Cohn G., Die Strafe des Huldeverlustes im deutschen Recht. Diss. Göttingen 1907
Danckert W., Unehrliche Leute. Bern/München 1963
Dietrich J. R., Eselritt und Dachabdecken. Hess. Bl. f. VK 1, 1902, 87
Distel T., Zur Galeerenstrafe in Kursachsen (1572 f.). ZStW 18, 1898, 830
Doleisch v. Dolsperg F., Die Entstehung der Freiheitsstrafe. Breslau 1928
Ebeling A., Beiträge zur Geschichte der Freiheitsstrafe. Breslau/Neukirch 1935
Elwenspoek C., Jud Süß Oppenheimer. Stuttgart 1926
Fehr H., Das Recht in den Sagen der Schweiz. Frauenfeld 1955
Feucht D., Grube und Pfahl. Tübingen 1967
Fischer H., Funktionstypen des europäischen Rechtspfahls. FS – H. Lentze. Innsbruck/München 1969, 169
–, Musikinstrumente in der alten Strafrechtspflege. Antaios 12/22, 1970, 321
Fischer J., Bäckerschupfen in Salzburg. Österr. Z. f. VK 66, 1963, 249
Frank A., Ein Vilsecker Untervogt mußte sich »gegen den Türken gebrauchen lassen«. Die Oberpfalz 65, 1977, 206
Franke J., Die Gerichtsbarkeit in den Söldnerheeren vom 16. bis zur Mitte des 17. Jahrhunderts. Diss. Köln 1974
Franz H., Zur Geschichte der Kastration als Kriminalstrafe im Deutschen Strafrecht. Diss. Bonn 1939
Frauenstädt, Zur Geschichte der Galeerenstrafe in Deutschland. ZStW 16, 1896, 518; 17, 1897, 735
Freudenthal H., Das Feuer im deutschen Glauben und Brauch. Berlin/Leipzig 1931
Fuchs I., Die Ehrenstrafen der Vergangenheit und Gegenwart. Diss. Köln 1928
Glenzdorf J./Treichel F., Henker, Schinder und arme Sünder I, II. Bad Münster am Deister 1970
Goldschmidt H., Das Ertränken im Faß. Z. f. vergl. RW 41, 1925–27, 423; 42, 248
Gröber K., Alte Strafwerkzeuge und Schandmasken. Atlantis 1934, 370
Haberland F., Die Freiheitsstrafe in Hannover. Breslau 1931
Hampe Th., Die Nürnberger Malefizibücher als Quellen der reichsstädtischen Sittengeschichte vom 14. bis zum 18. Jahrhundert. Bamberg 1927
Harke W., Das Strafrecht des Münchener Blutbannbuches. Diss. München 1950
Hauer R., Das Kreuz als Strafmittel in niederösterreichischen Rechtsdenkmalen. Monatsblatt f. LK v. Niederösterreich 11, 1912, 38
–, Bagstein, Fidel und Prechel als Strafmittel in niederösterreichischen Rechtsdenkmalen. Monatsblatt d. V. f. LK v. Niederösterreich. 7, 1915, 245
–, Der Pranger und seine Stellung in der niederösterreichischen Rechtsgeschichte. Monatsblatt d. V. f. LK u. Heimatschutz v. Niederösterreich u. Wien 130, 1927, 142
Hefele F., Vom Pranger und verwandten Strafarten in Freiburg. Schau-ins-Land 62, 1935, 56
Helfer Ch., Denkmäler des Vollzugs von Ehrenstrafen am unteren Mittelrhein. Rhein. Jb f. VK 15/16, 1965, 56
Hentig H. v., Der Pranger. Ein mittelalterliches Strafmittel. SJZ 32, 1935/36, 342
–, Teeren und Federn. SchwZStr 60, 1946, 444
Hippel R. v., Beiträge zur Geschichte der Freiheitsstrafe. ZStW 18, 1898, 419, 608
Hirzel R., Die Strafe der Steinigung. Darmstadt 1967
Hörger H., Wirtschaftlich-soziale und gesellschaftlich-ideologische Aspekte des Hexenwahns. Z. f. bayer. LG 38, 1975, 945
Hoffmann-Krayer E., Flasche = Schandstein. Z. f. österr. VK 15, 1909, 45
Horna R., Der Pranger in der Tschechoslowakei. Graz 1965
Ilg K., Späte Nachweise des »Lebendigeingrabens« als Strafvollzug aus den Alpenländern. Rhein. Jb. f. VK 10, 1959, 232
Kafka K., Wandernde Pranger. Deutsche Gaue 42, 1950, 80
Kaul F., Die Entwicklung der Freiheitsstrafe zur Zentralstrafe im Strafensystem Preußens. Diss. Berlin 1932
Keller A., Der Scharfrichter in der deutschen Kulturgeschichte. Bonn/Leipzig 1921
Knapp H., Das Lochgefängnis. Tortur und Richtung in Alt-Nürnberg. Nürnberg 1907
Knoke P., Historisch-dogmatische Untersuchung der Verwendung weltlicher Strafen gegen Leben, Leib, Vermögen, Freiheit und bürgerliche Ehre im kirchlichen Strafrecht der katholischen Kirche während der vorgratianischen Zeit. Diss. Göttingen 1895
Kober D., Die körperliche Züchtigung als kirchliches Strafmittel gegen Cleriker und Mönche. Theologische Quartalsschrift (Tübingen) 56, 1875, 3, 355
–, Die Geldstrafen im Kirchenrecht. Theologische Quartalsschrift (Tübingen) 63, 1881, 3
Köstler R., Huldentzug als Strafe. Stuttgart 1910
Kramer K. S., Bauern und Bürger im nachmittelalterlichen Unterfranken. Würzburg 1957
–, Volksleben im Fürstentum Ansbach und seinen Nachbargebieten (1500–1800). Würzburg 1961
–, Volksleben im Hochstift Bamberg und im Fürstentum Coburg (1500–1800). Würzburg 1967
Kratochwill M., Ein Bäckerschupfen in der Rossau (1728). Jb. d. V. f. Gesch. d. Stadt Wien 21/22, 1966, 250
Künßberg E. Frh. v., Über die Strafe des Steintragens. Breslau 1907
–, Rechtsgeschichte und Volkskunde. Jb. f. hist. VK 1, 1925, 69
–, Messerbräuche. Studien zur Rechtsgeschichte und Volkskunde. Heidelberg 1941
Lamprecht K., Die Wippe in Soest. Niedersachsen 8, 1902/03, 55
Landes D., Achtverfahren vor dem Reichshofrat. Diss. Frankfurt a. M. 1964
Largiadèr A., Ein später Fall von strafrechtlicher Wüstung. ZRG-GA 72, 1955, 244
Lax K., Der Pranger zu Gmünd in Kärnten. Carinthia I, 1953, 951
Lehmann K., Die Entstehung der Freiheitsstrafe in den Klöstern des heiligen Pachomius. ZRG-Kan.A 37, 1951, 1
Lewandowski H.-H., Die Todesstrafe in der Aufklärung. Diss. Bonn 1961
Löning G. A., Schandlaken, Schandmantel, Schandkleid. ZRG-GA 64, 1944, 335
Lutz G., Sitte und Infamie. Diss. Würzburg 1954
Maasburg M. F. v., Die Verhängung der Galeerenstrafe in den deutschen und böhmischen Erbländern Österreichs. Allgemeine österreichische Gerichts-Zeitung. Wien 36, 1885, 29. 33, 37
–, Die Strafe des Schiffsziehens. Wien 1890
Mahnke H., Das Arrestverfahren in den Lübecker Ratsurteilen des 15. und 16. Jahrhunderts. Diss. Lübeck 1969
Mailly A., Der Hernalser Eselritt. Wiener Z. f. VK 32, 1927, 1
Maisel W., Der Pranger in Posen. Roland oder Pranger? ZRG-GA 93, 1976, 340
Mannzen W., Historische Fragmente zur Sicherheitsverwahrung. SchwZStr 50, 1936, 82
Mayer A., Erdmutter und Hexe. München/Freising 1936
Merzbacher F., Die mittelalterliche Ehrenstrafe des Hundetragens. ZStW 64, 1952, 306
Moser H., Jungernkranz und Strohkranz. In: Das Recht der kleinen Leute. FS – K. S. Kramer. Berlin 1976, 140
Müller W., Die Stadtverweisung als Strafe im niederländischen Stadtrechte des Mittelalters. Dresden 1935
Nehlsen H., Sklavenrecht zwischen Antike und Mittelalter. Göttingen 1972
Neumaier R., Die geschichtliche Entwicklung der Geldstrafe vom 15. Jahrhundert bis zum RStGB. Diss. Tübingen 1947
Ninck M., Die Bedeutung des Wassers im Kult und Leben der Alten. Darmstadt 1967

Nößlböck I., Der Pranger in Rohrbach. Beiträge z. Landes- und Volkskunde d. Mühlviertels 8, 1923, 35
Panzer M., Tanz und Recht. Frankfurt a. M. 1938
Pfleger A., Die alte »Harneschar« oder das Hundetragen. Elsass-Land 9, 1929, 109
Pongratz W., Der Pranger und andere Rechtsaltertümer von Gross-Schönau bei Weitra (N.-Ö.). Unsere Heimat 25, 1954, 152
Preu A., Pranger und Halseisen. Diss. Erlangen 1949
Radler L., Schlesische Galgen. Jb. f. ostdeutsche VK 17, 1974, 166
Reiner H., Die Ehre. Frankfurt a. M. 1956
Rosenfeld E., Zur Geschichte der ältesten Zucht-Häuser. ZStW 26, 1906, 1
–, Weiteres zur Geschichte der ältesten Zucht-Häuser zu Amsterdam. ZStW 30, 1910, 806
Rubi Ch., Pranger, Geige und Trommel. Berner Z. f. Gesch. u. Heimatkunde 37, 1975, 83
Rüping H., Geldstrafe und Buße. ZStW 85, 1973, 672
Ruf F., Acht und Stadtverweisung im alten Nürnberg. Diss. Erlangen 1952
Rusche G./Kirchenheimer O., Sozialstruktur und Strafvollzug. Frankfurt a. M./Köln 1974
Sack, Die Schandsteine tragen und sich auf's Maul schlagen. Vaterländ. Arch. d. hist. V. f. Niedersachsen 1841, 107
Schaab M., Die Blendung als politische Maßnahme im abendländischen Früh- und Hochmittelalter. Diss. München 1955
Schlue H., Die Geschichte des Bonner Zuchthauses und des Bonner Arbeitshauses. Diss. Bonn 1957
Schmidt E., Entwicklung und Vollzug der Freiheitsstrafe in Brandenburg. Preußen bis zum Ausgang des 18. Jahrhunderts. Berlin 1915
–, Neue Forschungen über den Ursprung der modernen Freiheitsstrafe. SchwZStr 62, 1947, 171
Schönfeld A.-W., Die Verstrickung. Bonn 1964
Schubart-Fikentscher G., Römisches Recht im Brünner Schöffenbuch. ZRG-GA 65, 1947, 86
Schwarz P., Mit dem Pranger bestraftes Scheidungsbegehren. Der Haalquell 18, 1961, 72
Seggelke G., Die Entstehung der Freiheitsstrafe. Breslau 1928
Siebert F., Der Mensch um Dreizehnhundert im Spiegel deutscher Quellen. Vaduz 1931
Sothmann M., Das Armen-, Arbeits-, Zucht- und Werkhaus in Nürnberg bis 1806. Nürnberg 1970
Spitzenberger E., Mit Stock und Geige. Der Bayerwald 49, 1957, 75
Steininger H., Schandstrafen im Waldviertel unter besonderer Berücksichtigung der Bagsteine. Das Waldviertel 18, 1969, 218
–, Bagsteine als Schandstrafgeräte im niederösterreichischen Weinviertel. Mitt. d. Anthrop. Ges. in Wien 1970, 388
–, Über die Kreuzstrafe im niederösterreichischen Viertel unter dem Wienerwald und im Burgenland. Burgenländische Heimatblätter 1971, 137
–, Die Prechel als Strafmittel im Viertel unter dem Wienerwald. Wiener Geschichtsblätter 27, 1972, 323
–, Die Schandfiedelstrafe in Niederösterreich. Mitt. d. Anthrop. Ges. in Wien 1973, 95
–, Die Prechelstrafe in Niederösterreich. Kultur-Berichte (NÖ). 1973, 7
–, Schandfiedeln im Waldviertel. Schriftenreihe des Waldviertler Heimatbundes 7, 1974, 5
Stiasny H. H. Th., Die strafrechtliche Verfolgung der Täufer in der freien Reichsstadt Köln 1529–1618. Münster 1962
Stiassny S., Die Pfählung. Wien 1903
Stoffer H., Die Magie des Wassers. Meisenheim am Glan 1966
Stricker E., Der Harnescar. Jb. d. Sundgau-V. 7, 1939, 88
Strub B., Der Einfluß der Aufklärung auf die Todesstrafe. Diss. Zürich 1973
Sturm F., Symbolische Todesstrafen. Hamburg 1962
Türkel S., Die Hängemaschine. Ein Kapitel aus der Geschichte des Strafvollzugs in Österreich. Arch. f. Kriminalanthropologie 41, 1911, 100
Vogeler E., Die Wippe am großen Teich. Z. d. V. f. d. Gesch. v. Soest u. d. Börde 5, 1886/87, 27
Wagener E., Die Entwicklung der Freiheitsstrafe in Lübeck von der Carolina bis zur Gegenwart. Göttingen 1929
Walter H. G., Das Strafinstrument Prechl. Burgenländische Heimatblätter 1961, 227
Weber H. v., Die Entwicklung des Zuchthauswesens in Deutschland im 17. und 18. Jahrhundert. FS – A. Zycha. Weimar 1941, 427
–, Calvinismus und Strafrecht. FS – E. Schmidt. Göttingen 1961, 39
Weismann J., Talion und öffentliche Strafe im Mosaischen Rechte. Leipzig 1913
Wieland F., Pranger und Prangerstrafe in Konstanz. ZRG-GA 54, 1934, 25
Wild E., Zur Säckung. Mitteldeutsche Bl. f. VK 9, 1934, 92
Wilhelm F., Über die Strafe des Steintragens. Z. f. österr. VK 14, 1908, 132
Wrede R., Die Körperstrafen bei allen Völkern von den ältesten Zeiten bis auf die Gegenwart. Dresden 1898
Zinck P., Zur Säckung. Mitteldeutsche Bl. f. VK 8, 1933, 61

Neu erschienene Literatur

Appuhn H., Einführung in die Ikonographie der mittelalterlichen Kunst in Deutschland. Darmstadt 1980
Aubin N., Geschichte der Teufel von Loudun. Berlin 1981
Baier L., Die große Ketzerei. Berlin 1984
Bastian H., Mummenschanz. Frankfurt a.M. 1983
Bataille G., Gilles de Rais. Hamburg 1983
Battenberg F., Beiträge zur höchsten Gerichtsbarkeit im Reich im 15. Jahrhundert. Köln – Wien 1981
Bavent M., Bekenntnisse der Magdelaine Bavent. Berlin 1980
Bianchi H., Ein historisches Paradigma für die Kriminologie. Zf. Rechtssoziologie 3, 1982, H. 1, 31
Birkelbach D., Zur Entwicklung des Hebammenwesens vom 14. bis 16. Jahrhundert am Beispiel der Regensburger Hebammenordnungen. In: Frauengeschichte. Beiträge 5 zur feministischen Theorie und Praxis. München 1981, 83
Blasius D., Michel Foucaults »denkende« Betrachtung der Geschichte. Kriminalsoziologische Bibliografie 41, 1983, 69
Blöcker M., Ein Zauberprozeß im Jahre 1028. SchwZ f. Geschichte 29, 1979, 533
–, Zur Häresie im 11. Jahrhundert. Z f. SchwKG 73, 1979, 193
–, Frauenzauber – Zauberfrauen. Z f. SchwKG 76, 1982, 1
Boockmann A., Urfehde und ewige Gefangenschaft im mittelalterlichen Göttingen. Göttingen 1980
Boockmann H., Leben und Sterben in einer spätmittelalterlichen Stadt. Göttingen 1983
Brunner K./Daim F., Ritter, Knappen, Edelfrauen. Wien – Köln – Graz 1981
Bürge A., Realität und Rationalität der Feuerprobe. ZRG-GA 100, 1983, 257
Burke P., Helden, Schurken und Narren. Europäische Volkskultur in der frühen Neuzeit. Stuttgart 1981
Canegem R. C. v., Das Recht im Mittelalter. In: Fikentscher W. u.a. (Hrsg), Entstehung und Wandel rechtlicher Traditionen. Freiburg und München 1980, 609
Conradt M./Huby F., Die Geschichte vom Doktor Faust. München 1980
Decker R., Die Hexenverfolgungen im Hochstift Paderborn. Westfälische Zeitschrift. Z f. vaterländische Gesch. u. Altertumskunde 128, 1978, 315
Degn C./Lehmann H./Unverhau D. (Hrsg), Hexenprozesse. Neumünster 1983
Dilcher G./Staff I., Christentum und modernes Recht. Frankfurt a.M. 1984
Duby G., Die Zeit der Kathedralen. Frankfurt a M. 1984
Dülmen R. v., Das Schauspiel des Todes. In: ders./*Schindler N.* (Hrsg), Volkskultur. Frankfurt a.M. 1984, 203
Dülmen R. v., Theater des Schreckens. München 1985
Duesterberg D., Hexenproduktion – Materielle, formelle und literarische Voraussetzungen, dargestellt am Beispiel der Freien Reichsstadt Nürnberg. Diss. Frankfurt a.M. 1983
Ebeling H. H., »Lästerliche Gemälde und sünd-böse Briefe«. In: Kat. Braunschweig: Brunswiek 1031 – Braunschweig 1981, 361
Emmerson R. K., Antichrist in the Middle Ages. Manchester 1981
Ennen E., Frauen im Mittelalter. München 1984
Erbstösser M., Ketzer im Mittelalter. Stuttgart/Berlin/Köln/Mainz 1984
Eschbaumer G., Bescheidenliche Tortur. Der ehrbare Rat der Stadt Nördlingen im Hexenprozeß 1593/94 gegen die Kronenwirtin Maria Holl. Nördlingen 1983
Fichtenau H., Vom Ansehen des Papsttums im zehnten Jahrhundert. In: Aus Kirche und Reich. FS-F. Kempf. Sigmaringen 1983, 117
Fischer H., Stab und Schwert als Grenzpaar der Rechtssymbolik. Forschungen zur Rechtsarchäologie und Rechtlichen VK 4, 1982, 3
Foucault M., Das Leben des infamen Menschen. Tumult 4, 1982, 41
Fuhrmann H., Rex canonicus – Rex clericus? In: Institutionen, Kultur und Gesellschaft im Mittelalter. FS-J. Fleckenstein. Sigmaringen 1984, 321
Fumasoli G., Ursprünge und Anfänge der Schellenwerke. Zürich 1981
Gagel H., Wie unvernünftig ist Evas Bedürfnis nach sinnlicher Erkenntnis? Wie unvernünftig sind Baldungs Frauen? In: Frauen – Kunst – Geschichte. Gießen 1984, 79
Giedion S., Die Herrschaft der Mechanisierung. Frankfurt a.M. 1982
Ginzburg C., Der Käse und die Würmer. Frankfurt a.M. 1979
–, Die Benandanti. Feldkulte und Hexenwesen im 16. und 17. Jahrhundert. Frankfurt a.M. 1980
Gleichmann P. u.a. (Hrsg), Macht und Zivilisation. Frankfurt a.M. 1984
Goez W., Imperator advocatus Romanae ecclesiae. In: Aus Kirche und Reich. FS-F. Kempf. Sigmaringen 1983, 315
Golowin S., Die weisen Frauen. Basel 1982
Gurjewitsch A. J., Das Weltbild des mittelalterlichen Menschen. München 1980
Guttandin F., Genese und Kritik des Subjektbegriffs. Marburg/Lahn 1980
–, /*Kamper D.*, Selbstkontrolle. Dokumente zur Geschichte einer Obsession. Berlin 1982
Hagemann H.-R., Basler Rechtsleben im Mittelalter. Basel/Frankfurt a.M. 1981
Harmening D., Superstitio. Berlin 1979
Hasler E., Anna Göldin – Letzte Hexe. Zürich/Köln 1982
Hattenhauer H., Die geistesgeschichtlichen Grundlagen des deutschen Rechts. Heidelberg 1983
–, Pax et iustitia. Hamburg 1983
–, Über Buße und Strafe im Mittelalter. ZRG-GA 100, 1983, 53
Hauschild Th., Hexen in Deutschland. In: Duerr H. P.

(Hrsg), Der Wissenschaftler und das Irrationale Bd. 1. Frankfurt a. M. 1981, 537
–, Der böse Blick. Berlin 1982
Heimpel H., Königliche Evangeliumslesung bei königlicher Krönung. In: Aus Kirche und Reich. FS-F. Kempf. Sigmaringen 1983, 447
Heinrich M., Zum Volkacher Stadtrecht am Ende des Spätmittelalters und zu Beginn der Neuzeit unter besonderer Berücksichtigung des Salbuches. Diss. Würzburg 1980
Heinsohn G./Steiger O., Die Vernichtung der weisen Frauen. In : MAMMUT März Texte 1 & 2. 1969–1984, 494
Heller A., Der Mensch in der Renaissance. Köln-Lövenich 1982
Hempel B., Der Entwurf einer Polizeiordnung für das Herzogtum Sachsen-Lauenburg aus dem Jahre 1591. Frankfurt a. M. 1980
Hodge J., Hexen und die Entstehung der modernen Rationalität. In: Frauengeschichte. Beiträge 5 zur feministischen Theorie und Praxis. München 1981, 77
Hoffmann B., Die Hexenverfolgung in Schleswig-Holstein zwischen Reformation und Aufklärung. Schriften d. V f. Schleswig-Holsteinische KG 34/35, 1979, 110
Holzhauer H., Friedrich Spee und die Hexenprozesse. In: Friedrich Spee im Licht der Wissenschaft. Mainz 1984, 151
Ignor A., Über das allgemeine Rechtsdenken Eikes von Repgow. Paderborn/München/Wien/Zürich 1984
Irsigler F./Lassotta A., Bettler und Gaukler, Dirnen und Henker. Köln 1984
Johannsmeier R., Spielmann, Schalk und Scharlatan. Reinbek 1984
Kaufmann E., Deutsches Recht. Berlin 1984
Ketsch P./Kuhn A., (Hrsg), Frauen im Mittelalter. Bd. 1, 2. Düsseldorf 1983/84
Kimmerle G., Hexendämmerung. Tübingen 1980
Kissel O. R., Justitia. München 1984
Kleinheyer G., Zur Rolle des Geständnisses im Strafverfahren des späten Mittelalters. Beiträge zur RG. GedS-H. Conrad. Paderborn 1979, 367
Kocher G., Sachsenspiegel, Institutionen, Digesten, Codex – Zum Aussagewert mittelalterlicher Rechtsillustrationen. Forschungen zur Rechtsarchäologie und Rechtlichen VK 3, 1981, 5
Kohl W., Das Soester Nequambuch. Wiesbaden 1980
Kottje R., Kirchliches Recht und Päpstlicher Autoritätsanspruch. In: Aus Kirche und Reich. FS-F. Kempf. Sigmaringen 1983, 97
Kratz R., Rettungswunder. Frankfurt a. M./Bern/Las Vegas 1979
Kühnel H. (Hrsg), Alltag im Spätmittelalter. Darmstadt 1984
Kunze M., Der Prozeß Pappenheimer. Ebelsbach 1981
Lambert M. D., Ketzerei im Mittelalter. München 1981
Landau P./Schroeder F.-Ch (Hrsg), Strafrecht, Strafprozeß und Rezeption. Frankfurt a. M. 1984
Laun Ch., Bildkatechese im Spätmittelalter: Allegorische und typologische Auslegungen des Dekalogs. Diss. Freiburg 1979
Le Goff J., Für ein anderes Mittelalter. Frankfurt a. M./ Berlin 1983
–, Die Geburt des Fegefeuers. Stuttgart 1984
Leiser W., Einleitung zu: Maister Franntzn Schmidts Nachrichters inn Nürmberg all sein Richten. Neustadt a. d. Aisch 1979
Le Roy Ladurie E., Montaillou – Ein Dorf vor dem Inquisitor. Frankfurt a. M./Berlin 1980
Lieberwirth R., Eike von Repchow und sein Sachsenspiegel. Köthen 1980
Lorenz S., »Die Zauberinnen solt du nit leben lassen« – Rechtsgutachten von Johann Fichard in Sachen Hexenprozeß. In: Demokratie und Arbeitergeschichte, Hrsg: Franz Mehring Gesellschaft. Jb 1. Stuttgart 1980, 37
–, Aktenversendung und Hexenprozeß: dargestellt am Beispiel der Juristenfakultäten Rostock und Greifswald. Bd. I, II. Frankfurt a. M. 1982–1983
Lutz E., Die Nacht im Recht. Forschungen zur Rechtsarchäologie und Rechtlichen VK 2, 1979, 123
Mahal G., Faust. Bern und München 1980
Marbach J., Strafrechtspflege in den hessischen Städten an der Werra am Ausgang des Mittelalters. München 1978
Marzahn C./Ritz H.-G. (Hrsg), Zähmen und Bewahren. Bielefeld 1984
Maus H., Faust – Eine deutsche Legende. München – Wien 1980
McAlister-Hermann J., Rudolf Hammacher (1528–1594) – Osnabrücker Borgermester, Paterfamilias und Hexenverfolger. Sprache und Herrschaft 14, 1983, 130
Mollat M., Die Armen des Mittelalters. München 1984
Nahl R. v., Zauberglaube und Hexenwahn im Gebiet von Rhein und Maas. Spätmittelalterlicher Volksglaube im Werk Johan Weyers (1515–1588). Bonn 1983
Neidert M., Das Recht des Fronboten auf den Henkerszehnt. Diss. Frankfurt a. M. 1982
Neuendorff D., Studie zur Entwicklung der Herrscherdarstellung in der deutschsprachigen Literatur des 9.–12. Jahrhunderts. Stockholm 1982
Niess W., Hexenprozesse in der Grafschaft Büdingen. Büdingen 1982
Ott N. H., Rechtspraxis und Heilsgeschehen. München/ Zürich 1983
Pötzl W., Das Halsgericht Zusameck-Dinkelscherben in der Zeit von 1483–1534. Jahresbericht 1982 des Heimatvereins für den Landkreis Augsburg
Pohl F. W./Türcke Ch., Heilige Hure Vernunft – Luthers nachhaltiger Zauber. Berlin 1983
Reliquet Ph., Ritter, Tod und Teufel. München/Zürich 1984
Rösener W., Zur Problematik des spätmittelalterlichen Raubrittertums. In: FS-B. Schwineköper. Sigmaringen 1982, 469
Sachsse C./Tennstedt F., Bettler, Gauner und Proleten. Reinbek 1983
Schade S., Schadenzauber und die Magie des Körpers. Worms 1983
Schild W., Kriminalität und ihre Verfolgung. In: Katalog der Ausstellung »Stadt im Wandel«. Braunschweig 1985
Schlosser H., Rechtsgewalt und Rechtsbildung im ausgehenden Mittelalter. ZRG-GA 100, 1983, 9
Schmidt-Wiegand R., Rechtssprichwörter und ihre Wiedergabe in den Bilderhandschriften des Sachsenspiegels. In: *Meier Ch./Ruberg U.* (Hrsg), Text und Bild. Wiesbaden 1980, 593
Schmitz W. (Hrsg), Der Teufelsprozeß vor dem Weltgericht nach Ulrich Tenngler s »Neuer Layenspiegel« von 1511. Köln 1980
Schroubeck G. G., Zur Kriminalgeschichte der Blutbeschuldigung. MSchrKrim 65, 1982, 2
Schulz E., Zur Mentalität von Stadt und Land im 13. Jahrhundert. In: Die alte Stadt 7, 1980, 257
Schwarz R., Die spätmittelalterliche Vorstellung vom richtenden Christus – ein Ausdruck religiöser Mentalität. GWU 32, 1981, 526
Sellert W., Die Bedeutung und Bewertung des Inquisitionsprozesses aus rechtshistorischer Sicht. In: Recht und Staat im sozialen Wandel. FS-H. U. Scupin. Berlin 1983, 161
Shahar S., Die Frau im Mittelalter. Königstein/Ts. 1981
Singer B., Die Fürstenspiegel in Deutschland im Zeitalter des Humanismus und der Reformation. München 1981
Spieß P., Die Konkurrenz zwischen »städtischer« und »stadtherrlicher« Strafgerichtsbarkeit im 13. und 14. Jahrhundert anhand Nürnberger und Speyerer Rechtsquellen. ZRG-GA 98, 1981, 291
Steinwascher G., Die Osnabrücker Urfehdeurkunde. Osnabrücker Mitteilungen 89, 1983, 25
Süß R., Hochgericht und Lasterstein. Rechtsleben im alten Freiburg. Freiburg i. Br. 1980
Tellenbach G., Die abendländische Kirche des zehnten und elften Jahrhunderts im Ganzen der Kirchengeschichte. In: Aus Kirche und Reich. FS-F. Kempf. Sigmaringen 1983, 125
Treiber H./Steinert H., Die Fabrikation des zuverlässigen Menschen. München 1980
Treusch-Dieter G., »Warum ist das Chaos weiblich?« – Zur Relevanz der Hexe. In: Brigitte Wartmann (Hrsg), Weiblich-Männlich. Berlin 1980, 34
Trunz E., Johann Matthäus Meyfarts Schrift gegen die Hexenprozesse. In: Gymnasium Casimirianum Coburg – Bericht über das Schuljahr 1979/80, S. I
Tuchmann B. W., Der ferne Spiegel. Das dramatische 14. Jahrhundert. Düsseldorf 1980
Unverhau D., Von Toverschen und Kunsthfruwen in Schleswig 1548–1557. Schleswig 1980
–, Kieler Hexen und Zauberer zur Zeit der großen Verfolgung (1530–1676). Kiel 1981
Vollrath H., Herrschaft und Genossenschaft im Kontext frühmittelalterlicher Rechtsbeziehungen. HJb 102, 1982, 33
Waider H., Spees Auseinandersetzung mit der Tortur in der »Cautio Criminalis« (1631/32). In: Jahrbuch des Kölnischen Geschichtsvereins e. V. 54, 1983, 167
Weber F.-X. v., Ein Sühnekreuz in Schwyz. Forschungen zur Rechtsarchäologie und Rechtlichen Vk 4, 1982, 69
Wesener G., Römisch-Kanonisches Prozeßrecht in der Bayerischen Landrechtsreformation von 1518 und in der Gerichtsordnung von 1520. In: Arbeiten zur Rechtsgeschichte. FS-G. Schmelzeisen. Stuttgart 1980, 360
Weymann C. v., Peinliches Halsgericht und Hinrichtung in Hämelschenburg im Jahre 1600. Jb des Museumsvereins Hameln 1980/81, 37
Wilbertz G., Hexenprozesse und Zauberglaube im Hochstift Osnabrück. Osnabrücker Mitteilungen 84, 1978, 33
–, Scharfrichter und Abdecker im Hochstift Osnabrück. Osnabrück 1979
Wolf H.-J., Hexenwahn und Exorzismus. Kriftel/Ts. 1980
Zipes J., Rotkäppchens Lust und Leid. Köln 1982

Register

Die halbfetten Ziffern verweisen auf Abbildungen